JN316440

自然保護と戦後日本の国立公園

続『国立公園成立史の研究』

村串 仁三郎 著

時潮社

序　文

1

　本書は、敗戦の1945年から自然公園法が制定される1957年までを戦後として、戦後日本の国立公園制度について考察したものである。戦前までの日本の国立公園制度の制定史をあつかった既刊の『国立公園成立史の研究』の続編である。

　第Ⅰ部は、「戦後国立公園制度の復活と整備・拡充」と題し、戦後の国立公園制度について考察し、第Ⅱ部は、「国立公園内の自然保護のための産業開発計画反対運動」と題し、おもに戦後後期の各国立公園内に計画された産業開発計画にたいする反対運動についてかなり詳細に検討したものである。

　本書は、ほぼ書き下ろしに近いものであるが、本書のもとになったのは、2008年から2010年までに書きためた旧稿、約800頁のものを、390頁ほどに圧縮したものである。

　もっとも旧稿は、ノート風に書いたこともあり、私の研究スタイルに基づいて、さまざまな資料・文献からの引用文について正確を期するため、要約をさけてなるべく多くの原資料を紹介してきた。しかし本書では、悪文、饒舌を改め、資料・引用文の類を要約したり要点を抜粋したりして、簡略で読みやすく修正し、全体のボリュームを圧縮した。国立公園について立ち入って研究したいと思われる読者には、旧稿を直接見る労をとっていただければ幸いである。

　なお本書のもとになった旧稿は、以下のとおりである。

　　「敗戦直後における国立公園制度の復活（上）」『経済志林』75－4、2008年3月。
　　「敗戦直後における国立公園制度の復活（下）」『経済志林』76－1、2008年7月。
　　「戦後後期の国立公園制度の整備・拡充（1）」『経済志林』76－2、2008年9月。
　　「戦後後期の国立公園制度の整備・拡充（2）」『経済志林』76－3、2009年3月。

「阿寒国立公園内の雌阿寒岳硫黄鉱山開発と反対運動―戦後後期の国立公園制度の整備・拡充（3）」『経済志林』76－3、2009年3月。
「中部山岳国立公園内の黒部第四発電所建設計画と反対運動―戦後後期の国立公園制度の整備・拡充（4）」『経済志林』76－4、2009年3月。
「日光国立公園内の尾瀬ヶ原電源開発計画と反対運動―戦後後期の国立公園制度の整備・拡充（5）』『経済志林』77－1、2009年。
「中部山岳国立公園内の上高地電源開発計画と反対運動―戦後後期の国立公園制度の整備・拡充（6）」『経済志林』77－2、2009年9月。
「北海道の国立公園内における電源開発計画と反対運動―戦後後期の国立公園制度の整備・拡充（7）」『経済志林』77－3、2010年3月。
「吉野熊野国立公園内の北山川電源開発計画と反対運動（上）―戦後後期の国立公園制度の整備・拡充（8）」『経済志林』77－4、2010年3月。
「吉野熊野国立公園内の北山川電源開発計画と反対運動（下）―戦後後期の国立公園制度の整備・拡充（9）」『経済志林』78－1、2010年6月。
「富士箱根国立公園内の戦後の観光開発計画と反対運動―戦後後期の国立公園制度の整備・拡充（10）」『経済志林』78－2、2010年10月。
「戦後日本の国立公園制度研究の総括」『経済志林』79－1、2011年6月。

2

　本書成立の背景について一言しておけば、私は、長い間労働問題や労働史を研究してきたのであるが、1990年頃から国立公園の研究をはじめ、15年ほど研究して書きためてきた日本の国立公園成立史の論稿を大幅に修正して、2005年4月に『国立公園成立史の研究』（法政大学出版局）として出版した。本書は、事情によって異なった出版社から出版することになったが、前著の続編である。
　門外漢の私が国立公園を研究するにいたった理由は、1986年4月から2年ほどイギリスに留学した際にイギリスの労働者がレジャーを楽しむ姿を見て、労働の反対概念である非労働時間、つまり労働者のレジャー生活に関心をいだくようになり、とくにイギリスの労働者がレジャーの場として楽しんでいたあの美しいイギリスの国立公園を体験したからであった。
　留学から帰って日本の国立公園を意識的に見るようになって、日本の国立公園制度の貧しさ、国民の国立公園への意識の低さに驚き、かつバブル経済によって国立公園の自然が激しく破壊されていくのに憤りを感じた。それ以来、そもそも国立公園とは何か、日本の国立公園はどのようにして成立した

のかについて研究し、日本の国立公園法が1931年という早い時期にさまざまな困難を乗り越えて制定されたことを知った。その際に思いも及ばないことであったが、日本の国立公園制定の過程に、自然保護の思想が培われ、貴重な自然、美しい景観が開発の嵐に抗して守られてきたことを知り、かつ自然保護運動の歴史の一端を知ることができた。

　素人による日本の『国立公園成立史の研究』は、ことのほか多くの方々から関心をよせられ、国立公園研究の専門家にもいくばくかでも興味を感じていただき、激励をふくむ温かい書評もいただいた。気のついた書評は、以下のようなものであった。ここに記して評者への感謝の意を現わしておきたい。

　　俵浩三『図書新聞』2005年7月23日号。
　　俵浩三『経済志林』73－3、2006年3月。
　　小祝慶紀『大原社会問題研究雑誌』No.564、2005年11月。
　　山本寿夫『社会教育』94、2005年10月号。
　　呉羽正『地理学』50－11、2005年11月号。
　　山本信次『林業経済』No.59、2006年。
　　富田武『現代の理論』No.8、2006年夏号。

　書評ではないが、2006年に林業経済学会がシンポに私を特別にまねいていただいたことも、拙著への高い評価を与えてくれたものと感謝している。またここには逐一名前を明記しないが、拙著についていくつかの好意的な手紙をいただいた。ここに感謝の意を記しておきたい。

　ある程度予期していた評価であったとは言え、前著が日本の国立公園研究に何らかの刺戟を与えられたことに大いに満足し、喜びを禁じえなかった。

　前著の出版後、私は、国立公園の研究を中断し、大学の定年を間近にして、以前から研究していた日本の鉱夫についての論稿を整理して『大正昭和期の鉱夫同職組合「友子」制度』（時潮社、2006年）を出版した。

3

　私は、こうして未着手であった戦後日本の国立公園についての研究を、拙著への好意的評価に励まされ、ようやく2007年夏から開始することになった。

　もともと私は、今日の日本の国立公園について、とくにバブル期に観光開発に蹂躙された国立公園の実態を批判的に検討することを課題として研究を開始したのであったが、故きを温ねることを楽しむ性癖に災いされて、前著

は、明治期から1931年の国立公園法の成立、1936、37年の12国立公園の指定までの国立公園成立史をまとめるだけに終わってしまった。

その後にたてた戦後の国立公園制度についての私の研究構想は、戦前についての研究方法と成果を引き継いで、戦後から今日までの国立公園内の自然保護と開発の確執、激闘を明らかにし、国立公園における不要な開発を批判し、自然環境保護の砦としての国立公園のあり方を究明し、日本の自然環境保護運動を概観し、そのかかえる問題点（弱点や将来への方向付け）を解明しようとすることであった。

私は、戦後から今日にいたるまでの国立公園制度についての研究は、国立公園制度の法律、行政、各国立公園の実態から見て、四つの時期に区分して分析することが適当だと考えている。

第1期は、敗戦直後から1957年自然公園法の制定までである。第2期は、1957年自然公園法の制定から1981年の環境庁の設置前までの時期である。第3期は、1981年に環境庁が発足し、その所管下の国立公園が、わが国の経済大国化のもとでレジャー・観光開発のために乱開発にさらされるバブル期までである。第4期は、1990年のバブル崩壊後から、バブル開発への反省を踏まえて国立公園が自然保護を重視した制度として再考される今日にいたる時期である。

2007年から2011年夏までの私の研究は、結局、第1期の部分にしかすぎなかった。果たして今後どの辺までを研究しうるか甚だ心もとないのであるが、前著『国立公園成立史の研究』も、国立公園の意義をひろめ、とくに若い研究者のための捨石とするとの思いで出版したように、今回も同じ思いで、これまでの戦後期の国立公園について書き留めてきた論稿を大幅に整理修正して本書とし、自然保護の砦としての国立公園観を広め、自然保護運動にいくばくかの貢献を果たしたいと考えた。

4

日本の国立公園研究の現状について一言ふれておけば、戦前の国立公園についての研究と同じように、その意義、実態の重要性から見て、戦後日本の国立公園についての研究は圧倒的に不足していると言わなければならない。

たしかに戦後日本の国立公園については、いくつかの研究があった。1948年に出版された田村剛（つよし）の『国立公園講話』は、戦前と戦後国立公園につい

ての興味深い研究ではあるが、残念ながら1945－48年の国立公園制度しか論じおらず、しかも総括的な反省が、きわめて不十分である。

　1951年に出版された国立公園協会編『日本の国立公園』は、戦後の国立公園制度の主要な部分については田村剛執筆になるものであるが、戦後の国立公園制度について問題を整理しているものの、記述対象が戦後の1945－51年までに限られているだけでなく、ここでも戦後国立公園の問題点について立ち入った検討も少なく、まとまった総括的な反省はほとんどない。

　1981年出版の環境庁『自然保護行政のあゆみ』は、戦前から高度成長期までの戦後国立公園政策を論じているが、多分にお役所的な記述に徹しており、国立公園制度のもつ本質的な問題の一部、とくに自然保護に関連した政府の国立公園政策について記述しているが、立ち入った問題点の検討はなく、反省的な総括もまったく見られない。

　1985年に出版された日本自然保護協会『自然保護のあゆみ』は、同協会の歴史であって、国立公園について特別に研究対象としたものではないが、1950年に尾瀬の自然保護運動から生まれた組織という出自から国立公園制度と関連する自然保護の問題について、かなり具体的な事実問題として詳細に後付けをおこなっており、唯一の戦後日本の国立公園論となっている。

　しかし、戦後の国立公園制度や自然保護運動についての立ち入った検討は十分におこなっているとは言えず、反省的な総括がほとんど見当たらない。しかもこの本書の編集や執筆には、多くの重要な原資料、たとえば日本自然保護協会、国立公園の委員会、審議会などの議事録が収集されたと思われるが、執筆後それらの資料が整理されて保存された気配がなく、重要な資料が紛失してしまったようである。誠に残念と言うしかない。

　最近、田村剛文庫の存在を知り、資料を点検したが、国立公園委員会、国立公園審議会などの議事録の類は発見できなかった。

　戦後の国立公園制度についての研究者個人のまとまった研究は、皆無であるが、部分的に言及している研究はいくつか散見される。

　2008年に出版された加藤峰夫氏の『国立公園の法と制度』は、戦前から今日にいたる日本の国立公園の法と制度の問題点について教科書的に論じているが、戦後の国立公園制度について反省的な総括はきわめて希薄である。

　厚生省の国立公園行政にかかわってきた瀬田信哉氏の『再生する国立公園』があるが、論述の対象がおもに戦後以降、高度成長期の国立公園制度につい

てであり、戦後の国立公園についての総括的な意見は残念ながら指摘されていない。

俵浩三氏の一連の著作は、戦後の国立公園について個々に注目すべき提言や総括的意見が見られるが、まとまった考察はない。

日本においては自国の国立公園について社会科学的な研究がきわめて少ない。これは、国立公園制度の重要性から見て不思議なことである。明らかに国立公園が観光的利用に供される制度であることに加え、それゆえに過剰な観光的利用を規制し、国立公園が果たすべき自然保護への関心が日本では非常に低いことの反映であると指摘できる。

最近、国立公園について研究している若い研究者が散見されるので、今後の研究に大いに期待している。

5

戦後の国立公園についての研究方法について言及しておけば、私は戦前についての研究成果を基礎に、戦後（本書では1945年8月から1957年までとする）の国立公園制度がかかえる問題点をいくつかの分析視点から研究した。

第1に、一般的には、戦前に制定された国立公園制度、その構造が、戦後どのように復活、再編、変容したかを解明することであった。

第2に、そうした問題と関連して、戦後から今日までの国立公園制度が、新しくどのような問題をかかえるようになったか、そして今後そうした問題にどのように対処していくべきかという視点から検討することであった。

第3に、日本の国立公園成立史研究の過程で私なりにイギリス、アメリカの国立公園制度を研究してきたし、また先進国のレジャーや観光について学んできたが、私は、戦後日本の国立公園をイギリス、アメリカの国立公園と比較しつつ、先進国から何を学ぶべきかを明らかにすることであった。

第4に、私の国立公園研究の視角は、終始、客観的な立場で、あるいは国民的な立場で研究をおこなうことであった。

国立公園は、行政的にも業界的にも大きな利害関係に囲まれている。国立公園は、多くの国有林をかかえており、農林省林野庁の利権が大きくからんでいる。国立公園内の水資源には電力会社、その所轄官庁、通産省、農林省、国立公園内の鉱物資源については鉱山会社、その所轄官庁、通産省、また国立公園の観光化については、観光業、交通産業、建設・土建業、その所轄官庁、

運輸省、建設省、通産省、と大きく利害がからんでいる。

国立公園制度の政策や機能、運動、研究は、林学、造園学、あるいは地理学や観光学、あるいは地域開発論などいろいろな分野からおこなわれてきたが、それらは上記の業界・行政の利害と微妙にからんでいる。

幸い私は、労働経済学者であり、国立公園制度のそれらの利害にまったくかかわりのなかった学問分野に属していたため、国立公園研究にはこうした各分野、学派の利害にいっさい関係せずに自由にして独立した研究姿勢を貫きたいと考えている。

齢70を過ぎてからの私の日本の国立公園研究は、果たしていつまで続けられるか覚束ないが、かつて原爆問題が人類の最大の問題であったように、いまや環境問題が人類の最大の課題となった時代、国立公園と自然保護の問題を考えることは、国民が環境問題を考える大きな縁となるであろうことを確信して、老い果てるまで、自然保護の砦としての国立公園についての研究を続けていきたいと願っている。

6

本書を執筆するにあたって多く方々の支援やご教授をえた。

本書において使用した資料のうちもっとも重要だった戦後の『国立公園』誌（国立公園協会発行）は、とくに80号までほとんど疎らにしか国会図書館に貯蔵されていず、研究に大きな支障となっていた。

しかし幸いにも、旧著の出版以来お付き合いのできた東京大学大学院農学生命科学研究科の古井戸宏通准教授のご紹介により、同大学院農学生命科学研究科の小野良平准教授の研究室に1号から全部保存されているのを知った。両准教授の厚意で、拙稿のためフルに利用させていただくことができた。両准教授に格別な感謝の意を記しておきたい。

また、小野良平准教授からは田村剛文庫が環境省生物多様性センターに置かれていることを教授していただき、鳥居敏夫センター長の取り計らいで、田村文庫をひととおり閲覧させていただく機会をえて、2、3貴重な資料を見ることができた。また、国立公園研究のエキスパートである俵浩三先生には、拙稿への批評、資料の提供などで格別のご支援、ご教示をえた。記して深甚の感謝の印としたい。

私の職場であった法政大学経済学部の紀要『経済志林』に拙稿を自由に掲

載してくれた経済学部経済学会（今は経済学部学会と名称変更）に、大きな恩恵をえてきた。

　また、国立公園協会編『日本自然保護協会事業概況報告書』第１〜３輯の閲覧を認めていただいた日本自然保護協会にも心から感謝したい。

　最後に本書の出版を引き受けてくれた、時潮社についてふれておきたい。時潮社からの出版は、先代社長の大内敏明氏の時に２冊、現社長の相良景行氏の時に本書で２冊目である。時潮社にはずいぶんとお世話になったものであるが、とくに学術書出版の事情が悪くなっている今日、本書の出版をすすめてくれた相良社長には、感謝の気持ちでいっぱいである。本書が研究者だけでなく、学生や自然保護に関心のある一般の人たちに購入してもらって、出版が赤字にならないように願っている。

2011年6月30日　　　　　　　　　流山市の西洋長屋にて

村串仁三郎

目　次

序　文　3

第Ⅰ部　戦後国立公園制度の復活と整備・拡充

第1章　敗戦直後の国立公園制度復活の枠組
　はじめに　20
　1　戦時下における国立公園制度の崩壊　20
　2　占領下におけるGHQの国立公園政策　23
　3　敗戦後の危機的経済状況と戦前型政治構造の維持　34

第2章　占領下における国立公園制度の復活
　はじめに　42
　1　国立公園行政組織と国立公園法の復活・整備　42
　2　安上がりで脆弱な国立公園制度の復活　48
　3　国立公園委員会設立前の国立公園政策の策定・実施　54
　4　国立公園委員会設立後の国立公園政策の策定・実施　57

第3章　戦後前期の国立公園内の電源開発計画と自然保護
　　　　──尾瀬の場合
　はじめに　78
　1　1947年の尾瀬沼の取水工事問題とその反対運動　78
　2　1948年の尾瀬ヶ原の電源開発計画とその反対運動　86
　3　1949年の尾瀬保存期成同盟の発足とその活動　93
　4　尾瀬保存期成同盟と尾瀬開発計画を是認するマスコミとの論争　100
　5　尾瀬ヶ原の電源開発計画の中断と尾瀬保存期成同盟の消滅　110

第4章　戦後後期における国立公園制度の整備・拡充

はじめに　116
1　戦後後期の国立公園行政の後退　117
2　戦後後期における国立公園行政の展開　127
　（1）戦前型国立公園制度の継承とその構造化　127
　（2）戦後後期の基本的な国立公園政策と自然公園法制定の準備　131
　（3）国立公園の新設・拡大と国定公園の指定　137
　（4）国立公園の管理システムとレジャー・観光の施設整備　140
　（5）国立公園行政当局の自然保護政策　143

第5章　戦後後期の国立公園協会と日本自然保護協会

はじめに　152
1　国立公園協会の復活と活動　152
　（1）国立公園協会の復活　152
　（2）戦後後期における国立公園協会の活動　158
2　日本自然保護協会の設立とその活動　164
　（1）日本自然保護協会設立の経緯　164
　（2）日本自然保護協会の正式な発足　170
　（3）日本自然保護協会の活動概況　177

第Ⅱ部　国立公園内の自然保護のための産業開発計画反対運動

第6章　阿寒国立公園内の雌阿寒岳硫黄鉱山開発計画と反対運動

はじめに　188
1　戦後後期の雌阿寒岳硫黄鉱山開発計画の申請と初発の反対運動　188
2　雌阿寒岳硫黄鉱山開発計画反対運動の展開　193
3　国立公園審議会による雌阿寒岳硫黄鉱山開発計画の否認　200
4　橋本厚生大臣による雌阿寒岳硫黄鉱山開発計画の認可　202
5　小　括　211

目　次　13

第7章　中部山岳国立公園内の黒部第四発電所建設計画と反対運動

はじめに　218
1　戦後初期の黒部第四発電所計画の復活と反対運動　218
2　関西電力による黒部第四発電所建設計画の概要　221
3　初発の黒部第四発電所建設計画反対運動　224
4　黒部第四発電所建設計画申請と反対運動　228
5　国立公園審議会による計画承認と日本自然保護協会の妥協　232
6　黒部第四発電所建設計画の実現と立山観光開発計画　238
7　小　括　240

第8章　戦後後期の日光国立公園内の尾瀬ヶ原電源開発計画と反対運動

はじめに　250
1　戦後の第2次尾瀬ヶ原電源開発計画諸案の提起　251
2　第2次前段の尾瀬ヶ原電源開発計画反対運動　254
3　戦後後期の第2次後段の尾瀬ヶ原電源開発計画の提起　259
4　第2次後段の尾瀬ヶ原電源開発計画案反対運動と計画の中断　261
5　小　括　265

第9章　中部山岳国立公園内の上高地電源開発計画と反対運動

はじめに　278
1　戦後における上高地電源開発計画の再提起　278
2　日本自然保護協会による初期の上高地電源開発計画反対運動　283
3　上高地保存期成連盟の結成と新たな電源開発計画反対運動　288
4　上高地電源開発計画の廃止　296
5　小　括　299

第10章　吉野熊野国立公園内の北山川電源開発計画と反対運動

　　はじめに　306
　1　敗戦直後の熊野川電源開発計画と反対運動　306
　2　1954年の熊野川開発全体計画分水Ａ・Ｋ案と反対運動　311
　3　1957年の北山川電源開発計画本流案の提起　314
　4　北山川2ダム・発電所建設計画案への反対運動（前半）
　　　1957年7月―1958年初　317
　　　（1）計画案実現のための複雑さと反対運動の複雑さ　317
　　　（2）日本自然保護協会の反対運動　321
　　　（3）地元における北山川2電源開発計画案への反対運動　324
　5　北山川電源開発計画反対運動の終焉　325
　6　小　括　328

第11章　その他の国立公園内における産業開発計画と反対運動

　　はじめに　338
　1　大雪山国立公園内の層雲峡電源開発計画と反対運動　338
　　　（1）北海道電力による層雲峡電源開発計画の概要　338
　　　（2）層雲峡電源開発計画反対運動と妥協的解決　340
　　　（3）小　括　344
　2　大雪山国立公園内の硫黄鉱山開発計画と反対運動　345
　3　支笏洞爺国立公園内の豊平電源開発計画と反対運動　347
　　　（1）戦後の豊平電源開発計画　347
　　　（2）豊平電源開発計画反対運動と計画中止　348
　　　（3）小　括　350
　4　富士箱根国立公園内の本栖湖発電用疎水工事計画と反対運動　351
　　　（1）1950年の日本軽金属による本栖湖疎水工事計画の再提起　351
　　　（2）本栖湖疎水工事計画反対運動と妥協的終焉　352
　　　（3）小　括　355
　5　戦後の富士山ケーブルカー建設計画と反対運動　356
　　　（1）敗戦直後のケーブルカー建設計画と計画中止　356
　　　（2）戦後後期の富士山ケーブルカー建設計画と反対運動　358
　　　（3）小　括　361

第12章　戦後日本の国立公園制度についての総括

はじめに　368
1 戦後における戦前型国立公園制度の復活　369
2 GHQ支配下でのアメリカ型国立公園制度大改革の可能性の消滅　372
3 戦後の国立公園制度における小さな改革　374
　（1）特別保護地区制度の導入　374
　（2）国立公園委員会・審議会制度　376
4 戦後国立公園の自然保護運動にみる大きな前進
　──2大国立公園内の開発計画絶対反対運動の成功　378
5 戦後国立公園内の自然保護運動にみる産業開発と自然保護の両立論
　──3大国立公園内の開発計画絶対反対運動の敗北と条件闘争の定着
　380
6 戦後国立公園内の自然保護運動における自然保護理念の前進と政策的後退　383
7 日本の国立公園制度改革への提言　385
8 結びに代えて──田村剛小評論　386

事項索引　393
人名索引　399

装幀　比賀祐介

凡　例

1 　引用の漢字は、特殊な引用文のもの以外は、なるべく読みやすい漢字に直した。
2 　引用の中の旧かな使いは、てふてふ（チョウチョ）のようなもの以外は、そのままにした。
3 　引用文中の和数字は、横組みの本書では読みにくいので、原則的に洋数字に直した。
4 　引用中の文章の誤記、誤植の類は、明確なものは適当に訂正し、不明確なものについては、そのままにし、ママとルビを付した。
5 　引用文中の読みの難しい漢字にはふりがなを付けた。
6 　雑誌等の巻、号は、原則として、たとえば、第1巻第1号を1－1と簡略化した。たとえば1号などの場合は、原則として、No.1とした。

第Ⅰ部

戦後国立公園制度の復活と整備・拡充

ダム化反対運動によって水没から守られた尾瀬ヶ原
『国立公園』13-5 (1941年10月) より

第1章
敗戦直後の国立公園制度復活の枠組

はじめに
1　戦時下における国立公園制度の崩壊
2　占領下におけるGHQの国立公園政策
3　敗戦後の危機的経済状況と戦前型政治構造の維持

はじめに

　戦後の国立公園制度は、戦後前期にほぼ戦前の水準に復活した。その場合、戦後に国立公園制度が回復し、新しいあゆみをはじめる際に、その過程を大きく規定した重要な問題点が存在した。本章の課題は、その問題点をあらかじめ解明しておくことである。

　第1節の課題は、戦時下に国立公園制度が崩壊していく状況を明らかにすることである。敗戦後における国立公園制度の復活は、戦時下に崩壊した国立公園制度を戦前の水準に復活し、整備することであったからである。

　第2節の課題は、戦後の国立公園制度の復活を大きく規定することになった対日戦争の勝利者である連合国軍・GHQ、実際はアメリカ占領軍による国立公園政策が、いかなるものであったかを明らかにすることである。

　第3節の課題は、対米戦に敗北して陥っていた経済的疲弊と、GHQの民主化政策にもかかわらず、戦後にも維持された戦前と同じ旧態然たる政治・官僚機構が、いかに戦後の国立公園制度の復活を大きく規定することになったかを明らかにすることである。

　私は、まず日本の国立公園の復活過程を具体的に検討する前に、これらの三つの問題点をあらかじめ明確にしておきたい。

1　戦時下における国立公園制度の崩壊

　日本の国立公園制度は、戦時下にほぼ完全に崩壊してしまった。戦後の国立公園制度は、そうした事態を前提条件にして再生しなければならなかった。まず1931年に制定された国立公園法と1935年、36年に指定された日本の国立公園が、戦時体制の中でどのように歪曲され、解体されていったかを簡単に確認しておきたい[1]。

　国立公園法を制定したのちに、日本の政局は、急激に悪化していった。1931年に満州事変が勃発し、日本は1933年に国際連盟を脱退し、早くも1937年7月7日に日中戦争を開始し、1938年には国家総動員法を公布し、完全な戦時体制に入っていった[2]。

1938年に国立公園行政をおこなう内務省衛生局は、軍事体制を整備する必要から新しく設立された厚生省に移管された。それにともなって国立公園行政は、衛生局保健課から厚生省体力局施設課の所管となり、国立公園が国民の体力増強をはかる機関の一翼として位置づけられた。
　さらに1939年7月、国民徴用令がしかれ、国中が戦時色に彩られる中で、企画院は1940年9月「国土計画設置要綱」をまとめ、「国土計画策定案」を作成して、体力局に「国民体力向上施設」を整備させた。
　一方で政府は、行政機構の簡素化に乗り出し、1941年3月に国立公園法の一部改正によって、国立公園政策を策定する中心的な機関であった国立公園委員会制度を廃止し、国立公園法に基づく基本政策を左右する行政機能を放棄してしまった。
　同年9月に「体力局」は「人口局」に改められ、国立公園行政は人口局体錬課の所管となった。これで国立公園は、その本来の機能を奪われ、戦争のために国民の体力を増進する施設としての役割を負わされることになった。
　そして政府は、軍国主義下の産業政策を推進し、国立公園に保護されていた各種の自然資源にたいする規制を解除して積極的な開発計画をたて、各地の国立公園内で電源開発、鉱物資源の採掘、森林資源の乱伐をすすめていった。
　こうした国立公園の破壊的開発にたいして、軍国主義下では、誰もほとんど反対することができなかった。しかし軍国主義下に、国立公園内の自然破壊にたいする反対の声をあげ、国立公園内の自然を保護しようとした人たちがいたことも忘れてはならない。
　1941年12月、ついに日本はアメリカ、イギリスに宣戦布告し、戦時体制に突入した。こうして日本においては「観光事業はもとより、一切の文化事業は完全に終止符をうたれてしまった」のである。
　しかし他方では、解体されつつあった国立公園行政の担当者たちは、1941年3月の国立公園委員会の廃止後、国立公園協会内に「国土計画対策委員会」を設置し、国立公園を軍事力の根幹である国民の体力増強のために利用する体制として構築しようと試みた。
　これらの国土計画案は、国立公園行政担当者たちが、国立公園行政の生き残りをかけて、軍国主義化の時流に乗じて、本来の国立公園行政の一部である国民の健康保持という目的を達成するために、戦時国家の大命題たる国民

を兵力にふさわしい体力に強化するという政策を奇貨として、いくぶんとも国立公園を維持し拡充しようとする試みを示すものであった。

ちなみに田村剛は、「こうした時代に対処して、国立公園協会では、その名称をも国土健民会と改め、そして他日の国立公園の発展に備えるため、昭和15～16年頃、当時の企画院、内務省等がとりあげていた国土計画に対応して、国土計画的見地よりする国立公園その他の合理的配置に関する調査を行うこととなり、官民各方面の代表者を網羅する国土計画対策委員会を設置して、将来20年後の国立公園計画を樹立することとした」と指摘している。

この「将来20年後の国立公園計画」構想は、1942年に田村剛が執筆した大論文「国土計画と休養地特に国立公園並に道府県立公園」において詳しく論じられた。

そして実際に「国土対策委員会」は、1942年に新たに国立公園として北海道の道南（登別、洞爺湖、支笏湖）、東北の八幡平、磐梯吾妻、のちに上信越高原国立公園となる三国山脈、関東の奥秩父、伊豆の大島、滋賀の琵琶湖、四国の石鎚山、紀伊の志摩台地、福岡の英彦山耶馬溪などの10ヶ所を国立公園候補地に指定し、既存の国立公園では、富士箱根に十国峠湯河原を、吉野熊野に金剛高野を、瀬戸内海に東部を、雲仙に島原半島海岸部を併合して拡充する案を提起した。

さらに、1944年に都道府県立として自然公園の候補地の配置を提起した。なお「国土対策委員会」は、先の新設国立公園候補地のうち、6ヶ所（秩父、大島天城、志摩、琵琶湖、金剛高野、英彦山耶馬溪）に絞って国立公園とする計画を公表した。こうした動きは、戦時下には時代錯誤のように思えるが、戦時体力増進政策を逆手にとった国立公園制度維持派による一つの抵抗の試みであり、彼らの最後の抵抗だったように思われる。

戦後の国立公園政策は、この調査とそのアイデアを復活させ、利用することになる。

しかし時局はいっそう悪化し、国立公園などというおおらかな名称は、戦時体制には相応しくないと軍事政府から見なされ、1943年1月、国立公園協会の機関誌『国立公園』は、1月号から『国土と健民』と改題され、5月には国立公園協会自体が「国土健民会」と改名・改組を強いられた。

こうして国立公園制度は、自然保護や国民の健康、レジャー、観光、遊びのための場としての目的を完全に奪われ、国民の体力を増強し、健民すなわ

ち戦争に勝つすこやかな体力をもつ国民を育成する軍事目的の場と位置づけられたのである。

1944年2月25日、政府は決戦非常措置要綱を閣議決定したが、それでも厚生省は、6国立公園候補地の指定準備作成に取りかかりつつも、ついに国立公園予算を3分の1に圧縮し、7月17日には、国立公園事務を廃止してしまった。[11]多くの国立公園関係者が戦地におもむき、他局に転出し、国立公園行政の重鎮田村剛も、1945年6月に厚生省を辞して岡山に疎開してしまった。[12]こうして国立公園制度は、敗戦の前年に完全に消滅してしまっていたのである。

2 占領下におけるGHQの国立公園政策

こうして戦時に崩壊した国立公園制度は、敗戦とともに復活・再建されていくことになる。その過程を大きく規定したのは連合軍総司令部・GHQという強力な占領機構の存在とGHQの国立公園政策であった。すなわち、1945年から52年までの戦後の国立公園制度の復活過程は、連合軍の占領下というきわめて特殊な政治状況下に、直接GHQの専制的な国立公園政策によって大きな影響をうけてきた。

GHQは、日本占領後ただちに、戦争を遂行した天皇制軍国主義の政治・経済機構を解体し、日本を民主化する方針を打ち出した。[13]

そうした民主化方針の中で、1945年11月12日に公表されたGHQの「美術品・記念物及び文化的歴史的地域・施設の保護・保存に関する覚書」は、政府に「国立公園を含む文化的、歴史的、宗教的重要性を一般に認められた作品と地域の保護に関し、必要な措置を講じ、その管理、維持に任ずべきこと」と命じ、当時の12国立公園をはじめ、日本三景や各地の名勝地の現状について報告をもとめた。[14]

GHQのこの方針作成に具体的にかかわったのは、「GHQの民間情報教育局勤務の造園家でもと米国国立公園にも勤めたことのあるポパム大尉(Captain Walter O.Popham)」であった。[15]

ポパムは、1922年にコーネル大学を卒業した造園家で、造園計画の仕事を10年ほどやって、1932年頃、アメリカ国立公園局に4年ほど勤務し、国立公

園の現場でも働き、アメリカの国立公園を熟知していた。その後アメリカ農林省山林局に4年ほど勤務し、その間1922年と1931年に日本を訪れた経験をもった知日派であった。

ポパムは、敗戦とともに1945年9月23日に日本にきて、GHQ民間情報教育局の一員として活動し、日米の国立公園について知識を駆使して、戦後の国立公園政策の策定にGHQの立場から大きな影響を与えた。[16]

では、GHQの国立公園政策とはどんなものであったのか。私の研究の結論を簡潔に指摘すれば、GHQは戦時下に崩壊した国立公園制度を復活させて、さらに戦前に形成された日本の国立公園制度をアメリカ型の国立公園に改変しようとしたということである。

アメリカ占領軍の対日政策は、戦争をおこした日本の軍国主義勢力、それと結びついた天皇制、保守政治、財閥、あるいは民主主義を抑圧する専制的な封建的遺制などさまざまな制度を、平和で民主的な制度に改革することであった。

しかし、戦前に成立した日本の国立公園制度には、GHQの基本方針に反するものは本質的に存在しなかった。GHQの基本方針に反するものは、強いて言えば、先に指摘したように、戦時下に国立公園制度として解体され、改変された軍国主義的な保健制度だけであった。

そうであれば、GHQの国立公園政策は、第1に、基本的に戦前に制定された国立公園制度を、さし当たり元の制度に戻す程度の単純なものであった。しかしGHQの勝者の論理は、アメリカ民主主義の正義を必要なものとして日本に押し付け、不必要なことにまで細かに干渉したがるものであった。GHQの国立公園政策は、第2に、実は日本の国立公園制度にたいしても、自国の国立公園モデルをもとに改変しようとするものであった。

第1の点については、敗戦直後の国立公園の復活過程を注意深く観察すれば明らかであり、当時の国立公園行政担当者の発言からも証明できる。第2の点については、1948年3月にGHQによって招聘されたリッチー（Charles A.Richey）が、5ヵ月の日本滞在ののち、1949年1月に日本政府に提出した「勧告」から十分に窺い知ることができる。

まず第1の問題から見てみよう。

田村剛は、『日本の国立公園』において、ポパムは「厚生省にも又在野の造園にも親しく、種々の助言を与え、又我国の国立公園の大部分と若干の候

補地の調査を行い国立公園行政に関して、種々指導と便宜を与えてくれた」[17]と指摘している。これだけの証言では、占領当初のGHQの国立公園政策がどのようなものであったのかは明らかではない。

　1947年1月20日、戦後はじめて伊勢志摩が13番目の国立公園に指定された。田村剛は「地元からの熱望のあった伊勢志摩を国立公園に指定する準備が、急速に進捗して、ポパム大尉の保証もあり、GHQの同意も得られて、正式指定」[18]となったと述べている。

　この時期には、国立公園を指定する「国立公園委員会」制度を戦時中に廃止してしまっていたので、日本政府は国立公園指定の法的な根拠をもっていなかった。そのため伊勢志摩の国立公園指定は、国立公園行政当局が推進したとしても、GHQが超法規的な権力で指定したとしか考えられない。

　GHQの日本の国立公園制度への関心を象徴している出来事であった。

　またGHQ天然資源局は、のちにふれるように、ポパムらとは反対に国立公園内の尾瀬の電源開発計画を促進する側にたち、尾瀬の電源開発計画反対に介入したりしたこともあった。

　第2の問題について検討しよう。

　『日本の国立公園』を見れば、占領下の2、3年にGHQが日本の国立公園行政に押し付けようとした各種のアメリカ型の国立公園政策を検出することができる。

　ちなみにアメリカ型の国立公園は、国有地からなる営造公園制をとり、1914年に内務省内の中央官庁たる国立公園局を組織し、巨額の統一的な国家財政を保持して全国の国立公園を中央組織から一元的に支配・管理すると言うものであった。[19]

　のちに詳しく検証するように、アメリカ国立公園局の元職員のポパムは、アメリカ型国立公園モデルを正義として、日本の国立公園の欠陥を認識し、安上がりの制度、予算も著しく少なく、部局ならぬ一つの課内の係りにすぎない行政組織、当然各地に存在する国立公園を直接独自に管理できず、地方自治体に依存するという弱小の国立公園行政機構を、アメリカ型に根本的に改めようと考えたのである。

　のちにもふれるように、ポパムの意向をうけて、1947年5月に成立した片山連立内閣のもとで、厚生大臣に就任した一松定吉と衛生局長三木行治は、国立公園行政組織の拡大と予算の大幅増加を閣議決定した。[20]しかし、政府は

行政組織の形式的な拡大を認めたが、予算の増額をけっして認めなかった。

このラジカルにして画期的なアメリカ型の政策は、戦前に制定された日本の国立公園制度の特質を大幅に否定するものであり、部分的かつ形式的に取り入れられたものの、戦前の体質を継承する日本政府・官僚は、この政策を本質的に受け入れず、拒否したのである。

もっともGHQの対日政策において、アメリカ型の国立公園政策が否定されるという事態は、戦争責任者の公職追放、労働界の民主化、財閥解体、農地改革などの基本的な占領政策とくらべれば、取るに足りない小さな問題にすぎなかった。ただしポパムにとっては、恐らく愉快ではありえなかったであろうが。

GHQはポパムの斡旋によりGHQの顧問として、米国立公園局からリッチーを呼んで、日本の国立公園について改めて調査研究してアメリカ型の国立公園をつくることを勧告させたのである。[21]

リッチーは、1948年4月から8月まで滞在し、日本の国立公園行政担当者たちと密接に交流し、日本の国立公園制度・政策について協議して、「報告書」をつくり、1949年1月11日に「連合軍司令部民間局」に提出した。この報告書は、さらに同年2月9日に「連合軍司令部公衆衛生局」から日本政府厚生省に「リッチー覚書」として提出された。[22]

この「報告書は日本における国立公園に対する維持管理、整備につき厚生省主管係官の使用に供し、今後の行政指針たらしめる目的を有する（合衆国内務省国立公園局長、軍医准将　クロフォード・F・サムス）」と前書きされている。[23]

「リッチー覚書」は、Ⅰ序論、Ⅱ調査状況、Ⅲ論議及び所見、Ⅳ勧告の4章からなっているが、リッチーの提言の要点が「Ⅳ勧告」に集中的に示されている。[24]

この「覚書」の「勧告」は、ポパムの意見を踏襲したものであり、より明確に戦前の国立公園制度の基本的性格を批判し、日本の国立公園制度をアメリカ型に改革することを提言したものであった。その理念的な基本勧告部分は、日本政府によって受け入れられなかったが、しかし戦前の国立公園制度がもつ基本的特質、あるいはその弱点を摘出しており、日本の国立公園制度の構造的な弱点を変革する方策を考えるうえで、実に興味深いものであった。

そうであるとすれば、ここで「リッチー覚書」の「勧告」について検討し

ておくのも、大いに意義のあることであろう。

　覚書が勧告した政策は、実に多岐にわたっているが、大別すると三つのタイプに分けられる。

　第1の政策タイプは、日本の国立公園の構造的特質を否定し、ポパムやリッチーあるいはGHQの望むアメリカ型国立公園に変革せよとする革新的政策であった。それは、日本政府にとっては容認しがたい、いわば革命的とも呼べる政策である。

　第2の政策タイプは、一般的にいって日本の国立公園行政担当者たちがすでに戦前からもっていた政策であって、戦後にも彼らが当然主張し実行しようと考えた政策であった。

　第3の政策タイプは、日本の国立公園行政担当者たちが戦前戦略的に曖昧にしてきた政策で、戦前には主張しにくかったが、新しい戦後社会では、あるいはGHQの庇護のもとでは、日本政府にとってはともあれ、むしろできれば積極的に主張してもよいと思われた望ましい政策であった。

　以上の政策タイプは、勧告の中では互いに重なりあっているが、戦後の国立公園の復活過程にとってはきわめて重要な意味をもっていた。

　ここでは、日本の国立公園制度の本質にかかわる第1の政策タイプの「勧告」を中心に検討してみよう。その提言は、第1に、小さな国立公園行政機関を統一的な中央機関に改変せよとするもの、第2に、国立公園にたいする予算を大幅に増大せよとするもの、第3に、私有地を基礎とする地域制国立公園を改め、国立公園行政当局に土地管理を移譲せよとするものであった。

　「勧告」の「A」は、最初に総論的に、「現在のみならず将来にわたる日本の国立公園体系の保護、機構及び開発についてその概要を明らかにするもの」と指摘し、厚生省（国立公園部）が「復興を図るべき占領期間中総司令部当局の支持と指導を必要」とすると指摘した。これは、日本の国立公園政策にたいするGHQの一般的な姿勢を示したものであった。

　「勧告」の「1」項は、「個々の国立公園地域を管理する政府の正規の機能は、公園を管理し、保護し、運営し、維持して行くために各種職員（公園管理員を含む）を指揮下に有し、且厚生省国立公園部に直属する監督官に委ねられるべきこと」とし、「国立公園の管理、保護及び開発に統一性を附与するために中央政府の権限をこのように伸張させることが絶対に必要である」と提言した。

この提言は、明らかに安上がりで弱小の国立公園行政、内務省衛生局内の一つの課、少人数の保健課の支配・管理体制にとどまっていた戦前の日本の国立公園制度(25)を改めて、アメリカ型の国立公園制度をモデルにして、国立公園の管理機構を統一的な中央政府による管理機構を構築せよと言うものであった。

　「勧告」の「2」項は、「厚生省国立公園部」を拡大し、「その責任に相応(ふさわ)しい行政地位を与えるためにそれを局に昇格させること」と勧告したものであり、覚書「1」の勧告を敷衍(ふえん)したものである。さらにそうした観点から「国立公園法はその責任に相応しい正常な発展を許容されなくてはならない」として、国立公園制度を強化するための法改正を命じたものであった。

　これらの勧告は、本質的には日本政府にとっては到底認められない革命的政策とも言うべき提言であった。もっとも国立公園行政当局は、こうした提言を形式的に受け止め、1947年に、財政的な手当もなく、厚生省衛生局保健課の一係りを厚生省衛生局内の「国立公園部」に昇格させた。

　また「勧告」の「14」項は、「総司令部は国立公園地域に関する更に広汎な計画を支持すべきこと」として「これは国立公園全体としての基本計画(Master plan)を通じて国立公園を日本国民が最大の福祉に合致すように管理、保護、開発、運営して行くためのものである」と提言した。

　この提言は、国立公園行政の中央機能を強化する政策としては、アメリカ型国立公園制定の提言であるが、一般的に見て、国立公園行政が「日本国民が最大の福祉に合致するように管理、保護、開発、運営」をおこなうべきであると提言したものと理解すれば、国立公園行政担当者にとっては、戦前の国立公園法にも規定されていたごくあたり前の提言でもあった。

　国立公園行政についての勧告と並んで、日本の国立公園にとってラジカルで革命的とも言える勧告は、国立公園予算の大幅な増加の提言であった。

　「勧告」の「3」項は、「国立公園における施設の保護維持に要する経費として昭和24年には少なくとも1億円の予算を計上しなければならない。既存の施設が破壊しつくされてしまって、改めて建て直すというような事を未然に防止するためには、昭和24年には前記金額の約半分の予算を計上すること」と提言した。

　同様に「勧告」の「10」項は、「総司令部は日本政府が既存の国立公園を管理し、保護し且運営するための日本政府の予算上の要求を支持し、且日本

政府の予算計画を指導すべきこと」と提言した。
　さらに「勧告」の「13」「a」項では、国立公園利用のための巨額な開発費用、10年間で11億円（1年平均1億1,000万円）の予算を提言した。
　この一連の国立公園のための巨額国家予算の勧告は、1947年の国立公園開発予算550万円と比較して驚くべき巨額な予算であり、明らかにアメリカ型の国立公園行政組織を想定した政策提言であった。この提言は、日本政府にとってけっして容認できない政策提言であった。
　以上が国立公園の行政と財政についての基本的な「勧告」であった。さらにアメリカ型の勧告は続く。
　「勧告」の「8」項は、1931年制定の「国立公園法を次の諸規定を含むように改正、強化すべきこと」とし、以下の項目でいくつかの「改正、強化すべきこと」を提言し、ラジカルな政策を提起した。
　まず「勧告」の「9」「b」項は、「目下立案中の国有財産法に国立公園内の総ての国有地を厚生省国立公園部の所管とする規定をいれること」と提言した。
　戦前の日本の国立公園内に占める国有地率は、12国立公園全体で約60％であったが、国有地を農林省の管轄から厚生省国立公園部の管轄に移譲せよという提言であった。
　また「勧告」の「11」項は、「国立公園内の総ての公有の土地の管理権はその重要な価値を国立公園の目的のために保護し、公共の福祉に適合して管理して行くことを確実にするために厚生省（国立公園部）の所管とするべきこと。それは国有林、その他の国有地、旧御料林、その他の御料地及び旧社寺地並びにその下部行政機構が所有し又は管理する土地を含む」と提言した。
　ちなみに戦前の日本の国立公園における公有地の比率は、全体で14％にもなっていたが、この提言は、地方地自体の所有する公有地、あるいは地方地自体の管理下にある「国有林、その他の国有地、旧御料林、その他の御料地及び旧社寺地」などを厚生省の国立公園部の管理に移管せよという政策提言であった。
　もちろんこれらの提言は、戦前に国立公園の土地を国有化するかどうかをめぐってあらそってきたことを念頭においた勧告であったことは明らかであるが、国立公園内の6割近くの土地を占有し管理する強大な権力、権限を保持してきた農林省が、この革命的提言を認めるはずがなかった。農林省がこ

の問題についてどのように動いたかについては、私の今の研究段階では明らかにできなかったので、今後の研究を待ちたい。

「勧告」の「9」「a」項は、「国立公園内のある特定の私有地を次の諸目的のために10年又は20年の期間を限って優先的に買上げるための（一定年額の）予算を成立させる規定」をつくれと提言した。

日本の国立公園の土地所有関係は、地域制国立公園として、100％近い私有地のイギリスなどと異なって、24％しか私有地を内包していなかったが、[30]「勧告」「9」「a」項は、この私有地の内の「重要な自然的又は歴史的物象の保護」、「重要な公共的利用施設の開発」、「一般民衆が国立公園地域内に立入り又は国立公園に到達することを可能ならしめる」という3点に限定しているとは言え、私有地の国有化を勧告したのである。

以上のように、国立公園の土地所有関係を根本的に改める提言は、日本の地域制国立公園制度を否定し、アメリカの営造物公園制型国立公園制度にラジカルにして革命的に改革せよとの提言であった。

さらに「勧告」は、国立公園行政の権限を強化するための法改正を提言した。

「勧告」の「8」「d」項は、「厚生省（国立公園部）が各都道府県及びこの下部行政機構に対して公園、道路公園及び休養計画に関する事項について指導と計画上の援助を与える事を許す本法律の不明確な規定を明文化し、その範囲を拡充すること。その権限は日本に対する国家的休養地計画を実施することを認め且つ指導するに足るだけの幅をもつものでなくてはならない」と提言した。

この「勧告」は、アメリカのように、国立公園部にたいし国立公園政策の計画の権限を法的に明確に与えることを提言したものである。

さらに「勧告」の「8」「e」項、「9」「c」項で、厚生省（国立公園部）の道路、交通にたいする権限の強化を提言した。

一連の提言は、道路建設、観光開発、国有林にかかわる権限を国立公園部に集中的に与え、縦割り行政を否定する提言であった。戦前に建設省、運輸省、農林省の権限を侵さないで国立公園制度を制定した国家官僚にとって、そうした提言はけっして認められないものであった。事実、この勧告にしたがった法改正は何一つおこなわれなかったし、国立公園の利用のための統一的国家計画はつくられなかった。

以上のようなアメリカ型国立公園行政のあり方についての政策提言のほか、「勧告」は、国立公園における自然保護を強調しようとする「勧告」をおこなっている。

　「勧告」の「4」項は、「国立公園地域内の伐採に関し厚生省と他の政府機関、団体又は個人との間の現在の協定を調査し、それが公共の利益に反するか、又は国立公園の価値を損壊すると考えられる場合はこれを廃止するか、又は改めて交渉すること」と提言し、国立公園内の森林保護のために、関係機関の話し合い、調査を提唱し、公共の利益に反する伐採の禁止を提言した。

　この勧告は、必ずしも第1のアメリカ型国立公園の政策提言とは言いきれず、戦前の国立公園法の範囲内でも可能な望ましい政策の課題でもあった。

　「勧告」「4」「a」項は、「厚生省との取極に基かない国立公園区域内の総ての伐採を検討してその性格を明らかにし、適当な取極をなすか、又は中止させること」、「b」項は、「伐採の計画は取極をなすに先だって、その伐採が公共の福祉に適合するかどうか、且又国立公園法の趣旨に副って行い得るかどうかを決定するために徹底的に検討しなくてはならない」と提言をした。これも「4」項と同じ意味合いである。

　ただ、戦後の新しい事態の問題に対応した問題として、「勧告」の「5」項は、「国立公園区域内の森林地の所謂『開墾』は、この国を著しく損傷する行為として廃止すること」と提言した。この提言は、戦後の食糧難あるいは大量の海外から復員軍人、引揚者を救済するためにおこなった開拓政策が、国立公園を浸食しつつある事態に警告を発したもので、新しい政策的な提言となっている。

　「勧告」の「6」項は、「現在水力電気開発に国立公園区域の国有地における湖沼、河川の水が盛んに利用されているが、現在の取極が公園地域の損傷を許すものであるかどうか、又この取極が公共の福祉に適合するものであるかどうかを決定するために現在の利用状況を検討すべきこと」と提言した。

　この勧告も、一般的に国立公園内における水力発電所開発が国立公園に損傷を与えるかどうかについて検討を提起しているだけで、踏み込んだ保護規定になっていない。当然の政策提言にとどまっている。

　のちに詳しく見るように、1948年に尾瀬で電源開発問題がおこっていたことを想起すると、むしろこの勧告は、水力発電開発を厳しく規制せよと言うものでなく、水力発電開発の是非の検討を呼びかけたものにすぎず、国立公

園政策担当者にとってむしろ物足りない提言であったかもしれない。

その代わり「勧告」は、自然保護を法的に強化するいくつかの勧告をおこなった。すなわち、「勧告」の「8」「a」項は、「重要な景勝地、国家的又は歴史的物象及国立公園の『特別地域』におけるその環境の完全な保護。これは『保護地区』の分類又は指定を追加することによって目的が達せられるであろう」と提言した。

「勧告」「8」「a」の提言は、戦前の国立公園法第8条において規定した『特別地域』が不十分であることを意識して、『特別地域』に『保護地区』設置の規定を付け加え、自然保護を強化せよと提言したものである。

この提言は、第1のアメリカ型の特別な政策ではなく、『特別地域』の規定をいっそう強化する、国立公園行政担当者にとっては望ましい政策提言であった。

この勧告は、1949年5月に実際に国立公園法に採用され、「特別保護地区」制度の設置となって自然保護を強化するシステムとなった。

「勧告」の「9」「d」項は、「鳥獣保護のための保留地を設けて国立公園の『特別地域』内において野生動物を保護する規定を設けること」と提言した。この勧告も、自然保護を強化する望ましい政策の提言であった。実際に1950年に狩猟法が改正されて鳥獣保護区が設定されたが、所管は林野庁であって、国立公園独自の問題とはならなかった。[31]

「勧告」の「8」「b」項は、「『普通地域』において国立公園道路に沿って構築された工作物の形態並びに位置及びこれらの道路に直接する風景価値に対するより適切な統制」を提言しているが、国立公園法にすでに一般的に規定されているものであって、とくに問題のない当然の政策提言であった。

さらに「勧告」の「8」「c」項は、「本法の規定に違反する行為に対する罰則の限度の強化改正及本法のもとに施行されるべき命令、規則の補足」を提言した。この勧告も、国立公園政策担当者にとって、とくに望ましい政策提言であった。

以上のように自然保護に関する勧告は、アメリカ型の革命的な政策の提言というのではなく、国立公園法の自然保護規定の強化を提言するにとどまり、日本の国立公園政策担当者にとってごく当然か望ましい政策提言であった。

つぎに国立公園の利用のための開発を推進しようとする「勧告」について言えば、リッチーの勧告は、国立公園の利用のための観光的開発を促進する

提言をたくさんおこなっているが、この政策提言はアメリカ型の革命的な政策とは直接関係がないので、本論では立ち入らないでおこう。

　最後に、新たに国立公園を指定し、拡充しようとする「勧告」についてみたい。

　勧告「15」項は、「既設の国立公園に対する追加の主なものは、その地域について利用上の重要性に対する田村博士の評価に基づいて検討しなければならないものであるが、潮の岬の一部を吉野熊野国立公園に編入するような些細な追加は例外とする。又瀬戸内海国立公園に対する追加提案も本報告に論じたように追加が適当であると評価され得るものでこれも例外的に先づ第一に考慮されるべきものである」と提言した。

　また勧告「16」項は、「国立公園の新しい指定は控え目に行うものとして（1年に一又は二の地域、多くて三）18から20の国立公園を日本に設けることを目標とすること。その場合地域は個々の真価に従って判断すること」と指摘し、具体的に「北海道の洞爺湖国立公園候補地を次の国立公園に指定すること」、「本州の三国山脈地域は国立公園指定について有望であるとの評価を受けるべきである」と提言し、かつ「他の新しい地域は田村博士の各地域の重要度評価に基いて検討すべきこと」と提言した。

　こうした国立公園の新設・拡充については、日本の国立公園行政においてすでに戦前、戦時から提案されていたものであり、国立公園行政当局にとっては、むしろ当然の政策であり、特別な意味をもつものではなかった。ただGHQの田村剛への信頼度の高さが示されていて興味深い。

　以上のように、リッチー勧告について、かなり詳しく検討してきたが、リッチー勧告は、敗戦直後の国立公園の復活過程を制約するGHQの占領政策としてきわめて重要な意味をもっていたことがわかる。

　ただし、アメリカ型をモデルとして日本の国立公園の行政組織と機能を革命的に改革するように呼びかけた勧告は、戦前日本の国立公園の特質を否定するものとして日本の政府によって完全に拒否されてしまうことになる。

　しかし、必ずしもアメリカ型の政策に結びつかず、戦前の国立公園制度をいっそう改善・充実するための勧告という側面をふくんでいたリッチーの勧告は、敗戦直後の日本にとって国立公園どころではないという状況下に、国立公園を復活させようとしていた国立公園行政当局にとって、大きく強力な権力的な後ろ盾となったということができる。

当時の国立公園行政担当者は、GHQの国立公園政策を自分流に精一杯利用して、国立公園の復活をはかったのである。

3　敗戦後の危機的経済状況と戦前型政治構造の維持

　戦後のイギリス、アメリカの国立公園は、第二次世界大戦の戦勝国として、戦争をたたかった国民を戦後にどう遇するかという観点から、国民のためのレジャーの場として積極的に開発され、かつ自然保護に貢献するものとしてあつかわれてきた。[32]

　しかし日本の戦後の国立公園は、イギリスやアメリカの国立公園が有利な状況におかれていたのと正に対照的に、敗戦国として厳しい経済的条件のもとにおかれ、そうした悪条件のもと、せいぜい戦前の制度を復活させることをめざされたにすぎない。

　国立公園の復活のための厳しい経済的条件とは、第1に、敗戦による経済の壊滅状況、そうした壊滅的経済状況を克服すべく経済・産業の強行的再建、疲弊した財政などであった。

　敗戦直後の日本の経済的荒廃については、ここで多弁を要しない。[33]

　日本の生産設備能力は、1944年末とくらべ敗戦時には、銑鉄生産で38％減、石炭で24％減、工作機械で48％減、自動車で50％減、アンモニアで65％減、セメントで15％減などであった。電力についても山奥にあった水力発電の被害はなかったが、火力発電は30％の被害をうけ、電力不足を招来した。

　1945年末に戦争に動員された軍人の復員、植民地からの移民の引揚者は約540万人にものぼり、工場の休廃で失業者は410万人、失業状態にあった者は約800万人にもたっした。1946年4月の調査でも、完全失業者は355万人、不完全失業者を加えると600万人の失業者がいたと言われている。

　農家のおもな働き手が徴兵にとられ、農村の生産力は減退し、主食の米の生産はピーク時の57％にしかすぎなかった。戦後は深刻な食糧不足に見舞われた。軍事費の調達ための膨大な公債は急激なインフレをまねき、実質賃金を大幅に下落させ、働く国民を生活苦においやった。

　こうした混乱荒廃した経済状況のもとで、政府はさまざまな経済政策をこうじ、経済の安定化、再建に取り組んだが、それは民生の犠牲の上におこな

われた。

　経済の混乱・荒廃は、国立公園の復活どころではない社会状況を生み出した。大幅な赤字財政による支出制限は、国立公園予算を圧迫した。

　政府は、敗戦直後の5年間には国立公園にかかわる電力産業、鉱山業の開発をあまりおこなう余裕をもたなかったが、戦後の後半期（1950年から1957年）には、国立公園内の電源開発計画が提起され、国民の危機的経済状況のもとで開発か自然保護かという問題を浮上させていくことになる。

　戦後の国立公園制度は、GHQの占領政策のお陰もあって、多くの民主的改革がなされたにもかかわらず、また一部の政治家や高級官僚が公職追放されたものの、基本的に戦前から維持された保守政治体制、官僚機構のもとで再生・復活されたということである。

　GHQの民主化政策は、敗戦国にしばしば見られた革命気運を回避するために、革命勢力あるいは反体制的革新勢力を抑圧し、戦前の保守政治を継承する政治勢力を維持し、一部の高級官僚を公職追放するだけで旧官僚機構も維持した。

　敗戦後の政治は、敗戦後の衆議院の選挙結果を見れば、戦前の保守政治を継承する政治勢力が支配したことが明らかである。その結果、敗戦後の国立公園政策は、政治的には基本的に戦前の政策が引き継がれることになった。

　維持された戦前の保守政治と官僚機構は、敗戦後の国立公園にたいして、安上がりの国立公園制度を継承し、巨額な財政負担をともなうGHQによる国立公園制度改革の革命的な勧告を断乎として拒否して、せいぜい戦時下に解体された国立公園制度を戦前の水準に復活させただけにとどめた。

　革新的な民主勢力は、表1－1に示したように多数派を形成できず、短命な片山連立内閣を例外に、ついに政権に付くことができなかった。そのためアメリカやイギリスのように、国立公園制度は画期的に改革されることはなかった。

　敗戦後の日本の革新政党は、国立公園の意義をどれほど理解していたか定かではないが、恐らく先進的な国立公園政策担当者たちより劣った認識しかもっていなかったと推察される。日本の革新政党は、疲弊した国民生活の改善闘争におわれ、労働組合は賃上げと勢力争いに明け暮れ、GHQの政策を盾に国立公園制度の根本的な改革を提起することなどまったくなかった。

表1－1　敗戦直後の総選挙の結果

選挙年	1946年4月		1947年4月		1949年1月	
政　党	当選者数	得票率	当選者数	得票率	当選者数	得票率
保守系	248	46.3	268	59.1	347	63.0
自由党	140	24.4	131	26.7	264	43.9
進歩党	94	18.7				
民主党			124	25.4	69	15.7
共同党	14	3.2				
国協党			13	7.0	14	3.4
革新系	98	21.6	147	29.9	84	25.2
社会党	93	17.8	143	26.2	47	13.5
労農党					7	2.0
共産党	5	3.8	4	3.7	35	9.7
諸　派	38	11.7	21	5.1	29	11.8
無所属	80	20.4	12	5.9		
合　計	464（人）	100.0（％）	466（人）	100.0（％）	466（人）	100.0（％）

注　福永文夫『占領下中道政権の形成と崩壊』、岩波書店、1997年の68頁、126頁、134頁から作成。

　社会党や共産党の一連の選挙政策には、国立公園の改善などという問題意識は微塵も見られなかった。ちなみにイギリスでは、戦後労働党が選挙に勝って国立公園法を制定した。

　国立公園の復活過程に厳しい条件となったのは、荒廃する経済状況と経済主義が跋扈する中で、国民が文化について語る余力をもたず、国立公園についての意識を高めることなどできなかったことである。戦前に国立公園制定の時期には、国立公園についての国民の意識はある程度高まり、国立公園の自然を守る運動も小さいながらおきた。

　しかし、戦後の国立公園の復活過程においては、国立公園制定期に見られた国立公園の国民的意識、とくに国立公園のもつ自然保護機能にたいする期待、意識の盛り上がりは見られず、国立公園制度についての国民的意識はきわめて低調・希薄であった。各種の学会・ジャーナリズムでは、戦前のような国立公園論議がほとんどなかった。

　ただし戦前と同様に、のちに述べるように経済的に疲弊していた状況下に、

地方では地域の観光開発を意図する勢力が国立公園に関心をいだき、1947年頃から国立公園制定・拡張運動が急速におこってきた。これらの運動は、たしかに国立公園を社会的にひろめる役割を果たしたが、しかし、国立公園の自然保護の機能にたいする意識をともなわなかった。

　他方、戦前と同様に、敗戦後まもなく国立公園内における産業開発、とくに電源開発の問題がおきてくる。しかし世論は、経済復興第一主義の雰囲気につつまれ、電源開発反対運動を著しく制約することになった。また敗戦直後のマスコミも、国立公園への理解が著しく乏しく、反対運動を大きく制約した。

　以上のように、戦後の国立公園の復活過程は、厳しい条件のもとにおかれてきた。それらの条件は、戦前に培ってきた国立公園思想、運動を発展的に成長させることを抑制し、GHQの積極的な勧告にもかかわらず、国立公園をせいぜい戦前の水準に回復するにとどめる足かせとなったのである。

注
　（1）戦時下の国立公園については、おもに国立公園協会編『日本の国立公園』、国立公園協会、1951年、の記述による。なお前著『国立公園成立史の研究』では、戦時下の国立公園については部分的にしかあつかわなかったが、検討すべき課題は多く残っている。
　（2）前掲『日本の国立公園』、48－54頁を参照。
　（3）同上。
　（4）戦時下における尾瀬、十和田湖、吉野の北山川、黒部などの電源開発計画とそれにたいする反対運動については、本書の各関連の章で簡単に言及したので参照されたい。
　（5）戦時下に尾瀬の電源開発に反対した武田久吉、川崎隆章の公的発言（前著、259、260頁）、十和田湖では国有林伐採に反対した小笠原松次郎の意見（拙稿「日本の国立公園の制定（中）」『経済志林』69－4、114－115頁）が注目される。
　（6）田村剛『国立公園講話』、明治書院、1948年、57頁。
　（7）前掲『日本の国立公園』、51－52頁。
　（8）前掲『国立公園講話』、57－58頁。
　（9）『国立公園』No.14－1－4、1942年2月、3月、7月、8月。
　(10)詳しくは、1942年の国土計画対策委員会の報告と「決議」を参照。

『国立公園』No.14-3、1942年6月、23-24頁。
(11) 前掲『日本の国立公園』、53-54頁。
(12) 種市佐改『阿寒国立公園の三恩人』、釧路観光連盟、1984年、64頁
(13) GHQの占領政策、民主化政策については、五百旗頭真『米国の日本占領政策』上下、中央公論社、1985年を参照。
(14) 前掲『日本の国立公園』、55頁。
(15) 同上、55頁。
(16) ウォルター・ポパム、田村剛「対談　観光と国立公園」、『国立公園』No.9、1950年7月、18頁。
(17) 前掲『日本の国立公園』、55頁。
(18) 同上、55頁。
(19) アメリカの国立公園制度について詳しくは、拙稿「アメリカの国立公園の理念と政策についての歴史的考察」、『経済志林』69-2、「成立期におけるアメリカの国立公園の理念と政策」、『経済志林』74-1・2、および上岡克己『アメリカの国立公園』、築地書館、2002年を参照。
(20) 前掲『日本の国立公園』、57頁。
(21) 同上、60頁。
(22) 環境庁自然保護局編『自然保護行政のあゆみ―自然公園五十周年記念』、第一法規出版、1981年、632頁。
(23) 同上、632頁。
(24) リッチー報告の「Ⅳ　勧告」は、『自然保護行政のあゆみ』の632-635頁に全文引用されている。なおこの「覚書」の原文は、竹前栄治監修『GHQ指令総集成12』、エムライ出版、1993年、SCAPIN-269、に収録されている。
ちなみにリッチー報告の要約は、『自然保護行政のあゆみ』の98-100頁にあるが、十分その意味が吟味されているとは言えない。旧稿「敗戦直後における国立公園制度の復活（上）」では、「Ⅳ　勧告」全文を引用しておいたが、本書では割愛した。
(25) 安上がりの国立公園制度という用語は、拙著『国立公園成立史の研究』の造語である。本書でものちにたびたび言及することになる。
(26) 前掲『日本の国立公園』、57頁。
(27) 拙著『国立公園成立史の研究』、129頁。平均の数値は、環境庁のデータによる。
(28) 同上、129頁。
(29) 同上、72頁。

(30) 注（27）に同じ。
(31) 前掲『自然保護行政のあゆみ』、432、440頁。
(32) イギリスの戦後の国立公園については拙稿「イギリスにおける国立公園思想の形成（3）」、『経済志林』73-1・2、あるいは拙稿「イギリスの福祉国家型レジャー政策について」、『大原社会問題研究所雑誌』No.455、1995年12月、参照。アメリカの国立公園については、「成立期におけるアメリカ国立公園の理念と政策（1）」、『経済志林』74-1・2を参照。前掲『アメリカの国立公園』参照。
(33) 戦後の社会史、経済史についての文献は多々あるが、ここでは正村公宏『戦後史』上、筑摩書房、1985年、の第2章、第3章を参照し、データは、本書のものを利用した。
(34) 戦後2回の各選挙における各政党の選挙政策をみよ。福永文夫『占領下中道政権の形成と崩壊』、岩波書店、1997年、64頁、128-133頁を参照。
(35) 詳しくは前掲「イギリスの福祉国家型レジャー政策について」、『大原社会問題研究所雑誌』No.455を参照。
(36) 敗戦前の各国立公園にかかわる自然保護運動については、拙著『国立公園成立史の研究』の第Ⅱ部を参照されたい。

第2章
占領下における国立公園制度の復活

はじめに
1　国立公園行政組織と国立公園法の復活・整備
2　安上がりで脆弱な国立公園制度の復活
3　国立公園委員会設立前の国立公園政策の策定・実施
4　国立公園委員会設立後の国立公園政策の策定・実施

はじめに

　本章の課題は、戦時に完全に解体された国立公園制度が、敗戦後、一方では国立公園の祖国とも言うべきアメリカの占領軍による民主化路線の有利な状況のもとで、他方では戦前とはまったく違った敗戦による極度に疲弊した経済状況と、戦後にも破壊されず維持された戦前型の政治・官僚体制のもとで、いかに復活してきたかを考察することである。そして復活した国立公園行政当局が、具体的にどのように国立公園政策をおこなったかを考察する。
　第1節は、政府が敗戦直後に戦時に解体された国立公園行政組織を戦前の水準に回復し、機能停止していた国立公園法を復活し整備したかを明らかにする。
　第2節は、国立公園行政当局が、GHQの勧告にもかかわらず、戦前に形成された国立公園制度の構造的特質である安上がりで脆弱な国立公園制度をいかに復活させてくるかを明らかにする。
　第3節と第4節は、戦前に形成された国立公園制度が復活していく中で、国立公園行政当局が、敗戦後にどのような戦前並みの政策と戦後の新しい政策を提起し、実施していったかを明らかにする。

1　国立公園行政組織と国立公園法の復活・整備

　はじめに、敗戦直後に国立公園行政組織と国立公園法とがいかにして復活してくるかを明らかにしておこう[1]。
　敗戦直後の厚生省上層部は、1945年10月に戦時下に国立公園行政の実務要員がいなくなり、形式的にのみ残っていた国立公園行政の担当部署を厚生省健民局体力課から厚生省企画課へうつし、さらに厚生省健民局保健課にうつした。そして厚生省上層部は、同年11月20日に、8月15日に内閣総合企画局戦災復興課に配転されていたかつての国立公園行政官・石神甲子郎技師を厚生省健民局保健課に呼び戻し、もともと医師であり厚生省保健院の役人であった三木行治を新たに保健課の課長に任じた[2]。
　さらに復員してきた元国立公園関係職員、技手の江山正美、田中敏治、奈

良橋好男らが復職した。GHQの管理下で三木課長らは、元国立公園関係職員を中心に国立公園行政組織の再建に取り組んだ。また厚生省上層部は、厚生省体力局施設課のもとで消滅した国立公園の行政担当部署を、1946年2月8日に古巣の厚生省公衆衛生局保健課に復活させた。保健課の国立公園の行政担当たちは、書類の整理や国立公園の現状調査や地元との連絡をおこない、行政組織の復活を準備した。[3]

また、1945年6月に厚生省を退職し隠遁していたかつての国立公園行政の重鎮田村剛は、1946年4月に郷里倉敷に近い瀬戸内海岸の疎開先から上京し、一時日本交通公社に関係していたが、「志を得ず」、1946年6月頃に厚生省の嘱託として公衆衛生局保健課に復職した。[4]

こうして戦後の国立公園行政当局は、ふたたび戦前の国立公園制度をリードしてきた田村剛を有力な指導者に復帰させて、国立公園行政を積極的におこなうことになった。

田村剛が回顧しているように、敗戦直後「国立公園に対する社会の認識は寧ろ冷淡であった」[5]。こうした状況下で国立公園行政をあと押ししたのは、GHQにほかならなかった。GHQは、占領とともに国立公園の所管をGHQ民間情報教育局のウォルター・ポパムに委ねた。

アメリカ国立公園局に勤務した経歴をもち、2回も日本を訪れた経験をもつ知日派であったポパムは、敗戦とともに1945年9月23日に日本にきて、GHQ民間情報教育局の一員として活動し、戦後の日本の国立公園政策についてGHQの立場から発言し大きな影響を与えた。[6]

ポパムの最初の影響力は、伊勢志摩の国立公園指定に示されている。国立公園制度と行政組織がまだ十分に復活せず、国立公園を指定する国立公園委員会が廃止されていた段階の1946年11月20日に、突如として伊勢志摩国立公園が指定された。この指定は、その意図や根拠が謎だが、のちに言及するようにGHQの超法規的な権力によってなされたことは明らかであった。

田村剛は、戦前から知り合いだった可能性があるポパムの後押しで国立公園行政の回復に取り組んだ。政府は1947年に入り、戦時中に機能停止していた国立公園法を復活し、同年3月20日に国立公園法を改正し、国立公園にかかわる許認可の権限を厚生大臣に復原し、国立公園法施行規則を改正して国立公園事業にこれまで欠けていた「舟遊施設・ゴルフ場・スキー場・及乗馬施設を加え」、国立公園の利用に幅をひろげた。[7]

1947年3月31日に、三木行治課長、田村剛らは、戦時中に国立公園協会を改名していた「国土健民会」を「国立公園研究会」と改めて、来るべき国立公園運動に備えた。[8]

　政府はまた1947年4月30日に、廃止していた国立公園委員会官制を勅令176号で復活し、国立公園政策の立案、基本行政の作成、国立公園選定、国立公園の拡充、新設をおこないうる国立公園委員会制度を復活させた。[9]

　国立公園委員会制度は、国立公園行政の基本政策を審議・作成するもっとも重要な機関であったが、国立公園委員会官制の要点を示せば、以下のとおりである。[10]

　　第1條　国立公園委員会は、国立公園中央委員会及び国立公園地方委員会とする。
　　　　　国立公園委員会は厚生大臣の監督に属する。
　　第3條　中央委員会は、厚生大臣の諮問に応じ、国立公園に関する重要事項を調査審議する。地方委員会は、関係地方長官の諮問に応じ、当該国立公園の運営に関する重要事項を調査審議する。
　　　　　国立公園委員会は、国立公園に関する重要事項について、関係官庁に建議することができる。
　　第4條　中央委員会は、会長1人及び委員20人以内で、これを組織する。
　　　　　特別の事項を調査審議するため必要ある場合は、前二項の定員の外臨時委員を置くことができる。
　　第5條　中央委員会の会長は、厚生大臣を以つてこれに充て、地方委員会の会長は、厚生大臣の奏請によつて内閣でこれを命ずる。
　　　　　委員及び臨時委員は、関係官庁の関係官吏及び学識経験のある者のうちから、中央委員会では厚生大臣の奏請によつて、内閣でこれを命じ、地方委員会では、関係官庁長の意見を聞き厚生大臣がこれを命ずる。（以下略）

　この国立公園委員会官制の復活は、ここではじめて戦後の国立公園政策を論議し、計画立案し、実行しうる法的な体制を回復させたことになった。

　この国立公園委員会は、戦前のように、厚生大臣を長として、大臣の諮問に応じ、国立公園に関する重要事項を調査審議するところであり、中央委員

は、関係官庁の関係官吏および学識経験のある者のうちから、厚生大臣の奏請によって、内閣でこれを命じることになっていた。委員の選出は、トップダウンで、とくに民主的な選出方法を少しもふくんでいなかった。

国立公園委員会官制の戦前のものとの違いは、戦後の国立公園委員会は、国立公園委員会が、中央委員会と地方委員会の２組織に分かれていたことである。

これは、すでにリッチー「勧告」の分析に際して指摘したように、厚生省上層部が各地の国立公園行政を国立公園中央官庁のもとに抜本的に強化しよとしたGHQとポパムの方針と圧力にしたがって、リッチーが来日する以前に、国立公園地方委員会を国立公園委員会官制に取り入れたことを意味していた。

しかしのちに問題化するように、政府は、実際には国立公園地方委員会制度を十分に機能させることなくお蔵入りさせ、国立公園委員会制度を国立公園審議会制度に改変した1950年４月の数ヵ月後に、国立公園地方審議会制度を法的にも廃止してしまった。

こうして国立公園行政組織を復活させつつあった政府は、1947年５月に厚生省事務次官名の各都道府県あての通達「国立公園施策確立に関する件」を作成して各自治体に送り、国立公園行政の基本的方向を提起した。

この内容についてはのちに詳しく検討するが、国立公園行政当局は、こうして戦後はじめて、「国立公園を中核とする府県立公園、休養地等全土に亘る景勝地を合理的に配置する国立公園体系」[11]の確立を策する方針を提起することになった。

国立公園委員会官制を復活させた国立公園行政当局は、1947年７月から11月にかけて国立公園中央委員会委員を選定し、復活した国立公園委員会は、1948年から積極的に新しく国立公園政策を作成し、国立公園行政を展開していくことになる。

前年の1947年５月に連立政権として成立した片山哲（社会党）内閣の一松定吉（民主党）厚生大臣は、まず国立公園行政に門外漢であった三木行治を公衆衛生局長にすえて、1947年７月に閣議決定により、当時は厚生省内部の公衆衛生局調査課内の一係りにすぎなかった国立公園行政機関を、公衆衛生局内の国立公園部に昇格させた。そして一松厚生大臣は、1948年２月11日に片山内閣の辞職後も、２月14日に大臣に留任して、GHQの意向に沿って国

立公園行政組織の強化整備をはかった。

　設置された国立公園部には、公衆保健局内調査課長だった飯島稔が部長に任命され、管理課と計画課の二つの課が設けられた。そして管理課には河野鎮雄が課長に任命され、事務官として森田克郎、一ノ瀬勝江、技官として池上容、田中敏治が配置され、計画課には石神甲子郎が課長に任命され、事務官に畑一岳、技官に江山正美、二上兵一、奈良橋好男、丸山巖などが配置され、戦前よりやや充実した国立公園行政組織がつくられた。

　こうして国立公園行政要員は、表2-1のように、戦前の1938年に定員18名であったが、1947年には総勢38名と増員され、1948年には部長以下、定員44名となった。その後国立公園部は、国民公園と温泉法を所管することによって、その方面の要員を増員したが、国立公園部の要員は1949年に総員76名のうち33名、1950年には総員114名のうち、現地管理要員39名をふくめ80名が配置された。

　これらの国立公園行政要員の増加は、戦前の安上がりの国立公園制度をいくぶん改善したものであったが、国立公園行政当局にとって少しは望ましいものであったとしても、またGHQの後押しがあっておこなわれたにしても、アメリカ型の国立公園制度の充実した国立公園行政要員にはほど遠いものであった。

　ただし、この国立公園部の設置と要員問題については、すでにふれたように、国立公園行政当局とGHQとの間で意見の相違が生じていた。とくに各国立公園の管理をおこなう地域要員の増加についてのGHQの要求と政府の意見が衝突していた。

　この点について田村剛は、「国立公園部の設置については、GHQの政治部GS（民生局のこと―引用者）との折衝を必要とし、各国立公園の管理については、政府直属の管理所を設けるよう勧告するGHQ側と実情に即する在来の日本側の方針が一致しないので困難な問題となった」と指摘している。財政問題のところでも指摘するように、結局政府は、国立公園行政要員の大幅増員と予算の大幅増額を認めず、安上がりの国立公園制度を維持したのであった。

　ただし、1948年度の予算編成に際して、一松厚生大臣はGHQの要求に沿って、個々の国立公園を直接管理する各地域に管理所の設置をめざし、117名の管理要員の配置とその予算476万円を要求した事実もあった。

表2－1　戦後の国立公園行政要員

年	要　員	合　計
1938	定　員	18
1947	一級事務官1、一、二級事務官8（事務官4、技官4）、三級、四級事務官9名（内事務官5名、技官4名）、雇員16、傭人4。	38
1948	部長1名、課長2名、事務官3、技官6名、そのほか一般職員をあわせ。	44
1949	国立公園要員33、公園温泉要員43。	76
1950	国立公園要員80（本省要員41、現地管理要員39）、公園温泉要員34。	114

注　『自然保護行政のあゆみ』96頁、『日本の国立公園』274頁から作成。

　しかし、各地の国立公園を中央が管理するための出先地方機関の設置案は、片山内閣後の芦田内閣によって拒否され、国立公園部は設置されたが、その権限を各地の国立公園管理にひろげるGHQの方針は拒否されてしまった。[17]
　こうした事情は、GHQが1948年3月に本国からアメリカ国立公園局の国立公園専門家リッチーを呼んで、改めて日本政府にアメリカ型の国立公園政策を「勧告」させることになった理由だったかもしれない。
　ともかく政府は、各地の国立公園を中央で管理せよというGHQの方針を拒否し、また巨額な予算を組むことなしに国立公園部そのものの設置を認めることになった。
　回復しつつあった国立公園行政当局は、すでに1947年1月にかつて戦時下に国立公園協会を改変させて組織した国土健民会を廃止して1948年4月に国立公園研究会に改組し、事実上、国立公園協会を復活させ、かつての国立公園協会のように国立公園行政を側面から支援することを認めた。[18]
　国立公園研究会は1949年12月に国立公園協会と改称することになるが、国立公園協会の正式な復活までの間、事実上国立公園協会のような役割を果たすことになった。国立公園研究会は1948年7月に、かつて国立公園協会が発行していた雑誌『国立公園』を復刊して、戦後の国立公園運動を盛り上げた。
　とくに1949年に尾瀬ヶ原の電源開発計画問題が発生すると、直接反対運動をおこなうのが難しい国立公園行政当局に代って、国立公園研究会は1949年10月に研究会内部に「尾瀬保存期成同盟」を組織して、かつて戦前の国立公

園協会が果たしたような国立公園を侵害する開発に反対する運動をおこなった。

のちに詳しく検討するように、こうして占領下に国立公園行政当局は、国立公園内の自然を保護するために、戦前の国立公園協会がやったように電源開発に反対する体制を復活することができた。

リッチー「勧告」ののちにおこなわれた国立公園法の改正問題は、1949年5月31日の国立公園法一部改正であった。それは4点ほどあった。すなわち1．受益者負担の導入、2．「特別保護地区」の設置、3．準国立公園（後の国定公園）の選定、4．国立公園委員会制から「国立公園審議会」制への変更であった。また上記の変更にともなって、1949年5月31日に国立公園法施行令が改正された。[19]

1949年6月1日には、厚生省公衆保健局内部に設置されていた国立公園部は、厚生大臣官房国立公園部として独立し昇格した。また1950年3月31日に、国立公園法の一部改正に基づいて、国立公園委員会制度が国立公園審議会制度に変更されて、その後に国立公園地方審議会制度が廃止されてしまった。[20]

以上のように1945年から1950年の間に、日本の国立公園制度は戦前のレベルにほぼ復活し、それは戦前の伝統的な国立公園制度の構造的体質（財政的に安上がりで脆弱な中央国立公園行政機関、中央機関による直接的な各国立公園管理の回避、それゆえ不十分な国立公園管理）を復活させたということであった。また部分的には新しい行政組織をつくり出し、国立公園法も改正されていったが、戦前の国立公園の体質を根本的に変えるものではなかったのである。

2　安上がりで脆弱な国立公園制度の復活

占領下の国立公園制度の復活過程で恐らく最大の課題は、すでに指摘したように巨額な財源を投じて国立公園制度を大幅に強化することと、国立公園行政の各国立公園にたいする中央管理の強化のために巨額な国立公園財政を確保することであった。

戦前から日本の国立公園財政は、安上がりの国立公園をつくるという誕生時の事情に規定され、きわめて少額であった。しかもその本質的な理由は、

十分な財政的な手当なしに12ヶ所もある国立公園の管理を機能の弱い地方自治体に任せ、中央機関が巨額な財政負担を回避することであった。

　GHQは、この弱点を改善するように「勧告」したが、日本の政府は、財政負担の大きい国立公園行政を断乎として認めなかった。

　国立公園予算は、表2－2に示したように1946年度には6万5,000円であったが、国立公園行政が復活しつつあった1947年でも、550万円になったにすぎなかった。

　1947年4月の総選挙後の5月に片山内閣が成立し、民主党の長老議員だった一松定吉厚生大臣のもとで、戦前からの国立公園行政に経験のない三木行治厚生省公衆衛生局長は、GHQの方針に沿って国立公園行政組織の拡大と予算の増額を省議決定した。すなわち厚生省は、国立公園部の設置と各地の国立公園管理要員を配置するために、6,600万円を厚生省予算と決定したのであった。[21]

　田村剛によれば、「片山内閣となってからは、一松厚生大臣は頗る積極的で、予て三木局長の抱負でもあった国立公園局設置の政治的工作が開始された。中央に局を、地方にも管理機関を設置し、アメリカ型の行政機関を実現しようとするものであって、これに要する経費6,600万円を計上して省議を纏めた」。しかしこの案は、「大蔵省で削減されて、7月の閣議で追加予算として部を設置するに要する経費等550万円」となってしまった。[22]

表2－2　戦後の国立公園部予算

（単位：万円）

	国立公園部	内施設
1946年	＊6.5	
1947年	550	119
1948年	1,390	620
1949年	1,784	455
1950年	2,496	701
1951年	3,747	1,390

注　『日本の国立公園』286－287頁より作成。
　　＊は、『自然保護行政のあゆみ』96頁による。

この指摘からわかるように、長老の代議士であったが国立公園行政にはまったくうとかった一松定吉厚生大臣のもとで、戦後の国立公園行政にたずさわった国立公園行政に経験の乏しかった三木行治局長は、GHQの意向を汲んで、日本の国立公園制度をアメリカ型に改変するために、公衆衛生局調査課内の一係りにすぎなかった国立公園行政組織を公衆衛生局内の部に昇格させ、各地の国立公園を中央の国立公園部が直接管理する体制を構築する構想のもとに、やや大きめな予算を組んだのである。
　しかし、財政を支配する大蔵省はこれに反対し、省議決定した6,600万円の予算を550万円に圧縮し、巨額な国立公園財政を認めなかった。そのため1947年8月には「GHQ渉外局から厚生省の国立公園制度については、米国のそれを範として改組し管理の集中化と企画化を行い、国立公園は当分新設しないようにと勧告された(23)」。
　1948年2月14日の国立公園予算でも同じ問題が生じた。国立公園部設置にともない、管理課と計画課とがおかれ、定員44名が配置された。芦田内閣の竹田義一厚生大臣は、GHQの圧力をうけて、6,600万円とくらべればかなり小幅だが2,001万円の国立公園予算を提出した。しかしこの要求も、結局芦田内閣によって認められなかった(24)。
　その間の事情について田村剛は、昭和「23年度国立公園予算は竹田厚生大臣の特別の配慮により約2千万円に増額せられ、この内容には国立公園の地方管理機構の不備の対策としてGHQの指示によって、地方管理職員117名、経費総額476万円余が認められたが、職員の増員は法律に規定する必要があり、これが具体的手続きを研究中、芦田内閣の行政整理に合い、遂に其の実現を見ず設置見合わせとなったのは返す返すも遺憾の極みであった(25)」と述べている。
　こうしてGHQの方針にたいする日本政府の反対に当面して、ポパムらは本国から国立公園局職員リッチーを招聘し、日本の国立公園にたいする厳しい勧告を与えようと試みた。しかし日本政府は、原則的にGHQの勧告を無視して、安上がりの国立公園財政政策を貫いたのである。こうして戦後の国立公園は、少額の予算をもって復活してきたのである。
　ただしここで興味ある問題は、その際、戦前に安上がりな国立公園を制定するために体を張ってきた田村剛らがどのような態度をとったかである。
　戦前の国立公園行政にうとかった1947年、48年の厚生大臣、衛生局長らは、

占領下においてポパムの指令するアメリカ型の国立公園制度の構築というアイデアを容易に受け入れたのである。

しかし田村剛は、そうした経験のない国立公園行政担当者とは根本的に異なって、まさに戦前の国立公園をさまざまな困難を乗り越えて、安上がりでもしっかりと制度化するために努力してきた。したがって戦前の国立公園の弱点をそれなりに理解していた田村剛は、戦後の国立公園復活に混乱をまねきかねないGHQの命令を安易に受け入れなかったのである。

この点について田村剛自身は、1947年末から48年3月以前に書いたと思われる『国立公園講話』の中で3点にわたってつぎのように指摘している。[26] ただしナンバーリングは引用者のもの。

　1、次に国立公園の管理機構について述べて置かう。従来国立公園は厚生省保健関係部局の一つの係りで管理せられていたに過ぎぬのであったが、この度一松大臣の下に一躍して国立公園部が誕生したのは、当然とも言えるが、実に画期的な発展といってよいであろう。そして現在は公衆衛生局（田村は公衆保健局と記しているが―引用者）内に国立公園部を設け、管理、計画の二課を置くことになっている。然し来年度あたりからは、国立公園事業も段々始まり、国立公園施策に関する事務が殖えるので、更に一課を加えて、結局、国立公園局に昇格せしめる必要があるであろう。こうして始めてアメリカやカナダ並に本省の機構が整備せられるわけである。

　2、次に地方の機構については、二つの行き方がある。アメリカやカナダのように、本省直属の管理機関を各国立公園毎に設置するものと、地方庁に各国立公園管理に当たる職員を配置するものとである。この二つについては一特一失があって、慎重な研究を要する課題であると思われる。即ち前者の場合は、本格的な行き方であって、国立公園本来の政策を推進するにはよいのであって、地方的事情に捉はれないですむのが一つの利点であり、又国立公園の大多数が二府県以上に跨るので、一つの国立公園の管理が分割される不合理を免れうるというのが最も大きな利点である。

　然るに日本の国立公園は、その事業を遂行するのに地方庁の協力を要する点が頗る多いのであって、自然保護については産業部門に関する地

方庁事務局の協力が必要であるし、道路、埠頭、桟橋等より各種宿舎の建設についても同様に、それぞれの部局の協力がほしいのである。土地の所有関係から見るも、管理上地方庁の協力を要する面がある。現行法ではある程度の国立公園事務を知事に委任してあるけれども、今後事業が起きるやうになると、益々その協力を要するものが多くなるであろう。これが後者の方が有利であるとする根本である。実際少数の職員しかいない独立の管理所ができても困りもので、地方庁内に主務課を設けて、そこに職員を増置するほうが有効であるということである。

　３、要するに、理想としては前者（アメリカ型―引用者）がよいのであるが、現実の問題としては後者の方が利便が多いということになる。

少々長い引用であったが、ここには、アメリカ型の国立公園制度と日本型の国立公園制度の間でゆれる田村剛の気持ちがよく示されていて実に興味深い。

最初のの引用文からわかるように、田村剛は、第１に、ポパムやリッチーらGHQの、日本の国立公園行政機構をアメリカの国立公園制度のように改善せよというアイデアにたいしては、一般的総論的には望ましい提言として受け入れていることがわかる。この点については、田村はポパムやGHQの方針を支持したに違いない。

２番目の引用文からわかるように、第２に、田村剛は、アメリカの国立公園制度のように国立公園局が各地の国立公園を独自に集中的に管理するという体制にたいしては、財政が小さいという大前提のもとでは、各地の国立公園管理を地方官庁に多く依存している日本の制度のほうが有利さがあると考えていたのである。

この発言から、田村剛はアメリカ型の国立公園制度に総論賛成であるが、ポパムやリッチーが「勧告」した各地の国立公園に巨額な予算を投じて中央の国立公園部が管理するアメリカ型行政に変革を求める各論の提言に賛成できなかったことがわかる。

しかし、３番目の引用文で明確に指摘しているように、田村剛は、その各論の提言に頭から反対するのではなく、アメリカ型を「理想」と見なしながらも「現実の問題」としては、日本型「の方が利便が多い」という理解であった。戦前に安上がりの国立公園を制定してきた当事者として、日本の国立

公園制度が安上がりでなければならない事情を熟知していたから、巨額の予算を投じて各地の国立公園を国立公園部が中央から統一的に管理する体制を築くことの困難を見越して、躊躇していたことがわかる。

田村剛にとっても、アメリカ型は望ましいものであったが、実現性のない、より正確に言えば実現が困難なものであり、「理想」として捉えておかなければならなかったのである。

ところが『自然保護行政のあゆみ』は、当初国立公園行政担当者が、厚生省幹部もふくめ多額の予算を「省議」で決めていたことを無視し、はじめからGHQの意見と対立していたかのように記述している。(27)これは事実関係を無視する誤った記述である。

政府首脳あるいは大蔵省は、敗戦直後の困難な財政事情もあるが、本質的には戦前に安上がりの国立公園制度を構築したという経緯に立脚して、小さな予算を押し付けたのであった。これにたいして、田村剛ら国立公園行政担当者たちは、正面から反対できなかったのだと思われる。

私は、すでに戦前の国立公園予算について論じたときに、アメリカの国立公園予算と比較して、日本の国立公園予算の安上がり構造を検出しておいた。(28)日本の国立公園財政は、GHQの後押しがあっても、ついに安上がりの体質を克服できず、戦前の安上がりの財政として復活してきたと指摘しなければならない。ここに戦後国立公園の財政問題の基本的な構造が明示されている。

こうした小さな国立公園予算は、以後一貫して維持され、国立公園に資金をかけず、それゆえ国立公園をしっかり管理し、国立公園内の自然を十分に保護するために充実した人員も予算も確保できない安上がりの脆弱な国立公園制度を構造化してきたのである。

日本の国立公園の弱点を地域制の性格にもとめる議論が少なくないが、そうした面がないわけではないが、イギリスの地域制国立公園がけっして日本の国立公園ほど弱体ではないことを想起すれば、(29)日本の国立公園の最大の弱点は、強力な中央管理機構をもたない安上がりの脆弱な体質にあったし、今もあると指摘しておかなければならない。

戦後の国立公園予算は、表2－2のとおりであった。インフレもあって国立公園の予算は急増しているが、国立公園部の要員は、国立公園部門の担当者に限ってみれば、ほとんど増加していないことがわかる。

純粋に国立公園部の要員は、1947年には34名、1948年には39名（国民公園

と温泉法所管の要員5名を除く）であり、1949年には33名（国民公園や温泉法関係46名を除く）、1950年には41名（国民公園や温泉法関係34名を除く）、ただし1950年から国立公園の現地管理要員39名が配置されたから、総勢80名に増加した。[30]

ちなみにアメリカの国立公園行政職員は、1946年のレベルで、経常職員1,795名、臨時職員1,524名、合計3,319名であり、ほぼ日本の100倍であった。国立公園局の予算は、1948年には1,012.8万ドル（1949年に決まった単一為替レート1ドル360円とすれば、36億4,320万円）であり、これも日本の100倍であった。[31]

なお、国立公園に関する財政は、国立公園部以外の省庁からおもに国立公園のための特別の開発費が支出された。道路建設については建設省、公園内のレクリエーション施設などは、運輸省観光部から、また国有地内の施設には農林省林野局から、何がしかの臨時的な支出があった。

3 国立公園委員会設立前の国立公園政策の策定・実施

占領下5年間の国立公園行政については先に基本的な方向について示唆したとおりであるが、ここでは、国立公園行政当局が実施した具体的な政策について検討しておきたい。

占領下に実施された国立公園政策は、敗戦直後から国立公園委員会の設置までにおこなわれた第1の時期の政策と、国立公園委員会が設置されてから、そこで策定された方針にしたがっておこなわれた第2の時期の政策とに分けられる。

最初に注目しておきたいのは、第1の時期の政策のうちで、1946年11月20日に伊勢志摩を国立公園に指定した政策についてである。

田村剛はその事情をつぎのように指摘している。

1946年に「公衆衛生局では調査課長飯島稔の推薦により、さきにきめられた国立公園候補地のうちに、地元からの熱望のあった伊勢志摩を国立公園に指定する準備が、急速に進捗して、ポパム大尉の保証もあり、GHQの同意も得られて、正式のこととなり、国立公園委員会もまだ復活していなかったので委員会に諮ることなく、11月20日に戦後初の国立公園として告示された」。[32]

第2章　占領下における国立公園制度の復活　55

　たしかに1946年7月に三重県知事から「志摩一帯を国立公園にすること」についての要望書と、伊勢神宮からも「神域を国立公園に編入されたい」との陳情が厚生省へ提出された。
　この要望がでて4ヵ月にして伊勢志摩一帯を国立公園に指定したことは、奇妙である。伊勢志摩は、ほかの地域と同様に戦時に国立公園候補地に指名されていたが、この時期に伊勢志摩だけが国立公園に指定された理由は不可解である。
　大川親雄『三重県昆虫界のあゆみ』は、「国立公園に指定するにはまず自然科学調査をして、その結果国立公園に認定されるのが通常の手順であるが、伊勢志摩は景色がよく真珠があるからというので先に指定してしまい、後で調査をするという変則的なことになってしまった」と指摘し、伊勢志摩の国立公園指定が異常なものであったことを証言している。
　そもそも戦後における民主化の流れの中で、神道組織は日本反動の拠点とあつかわれ、多くの神社が危機的状況に陥っていたのに、GHQがなぜ三重県や伊勢神宮からの要望を入れて、伊勢神宮をふくむ伊勢志摩一帯を国立公園に指定したのかは理解し難いことである。『自然保護行政のあゆみ』もGHQにより「なぜ伊勢志摩地域が認められたのか、その理由は測りしれない」と吐露しているほどである。
　私は、伊勢志摩を国立公園に指定した事情をつぎのように推測している。
　すなわち、復活しつつあった国立公園行政当局は、敗戦後という困難な時期に、ポパムやGHQの超法規的な絶対的権力を借りて、国立公園行政の再建と国立公園の社会的意義を高めるために、まずは知名度の高い伊勢志摩を国立公園に指定して、国立公園制度の再興を企図し、国立公園行政の存在を社会的にアピールしようとしたものではなかったかと。
　当時、国立公園行政官だった石神甲子郎は、「俄然伊勢志摩国立公園の指定は予期した様に、国立公園行政復活の旗印となり、全国景勝地より国立公園新指定の要望が一層猛烈」となったと回顧して、私の仮説を傍証している。しかし、なぜそれが伊勢志摩だったのかは、相変わらず明らかではないが。
　ともあれ、超法規的な伊勢志摩国立公園の指定以後直ちに二つの流れが生まれた。一つは、平和な社会に相応しい観光事業を盛んにするために、伝統的な手法であったが、観光業を発展させようと郷土の名勝地を国立公園に指定しようとする運動が盛り上がってきたことである。

1947年はじめの第1回国会に、国立公園関係の請願・陳情が45件もあった[37]。たとえば、内閣総理大臣片山哲、厚生大臣一松定吉、農林大臣平野力三にあてた、三国山脈国立公園期成同盟会の会長である群馬県、長野県、新潟県の3知事連名の請願書（1947年9月付け）は、いみじくも観光開発を促進するために国立公園の指定を請願している「三国山脈国立公園設立の『陳情書』（請願書）」でつぎのように指摘している[38]。

> 上信越国境に連なる観光地を包括した三国山脈国立公園候補地は、我が国を代表する風景地にして国際観光地として好適なるのみならず、国民健康地としても、亦適切なる条件を具備し且つ交通便利のため、四季を通じて、多数観光客に利用されつつあるので、この天与の景観はこれを保護し、開発については、強力なる指導を必要とするので、速に国立公園に御指定願いたく、別紙理由書を添え、地元一同の興望を代表する関係三県代表者の連署を以って陳情（請願）致します。

見られるように、伊勢志摩の国立公園指定をうけて戦前に相当数指定された国立公園候補地が、観光地としてのお墨付きをえるために国立公園に指定せよとの推薦運動を開始したのである。

もう一つの動きとして、伊勢志摩国立公園指定をバネにして国立公園行政当局は、1947年に入って国立公園制度復活政策に積極的に取り組んだことである。

国立公園行政当局は、1947年5月に厚生省事務次官名の通達「国立公園施策確立に関する件」（厚生省通達第41号）を各都道府県に発送した。この「通達」は、国民に周知させるために、これまでおこなってきた国立公園政策を改めて整理し、国立公園行政当局が「国立公園を中核とする府県立公園、休養地等全土に亘る景勝地を合理的に配置する国立公園体系」を確立するための方策を示したものであった[39]。

この通達は、三つの内容からなっていた。

第1に、イ、おおむね7地区、洞爺湖、登別・定山渓、八幡平・田沢湖、磐梯吾妻、奥秩父、伊豆半島伊豆七島、三国山脈、琵琶湖を、新たに国立公園として指定する。ロ、既存国立公園に接近する6地区を国立公園区域へ編入する。ハ、国立公園法を改正し、国立公園に次ぐ景勝地・温鉱泉、休養地

等を保護享用する措置を講ずる。

　第2に、国立公園の活用、とくに国際的な享用の増大を図るため、各方面と協力し速やかに国立公園計画に交通・宿泊・保健・休養・慰楽等の施設を整備拡充することとし、国立公園区域内における観光施設の指導措置を講ずる。

　第3に、上記の諸施策は急速に関係各方面と協議を進め、国立公園委員会に付託する。[40]

　この通達は、「従来の厚生省の国立公園施策を具体化したもの[41]」であり、その理念においても戦前・戦時に提起された国立公園の新設、拡充、レジャー的観光的な開発の推進という戦前の国立公園政策を復活させたものにすぎなかった。

　混乱し困難な情況にあって、復活しつつあった国立公園行政は、国立公園に国民的な注目をえるには、こうした戦前に強調された大衆受けのする観光業を発展させる路線の強調こそ有効な方法だと考えたに違いない。

4　国立公園委員会設立後の国立公園政策の策定・実施

　国立公園委員会設置後の国立公園政策の策定と実施は、まず1947年8月から11月にかけて国立公園中央委員会委員を選出することであった。[42]

　そもそも国立公園中央委員会委員は、どのような人物が、いかにして選出されたかが問題であった。

　国立公園委員会官制によれば、国立公園中央委員及び臨時委員は、「関係官庁の関係官吏および学識経験のある者のうちから、……厚生大臣の奏請によって、内閣でこれを命じ」られることになっていた。つまり関係官庁の官僚と学識経験者の2種の委員が、「厚生大臣の奏請」によって任命されるということであった。実際の任命は、厚生省首脳おもに国立公園行政担当による人選であった。

　選任された国立公園中央委員会は、政府、国立公園行政当局の意向をうけて、そのうえで委員たちの独自判断で国立公園の基本政策、基本計画、基本事業計画を作成、審議し決定した。こうした国立公園政策の基本を策定する委員たちには、具体的にどのような人物が任命されたであろうか。

表2－3　1947年国立公園中央委員会委員一覧

氏　名	略　歴　当時役職	戦前国立公園への関与	尾瀬保存期成同盟への参加	天然記念物保存協会への参加
会　長				
一松定吉	古参議員、厚生大臣			
現役官僚				
伊藤謹二	元内務官僚、厚生事務次官			
三木行治	厚生官僚、衛生局長			
玉置敬三	商工官僚、商工省電力局長			
三浦辰推	農林官僚、林野局長			
始関伊平	商工官僚、鉱山局長			
柴沼　直	文部官僚、社会教育局長			
藪谷虎芳	運輸省業務局長			
伊藤　佐	農林省開拓局長			
舟山忠吾	大蔵省国有財産局長			
元官僚準官僚				
田村　剛	厚生準官僚、国立公園運動リーダー	○	○	○
武部英治	元運輸官僚　観光連盟理長		○	
関口　泰	元文部官僚、公民教育学者、		○	
高久甚之助	元運輸（観光）官僚、ホテル協会理事長	○		
横田　巌	元運輸官僚、日本交通公社理事			
古屋芳雄	元厚生官僚、公衆衛生学者、小説家			
折下吉延	元宮内庁官僚、造園家		○	
実業家				
諸井貫一	実業家、秩父セメント社長			
松方義三郎	（別名三郎）同盟通信編集局長	○	○	
国会議員				
勝俣　稔	元厚生官僚、衆議院議員			
学者文化人				
武田久吉	大学教授（植物学）	○	○	○
田部重治	東洋大教授（英文学）、登山家		○	
田中啓爾	東洋大教授（地理学）		○	○
辻村太郎	東大教授（地理学）	○	○	○

本田正次	東大教授（植物学）	○	○		○
三浦伊八郎	元東大教授（林学）、大日本山林会理事長		○		
岸田日出刀	東大教授（建築学）	○			○
鏑木外岐雄	東大教授（動物学）	○	○		○
梶木寛之	東大講師（土木学）				
雨宮育作	東大教授（農水産学）				
高野岩三郎	社会科学者、初代NHK会長				
文化人					
賀川豊彦	社会運動家				
清瀬三郎	日本体育会理事				
村井米子	登山家、著作家		○		
高野六郎	医者、登山家				
小杉放庵	画家	○	○		
伊藤道郎	舞踏家振付師				

注　委員は『自然保護行政のあゆみ』、483-484頁。キャリアはウェブサイト、その他の文献資料から作成。

　1947年に選出された国立公園中央委員会委員は、表2-3のとおりである。
　さてこれら国立公園行政に大きな影響を及ぼす国立公園中央委員会の委員たちは、どのような人物であり、われわれの問題意識からすれば、どの程度自然保護を重視する委員であったのであろうか。この点の分析は、戦後国立公園の政策を理解するうえで、決定的に重要な問題である。
　一般的に見ると、36名の委員の経歴・職業は、表2-4に示したように、現役官僚9名（25％）、元官僚準官僚7名（19.5％）からなる官僚系が16名で、全体の44.5％の多数を占めていることがわかる。
　つぎに多いのは、大学教授・学者が11名（30.6％）、文化人6名（16.7％）で、学者文化人が合わせて17名で、全体の47.3％であった。
　実業家・国会議員は3名で、8.2％にすぎない。これは、戦前国立公園委員の国会議員8名や実業家5名、13名とくらべると意外に少なく、敗戦後の混乱期だったからかもしれない。
　国立公園中央委員会の構成は、官僚系が多数を占め、戦前の国立公園調査会の委員構成のように、官僚主導の性格を引き継いで復活してきたことがわかる。[43]学者文化人の比率が多いのは、敗戦後の混乱と民主化の社会状況の中で進歩的な学者文化人が社会的に進出していたことを反映し、逆に戦前には

表2－4　1947年国立公園中央委員会委員の略歴構成

カテゴリー	人数	％
現役官僚	9	25.0
厚　生	2	
文　部	1	
農　林	2	
運　輸	1	
商　工	2	
大　蔵	1	
元官僚・準官僚	7	19.5
文部省	1	
厚生省	2	
宮内庁	1	
運輸省	3	
（現官僚・元準官僚小計）	(16)	(44.5)
衆議院議員	1	2.7
実業家・財界	2	5.6
大学教授・学者	11	30.6
文化人	6	16.7
（学者文化人合計）	(17)	(47.3)
委員総数	36	100.0
戦前国立公園協力員	9	25.0
尾瀬期成同盟会員	14	38.9
天然記念物保存協会参加	7	19.4

注　表2－3より作成。会長は除外した。勝俣のキャリアの重複を避け、国会議員に単純化した。

多かった実業家や政治家の比率が減った影響であろう。

　国立公園中央委員構成で何より問題なのは、これらの委員が自然保護にどれほど理解をもっていたかである。このことは、国立公園の政策を左右する決定的に重要な問題であった。私は、委員の自然保護を重視する指標の一つに、3年後に尾瀬を電源開発による破壊から守るために結成された尾瀬保存期成同盟への委員の参加の有無を取り上げたい。

　国立公園中央委員36名の委員のうち、尾瀬保存期成同盟に参加した委員は、14名（38.9％）であった。それに自然保護意識が強かった思われる厚生省衛

生局長三木行治、文化人高野岩三郎、賀川豊彦、小杉放庵、伊藤道郎らの進歩的文化人5名を加えれば、自然保護に関心のある委員は、19名（52.7%）となり、国立公園中央委員内の自然保護重視者は過半数を越えていた。

注目すべきは、表2－3に示したように田村剛を別格として、官僚系でも元運輸官僚の観光連盟理事長武部英治、元文部官僚の公教育学者となった関口泰、戦前から公園行政にたずさわってきた元厚生官僚の折下吉延が尾瀬保存期成同盟に参加していたことである。また、戦前には観光開発に甘かった辻村太郎（地理学）などが尾瀬保存期成同盟に参加していたことである。

戦後になって尾瀬保存期成同盟に参加し自然保護の重視者として注目される学者では、田中啓爾（地理学）、戦時下に史蹟名勝天然記念物保存協会と国立公園協会に参加していた本田正次（東大教授、植物学）、三浦伊八郎（元東大教授、林学）などであった。

自然保護意識のもう一つの指標は、戦前来の史蹟名勝天然物記念物保存協会（以後天然記念物保存協会派と略す）にかかわる学者たちの存在である。前著で詳しく考察したように、天然記念物保存協会派は、1910（明治43）年に設立した史蹟名勝天然物記念物保存協会を中心にして、内務省衛生局保健課の国立公園制定にかかわった国立公園制度派（以後この用語を使用する）より早くから自然保護活動に取り組んできた。彼らは、大正期の国立公園論争でも開発を重視する国立公園制度派とくらべ、自然保護意識がかなり強く、その後の国立公園候補地、国立公園内の自然保護運動でも微妙に立場を異にしていた。

国立公園行政につらなる国立公園制度派が自然の保護を主張しつつ、自然を観光資源として利用することを考えるのにたいし、天然記念物保存派は、観光的利用をまったく否定するわけではないが、まずもって自然の保護を重視する立場であった。[44]

表2－4に示したように、天然記念物保存協会派に属する人たちは、武田久吉、本田正次、鏑木外岐雄、田中啓爾、岸田日出刀、辻村太郎らの学者グループに加え、天然記念物保存協会を所管する文部省社会局長柴沼直、それに戦前の天然記念物保存協会の重鎮白井光太郎の弟子であった造園家折下吉延も天然記念物保存協会派であったかもしれない。また関口泰も、戦前からリベラルなジャーナリストで、1946年6月まで文部省社会教育長であり文部官僚系であった。

もっとも辻村太郎は戦前から国立公園協会にウエイトをおき、観光開発に甘かったが、天然記念物保存協会派に属していたことも事実であり、一概に天然記念物保存派がより自然保護を重視していたと言い切れない面もある。また田村剛は、天然記念物保存協会にも参加していたが、国立公園制度促進派の巨頭でもあったから、天然記念物保存協会派とは言い難い面もあった。

　彼らは、戦後は国立公園制度復活の活動に参加し、国立公園中央委員に選出された。戦後天然記念物保存協会派は、国立公園の観光目的にたいして相対的に自立的であった文部省につらなり、厚生省とつらなる国立公園制度派とやや自然保護について意見を異にする人たちであった。たとえば武田久吉は、戦前は国立公園にかなり批判的であった。しかし1947年国立公園中央委員会の段階では、この両派の相異は必ずしも表面化しなかった。

　なお戦前から自然保護を重視した文化人として、登山家として有名だった松方義三郎（別名三郎）、画家の小杉放庵なども尾瀬保存期成同盟に参加していた。また尾瀬保存期成同盟に参加していなくとも、委員の思想・信条から自然を重視すると思われる文化人に、高野岩三郎、賀川豊彦、伊藤道郎などがいた。

　ちなみに戦前1930年の国立公園調査会の委員には、私の意見によれば、自然保護を重視した委員は、36名中6、7名程度しかいなかった。もちろん、自然保護を願う人たちは、国立公園協会や史蹟名勝天然物記念保存協会には多くいたが、国立公園調査会においてはけっして多くはなかったのである。こうして見ると戦後の国立公園中央委員会は、戦前をやや上回って自然保護を重視する委員が多かったと評価できる。

　以上のように、敗戦直後の国立公園委員制度は、戦前よりいくぶん自然保護を重視する委員を多くかかえて復活してきたと特徴づけられる。

　なお戦後に自然保護派が比較的多かったことは、敗戦直後の混乱と民主的な雰囲気の占領下に、国立公園中央委員に推薦された著名人が強い自然保護意識をもっていたことを反映していたと思われる。これは、戦後国立公園運動における新しい芽であった。もっともこの新しい芽がその後成長するかどうかは大いに問題であった。

　つぎに国立公園中央委員会設立以降の国立公園の施策・実施について見ておこう。

　国立公園中央委員会は、1948年2月の第1回の会合から、国立公園委員

が、国立公園審議会に改められる1949年5月までに4回の会合をもち、積極的に国立公園政策を提起していった。

その後、国立公園審議会は、国立公園委員会の活動を引き継ぎ、1949年5月から1950年まで5回の会合を開催して、戦前にはない新しい政策をふくむ占領下の国立公園政策を策定していった。

さて国立公園中央委員会は4回の委員会を開き、具体的にどのような活動を展開していったのであろうか。

第1回国立公園中央委員会は、1948年2月23日に開催され、一松定吉厚生大臣が国立公園中央委員会会長に就任し、まず国立公園中央委員会議事規則を決めた。そして一松会長は、まず「現下の情勢に即する国立公園施策を伺いたい」という諮問を委員会に提出し、賀川豊彦、関口泰、田村剛、武部英治、諸井貫一からなる特別委員会を設けて審議にあたらせた。

特別委員会は、諸井委員長のもと、国立公園のエキスパート田村剛を中心に、1948年2月26日、3月12日、30日、4月12日の4回の会議を開会し、時間をかけて戦後初の国立公園政策について議論し、答申案をまとめた。[48]

ちなみに1947年6月から1948年3月10日までの社会党片山政権下で厚生大臣となっていた一松は、国立公園行政には経験がなかったが、GHQの意向をくむ国立公園行政に好意的な人物であった。諸井貫一は、秩父セメントの役員で、戦後の経営革新のホープであった。関口泰は、戦前からリベラルなジャーナリストで、1946年6月まで文部省社会教育長であり、その後朝日新聞の論説顧問などやり、公教育学者として活躍した。武部英治は、元運輸官僚であったが、当時日本観光連盟理事長であった。彼ら二人はともに尾瀬保存期成同盟に参加し、自然保護に活躍した。賀川豊彦は、戦前から著名な改良的社会運動家で、戦後は労働運動に参加していた。

1948年7月24日に開催された第2回国立公園中央委員会は、はじめに数回にわたって論議してまとめた諮問の答申案について、諸井特別委員会委員長から説明をうけて、その後に答申案を原案どおり可決した。[49]

諮問「現下の情勢に即する国立公園施策を伺いたい」の「答申」は、以下のとおりである。[50]

　　現下の情勢に鑑み、国土の自然風景地を活用して道義低下傾向の阻止、探険的気風の昂揚、自然愛好心の涵養等により国民保健の向上に資する

と共に国際的利用による経済再建に貢献せしめることは、平和的文化国家の重要な施策と考えられるので、左記により速やかに国立公園の整備を行うべきものと認める。

　　　記
　1、風景の保護について
　我国風景地の世界的特質並びに価値を保全し、これを現代及び後世に享用せしめるため、電力開発、森林濫伐、農地開拓等により、国家至宝の風景を破壊することに対しこれを断然阻止するよう強力な据置を講ずること。
　2、国立公園の指定について
　国土自然風景の保護利用上、並びに国立公園体系上から厳正な調査研究を遂げ、区域拡張或は指定の措置を慎重に考慮すること。
　3、国立公園施設について
　広く国民心身の向上並びに国際観光のため実情に即し、交通、宿泊並びに運動、衛生諸施設を国において整備するのみでなく、之等の事業に対しては政府の助成、外資の導入或は民間資本の吸収を促進する等、努めて資金資材の援助を図ること。
　4、国立公園の科学的利用について
　国立公園を通じて自然亨用[ママ]の思想を啓発すると共に、科学的な利用を徹底せしめるため自然保護区域、自然科学博物館等の施設を整備すること。
　5、前記各項に関する具体的施策の確立については委員会の適切な運営にまつこと。　　　　　　　　　　　　　　　　　　以　上

　答申の基本的内容は、1．風景保護、2．国立公園の新たな指定の慎重な検討、3．国立公園施設の充実、4．国立公園の科学的利用の推進、5．具体的施策の確立のための国立公園委員会の運営、について指摘したものであるが、先に見た厚生省次官通達「国立公園施策確立に関する件」と基本的に同じ内容であり、戦前からのアイデアであって、すでに問題点について指摘してあるので、とくに問題にすることはない。
　ただここで確認しておくべきは、この答申は、第1に、次官通達が単なる通達であったのと違って、正式に国立公園委員会によってオーソライズされ

たものであったということである。

第2に、冒頭に、電力開発、過度の森林施業、農地開拓による風景の破壊を阻止することをあげていることである。これは、国立公園中央委員会が、戦後いち早く、国立公園内で電力開発、過度の森林施業、農地開拓による自然破壊に当面し、国立公園行政当局としては、これを阻止したいと考えていたことを意味していた。

そして国立公園行政当局は、のちに詳しく検討することになるが、そのために努力することになる。

第3に、答申は、自然保護の思想を「自然保護」という用語を使用せずに、戦前のように「自然風景の保護」という用語によって表現して、「自然保護」の概念を十分に意識的に使用するまでにいたっていないということである。

第2回国立公園中央委員会は、交代した竹田儀一厚生大臣を国立公園中央委員会会長として、答申案を具体化するために各10名の委員からなる二つの特別委員会、「国立公園の選定に関する件」と「国立公園の計画に関する件」の特別委員会を設置した。[51]

なお、この国立公園中央委員会において、日本の国立公園視察のため来日中のアメリカ国立公園局のリッチー氏が挨拶をおこなった。リッチーは、この挨拶で国立公園の新たな指定には慎重を期すべきこと、国立公園部の強化、国立公園を国民のものとすることなどを強調した。[52] リッチーの意見は、政府首脳の意見との対立をふくんでいたが、しかし委員会はそれを聞き流してとくに問題にしなかった。

1948年12月20日に開催された第3回国立公園中央委員会は、武部委員から「国立公園の選定に関する件」に関する特別委員会の審議報告をうけて、国立公園選定標準の改正案と国立公園候補地選定（浅間白根国立公園候補地、瀬戸内海国立公園区域拡張候補地、支笏洞爺国立公園候補地）を原案通り可決した。[53]

なお可決された「国立公園選定標準」は、戦前の「国立公園ノ選定ニ関スル方針」が、国立公園の選定標準を必要条件と副次条件に分けていたのにたいし、景観条件と利用条件とを同格にあつかうものに変更した。[54]

この変更は、国立公園の利用条件を景観と同じく重視して、国立公園の選定基準をゆるめたことを意味し、既存国立公園の地域拡大、多数の国立公園新設に道を開くことになった。

この諮問をうけて、国立公園中央委員会は、1949年5月16日に支笏洞爺国

立公園、1949年9月7日に上信越高原国立公園（初発の名称は、浅間白根国立公園あるいは三国山脈国立公園）の指定をおこない、1950年5月19日に瀬戸内海国立公園の区域拡大を承認することになる。

さらに国立公園中央委員会は、諸井特別委員会の委員長から「国立公園の計画に関する件」の特別委員会の中間報告をうけた。その内容は、「昭和15年までに決定告示済みの国立公園一般計画の再検討と、これまで未着手であった歩道・集団的施設地区と単独施設に関する計画を審議決定することを方針とし、そのうちでも、特に昨今の情勢下で重要とされる日光・富士箱根・瀬戸内海の三国立公園につき、その計画決定を急ぐこと」であった。[55]

この国立公園中央委員会あたりから、一方では自然保護を強調しながら、他方では観光的な利用を意図した地方の住民・業者の意向を汲んで、戦前来論議されてきた新しい国立公園の指定をおこなった。国立公園の数を増やせば、小さな財政のもとでは管理が行き届かず、開発だけがすすみ国立公園管理がおろそかになり、自然が大いに損なわれる危機をかかえることになる。

政府は、1948年6月に運輸省に観光局を設置し、また7月には「観光事業審議会」を設置して、いわば平和産業としての国際観光および国内観光の振興に取り組みはじめ、国立公園部を設置して国立公園の観光的な利用を期待した。[56]

国立公園の新設、拡大の方針もそうした観光振興政策の一環だったのである。しかし国立公園行政当局の中には、田村剛のように国立公園の拡大方針には懐疑的な人たちもいた。しかしそこには、戦前のように国立公園の観光的利用をすすめないと、あるいは国立公園に熱心な観光開発派と妥協しなくては、国立公園制度の維持あるいは国立公園の風景保護・自然保護を推進していけないというジレンマが存在していたのである。

田村剛は、しばしば観光開発にたいして批判的に述べている。たとえば1951年10月に出版した『日本の国立公園』で、「日本の国立公園は、その設定運動の経験からも判断されるように、多分に国内乃至は国際観光目的で運動が展開された観があって、この運動を主唱した例ではアメリカの国立公園制度に習い、その理想は自然保護に重点をおく、堅実なものであったに拘らず、現実にはその理想がかなり歪められている事実を見逃すわけには行かない」[57]と指摘している。

第4回国立公園中央委員会は1949年3月19日に開催され、田村剛の特別委

第2章　占領下における国立公園制度の復活　67

員会報告をうけて、支笏洞爺国立公園の指定についての提案を可決した。

以上4回にわたり開催された国立公園中央委員会は、1949年5月19日の国立公園法の改正により国立公園中央審議会制に改められた。

なお、国立公園中央委員会とは別にGHQの圧力で設置されていた国立公園地方委員会は、主要な国立公園のある地域で設置されたようであるが、行政機構上、必ずしも十分に機能した気配はない。

たとえば、1948年7月に富士箱根国立公園地方委員会の委員が発令され、8月に委員会が開催された。その委員を見ると、地方の官僚を中心に地方の政治家、実業家などが多く、戦前各地域に組織されていた国立公園協会の体質に近かったように思われる。[58]

しかし、GHQの期待にもかかわらず、日本の政府は、国立公園地方委員会を活用する方針をもっておらず、地方委員会の目立った活動はなかった。

戦後もようやく新しい政治行政システムへの動きができてきたが、それは国政全般に審議会制度の導入だった。1949年5月に国立公園法が一部改正されて国立公園委員会は、国立公園審議会制度に変更されたが、内容的な変化は何もなく、単なる名称変更にすぎなかった。また国立公園部は、行政改革の影響もあって、公衆衛生局内の一つの部から厚生省官房国立公園部にうつされた。[59]

なお、新たに国立公園ごとに国立公園地方審議会制度も定められたが、国立公園行政当局は、国立公園地方審議会を機能させる方針をもっていなかったので、富士箱根国立公園地方審議会のほか2、3の地方審議会を誕生させ、当該国立公園の発展に貢献をもたらしたと指摘されているが[60]、1950年4月1日に国立公園地方審議会制度を廃止してしまった。[61]

1949年5月に国立公園行政当局は、国立公園中央審議会の委員を選定した。その委員は表2-5のとおりである。

1949年国立公園中央審議委員会の委員は、旧稿で示したように、1947年の国立公園中央委員会のメンバーだった委員が20名で全体の43.5%、約半分弱を占め、前体制をほぼ半分引き継いだことになる。新たに選出された委員は26名（56.5%）であった。ただし新たに審議会委員に選出された委員26名のうち関係省の現役官僚が8名、元官僚か行政外郭団体役員が5名で、官僚系の新任が13名を占めて非常に多く、ついで実業人の新任が5名で増えた。学者の新任は1名で新任が少ない。文化人は4名が交代し2名が残った。国会

表2－5　1949年国立公園中央審議会委員名一覧

氏　名	経　歴　当時役職	尾瀬保存期成同盟参加	日本自然保護協会参加	天然記念物保存協会参加
会　長				
諸井貫一	秩父セメント社長			
現役官僚				
葛西嘉資	厚生省事務次官			
三木行治	厚生省公衆衛生局長			
井上清一	旧内務省官僚、内閣官房副長官			
武内征平	通産省資源庁長官			
徳永久治	通産省雑貨局長			
間島大治郎	運輸大臣官房観光局長			
横川信夫	農林省林野庁長官			
佐野憲次	内閣土地調査委員			
渋江操一	建設省管理局長			
菊池　明	建設省道路局長			
元官僚準官僚				
田村　剛	厚生省嘱託	○	○	○
折下吉延	元宮内庁技手、造園家	○	○	
金森誠之	元内務省官僚、河川技師			
津田正夫	元内務省社会局官僚　日本新聞協会事務局長			
吉阪俊蔵	元内務省官僚、商工中金理事長		○	
横田　巌	元運輸省官僚、日本交通公社理事			
武部英治	元運輸省官僚、全日本観光連盟理事長	○	○	
東竜太郎	元東大教授・厚生省官僚、日本体育協会会長			
関口　泰	元文部官僚、公民教育学者	○	○	
森本　潔	元厚生省国立公園部長			
実業家				
諸井貫一	秩父セメント社長			
浅尾新甫	日本郵船会長			
犬丸徹三	帝国ホテル社長			

根津嘉一郎	東武鉄道社長			
栃木嘉郎	元貴族院議員、九州造船代表	○	○	
松方義三郎	同盟通信編集局長、登山家	○	○	
渡辺銕蔵	元東大教授・議員、東宝会長			
岸 衛	国立公園施設協会長	○		
国会議員				
勝俣 稔				
学者・大学教授				
鏑木外岐雄	東大教授（動物学）	○	○	○
岸田日出刀	東大教授（建築学）			
谷川徹三	法政大学教授（哲学）	○	○	
武田久吉	元大学教授（植物学）、日本山岳会会長	○	○	○
辻村太郎	東大教授（地質学）	○	○	○
本田正次	東大教授（植物学）	○	○	○
三浦伊八郎	元東大教授（林学）、大日本山林会理事長	○	○	○
雨宮育作	東大教授（農水産学）			
田中啓爾	立正大学教授（地理学）	○	○	○
田部重治	東洋大学教授（英文学）、登山家	○	○	○
文化人				
賀川豊彦	社会運動家			
石井満吉	洋画家、日本芸術院会員			
岡田賢治郎	（別名紅陽）、写真家、日本観光写真連盟会長			
村井米子	作家、登山家	○	○	
吉屋信子	作家			
吉田晴一	不明			
西崎 恵	不明			

注　委員は『自然保護行政のあゆみ』、483-484頁。キャリアはウェブサイト、その他の文献資料から作成。

表2-6　1949年国立公園中央審議会委員の経歴・職歴別構成

当時役職・元官	人数	%
現官僚	10	21.7
厚　生	2	
内閣官房	1	
運　輸	1	
農　林	2	
建　設	2	
通　産	2	
元官僚準官僚	10	21.7
厚　生	4	
宮内庁	1	
内　務	3	
運　輸	2	
現官僚＋元官僚	(20)	(43.5)
国会議員	1	
実業家	8	
	(9)	(19.5)
大学教授・学者	10	21.7
文化人	5	10.8
	(15)	(32.7)
不　明	2	4.3
合　計	46	100.0
尾瀬期成同盟会員	16	34.8
日本自然保護協会参加	16	34.8
天然記念物保存協会	8	17.4

注　表2-5より作成。幹事は、官僚なので省いた。

議員1名は変わらなかった。不明者3名であった。

したがって全体として官僚系はほとんど変わらないが、大学教授・学者は1947年の場合の13名 (35.1%) から1949年には10名 (32.7%) に低減し、文化人は1947年の場合の6名 (16.2%) から1949年の5名 (10.8%) で大きな変化はなかった。また学者・文化人全体の比重は19名 (51.3%) から15名 (32.7%) に大幅に低下している。逆に実業系が2名 (5.5%) から8名 (17.4)

に増加している。

　そうした構成員の変化は、すぐのちにわかるように、自然保護を重視し、体制に批判的な委員の減少を示している。

　さてここでもわれわれの関心は、自然保護に理解のある勢力がどの程度であったかということである。

　国立公園中央審議会委員の尾瀬保存期成同盟参加者は、尾瀬保存期成同盟が活発に活動した時期の委員だったこともあって16名おり、全体の委員の34.8％であり、国立公園中央委員の場合の14名（38.9％）と比べ2名増えているが、委員の中での比率は4.1％ほど減っている。

　とくに審議会委員の大学教授・学者、文化人のうち、尾瀬保存期成同盟参加者は60.5％で非常に高く、国立公園中央委員の場合の時の52.9％より多くなっている。

　天然記念物保存協会参加者は、1947年の7名（19.4％）から1949年には8名（17％）となっている。

　また国立公園中央審議委員の尾瀬保存期成同盟から生まれた日本自然保護協会への参加者は16名おり、委員中の32.6％にもなっている。

　他方、官僚系では、国立公園財政のお目付け役、大蔵省からの委員はいなくなったが、産業開発に熱心な通産官僚2名がお目付け役として参加し、そのほか、観光開発に熱心な運輸、建設の官僚系が5名いるなど、国立公園中央委員会と同じ傾向を示している。

　さて、こうした国立公園中央審議会はどのような活動をおこなったのであろうか。国立公園中央審議会そのものは、1949年5月から1950年8月段階には国立公園の新設と拡大、新たに国定公園制度を導入し、いくつかの国定公園を指定したのみで、とくに政策的に見るべき政策を提起しなかった。

　1949年8月10日に開かれた第1回国立公園中央審議会は、はじめに国立公園中央審議会議事規則を定め、「上信越高原国立公園」の指定と、日光国立公園（塩原地区の指定）と富士箱根国立公園（伊豆大島地区の指定）の拡大をおこなう方針を決定しただけであった。

　また審議会は、新しい国立公園政策として（国立公園法の改正にともなって）、「国立公園施策促進上、国立公園又は準国立公園の新設、拡張について」という諮問をだすことを決め、特別委員会を組織することにした。もっともこうした内容も、基本的には戦前・戦時にだされていたもので、ようやく実現

の運びになったということにすぎない。(62)

　敗戦直後の混乱が終わり戦後体制が整備されてくると、新しい問題が生じた。尾瀬の電源開発問題がおきると、厚生省は、文部省とともに反対の立場をとった。厚生省は、尾瀬の電源開発問題を新たにスタートした国立公園中央審議会に諮問することをしなかった。

　厚生省のような行政機関が尾瀬の電源開発計画に正面きって反対運動をおこすことができなかったから、国立公園行政当局は、その代わり国立公園協会への準備組織とも言うべき国立公園研究会を動かし、国立公園の自然保護に熱心な国立公園審議会委員を中心に、自然保護に熱心な他の人たちを結集して1949年10月に別途に尾瀬保存期成同盟を組織し、尾瀬電源開発計画反対運動を組織していった。この問題は次章で詳しく検討する。

　第2回国立公園中央審議会は1949年12月21日に開催され、前回の諮問にたいする答申案を審議した。その答申の内容は、第1に、①磐梯朝日地域、奥秩父地域の2地域を国立公園候補地とする、②日光国立公園に那須塩原庚申山一帯、富士箱根国立公園に奥湯河原十国峠等北伊豆方面、阿蘇国立公園に九重地区に続く地方の一帯、吉野熊野国立公園に潮岬海岸一帯を既存国立公園の拡張候補地域とすることであったが、審議会は原案どおり可決した。

　第2に、審議会は「国立公園に準ずる区域の選定標準」案を可決し、具体案として、佐渡弥彦地域、琵琶湖地域、英彦山耶馬渓地域をその候補地として決定した。

　さらに審議会は、のちに国定公園となる「国立公園に準ずる区域」の名称について議論したが、決定できなかった。また審議会においてリッチー報告について紹介されたが、単に紹介されただけで、とくに論議されなかったようである。

　1950年4月27日開催の第3回国立公園中央審議会は、奥秩父の国立公園指定を諮問し、また佐渡弥彦、琵琶湖、英彦山、日田、耶馬などの準国立公園指定を諮問した。

　1950年7月5日開催の第4回国立公園中央審議会は、磐梯朝日の国立公園指定、さらに日光、富士箱根、阿蘇、伊勢志摩の各国立公園の拡張について諮問した。

　1950年8月3日開催の第5回国立公園中央審議会は、国立公園に準ずる区域の名称を「国定公園」と決め、磐梯朝日を国立公園と指定し、日光の拡張

を承認した。[63]

　以上のように国立公園審議会は、1949年5月から1950年8月までに、ただ国立公園の新設と拡大をおこない、国定公園制度を導入し、いくつかの国定公園を指定したのみで、とくに見るべき政策を提起しなかった。

　こうして1945年から1950年までの敗戦後占領下の国立公園制度のもとで国立公園行政当局がおこなった政策は、戦前にすでに提起されていた政策を実施したにすぎなかった。

　戦後前期に展開された国立公園政策は、したがって戦前の水準を回復してきたものと評することができる。

　ただしその間、戦後に固有の国立公園制度の新しい芽も芽生えてきていることも事実である。その第1点は、国立公園施設の充実と観光開発のいっそうの進展を制度化したことであり、第2点は、国立公園内のおもに電源開発計画にたいする新しい形の反対運動と新しい形の自然保護運動を国立公園政策に取り込んだことである。

　それら2点は、いずれも戦前・戦時から見られた現象であるが、戦後はいずれも戦前の性格、規模、水準を大きく超える新しい傾向であった。

　次章では、2点目の国立公園内の開発計画、おもに電源開発計画にたいする新しい形の反対運動と新しい形の自然保護運動の展開について詳しく検討することにしよう。

注
（1）この項は、基本的に前掲『日本の国立公園』の記述によっている。
（2）前掲『日本の国立公園』、54－55頁。
　　　なお、三木行治は、岡山医科大出の医師であったが、九大の法文学部も出て、1939年に厚生省保険院に就職した異色の官僚であり、戦後1946年に国立公園行政の課長に抜擢され、根っからの厚生官僚でなく、1946年2月から49年11月まで厚生省局長を務め、1964年に岡山県知事となった。（ウェブサイト「三木行治（おかやま人物往来）」による。）
（3）前掲『日本の国立公園』、54頁。
（4）前掲『阿寒国立公園の三恩人』、69頁。
（5）前掲『日本の国立公園』、55頁
（6）前掲ウォルター・ポパム、田村剛「対談　観光と国立公園」、『国立公園』No. 9、18頁。

（7）同上、前掲『日本の国立公園』、55頁。
（8）同上、55−56頁。
（9）同上、56頁。
（10）前掲『国立公園講話』、281頁。
（11）前掲『日本の国立公園』、56頁。
（12）同上、57−58頁。
（13）同上、58−59頁。
（14）同上、274頁。前掲『自然保護行政のあゆみ』、96頁。
（15）前掲『自然保護行政のあゆみ』、96頁。
（16）前掲『日本の国立公園』、58頁。
（17）同上、59頁。
（18）同上、55頁。
（19）同上、64頁。
（20）同上、64頁。
（21）同上、57頁、59頁。
（22）同上、57頁。
（23）同上、57頁。
（24）同上、59頁。
（25）同上、59頁。
（26）前掲『国立公園講話』、100−102頁。
（27）前掲『自然保護行政のあゆみ』、96頁。
（28）拙著『国立公園成立史の研究』、121−125頁。
（29）イギリスの国立公園については、一般的に十分な研究はない。私は成立前史まで研究したが、残念ながらイギリスの国立公園法下の制度について未完のままである。なお江川雅祥「イギリスの戦後のレジャー政策─ナショナル・パーク法を中心に─」、村串仁三郎・安江孝司編『レジャーと現代社会』所収、法政大学出版局、1999年を参照。
あるいはイギリスの以下の研究を参照。
Peter Bromley, Countryside Management, E.&F.N.SPON, 1990.
People Chater？ Forty years of the National Parks and Access to the Countryside Act 1949, Countryside Commission, 1990.
（30）前掲『日本の国立公園』、274頁。
（31）飯島稔「アメリカの国立公園行政」、『国立公園』No. 3、1949年1月、23頁。
（32）前掲『日本の国立公園』、55頁。

(33) 前掲『自然保護行政のあゆみ』、92頁。
(34) 三重県史編纂委員会『三重県史』別篇自然、三重県、1996年、60頁。
(35) 前掲『自然保護行政のあゆみ』、93頁。
(36) 「国立公園の思い出　発祥・夢・苦闘・希望」、『国立公園』No.23、1951年10月、11-12頁。
(37) 前掲『自然保護行政のあゆみ』、93頁。
(38) 草津温泉編纂委員会『草津温泉誌』第2巻、草津町、1992年、298-299頁。
(39) 前掲『日本の国立公園』、56頁。
(40) 同上、56-57頁。
(41) 同上、57頁。
(42) 同上、57頁。
(43) 前掲拙著『国立公園成立史の研究』、102頁。
(44) 同上、第1部第2章、第3章を参照。
(45) 同上、87-88頁を参照。
(46) 同上、58-59頁、258頁を参照。
(47) 同上、101-104頁参照。
(48) 前掲『日本の国立公園、280-281頁。
(49) 同上、280頁。
(50) 『国立公園』No.2、1948年3月、36頁。
(51) 前掲『日本の国立公園』、280頁。
(52) C・A・リッチー「御挨拶」、『国立公園』No.2、1948年3月、2-3頁。
(53) 前掲『日本の国立公園』、59-60頁、280-281頁。
(54) 同上、59-60頁。1948年制定の「国立公園選定基準」と戦前の「国立公園ノ選定ニ関スル方針」(ともに『自然保護行政のあゆみ』、522-524頁所収) とを比較されたい。
(55) 前掲『日本の国立公園』、60頁。
(56) 同上、62-63頁。
(57) 同上、86頁。
(58) 『国立公園』No.2、1948年3月、37頁。
(59) 前掲『日本の国立公園』、64頁。
(60) 同上、281頁。
(61) 前掲『自然行政保護のあゆみ』、440頁。
(62) 前掲『日本の国立公園』、281頁。
(63) 同上、281-283頁。

第3章
戦後前期の国立公園内の電源開発計画と自然保護——尾瀬の場合

はじめに
1　1947年の尾瀬沼の取水工事問題とその反対運動
2　1948年の尾瀬ヶ原の電源開発計画とその反対運動
3　1949年の尾瀬保存期成同盟の発足とその活動
4　尾瀬保存期成同盟と尾瀬開発計画を是認するマスコミとの論争
5　尾瀬ヶ原の電源開発計画の中断と尾瀬保存期成同盟の消滅

はじめに

　戦後前期における国立公園内の産業開発は、国立公園内の国有林の乱伐、農地開拓などが問題となったが、尾瀬の場合を除き大きな反対運動もおきなかった。本章の課題は、戦後前期における国立公園内の産業開発計画の主要な問題となった尾瀬の電源開発計画とその反対運動を考察することである。

　第1節は、1947年2月に提起された尾瀬沼から発電用に取水する工事計画と、それにたいする反対運動が、なぜ妥協的な解決に終わらざるをえなかったかという事情を明らかにする。

　第2節は、1948年に提起された尾瀬ヶ原電源開発計画と、厚生省・文部省をふくめ国立公園内の自然保護をもとめる人たちが、激しい反対運動に立ち上がっていく様子を明らかにする。

　第3節は、尾瀬ヶ原電源開発計画反対運動の中で自然保護団体である尾瀬保存期成同盟がどのようにして誕生したか、そしてどのような活動をおこなったかを明らかにする。

　第4節は、尾瀬保存期成同盟とマスコミとでおこなわれた「開発か自然保護か」の論争を明らかにする。

　第5節は、尾瀬ヶ原電源開発が中止される経緯と、尾瀬保存期成同盟が日本自然保護協会に再編されて消滅する過程を明らかにする。

1　1947年の尾瀬沼の取水工事問題とその反対運動

　戦前から尾瀬の電源開発計画はたびたび提起されてきた[1]。敗戦とともに商工省は、いち早く電力産業の復活に取り組み、尾瀬の電源開発にも取り組んだ[2]。

　国策会社の日本発送電株式会社（以後日本発送電と略す）は、早くも1946年に尾瀬沼・只見川筋の総合開発のために調査を開始し、1947年3月に「只見川筋水力開発計画概要」をまとめ、尾瀬については、尾瀬ヶ原に堰堤を築き、ダムを設置し、只見川に発電所を建設する計画を提起した。以後こうした開発計画は、形を変えてたびたび提起され、1948年に問題化していくこと

第3章　戦後前期の国立公園内の電源開発計画と自然保護　79

になる。
(3)

　1948年の尾瀬ヶ原の電源開発計画とは別に、尾瀬沼を貯水池化して発電用に取水する計画が1947年に問題化した。

　1944年10月に戦前から問題になっていた「尾瀬沼の水を片品川に落として下流のいくつかの発電所に僅かなりと渇水期の補助にという」取水工事が開始された。しかし「隧道工事が始められた許りで」軍事情勢の悪化によって、幸いにも1945年9月に中止された。
(4)

　しかし敗戦とともに、戦後の復興がおこなわれる中で、電力不足を解消するために、電源開発の行政担当省であった商工省電力局は、1947年2月に「尾瀬沼取水工事」の再開を日本発送電に命じた。
(5)

　尾瀬沼取水とは、自然流出していた豊水期の尾瀬沼の水を、尾瀬沼の湖畔、沼尻に堰堤を造って堰き止め、三平峠の地下に直径約1.8メートル、長さ約850メートルの隧道を穿って長蔵小屋近くの沼畔から冬の渇水期に片品川に落として下流の発電所に給水すると言うものであった。
(6)

　この命令は、国立公園を所管していた厚生省、天然記念物を所管していた文部省、さらには地域開発を所管していた内務省などに相談ののちにおこなわれるべきものであったが、このときには、敗戦のどさくさと国立公園行政組織の未確立という事情があって、根回しなしに下された。

　この命令をうけて日本発送電関東支部は、ただちに調査を開始し、1947年6月1日に厚生省に「日光国立公園特別地域内工作物新築の件」の申請をおこなった。
(7)

　この現地調査によって尾瀬沼の取水工事の再開を知った地元住民は、厚生省に報告し、関係各方面に陳情・請願をおこない、反対運動に立ち上がった。

　福島県側の檜枝岐村村長星数三郎は、1947年6月24日付けで森戸辰雄文部大臣に「尾瀬沼附近の風致保護について」陳情し、また尾瀬沼畔の住人二代目長蔵小屋主平野長英も、同年7月1日付けで尾瀬沼保存の嘆願書を森戸辰雄文部大臣に提出した。
(8)

　日本発送電からの工事許可申請と陳情・嘆願を受け取った国立公園行政担当の厚生省公衆衛生局調査課は、1947年7月4日に尾瀬沼の保護を意図して文部省、商工省電気局、日本発送電、福島県、群馬県の関係方面に呼びかけて、公衆衛生局長室において「尾瀬沼発電計画に関する協議会」を開催し、対応を開始した。
(9)

この最初の協議会には、文部省からは文部省社会教育局新居事務官、戦前から尾瀬の自然保護運動に参加していた史蹟名勝天然記念物調査会の東大教授らの中井猛之進、鏑木外岐雄、本田正次の3名が出席した。しかし、文部省と強い関係をもっていた武田久吉はなぜか出席していなかった。厚生省からは飯島稔公衆衛生局調査課長、田村剛が出席した。

　飯島稔公衆衛生局調査課長が、事態の経過を報告した。

　続いて中井猛之進、本田正次らは、1933年刊行の『尾瀬天然記念物調査報告書』(10)に基づいて、尾瀬の自然の貴重さと工事再開の中止を主張した。

　商工省電力局の代表は、電力の現状を説明し、電力の必要を述べ、早急な工事再開を主張した。さらに日本発送電関東支店土木部長土屋龍夫が、「この工事を完成すれば、渇水期に休止状態に置かれた利根上流の七つの発電所が運転し、2,700万キロワット時発電の可能なること、雪塊の害、水量の季節的測定、自然に及ぼす影響等を精密に調査してあることを説明し、速やかに各方面の了解を得て、年内に工事を着工したい」と説明した(11)。

　厚生省の田村剛は、国立公園特別地域内のことでもあり、「工事再開に絶対反対」を説いた。群馬県から出席していた県の代表は、「県の要望は、日発はあまりにも大きなものに挑みすぎたのでないか。風景を害さないで、かつ電力を増やす良い方法はないか」と述べた(12)。

　戦前から電源開発計画を推進しようとしていた商工省と、国立公園内の自然を保護し開発計画に反対する内務省・厚生省・文部省との対立は、戦後ここで改めて再現した。とくに敗戦後の急速な経済復興を追求していた商工省の強硬な姿勢は、厚生省・文部省の自然保護論と激しくぶつかり合った。

　「尾瀬沼発電計画に関する協議会」は紛糾し、結論をだせなかった。そこで文部省側の中井猛之進東大教授の動議が受け入れられ、後日、日を改めて現地視察をおこない、現地で2回目の協議会を開催することになった(13)。

　第2回目の協議会は1947年7月23日に、前回とくらべて多数の参加者をえて尾瀬沼畔の長蔵小屋で開催された(14)。

　司会は、国立公園行政を担当していた公衆衛生局調査課の石神甲子郎技官によっておこなわれ、再度日本発送電による事情説明がなされた。

　しかし『自然保護のあゆみ』によれば、「不思議なこと」に前回の7月4日の第1回協議会と異なり、「終始取水工事再開はやむをえないが、くれぐれも景観保護や貴重な植物などの保全に万全を期してもらいたい、という雰

囲気が全体を支配し」、「反対の急先鋒だった厚生、文部両省側代表（武田博士、中井博士）も同様だった」。
　どうしてこうした事態になったのか。
　武田久吉は1950年はじめに書いた小文で、第1回の協議会に欠席して事情がわからなかったので、「後日日発東京支店の土屋土木部長から計画の詳細を説明された時、それが夏から秋に向つて漸々水位上１米迄貯水し、冬中平水下２米迄片品川の源流に放出して、下流５、６箇所の発電所で使用すれば、関東一帯１日量の需要を賄うだけの電力を得られるという案を聞いて、私の考えは賛成に傾いた」と述べている。
　このような取水工事反対から賛成への転換は、なぜおきたのだろうか。
　武田久吉はと言えば、戦前尾瀬の電源開発に絶対反対をとなえ、尾瀬の自然保護につとめてきた最大の貢献者であった。その彼が、戦前の取水工事再開絶対反対から戦後に条件付きにしろ賛成に立場を転換したのは、いかにも不自然であり、奇妙で不可解であった。
　果たしてこの変化には、いかなる理由があったのであろうか？
　『自然保護のあゆみ』でも紹介されているが、武田久吉は取水工事計画に賛成した理由を自らつぎのように説明している。
　「第一に、平水上１米の増水は、大雨後には常でも度々有ることであり、唯それが平常は１週間内外で落水はするのだが、多雨の年には可成り連続的に起こることであるから、左まで沿岸の草木には害がなかろうと考えること」
　「第二に、沼の周囲には、絶対にそのまま保護しなければならぬという珍品奇種がなく、あってもそれこそ附近に移植して間に合うこと」
　「第三に、尾瀬沼は原の方と違って、天然記念物としてよりも、寧ろ名勝として指定す可き地域である」
　武田の説明を簡略に言い直せば、取水工事によって満水にすることにより「風致の生命を長からしめ」る、「貯水池として機能」させるために「幾年毎かに沼沢植物の進出を阻止したり、又は一部の泥土を浚渫することによって、沼の命脈を延長するという一挙両得」である。「沼尻の堰堤にしても、沼の南岸の取入口にしても、風致を害さぬ注意を十分にやれば、……不可能なことではない」。
　これらの工事賛成理由は、生態学を重視する植物学者らしからぬ説明である。

第1の、増水によって「草木には害がない」からという理由は、のちに見るように事実によって否定される。
　とくに第2の理由である、沼にはたいした「珍品奇種」がないから人工的な増水もやむなし、また少々「珍品奇種」があっても「附近に移植」すればいいという発言は、信じ難い。武田久吉は、戦前・戦時の尾瀬沼のダム化、それによる発電所建設計画に命を賭して反対してきたからである。[18]
　第3の理由は、人工的に増水すれば自然現象によって生じる「沼沢植物の増殖」、水位低下、沼面積の縮小、「沼の湿原化」を阻止することができるから、取水工事は悪くないという主張である。『自然保護のあゆみ』などが指摘する「沼の若返り論」である。[19]
　これもかなり乱暴な主張である。今では常識的なエコロジー論から見て絶対に許容できない議論であるが、しかし植物学者としての武田久吉がこのような理由をもって取水工事に賛成するとは、どうしても信じ難いことである。
　この点について『自然保護のあゆみ』は、武田久吉が工事再開に「反対する厚生文部両省と商工省、日発などの工事推進者の間に入って〝条件付工事再開〟の線で意見をとりまとめたことがわかった」と指摘している。武田久吉は、反対派と推進派の間に入って「仲介」役を果たそうとしたのである。[20]
　そして武田久吉の取水工事条件付き賛成論には、単なる賛成論ではなく、いかにも意図的なものが感じられる。
　この点について『自然保護のあゆみ』は、「厚生、文部両省ともに、これ以上反対してもいずれ現在の電力事情から見て工事再開は時間の問題となれば、いまのうちに、工事条件を付けて貴重な植物や景観保護に対する言質を取った方が得策、という判断、つまり絶対反対から、条件闘争への大幅な戦術転換があったと見られている」と指摘している。そしてこの「厚生、文部両省の突然の戦術転換は、これまで反対の立場を取ってきた武田久吉博士が工事再開賛成の意見にかたむき、博士の説得による影響が大きかったと思われる」[21]と見なしている。[22]
　こうして結果として、武田久吉の仲介で、取水工事はやむなしということになり、「臨時措置」として「数々の条件附で許可」された。そして、2年間の作業をへて、貴重な自然を破壊しつつ、取水口を造り三平峠下に隧道を穿ち、沼尻に小さな堰堤を構築する取水工事は1950年2月8日に完成した。[23]
　たしかに武田久吉は、あえて第1回目の協議会の「この会合に出る筈の私

は、何か差問えがあって不参し」、「後日」日本発送電の土屋部長に会ったと述べているが、事前に日本発送電側と何らかの交渉をおこない、話しをつけていたのではないかとの疑いがある。

『自然保護のあゆみ』は、武田久吉が賛成にまわった理由に、武田と日本発送電との密約・口約束論があったことをあげている。その交渉で交わされた武田久吉と日本発送電との交渉条件は、以下のとおりであった。

 （一）電力工事は予定通り風致を害さぬ条件の下に施行する事。
 （一）若し工事が甚だしく風致を害するならば中途から工事を放棄せしむる事。
 （一）渇水期の水の使用はなるべく3月末日に打ち切り、やむをえざる場合は4月15日にて打ち切り、4月1日若くは4月16日よりは貯水を始め5月中旬草木の芽立ち始める頃にはおよそ平水に戻す事。
 （一）夏期の渇水期には発電のために水を使用せぬ事。
 （一）九月草木の結実を終るをもって11月迄に平水以上1メートルの貯水を行う。
 （一）トンネル工事の土砂は主として反対側の下流に出し一部取入口に出したる土砂は成るべく薄く広く森林内に撒き土砂の山を築かぬ事。
 （一）目立つ取入口、挺防、監視小屋等を作らぬ事。
 （一）沼尻のダムは木製とし、人力にて開閉の出来るが如き著しからぬものたる事。

ちなみに後日、厚生省が日光国立公園特別地域内工作物新築申請にたいして、日本発送電関東支店に与えた「開発許可条件」は、つぎのようなものであった。

 （一）水の使用は昭和26年3月31日迄とすること。
 （二）湖畔のヒラギシスゲ、オゼアザミ、ホロムイリンドウ、オホカサスゲ、ヒメニラ等は群馬県又は福島県の指示を受けて適当の地に移植すること。
 （三）工事施行に当っては極力風致を害さないようにし、群馬県又は福

島県の指示に従うこと。
　（四）毎月末にその月の使用水位高を群馬県及福島県に報告すること。
　（五）本工事施工並びに水の使用につき植物及び風致に重大な支障があると認めた場合は工事の停止を命じ、必要な条件を附記することがあること。

　武田久吉自身は、この密約について何と言っているのか。1960年の『自然保護』2号の「尾瀬と水電問題」で、彼は「これはどこ迄も臨時措置であり、必要が解消されれば中止するし、悪結果が生じた場合には、変更か中止が考慮されるということで、その年の7月初旬、一と先ず許可ということになった。工事担当の日本発送電会社は、これさえ許可して貰えば、尾瀬ヶ原えは一切手をつけない口約を以って、この隧道を掘削を急ぎ」云々、と述べている。
　尾瀬沼を犠牲にして尾瀬ヶ原を救済するという口約束については、さらに傍系の証言がある。1948年3月に文部省が発行した『尾瀬ヶ原の学術的価値について』という小冊子にも、「現に尾瀬ヶ原の方を護るために譲歩して、昨年着工を認めた尾瀬沼の発電工事」云々と指摘されている。
　以上のように武田久吉は、きっと尾瀬ヶ原のダム化計画を予知して、それをさけるために意図的に被害の少ない尾瀬沼を犠牲にしようと考えたのであろう。果たして、こうした考えは妥当だったのであろうか。
　私見を述べさせていただければ、私は、二つの点でその戦術は妥当性がなかったと指摘しておきたい。
　一つは、武田久吉の主張には、植物学的に、またエコロジー的に見て正当性がないのではないか。もう一つは、反対運動の論理から見て妥当性を欠くということである。
　雑誌『山と渓谷』の経営者であり、編集者であった川崎隆章は、1950年10月下旬におこなった「尾瀬座談会」において、つぎのように武田の論拠に反駁を加えている。
　取水のため「沼尻川が減水して魚類の生息をはばみ、又小さい乍ら堰堤や取水口が出現し自然美を損じ、殊に沼の水位に大変変化を生じ、原植物群落、また岸の樹木の枯死等由々しき大事をひきおこすだろう」。「許可の際、沼畔の植物は群馬県側又は福島県側の指示を受けて適当の地に移植するという一

項が条件の一つに入っていたが、これは子供だましも甚しいものと云わねばならぬ」。

　第2回の協議会のおこなわれた長蔵小屋の経営者平野長英は、のちに、尾瀬沼取水が「景観を変えないということでしたが、実際にやってみると大変なことになりました。降水期には平水位から1メートル上へ、低水期には2メートル下まで、都合3メートルも水位が上下することになったのです。沼畔の何千本という針葉樹が水をかぶって枯はじめ、一面まっ茶に染まってしまいました。昆虫も、あの清々しいスゲ草もすっかり姿をひそめてしまいました」と語っている。

　武田久吉の戦術的方針転換は、運動論的に見て従来から武田がやってきた反対論に反し、たたかわずして最初から妥協している。どうしてこうしたたたかわずしての妥協、条件付き賛成になったのか。

　どうも当時の武田久吉の動きがおかしい。彼は、1947年7月4日の第1回の協議会に欠席しており、その協議会で厚生・文部の両省の反対があったにもかかわらず、「7月初旬、一と先ず許可ということになった」と回顧している。彼は、第1回の協議会の後に、ひょっとすれば協議会の前に日本発送電の土屋龍夫と事前に話し合って、「許可」を与えているように推察できる。

　こうしたボス交的な話し合いや妥協は、明らかに民主的大衆的な自然保護運動の論理に反する。こうした武田の行為は、多くの人たちにとって大いに理解に苦しむことであった。

　彼の意図には、二つの裏があったと思われる。あえて推測すれば、一つは、武田久吉の気負いによるものではなかったかと考えられる。戦前来、尾瀬の電源開発に反対してきた自負のうえに、尾瀬を護るのは自分しかいないという一種のスノビズムが、彼の心を支配していたのではなかろうか。

　しかも、大を救うために小を犠牲にするという戦術は、一般的に見て必ずしも間違っているとは言えないが、たたかわずして最初から妥協するのは明らかに間違っている。それは、反対運動の意味を無にするものであり、他の反対者たちの役割を過小に評価するからである。たたかってみなければわからないし、たたかっていれば取水反対運動が成功したかもしれない。たとえ成功しなくても、反対運動が生み出した成果は必ず残るはずである。

　私は、武田久吉について長い間研究し、彼が自然保護に果たした戦前の役割を高く評価してきたので、その彼が単に電力不足を解消するために、また

戦術的に尾瀬沼を犠牲にして尾瀬ヶ原を救うために取水工事に賛成したとはなかなか思えない。私は、第三の力が作用したのではないか、と推測する。

武田久吉は、イギリス外交官アーネスト・サトーの子供として知られていたから、占領下にGHQに早くから目を付けられていたに違いない。彼は、自然保護に熱心なGHQ民間情報教育局のポパムとコンタクトがあっただけでなく、1947、1948年に電力問題で商工省と密接なつながりのあったGHQ天然資源局の技術顧問をしていたのである。[31]

電源開発に反対する不穏な動きを抑止すべく、GHQ天然資源局は、尾瀬に影響力をもっていた武田久吉に尾瀬沼の取水工事に賛成するよう強力な圧力をかけたのではないかと考えられる。すぐのちに見るように、GHQがNHKに圧力をかけて尾瀬開発賛成論を放送させた事実と、きわめて類似した出来事である。

ただし皮肉なことに、妥協案の裏に潜んでいた将来尾瀬ヶ原には手を着けないという口約束が、翌年にただちに裏切られるという事態がおきて、尾瀬ヶ原のダム化計画反対運動は大いに盛り上がることになる。

ともあれ尾瀬沼の取水工事反対運動が頓挫し、工事が実施され、尾瀬沼の破壊がすすんだことが事実として残る。ちなみに『自然保護行政のあゆみ』は、尾瀬の電源開発問題が再浮上したことにふれるだけで、この問題にいっさいふれていない。こうした問題を避けてとおろうとするところに、官製の自然保護行政史の限界がある。

2 1948年の尾瀬ヶ原の電源開発計画とその反対運動

尾瀬沼取水問題にケリがついた翌年の1948年、今度は開発をしないと口約束（密約）したはずの尾瀬ヶ原電源開発計画が提出された。国策会社の日本発送電は、1946年に尾瀬沼・只見川筋の総合開発のために調査を開始し、1947年3月に「只見川筋水力開発計画概要」をまとめた。[32]

商工省は、日本発送電案をもとに、1948年2月19日に関係部局を集めて「尾瀬ヶ原、只見、利根川総合水利計画」について「尾瀬只見利根総合開発調査協議会」を開催し、電源開発の実施に取り組んだ。[33]

この協議会で提起された商工省主導の「尾瀬ヶ原、只見、利根川総合水利

計画」の大要は、つぎのようなものであった。[34]

　尾瀬ヶ原より只見川への流出附近において、高さ80メートルのダムを構築し、豊水期において3億立方メートル（利根川上流よりポンプ揚水する場合は5億立方メートル）の大貯水地を造り、この水を冬期の渇水期4ヵ月間に利根川または只見川に放流して46万キロワット（石炭換算43万トン）の発電力をえ、なおこのほかにも只見川の下流に貯水池3、調整池9（発電所12）を設けて123万キロワット、合計169万キロワットの発電力を開発して現下の経済再建に資する、という計画であった。

　1948年2月19日に開催された「尾瀬只見利根総合開発調査協議会」への参加者と参加機関は、以下のとおりであった。[35]

　総合開発推進官庁は、経済安定本部（建設局高野興作以下7名）、商工省（玉置敬三電力局長、岡崎三吉水力課長、以下7名）、関東商工局（2名）、仙台商工局（2名）、建設院（2名）、それに推進に傾いていた地方自治体の福島県（知事以下4名）、新潟県（知事以下11名）、群馬県（3名）の総勢39名、さらに開発当事者の日本発送電本社（新藤武左衛門副総裁以下3名、同関東支部2名、同仙台支部2名、只見川調査派出所4名）の11名で、推進派総勢は50名の大集団であった。

　それにたいして開発反対派は、文部省6名（小林行雄社会教育局文化課長、平山繁夫文化課嘱託、武田久吉、中井猛之進、鏑木外岐雄、本田正次）、厚生省2名（田村剛、石神甲子郎）の総勢8名にすぎなかった。農林省（2名）は中立的としておこう。

　この計画は、前年、日本発送電による尾瀬沼の取水工事交渉で、尾瀬ヶ原には手を付けないという「口約束」を反古にし裏切るものであった。

　この協議会では文部省・厚生省を除き、大体において、当面の電力逼迫が民心を暗くするばかりではなく、経済再建を妨げる重大支障であり、河川総合開発の必要性を認め、日本発送電の尾瀬ヶ原開発の原案を支持し、できるだけ早く調査し計画をたてて実行に着手するように、との意見が大勢を占めた。[36]

　これにたいして厚生・文部の両省は、国土復興のための河川総合調査の必要は認めるものの、尾瀬ヶ原を大貯水池にする電源開発プランは寝耳に水のことであり、このようなプランを前提にした協議会の開催および運営に反論する立場をとった。そのため協議会は冒頭から紛糾した。

文部省側は、尾瀬を天然記念物とすべき立場から尾瀬ヶ原開発計画に反対してつぎのように主張した。[37]

　平和的文化国家の建設は日本国憲法の命ずる所であり、之は単なる掛声やお題目であってはならないはずである。どの様な政策や事業にもこの原則が採り入れられなければならないのは当然である。文化国家建設上、文化財の保存という事は極めて重大、基本的なものであり、国民はその承継した文化財を維持し発展させる義務があり、国家は、国民が祖先から受けた史的美術的記念物と、併せて自然から受けた天然記念物を保存する義務があることはいうまでもないことである。問題の尾瀬は、地質上、地形上、植物上、動物上日本に於いてはもちろん、世界に於ても貴重な学問的文化的資料であり、一度これを湖底に沈めてしまへば将来永久に恢復することが出来ないもので、貴重な文化財を故意に破壊すれば世界の文化界、学界の物笑いの種となるは必至。全国的な電源開発及び、治水及灌漑水の計画の為の調査には何の異論もないが、今回の様に、最初から尾瀬ヶ原を湖底に沈める計画の下に事を進めるのは反対である。

厚生省は、尾瀬の自然を保護すること、しかも自然風景を観光資源とする立場からつぎのような開発反対論を主張した。[38]

　河川の総合開発の重要性は認めるが、尾瀬は傑出した類のない原始的自然景観である。これをいかに電力不足に苦しんでいるからとはいえ、今回の様な一方的な考えで事にあたるのは不当。国家百年の大計の上から極めて慎重に充分な検討すべき問題だ。そのためにも、国立公園中央委員会に取り上げてその方でも充分意見を聴取した上で対処したい。また、国立公園の保護と利用は、GHQからも強い要請を受けている。アメリカでは一切の国立公園は電力などで手をつけてはいない。さらに再建日本は狭ら（狭隘の誤植か—引用者）な国土のため食糧自給、貿易は困難な状況にあり、第一次大戦後に各国が取ったように観光による外貨獲得は重要な国策である。そのためにも、尾瀬ヶ原のような観光資源は絶対に保護しなければならない。

厚生・文部両省側の各委員から次々に協議会に対する反対の意見がだされた。
(39)

本田正次委員は、「本日の会合は第1回の協議会であるにもかかわらず、余りにもお膳立が出来すぎており、結論まで出て居ることは納得が出来ない。始めから尾瀬ヶ原を湖底に沈める事を決定しているのはおかしい」と述べた。

鏑木外岐雄委員は、「本件は本来は経済安定本部の資源開発委員会で採り上げ、国家的見地から研究すべきではないのか。資源委員会と本協議会はどんな関係にあるのか」と質した。

尾瀬沼で妥協を演出した武田久吉委員も、「人為は変更出来るが、自然は変更出来ないものだから、人為的計画を変更すべきである。また電力開発は他の計画から進めて、最後に必要になってから尾瀬ヶ原に及ぶという計画の立案は出来ないのか」と述べた。この発言で、武田は、尾瀬沼の取水工事に賛成してその後の動向が注目されたが、戦線に復帰したことを示した。

文部省社会教育局文化課長の小林行雄は、「座長の言明によれば、比の協議会は全然白紙の立場で開発が可能か不可能か、支障があるかないかを調査するものであるのに、商工省が、始めから尾瀬ヶ原を湖底に沈めることを前提として調査を進めなければならないとするのはおかしい」と主張した。

当時としては、敗戦後の荒廃から復興を目指す経済開発優先主義の渦中にあって、戦前の尾瀬電源開発計画反対論と反対運動の伝統を引き継ぎ、戦争直後の文化国家と民主主義をめざす厚生省と文部省の意気込みと、両省の委員たちの勇猛果敢な尾瀬ヶ原開発計画反対論は、今日のわれわれの胸をうつ。こうした反対論は、厚生省の場合は、観光自然資源としての尾瀬という認識をふくんでいたが、真に国立公園の自然保護、あるいは一般的な自然保護を主張するものとして大きな歴史的意義がある。

ちなみに両省の電源開発反対論は、開発そのものに反対しているわけではなく、尾瀬ヶ原を破壊せず、ほかの地域での開発を主張するものであったということを留意しておかなければならない。

しかし商工省を中心とする開発推進官庁主導の協議会だったので、厚生・文部両省の開発反対派は孤立した。経済安定本部側は、このままでは結論がえられないとし、両派を別の委員会に分離し、開発派だけで論議をすすめる提案をおこなったが、結局、その案でも決着がつけられないとし、尾瀬ヶ原

保護派の文部・厚生両省の委員を排除して、最終的に問題があれば閣議であらそうべきであるとし、開発を強行するため協議会を終了させた。[40]

こうして正式の協議会から排除された二つの省とその関係者たちは、それぞれ尾瀬ヶ原保存と電源開発計画反対のための新たな活動をおこなうことになった。

文部省は協議会後、天然記念物保護を所管する伝統から、あるいは戦前からの経験に基づいて、1948年3月に社会教育局文化課編『尾瀬ヶ原の学術的価値について』という小冊子を出版し、各方面に配布し、尾瀬保存の必要をひろめる啓蒙活動をおこなった。[41]

その小冊子は、食糧事情が窮迫しているからと言って正倉院の宝物を売りに出すわけにはいかないように、尾瀬ヶ原を「経済再建の為の電源開発という極めて重大な事由によるとは言いながらこれを破壊し去る事には絶対に賛成することが出来ないのである」と強力な絶対反対論を主張した。[42]

国立公園の所管官庁として厚生省は、国立公園における自然保護を重視する観点から、協議会の4日後の1948年2月23日、第1回国立公園中央委員会を開催して「現下の情勢に即した国立公園政策」について諮問をおこない、1948年7月24日の第2回国立公園中央委員会において「答申」をだし、電源開発を規制する必要を提起した。[43]

さらに文部省と厚生省は、国立公園の自然保護に理解を示していたGHQに英文のアピール文書を提出した。[44] こうした事態にたいしポパムのいたGHQ民間情報教育局は、本国の国立公園局からリッチーを呼んで、日本の国立公園政策にテコ入れをはかった。

厚生省国立公園部は、先の文部省の冊子を増刷して関係方面に配布しただけでなく、1948年12月に『日光国立公園地域内尾瀬ケ原を保存すべき理由』という小冊子を発行し関係各方面に配布した。[45]

この小冊子の「結び」は、「尾瀬ケ原を保存すべき理由」としてつぎのように強調した。[46]

> 尾瀬地方は単にわが国のみならず世界に誇示するに足る諸要素を豊蔵しているのであるが、一度発電計画により尾瀬ヶ原を貯水池化するならば、貴重な湿原は永久に地上から抹殺されるのである、かかる策は苟（いやしく）も文化国家を標榜するわが国のとるべき処ではない。巷間ややもすれば

尾瀬発電工事完成による産業的経済的数学に眩惑される反面、数字的に表現できない風景的及学術的価値については極めて関心の薄いのは遺憾である。
　また尾瀬ヶ原の実体を把握せずしてこの問題を論ずることは正鵠を失することになる。
　発電事業の重要性はわれわれも十分認識するが故に風景と両立し得る尾瀬沼発電利用を容認したのであるが、尾瀬ヶ原貯水計画については妥協の余地を存しない。尾瀬ヶ原はわが国に残された少ない原始境である。尾瀬ヶ原こそ現代人の保健、休養、教化に資すると共に将来永遠に亙って子々孫々に伝えるべき国宝として保存すべき価値を有するのである。

　ここでも「尾瀬ヶ原貯水計画については妥協の余地を存しない」という開発絶対反対論が主張されていることに注目しておきたい。
　他方、電源開発を企図する商工省と日本発送電は、1948年に開発計画をすすめ、かつマスコミをつうじて開発の必要性を主張し、反対派を批判するキャンペーンをおこなった。
　『サン写真新聞』は1948年6月2日の661号において、尾瀬の電源開発問題を特集してその是非を報じた。この特集は、尾瀬電源開発計画の賛成・反対の両派の意見を公平に掲載した。
　反対論では、武田久吉、登山家で共同通信編集局長・松方義三郎、厚生省国立公園部課長・石神甲子郎、文部省社会局文化課長・小林行雄、賛成論では、植物学者・牧野富太郎、商工省電力局水力課長・岡崎三吉、清水建設社員・浜野正男、日本交通公社・茂木鎮雄、建設院水政局水利課長・伊東令二、反対一部賛成論の板倉登喜子などの意見が紹介された。
　当時の尾瀬開発問題についての賛成意見をいくつか紹介しておこう。
　賛成論の商工省電力局水力課長・岡崎三吉は、「文部省と厚生省へは何とか考慮して、これらの調査期間に学術的な研究をして発電施設計画に協力してくれと申し入れているのだが、文部省では全然相手にしてくれない。尾瀬の計画が完成すればプラスされる電力は200万キロワット近いものだ。電力あっての産業、観光なのだから、何とか円満に完遂したい」と主張した。
　同じく賛成論の植物学者・牧野富太郎は、「尾瀬ヶ原にある植物は内地では他にないが、北海道には同じような生態が沢山あるのだから、植物学の上

からは大した影響はない、景色はずうつと雄大になつていいと思う。工事にかかる前の調査期間を利用して学者を派遣し、標本を採集して研究する必要はある。現在の電力事情は国力回復の重大な障害になっているのだから出来るかぎりの犠牲と努力をはらうべきだ」と主張した。

賛成論の建設院水政局水利課長・伊東令二は「現在の電力事情からみて、是非やりとげなければならない事業だからやるが、規模が大きいので相当の困難は伴うだろう。地質その他の調査はまだ十分ではないが、技術的に見てやれない工事ではない。いろいろな理由による反対はあるだろうが、大きな見地からこの……ダム構築には各方面の協力を願いたい」と主張した。

武田久吉、厚生省国立公園部課長・石神甲子郎、文部省社会局文化課長・小林行雄、共同通信編集局長・松方義三郎など尾瀬ヶ原電源開発計画反対論はすでに紹介してあるので、紙幅の都合で省きたい。

2年後に武田久吉は、この特集が賛否両論を紹介してはいるが、公平を欠き、問題の正しい報道ではなかったとつぎのように厳しく批判した。[47]

「その年の5月『サン写真新聞』社は、記者をそちらに派遣して、賛否両論を糺し、商売柄写真入り2頁大の第661号に掲載した。生憎その探報の記者が、尾瀬の事については皆目知識がないので、とかく見当違いの質問を浴せ、こちらの説明も半分は分らず、要点をつかむにことには落第という人物であったから、いよいよ発兌した紙面を見ると、聊（いささ）か噴飯ものであった。」

さらに武田久吉は、報道の杜撰さ、賛成論の不当さと一部の反対論の曖昧さを以下のように批判した。

「岡崎、伊東の両氏の賛成論は職務上否応なしという処、浜野氏は遺憾にして現地を御存知ない大衆登山家の判断以上に出ず、茂木氏が尾瀬沼は衰退期の沼だから貯水池とした方が得策と言われるのは、沼と原とをゴッチャにする無智な大衆の一人と見る外なく」、「又二回も尾瀬ヶ原に植物採集に赴かれた碩学牧野先生が、〈尾瀬ヶ原にある植物は内地では他にないが、北海道には同じものが沢山あるのだから植物学の上から大した影響はない〉と申されたのは、記者の聞き違いに基づく誤謬かも知れないが、植物学という学問は、標本さえ採れば足りるものと世間に誤解の種子を蒔く結果となるので、甚だ遺憾なことであった」。

武田久吉の指摘するように、たしかに新聞による賛否の紹介の内容と仕方にはいささか疑問な面が多かったのも事実であった。

続いていくつかの新聞が尾瀬と奥会津の電源開発を報じたが、開発に期待する論調が目立った。

たとえば『時事新報』は、1949年1月1日、3日、4日の3日にわたって大々的に尾瀬・奥会津の開発問題を取り上げた。1月1日の3面トップ8段組の記事は、「眠る宝庫・奥会津を拓く」の横大見出しに3段組みの「停電などは夢物語　5億トンの人工湖」、3段組みの「明るく立ち上がる資源はある」と言った大々的なタイトルで電源開発計画を肯定的に報じた。

新聞記事は、開発への肯定否定の両論併記であるが、記者の心情は明らかに開発への同調、期待であった。

その後、1949年7月5日の『時事新報』は、「寒い日本の国であればあるだけ国の資源を最高度に開発しなければならない……未開発地帯尾瀬、奥会津地域にかんし去る6月7日総司令部から3ヶ所の水力電源開発の許可があった。これによって眠れる宝庫はようやくその扉を開こうとしている」と開発に期待を込め、「花か電気か」との見出しで、「眠れる宝庫奥会津が開発される時はきている」と結んだ。

1949年11月26日の『家庭朝日』は、「〝貴重な資料が死ぬ〟文部・厚生省のいい分」の3段組タイトルで、商工省の尾瀬ヶ原電源開発計画を簡単に紹介し、その4倍近くの分量で文部省と厚生省の反対論を紹介した。しかし「この論争の結果、どちらの意見が通るかは地元民のみならず国民全体の注目するところであろう」と、純粋に中立的立場をとったが、編集者は、尾瀬ヶ原電源開発計画への批判を何も述べなかった。

以上のようにマスコミは、反対論をまったく無視したわけではないが、全体として尾瀬ヶ原の電源開発を好意的に報じた。

尾瀬ヶ原の電源開発を是認するマスコミ攻勢は、1949年末に入ってNHKによる尾瀬ヶ原開発肯定の露骨な放送によって頂点にたっした。のちに詳しく論じることにする。

3　1949年の尾瀬保存期成同盟の発足とその活動

尾瀬ヶ原の電源開発計画が確実に進行していく中で、尾瀬ヶ原電源開発計画問題を議論する協議会から排除された厚生省、文部省、およびそれにつら

なる国立公園研究会の自然保護派の人たちは、1949年10月27日に「尾瀬保存期成同盟」を結成し反対運動を開始した。この運動は、日本の国立公園の自然保護運動に新しい地平を切り開き、ひいては日本における自然保護運動にはじめて独自組織をつくりだす端緒となった。

尾瀬保存期成同盟の結成される事情は、武田久吉によれば、1948年「秋の頃から尾瀬ヶ原問題が漸く緊迫して来たのに対して、国立公園研究会の主唱により、有志が集まって、尾瀬保存期成同盟を組織する議が起」ったということである(48)。

厚生省も文部省も、政府のすすめる尾瀬ヶ原電源開発計画にたいする反対運動に表立って参加するのには限界があった。国立公園協会はまだ復活していなかったが、1947年3月31日に国立公園の復活を準備する国立公園研究会は設立されていた。文部省、厚生省の関係部局と田村剛、武田久吉ら尾瀬ヶ原電源開発計画反対を主張した人たちは、尾瀬ヶ原の電源開発計画反対運動をおこなう特別な組織をつくることを考えたのである。こうして1949年10月に、国立公園研究会内に尾瀬保存期成同盟が組織された。

結成された尾瀬保存期成同盟は、第1回の会合で運動方針を定めた。しかし、尾瀬保存期成同盟のその後の活動を検討して見ると、尾瀬保存期成同盟の結成は必ずしも明快な意思統一によるものではなく、多様な意見をふくみ、十分な準備をへたものではなく、かなり経過的であったように思われる。

まず結成大会とも言うべき第1回の会合は、東京の新宿御苑内の厚生省国立公園部分室において15名ほどが参加して開催されたが(49)、通常、提起されるべき会の趣意書、綱領、規約、役員などの試案は提出されず、「綱領」だけ次回に作成することを決めた(50)。

第1回の尾瀬保存期成同盟の会合は、残念ながら15名の参加者が誰であったか明らかではないが、1949年11月30日の第2回目の会合に出席者した20名のうちの大方の人たちであったであろう。いずれにしろこの会合では、尾瀬保存期成同盟の活動についてさまざまな論議がおこなわれたようである(51)。

武田久吉によれば、尾瀬保存期成同盟は「事業計画」として①「尾瀬ヶ原に関する調査研究」、②「尾瀬ヶ原保存に関する厚生省の施策に対する協力」、③「尾瀬ヶ原に関する刊行物の作製配付」、④「ラジオ放送、新聞、雑誌投稿等による尾瀬ヶ原保存に関する啓蒙宣伝」、⑤「尾瀬ヶ原保存に関する講演会、座談会、映画会、展覧会等の開催」など5項目を決定した。そして

「国立公園協会設立の暁には、その方に引継ぐこと」が申し合わされた。[52]

さて尾瀬保存期成同盟の第1回の会合は、先んじて組織されていた「尾瀬保全同志会」を「尾瀬保存期成同盟」と正式に命名したようである。

「事業計画」から浮かびあがる尾瀬保存期成同盟の運動方針は、尾瀬の保存、そのための調査・研究、「厚生省への協力」という言葉にあらわされているように現におこなわれている厚生・文部の両省による尾瀬電源開発計画反対運動を支援しつつ、実は反対運動の組織主体をめざすことであった。

尾瀬保存期成同盟の第2回目の会合は、1949年11月30日に、前回と同じ新宿御苑内の厚生省国立公園部分室で開催され、20名が参加した。

出席者は表3－1に示したように、多くの大学教授をはじめとする学者、作家、登山家、写真家などの文化人、実業界からも山と渓谷社経営者、鉱山経営者、そして文部省・厚生省の官僚たちであった。[53]

この会合では、冒頭に1949年の暮れに起草された綱領が一部語句を訂正して採択された。決定された「尾瀬保存期成同盟綱領」はつぎのようなものである。[54]

　　日光国立公園尾瀬ヶ原一帯の地は比類なき自然景観のうちに貴重な学術的資料を秘める世界的存在であることを闡明し、これを水力開発計画の実施による破壊から救い、後代のため、永久に保存して国立公園の重要な使命である自然尊重精神の普及並びに学術資料保存に資し、併せて観光資源の確保を図る。

尾瀬保存期成同盟は、規約や趣意書の類も提起せず、上記のような簡単な綱領のみを決めて、ルーズに出発したことがわかる。さし当たって、電源開発から尾瀬を守り保護することに課題を集中させたのである。

ただ、ここで注目しておくべきは、この綱領は戦前来の国立公園論を反映して「比類なき自然景観」の保護に加え、「併せて観光資源の確保」を目的としていたことである。このことは、この組織が戦前来の国立公園運動の延長線上に、基本的に厚生省、国立公園部のヘゲモニーのもとに組織されていたということを意味していた。同じことであるが、戦後の国立公園運動も自然保護を重視すると同時に、自然破壊に対抗する一つの論拠に観光資源の保護をおいていたことを物語るものであった。

表3－1　尾瀬保存期成同盟員一覧

1949年10月～50年4月現在

氏　名	略　歴	国立公園審議会委員○	天然記念物保存協会への参加○
〈1949年11月、加盟25名〉			
武田久吉	理学博士・日本山岳会会長	○	○
谷川徹三	法政大学教授、哲学者	○	
鏑木外岐雄	理学博士・東大教授	○	○
辻村太郎	理学博士・東大教授・日本山岳会名誉会員	○	○
田中啓爾	立正大教授	○	○
佐竹義輔	理学博士・国立科学博物館		
小林義雄	理学博士・国立科学博物館		
三浦伊八郎	林学博士・大日本山林会理事長	○	
田部重治	東洋大教授・日本山岳会会員	○	○
本田政次	理学博士・東大教授・東大小石川植物園長	○	○
大井次三郎	理学博士・国立科学博物館		
中井猛之進	理学博士・国立科学博物館長		
田村　剛	林学博士・東大講師	○	○
折下吉延	元宮内庁技師、農学博士、造園家	○	
武部英治	元運輸省官僚、全日本観光連盟理事長	○	
岸　衛	国立公園施設協会会長	○	
三田尾松太郎	鉱業経営者、登山家		
川崎隆章	山と渓谷社経営者		
平野長英	長蔵小屋経営者		
村井米子	著述家・日本山岳会会員	○	○
足立源一郎	画家・日本山岳画協会会員		
岡田紅陽	写真家・（財）日本観光写真連盟会長		
冠松次郎	登山家・日本山岳会会員		
東　良三	作家・日本山岳会会員		
〈プラス文部省から2名、厚生省から5名参加。社会教育局長・社会教育文化財保護課長、国立公園部長・国立公園部管理課長・国立公園部計画課長など31名。その後、1949年末から1950年3～4月まで12名加盟〉			

安部能成	元文相、学習院院長
関口　泰	旅行作家・前社会教育局長
安部　定	参議院議員
徳川宗敬	参議院議員・日本博物館協会会長
田中耕太郎	参議院議員・1950年に最高裁判所長官・元文相
別宮貞俊	住友電気工業初代社長、第八代日本山岳会会長
松方義三郎	共同通信編集局長・国立公園中央審議会委員
中沢真二	電力技師
塚本閤治	山岳映画家
中山意次	新潟県十日町長
星数三郎	檜枝岐村長
福原楢男	農林省農業技術研究所、昆虫学者

注　合計42名。『自然保護のあゆみ』、50-51頁、その他資料から作成。

表3-2　尾瀬保存期成同盟会員の職歴構成

経　歴	人　数	％
大学教授・学者	14	32.5
文化人	7	16.3
実業家	7	16.3
官　僚	7	16.3
厚　生	(5)	(11.6)
文　部	(2)	(4.6)
元官僚	3	6.9
国会議員・政治家	5	11.6
合　計	43	100.0
内		
国立公園審議会委員	13	30.2
天然記念物保存協会参加者	8	18.6

注　表3-1より作成。

ところで、尾瀬保存期成同盟の参加者は、どのような社会的立場、意識の人たちだったのであろうか。ここで参加者の思想、社会的立場を分析しておきたい。

尾瀬保存期成同盟設立時メンバーは25名であり、文部省から2名と厚生省から3名の官僚5名が参加していた。創立大会のあと49年末までに4名が追加参加し、50年はじめに8名が参加し、総勢43名であった[55]。

尾瀬保存期成同盟参加者は、表3－2に示したように、大学教授・学者が14名、文化人7名で、学者・文化人全体で21名の多数を占め、さらに実業家7名、国会議員3名、地方政治家2名、官僚系が10名であった。

これは、先にみた国立公園委員会や国立公園審議会の構成に近い。ここに参加した人たちは、当然自然保護に熱心な人たちであったが、16名が当時の国立公園審議会委員であった。逆に言えば、46名の国立公園審議会委員中16名（全体の34.8％）が尾瀬保存期成同盟に参加していたことになる。それなりに自然保護意識の強い国立公園中央審議会委員がいたことになる[56]。

自然保護については、たびたび指摘したように、戦前来、内務省、厚生省にかかわる国立公園制度派と文部省の天然記念物保存協会派とでは、かなり異なった考え方をもっていた。天然記念物保存協会派は、自然そのものの重要性を主張する傾向をもっていたが、これにたいし国立公園制度派は、国立公園の自然保護を主張するが、国立公園の利用と観光資源としての国立公園の保護を強調していた。

もともと尾瀬保存期成同盟が国立公園がらみで生まれたので、「綱領」に見られるように、厚生省国立公園制度派の自然保護意識が全面にでてくるのは必然であった。こうした傾向の人たちは、厚生省の官僚系3名に加え、田村剛、岸衛、さらに推測すれば、従来から国立公園協会に関係していた文化人、登山家の冠松次郎、東良三、三田尾松太郎、川崎隆章、村井米子、足立源一郎、岡田紅陽、松方義三郎、塚本閤治、宮部貞俊、参議院議員・徳川宗敬などであった。彼らは16名を数え、多数派を形成していた。

これにたいしてややルーズな判定であるが、文部省、史蹟名勝天然記念物保存協会にかかわる自然科学系の大学教授・学者たちは、文部官僚2名を加え、武田久吉、鏑木外岐雄、田中啓爾、佐竹義輔、本田正次、中井猛之進などで、戦前来、国立公園そのものより自然保護そのものを重視する傾向をもっていた8名であった。彼らは、全体として少数派であった。

なお辻村太郎は、戦前は国立公園協会に強く関係し、戦後は史蹟名勝天然記念物保存協会にも関係し、両派に関係が強かった。また折下吉延は、造園家で国立公園制度派に近かったが、生態学者・白井光太郎の弟子であった関係から、天然記念物保存協会派にも近かった。平野長英も、両派の人脈に強い関係をもっていたから中立的であったかもしれない。

ほかの同盟員を見ると、当時において相当の社会的地位のある人たち、元文相で学習院院長・安部能成、参議院議員で最高裁判事・田中耕太郎、法政大学教授・谷川徹三、そのほかが参加していることが目立つ。尾瀬の自然保護が当時の知識人たちに、相当の社会的支持をえていたことが想像される。

1949年11月30日に開かれた尾瀬保存期成同盟の第2回の会合では、新たな尾瀬ヶ原電源開発計画案が問題となった。現下に問題となっていた尾瀬ヶ原を全面的に貯水池化する日本発送電の尾瀬ヶ原電源開発案とは別に、新たに新潟県が尾瀬ヶ原を水没させずに只見川流域の三條ノ滝周辺にダムを建設する新潟県案が、1949年3月に提出されていた。これは俗に3月案と呼ばれた。こうして第2回の会合では、新潟県から県庁審議官・本間を呼んで新潟案の説明をうけ、検討されることになった。

新潟県審議官・本間が、3月案とは別にやはり尾瀬ヶ原を水没させる10月案なるものに言及したため、出席者は反対意見や苦情を述べたため、会合は紛糾した。結局、尾瀬保存期成同盟としては3月案を支持し、尾瀬ヶ原を貯水池化する日本発送電案と10月案の2案にあくまで反対していくことを決めた。こうして尾瀬保存期成同盟は、反対運動をすすめるために国会への請願書文案「尾瀬ヶ原の保存について」を作成した。この文案は、直ちに国会に提出されず、いろいろ検討された結果、1950年4月17日の国会に提出された。当初の文案ではとくに新潟案に反対し、3月案を支持していたが、最終文案には3月案の支持はなく、尾瀬の保護が一般的に強調されていた。

こうした運動をつうじて尾瀬保存期成同盟は、自然保護の思想をより明確にして、反対運動についてもより説得的にするために、電気技師・中沢真二を会員に迎え入れて、発電計画を詳しく研究したりして、新しい運動をつくっていくことになった。

とくに請願書の作成の過程で、さまざまな論議がたたかわされ、最初の案文「尾瀬保存期成同盟は、国立公園設定の主要な使命である自然尊重精神の普及徹底と道義心の鼓吹とに資し」云々を、「尾瀬保存期成同盟は自然を保

護してその恩恵の均霑化(きんてん)を図り」とするなど、とかく「風景」という用語で表現されていた「自然」を、正式に「自然を保護」という用語を使用するようになり、自然保護思想を強めた。[66]

　第２回の会合ののちに、1949年末にNHKの放送と読売新聞、毎日新聞による開発賛成派による反対運動への攻撃があり、尾瀬保存期成同盟は、それらマスコミへの批判を展開し、かなりの成功をおさめた。

4　尾瀬保存期成同盟と尾瀬開発計画を是認するマスコミとの論争

　NHKは、1949年12月11日午後８時30分からの番組「時の動き」で尾瀬ヶ原の電源開発計画を是認し、反対運動を非難するような放送をおこなった。

　この放送は、尾瀬ヶ原の電源開発計画を支持しただけでなく、アメリカ人技師を天候悪化のため尾瀬に案内できなかったにもかかわらず、案内したかのような虚偽の報道をおこない、尾瀬沼と尾瀬ヶ原の区別もできない杜撰なものであった。

　この杜撰な放送を聞いた文部省・厚生省の関係者が、のちに取り寄せた「放送の草稿」の内容は、武田久吉によれば以下のようなものであった。[67]

　　電力不足に対する或る婦人の疑問に対して、政府は電力５ヵ年計画による全国33ヶ所の電源開発を行い、現在の１/２だけ電力を増加させると、〈声〉が説明する。
　〈で……その計画は今実際進められているのでしょうか？〉の婦人の質問に、
　〈此処は上越線沼田駅から北へ自動車で約６時間、それから長い山道を数時間、群馬と福島県の縣境、標高1,660米の尾瀬ヶ原です。冬にはまだ早い11月の中ば、もう３尺からの雪がつもっています。うっそうと茂った密林、空をうつして尾瀬沼が静かによこたわっています。〉
　ファロー氏〈おゝ美しいすばらしい景色ですね、ワンダフル〉
　声〈ミスター・ファロー、これが尾瀬沼です。これから北の方が只見川に沿って尾瀬ヶ原、奥只見、前沢、田子倉、それから支流伊南川の内川と５ヶ所に大貯水池を作ります云々〉。

厚生・文部両省は放送の翌日直ちに連絡を取り合い、まずNHKの放送の意向を担当プロデューサーから聞いた。NHKの担当プロデューサーは、呼ばれた際に尾瀬を調査したかのような虚偽の放送をしたことを認め、文部・厚生両省に「NHK側は、〈電力問題を取り上げることについての司令部方面からの示達があり、対談的に放送する原案も示され、早急に放送する必要上、文部、厚生両省に相談することなく放送したことは遺憾であった〉」という態度を表明している。[68]

ここには二つの重大な問題が指摘されている。

一つは、NHKが調査をおこなっていないにもかかわらず、実地調査をおこなったかのような虚偽と杜撰な内容の報道をおこなったことである。

武田久吉は「尾瀬へは一歩も踏み込まなかった二人の米国人を、さも実地に臨んだかの如く、時の動きより一歩も二歩も先走ったプランナーの御手際には、驚き入らざるを得ないが、こんな虚構の放送をして世を欺くことは、果たして許さる可きものであろうか？」と非難した。[69]

さらに「放送の草稿」にある報道の杜撰さである。明らかに、尾瀬沼から「北の方が只見川に沿って尾瀬ヶ原、奥只見、前沢、田子倉」という解説は、尾瀬にまったく無知としか言いようがない。「只見川に沿って尾瀬ヶ原」があるのではなく、尾瀬沼から沼尻川をとおって尾瀬ヶ原に流れ出た水が、只見川の上流に流れ落ちるのである。

もう一つの問題は、尾瀬電源開発計画支持の放送が、GHQ＝「司令部方面からの示達」であったとの指摘である。この「司令部」とは、国立公園の自然保護を強力に支援していた「民生局教育課」ではなく、日本の産業開発に関心をもっていた「天然資源局」であったに違いない。いずれにしろ尾瀬の電源開発計画の進行にGHQが介入していたことは事実であろう。

この問題は、先に述べた武田久吉への「天然資源局」の圧力の可能性とも類似した興味深い問題であった。この背景には、尾瀬の電源開発計画へのアメリカ資本の導入もからんでいた。[70]

厚生・文部の両省は、放送原稿を取り寄せて対策を協議し、「厚生省公園部では(1)尾瀬保存期成同盟の名においてNHKに抗議する。(2)尾瀬の主、平野長英氏の尾瀬に対する貴重性をラジオ『私の言葉』で放送する。(3)国会に正式に請願文を提出する」という緊急対策をこうじることを決めた。[71]

放送の1週間後、宮地茂文部省文化財保護課長は、1949年12月18日に『東京新聞』に「尾瀬ヶ原放送」という題で投稿し、「電力不足解決には尾瀬ヶ原開発以外にはないような印象を与える一方的な放送がなされたことは予め他に意図があるように受け取られ、正しい世論の換起、真実の報道を使命とするラジオ放送としては、はなはだ遺憾といわざるを得ない。このたびの放送によって受ける一般の人々の誤解を一掃するためあえて一言する」と厳しく批判した。

　厚生・文部の両省のNHKへの抗議は各新聞で取り上げられたが、逆に新聞による両省への批判を生み、新たな論争を引き起こした。

　まず1949年12月20日に『読売新聞』が、「電力か学術か、尾瀬沼論争遂に爆発」「電源軍配あげたNHKへ」「文部厚生両省激怒」との大々的な見出しで、開発反対論に厳しいつぎのような記事を載せた。[72]

　　日本再建の電源開発計画の一環として奥日光の尾瀬沼を水底に沈めてダムを造ろうとする通産省が計画を進めている群馬、福島両県下にまたがる只見川開発計画は、このほどアメリカのウェスチングハウス電気会社のフロア、レイモンド両技師の現地調査によって新しい電源のホープとしてさらに真価を高めるにいたったが、一方尾瀬沼は世界でも珍しい天然のツンドラ地帯として学術上、観光上の立場からかねて文部、厚生両省から反対論がおこり、参院文部委員会でもこの問題を重視してちかく世論に問うてあくまで天然記念物として保存したいと両見解がするどく対立していたが、たまたま去る11日8時半からのNHK第一放送『時の動き』で電力問題の一環としてこの問題がとり上げられ、尾瀬沼を水底に沈めるも止むをえないと電源開発に軍配をあげたことから、文部・厚生両省が憤激、NHKの一方的結論に対して厳重抗議するとともに、衆・参両院にも働きかけ尾瀬沼の文化的価値の再認識を世論に訴えることになった。

　　電力5ヵ年計画の一つとしてあげられる只見川開発計画は群馬と福島県境の尾瀬ヶ原、奥只見、前沢、田子倉など5ヶ所を水底に沈め150万キロワットの電力をえようという計画（福島案）で、これとは別に田子倉からトンネルを掘って信濃川に流そうという新潟案がある。ところがこの尾瀬ヶ原は日光国立公園の一部であり、樺太を失った現在わが国で

は唯一のツンドラ地帯で水バショウ、白根アオイ、大桜草、薄雪草、もうせんごけ等数多くの世界的に珍しい植物が繁茂しており、植物学、地質学、また動物学上の学術的価値は無限といってよく、早くからその保存紹介が学界から叫ばれていたもので、これら文化的宝庫を水底に葬り去ることは到底許されないとするのが文部省の主張だが、現在なお同開発は基礎調査の域を出ていないとはいえ、通産省としては敗戦による日本の経済再建にはあくまでこの計画遂行を主張している。

たまたまNHKの『時の動き』で只見川開発をとりあげた際、現在わが国の死命を左右するといっても過言ではない電源開発のためには世界的価値を認められている尾瀬ヶ原を水底に沈めるのもやむを得ないと結論、一方的として文部、厚生両省の抗議をうけるにいたったもので、只見川開発問題がどう落ちつくかは注目されるにいたった。

そして『読売新聞』は、「関係者の弁」として、NHK、通産省、文部省、厚生省の簡単な意見を載せた。

『読売新聞』は、たとえばNHK社会部西内プランナー（"時の動き"）の談話、「11日夜8時半からの"時の動き"はあくまでも電力開発に属する問題をとり上げたので尾瀬ヶ原はこのような場合もあるという一例として問題を提起したにすぎず他に意図があって放送したという文部省某課長の言は主感的な考え方ではないかと思う、われわれにはどちらに、味方するなどという考えは毛頭ない」を載せた。

また、反対論の西崎文部省社会教育局長談と厚生省国立公園部・田中（敏治）技官の談話を載せた。

しかし、『読売新聞』は当時の両論を紹介しているが、明らかにNHKの主張を擁護し、尾瀬ヶ原電源開発計画を支持していた。

武田久吉は1950年初頭に書いた論文で、この『読売新聞』の記事を厳しく批判した[73]。

この『読売新聞』に続いて、1949年12月21日の『毎日新聞』は、わざわざ「社説」で「電気かコケの保存か」と題し、つぎのように述べた。

　　戦後5年もたったのに、まだ停電がつづいている。冬季に3、40万キロの電力の有無が停電か、否かの分れ目である。電力開発がないかぎり、

来年も再来年も、無明の生活がつづく。群馬県尾瀬沼を開発すれば150万キロの大電力が得られる。これが一つの事実である。

　尾瀬ヶ原は日本一のツンドラ地帯である。ここにはもうせんゴケその他の珍しい植物や動物がいる。博物学の天然的標本室である。他には存在しない動植物がいるという意味では無限に貴重な学術の宝庫だ。これまた一つの事実である。

　経済的実用価値か、実益とは直接関係のない広い意味での文化価値か、質のちがう価値の衝突だから、妥協や折衷という民主主義の原則的やりかたで片づく見込みはない。こういう種類の問題は、電気か、コケの保存か、どちらか一方にきめなければならぬ。不忍池か、野球場か、も似た問題だ。大小の差はあれ、こういう問題は、絶えず出現する。尾瀬問題はその代表的最大者だ。

　戦後の復興の主題として石炭増産がとり上げられた。電力開発の必要はむろんあったのだが、二兎を追うものの危険が考えられたためか、電力開発は消極的だった。だが現在では電力開発が本格的にとり上げられる時期になった。尾瀬ヶ原にはウエスティングハウスの二人の技師の調査が行われた。もし外資で産業開発が行われるとすれば、電力事業はまっ先にとり上げられる有力事業であろう。そして尾瀬ヶ原の電源化は、もっとも有望な計画として考えられているようだ。

　尾瀬ヶ原の電源化は10年も前、戦争の初期にすでにとり上げられた。夜間の電力でポンプ揚水し、出力の平均をはかるというような具体案も出来た。当時は軍の圧力の下に、文部省を代表する学術価値派の主張は、力のなくような弱い声で伝えられた。いまは電力か、コケかが、全く対等の力強さで主張されている。そして十年越のこの問題は、最終的解決をつけなければならぬ時期に達した。

　尾瀬沼を湖にしなくても、残された電源開発地は他に７割もある。学術価値を保存し、他の候補地を開発せよ、というのが反対派の主な論点のようである。

　この観点からすれば、かなりの具体的確かさで問題を解決する見込みがもてる。もしその他の候補地と尾瀬ヶ原の開発との間に出力の大きさ、キロ当りの建設費、したがって生産原価にわずかのちがいしかないとするなら、コケは保存してよい。生産原価の予想は、ほぼ正確に計算出来

る。電源計画者は、良心的な具体的数字を発表する義務がある。

　尾瀬ヶ原の電源化をがん強に主張するものは、多分、ここの開発が生産原価を他の場所よりも著しく安くするとの見込みをもっているのであろう。もしそれが真実とすれば、必ずしもコケの保存には賛成はできない。

　もうせんゴケや水バショウ、白根アオイなどの他にない植物、同じく他にない幾つかの小動物などは、たしかに貴重な学術的価値をもつだろう。比較がないという意味で無限の価値をもつともいえる。

　だが、こういう価値の主張は、しばしばわれわれの考えを重大な混迷に陥れる危険をもつ。コケや桜草が人間生活にどれほど大きい利害をもつか、ということは、十分な検討に値する問題だ。学術や文化価値の主張は尊敬すべきだが、実益の脚光に照らされたとき、しばしば無価値に近い空虚な主張となる恐れがある。尾瀬ヶ原を湖沼化したとき、それによって生じる博物学上の損失は、直接の自然科学上の問題としてはどういうことになるのか。その損失が、もし人間生活に間接的にでも何か損害となるものなら、それを知りたい。それを明らかにするのは、尾瀬ヶ原電源化の原価上の優越を証明する義務があると同じように、コケの保存者の義務だ。世論は学術的価値の証明に、十分に同情的であることを期待してよい。それでも人間生活についてほとんど、またまったく無関係とすれば、コケの保存論は力が弱い。

　アメリカはテネシー峡谷を開発して工業の奇蹟を現わした。ソ連の原爆破裂はキリギース大草原の開発のためだ、との報道があった。事実とすれば面白い。テネシー河五州の地域、中亜の大草原にはそれこそ無数の学術的価値ある動植物が存在していたことだろう。しかし少なくともアメリカは、実益の考えで大開発をした。この実例は、電気かコケかの決定に何か役立つはずだと思う。

　武田久吉は、1950年のはじめに先の論文で、尾瀬沼と尾瀬ヶ原とを混同し、この「尾瀬沼を湖にしなくても」と言った何とも不可解な言辞をふくむ『毎日新聞』の社説を、つぎのように批判した。[74]

　　社説でも書こうという人は、頭の冷静な時に筆を執って貰いたい。戦

争中軍部の者は二た言目には、文化が何だ、戦争に負けてもよいのかといって、文化事業に圧迫を加えたものである。詞こそ違え、トンボが何だ、電力が足りなくてもよいのかときめつけるのは、軍部の仕打と根本に於いては全く同一である。この不健全な根性を切り捨てない限り、仮令(たとえ)電力が有り剰(あま)つたとしても、日本は文化国家で御座候と、諸外国に伍して一人歩きすることは出来ないと、私などには思われる。

『読売新聞』は、さらに1949年12月22日のコラム『編集手帳』で、開発計画反対論を批判した。

なるほど、尾瀬沼は学術価値からいっても日本の文化的宝庫として保存するうえに越したことはないが、しかしこの文化的宝庫を保存するうえに日本の国力の水準向上に差し障りがあるようでは困る。

文化文化といっても停電のくらやみの中のお念仏では何もならない。われわれは先ず電力を求める。

しかし電源開発の可能な個所が七ヶ所もあるのにこれを放つといて尾瀬沼を埋めるのは反対だという厚生省の言い分はほんとうならこれは正しい。もっと可能で有望個所が他にあるならばあわてて尾瀬沼を湖底に沈める必要はさらさらない。

がそれほど大事な所ならば、なぜ今まで天然記念物に指定するなり、保存に適当な処置を講ずるということをしてこなかったのか？ これは明らかに関係官庁の怠慢といわねばならぬ。

世論に訴えるのは結構であるが、惜しむらくは気のつきようが遅かった。不忍池は埋めなくとも産業国力の上にはなんら影響もないが、尾瀬沼は国土開発、国の水準が上がるかどうかの問題にかかわる。文化保存とさえいえば、"文化国民"の与論がキュウ然（翕然—引用者）とあつまると思うのは、すこし見当ちがってやしないか。

尾瀬沼を湖底に沈めてダムをつくろうとする只見川開発問題に学術上、観光上の立場から、文部、厚生両省が反対しているという。われわれの結論を先にいうと、こうするより他に電力五ヵ年計画の進めようがないならば、電源開発のためには尾瀬沼を湖底に沈めるほかはないと考える。

くり返していう。われわれは豊富な電力を求める。その上にこそ文化

国家は在るのだ―と。

　NHKを中心として、『毎日新聞』、『読売新聞』による尾瀬の電源開発賛成論、開発反対論への批判は、当時の一般世論を反映していると同時に、開発反対論を抑圧し、電源開発賛成の世論を盛り立てることになったのである。
　尾瀬保存期成同盟は、新聞・NHKなどのマスコミが電源開発に賛成する態度を表明し、世論が一斉に電源開発容認に傾くことに大きな危機感をもち、積極的に賛成論を批判し反対論を展開していった。
　厚生・文部の両省ならびに尾瀬保存期成同盟員たちのNHKへの抗議などが功を奏したのか、NHKは1949年12月29日の朝の番組「私の言葉」に尾瀬保存期成同盟員である村井米子を出演させ、尾瀬ヶ原の自然の素晴しさと、いかに学術的に貴重なものかを訴える放送をおこなった。
　こうしたマスコミでの論争の後、1950年3月8日に尾瀬保存期成同盟の第3回会合が開催された。
　出席者は、武田久吉、田村剛、鏑木外岐雄、本田正次、中井猛之進、平野長英、関口泰、中沢真二、安部定、文部省・武井事務官、厚生省国立公園部長・飯島稔、国立公園部管理課長・森真一、同計画課長・石神甲子郎、ゲスト山岡包郎・資源庁電気局水力課長らであった。
　この会合では、電気技師・中沢真二が座長になって、ゲスト山岡包郎・資源庁電気局水力課長から尾瀬ヶ原貯水池計画の説明をうけ、中沢真二のパンフレット『尾瀬ヶ原の貯水池』が配布されたりした。
　しかし、東大教授で東大小石川植物園長の本田正次は、「〈"尾瀬ヶ原を保存しよう" ということで集まっているのに、"尾瀬ヶ原をどうしたらよいか" という話し合いになっており、がまんできない〉と席を立つ一場面もあったようだ」と伝えられている。これは、天然記念物保存協会派の苛立ちを象徴しているように思われる。
　1950年4月17日に第4回会合が開催され、事務局から「関係各団体、学識経験者、官庁代表等を打って一丸とした自然保護協会を設立して、独り尾瀬ヶ原問題に限らず、広く自然保護運動の原動力たらしめよう」という「同盟拡大強化の案」が提起された。
　議論の末、結局「尾瀬の問題は非常に重大な問題であるから、現在の段階に於いては国立公園協会の中に同盟を置いて、この問題の貫徹に全力をあげ、

同盟を強化し、まあ好い機会をとらえてIUPN（国際自然保護連合のこと—引用者）のブランチになれるような場合に広いものにしたらよからう」という結論にたっした。

こうして同盟内の二つの方向は、新しい自然保護団体設立に消極的な方向で当面をしのぎ、また結局、1年後に積極的に新しい自然保護団体設立の方向に進展することになる。

第4回の会合のもう一つの課題は、国会やGHQへの請願書を仕上げることであった。内部意見の相異のため、「請願書」は、これまで2回書き直され、3回目に仕上げられた。「尾瀬ヶ原の保存について」という「請願書」は、以下のようなものであった。

　最近の水力電源開発計画によれば、福島、新潟、群馬三県に跨る尾瀬ヶ原一帯の地は将に永久に水底に没し去らんとする危機に直面している。
　わが国経済に対する水力電源開発の重要性は、勿論われわれの等しく認めるところであるが、然もなお同地域は別添冊子に詳説する通り、日光国立公園の最も重要な部分を占め、わが国の代表的な原始的高層湿原風景を保持するのみでなく、地学動植物等各分野に亘り今後の解明に俟つべき貴重な学術的資料を極めて豊富に秘蔵する世界的存在であるのである。
　只見川水域の電源開発には幾つかの計画案があるが尾瀬ヶ原を破壊せずして経済的及び技術的に日発案に匹敵する発電量を得る方途も可能という。然も日本の既開発電源は未だ3割に過ぎず未開発7割の中計画中のもの1,721地点その最大出力1,363万キロに上る候補地を保有するのであるから、予測し得ざる歳月を賭け施工上の最大の悪条件と闘ってまで、唯一無二の尾瀬ヶ原一帯を水底に没し去るが如き暴挙に対しては吾人の到底興し得ざるところである。
　尾瀬保存期成同盟は自然を保護してその恩恵の均霑化を図り、学術文化の発展向上並びに観光利用による国際理解の深化と国際収支の改善とに貢献せしめるため、かかる大自然の傑作を原始の状態において保護することをもって当代の重大な責任であると信ずる。よって本問題につき汎く国民の良識に愬えると共に広く同憂の士と呼応し、これを人類文化の問題として當路の反省を促さんことを決議し、同地域の永久保存に

つき国会の高邁な理解による有効な支持と適切なる処置とを要望するものである。右請願する。

　この請願書は、1949年4月18日に参議院議長に受理され、参議院文部委員会に付託され、同委員会の決議をへて、総理大臣名で文部大臣、通産大臣に回付され、またGHQ各部局に送られた。
　1949年6月、厚生省国立公園部は、『尾瀬ヶ原の諸問題』（全85頁）という著書を出版し、尾瀬ヶ原の保存を訴えた。
　この著書の内容は、田村剛「尾瀬ヶ原景観地の保留」、安齋徹「尾瀬の地形と地質」、本田正次「尾瀬ヶ原の植物」、鏑木外岐雄「動植物より見た尾瀬ヶ原」、武田久吉「尾瀬と水電―回顧と批判―」、からなっていた。
　1950年7月11日に第5回の会合が開催された。
　出席者は、国立公園制度派から、折下吉延、岸衛、田村剛、辻村太郎、村井米子、田部重治、三田尾松太郎、足立源一郎、川崎隆章、平野長英、東良三、三浦伊八郎、塚本閤始、中沢真二、星数三郎、長尾宏也（山と渓谷社）、厚生省国立公園部の森管理課長、厚生省池ノ上容技官、林清一郎事務官、田中敏治技官、金井利彦技官、小野鶴太郎（国立公園幹事）など20名近く、文部省側から鏑木外岐雄、本田正次の2名だけであった。ゲストに西芳雄（新潟県企画課長）が参加した。この会合には、武田久吉、中井猛之助、関口泰、阿部定、安部能成、徳川宗敬、谷川徹三、田中耕太郎など有力者は出席していなかった。何より文部省官僚の出席がなかった。
　この会議では、6月に1週間にわたって尾瀬ヶ原を視察した国立公園審議会委員の現地報告と地元住人である平野長英、星数三郎らの現地状況報告があり、また新潟県案のその後のプラン変更などが報告された。鏑木委員から7月17日－21日におこなわれた文部省天然記念物調査の報告がなされた。
　その後の懇談では、「あくまでも尾瀬ヶ原保存について広く世論に訴えることを再確認するとともに、平野長英、折下吉延の提案で尾瀬保存のための署名運動を行うことが決められ、最後に厚生省・池ノ上容技官から国際自然保護連盟のアメリカにおける状況について説明があって、午後4時に散会した。」
　なお、この会合で提起された署名運動は、尾瀬沼湖畔の長蔵小屋、檜枝岐村内旅館、飲食店、奥鬼怒温泉の八丁の湯、日光沢、加仁湯、片品村鎌田な

どに署名簿をおいて記入してもらい、5,049名から署名を集めた[84]。ただ尾瀬の署名運動は、直接の関係者ではなく、大衆、とくに登山者に署名を求める活動であったことが、戦後の新しい動きであった。

5 尾瀬ヶ原電源開発計画の中断と尾瀬保存期成同盟の消滅

　尾瀬保存期成同盟は、1950年7月11日に開催した第5回の会合を最後に活動を停止し、自然消滅していった。その理由は、第4回の会合で決められた方針に沿って、尾瀬保存期成同盟の活動が1949年12月に設立された国立公園協会に一時的に引き取られたあと、1951年に設立された日本自然保護協会に本格的に引き継がれていったからである[85]。
　その間、尾瀬ヶ原電源開発計画反対運動がかなりの程度功を奏して、尾瀬ヶ原電源開発計画は中断された。
　実は、尾瀬ヶ原の電源開発計画の中断は、戦前に日本発送電の1社に統合された電力業界がGHQの命令により分割再編を迫られ、9電力会社に分割され、尾瀬ヶ原の電源開発計画の主体であった日本発送電の消滅によって生じたのである。
　たしかに尾瀬ヶ原電源開発計画反対運動は、尾瀬ヶ原の電源開発計画の実現を阻止する大きな力であったが、尾瀬ヶ原の電源開発計画を中止させたとは言い切れないものがある。
　なぜなら、1951年5月に9電力に分割されて発足した東京電力は、尾瀬の水利権を継承し、その後政府は1951年に電源開発5ヵ年計画を立案し、尾瀬ヶ原電源開発計画を推進したからである[86]。この問題は、本書の第Ⅱ部第3章で詳しく検討する。
　尾瀬保存期成同盟は、尾瀬問題以外にも、自然を保護するほかの問題を取り上げた。その最大の問題は、戦前から問題となっており1950年3月に出願された阿寒国立公園内の雌阿寒岳山頂での硫黄鉱山開発計画であった。尾瀬保存期成同盟は、尾瀬保存問題だけでなく、おもに国立公園内の産業開発計画に反対し一般的な自然保護をおこなうための組織の必要を感じ、日本自然保護協会の設立に向かうことになった[87]。
　尾瀬保存期成同盟内には、今となってはもはや明らかにならないであろう

が、さまざまな思想、立場の人たちが参加していたので、尾瀬ヶ原の保全の方法や反対運動の方針をめぐって対立や不一致があったようである。

尾瀬保存期成同盟は、当初、国立公園協会への改変を予定して組織された国立公園研究会の中に過渡的な機関として設立されたのであるが、1950年5月19日に国立公園研究会が国立公園協会に改組され、戦前のような国立公園協会が復活したので、別途に日本自然保護協会の設立へと向かった。

日本自然保護協会と国立公園協会の設立事情とその活動については、第1部第5章で論じることにしたい。

注
（1）詳しくは拙著『国立公園成立史の研究』、第Ⅱ部第3章の「尾瀬」の節を参照。
（2）敗戦直後の尾瀬の電源開発とその反対運動については、拙稿「敗戦直後における国立公園制度の復活（下）」、『経済志林』、76－1、2008年7月、で詳しく考察したが、その際には、尾瀬の電源開発についての一次資料の収集が不十分であった。拙稿「日光国立公園内の尾瀬ヶ原電源開発計画と反対運動」、『経済志林』、77－1、2009年6月、では一次資料の収集につとめ、戦後前期の尾瀬の電源開発計画について解明できた。ここでは詳しい言及をさけるが、その際、参照した重要な文献を以下に指摘しておきたい。

それは、只見町編『尾瀬と只見川電源開発』、只見町史資料第3集、只見町、1992年、である。この著書は、編集者であった大塚實氏により大塚實『尾瀬と只見川電源開発』（私家版）としてまったく同じものが出版されている。本書は、課題についての詳細な研究を踏まえ、多数の貴重な資料を収録しており、優れた研究である。
（3）前掲『尾瀬と只見川電源開発』、35－46頁。
（4）武田久吉「尾瀬と水電問題」、『自然保護』第2号、2頁、1960年11月7日。
（5）日本自然保護協会三十年史編集委員会『自然保護のあゆみ：尾瀬から天神崎まで、日本自然保護協会三十年史』、日本自然保護協会、1985年、24頁。
（6）「尾瀬座談会」での川崎隆章の発言、『山と渓谷』No.133、1950年6月、51、67頁。
（7）前掲『自然保護のあゆみ』、24頁。
（8）同上、24頁。

（9）同上、25頁。
（10）1933年の報告書『尾瀬天然記念物調査報告書』については、拙著『国立公園成立史の研究』、255頁、393頁参照。
（11）前掲『自然保護のあゆみ』、27頁。
（12）同上、27-28頁。
（13）同上、28頁。
（14）同上、28頁。
（15）同上、29頁。
（16）武田久吉「尾瀬と水電＝回顧と批判」、厚生省国立公園部『尾瀬ヶ原の諸問題』所収、厚生省、1950年、64-65頁。
（17）同上、65-66頁。あるいは前掲『自然保護のあゆみ』、30-32頁。
（18）拙著『国立公園成立史の研究』、第2部第3章の「尾瀬」の節を参照。
（19）前掲『自然保護のあゆみ』、34頁。
（20）同上、32-34頁。
（21）同上、29頁。
（22）同上、30頁。
（23）日本発送電株式会社編『日本発送電社史』、日本発送電、1954年、64頁。
（24）前掲「尾瀬と水電＝回顧と批判」、『尾瀬ヶ原の諸問題』、65頁。
（25）前掲『自然保護のあゆみ』同上、32-33頁。
（26）同上、33頁。
（27）前掲「尾瀬と水電問題」、『自然保護』第2号、1頁。
（28）文部省文化課『尾瀬ヶ原の学術的価値について』、平野長英編版、28頁、群馬県立図書館蔵。片品村編纂委員会編『片品村史』、片品村、1963年に掲載されている『尾瀬ヶ原の学術的価値について』には肝腎のこの部分が省略されている。
（29）「尾瀬座談会」、『山と渓谷』No.133、1950年6月、67頁。
（30）前掲『自然保護のあゆみ』、35-36頁。
（31）宮澤邦一郎『尾瀬一〇〇年―登山と自然保護―』、煥乎堂、1996年、263頁。なおこの説は、国立公文書館にある1949年国立公園中央審議会委員名簿の武田久吉の肩書きに「GHQ天然資源局」とあることによって証明された。
（32）前掲『尾瀬と只見川電源開発』、35-46頁。
（33）前掲『自然保護のあゆみ』、37-38頁。
（34）前掲『尾瀬と只見川電源開発』、142頁。
（35）前掲『自然保護のあゆみ』、37-38頁。

(36) 同上、38頁。
(37) 同上、39-40頁。
(38) 同上、40頁。
(39) 同上、40-41頁。
(40) 同上、41頁。
(41) 同上、42頁。
(42) 前掲『尾瀬ヶ原の学術的価値について』、平野長英版、26-27頁
(43) 前掲『日本の国立公園』、59頁。なお『自然保護のあゆみ』、43頁では、第2回国立公園中央委員会が、1950年7月24日に開催とあるが、1948年7月24日の誤記である。
(44) 前掲『自然保護のあゆみ』、43頁。
(45) 同上、43-44頁。なお本書では、1947年12月に発行とあるが、48年12月の誤植である。
(46) 同上、44頁。
(47) 前掲「尾瀬と水電＝回顧と批判」、『尾瀬ヶ原の諸問題』、72-73頁。
(48) 同上、77頁。
(49) 前掲『自然保護のあゆみ』、56頁。
(50) 同上、55頁。
(51) 前掲『自然保護のあゆみ』は、『日本家庭新聞』昭和25年2月10日の記事を引用してさまざまな意見があったことを伝えているが（同上、55頁）、筆者はその記事を見付けることができなかった。
(52) 前掲「尾瀬と水電＝回顧と批判」、『尾瀬ヶ原の諸問題』、78頁。
(53) 前掲『自然保護のあゆみ』、59頁。
(54) 同上、59頁。
(55) 同上、50-51頁。
(56) この点については、本書第Ⅰ部第2章の表2-6を参照されたい。
(57) 拙著『国立公園成立史の研究』、87-88頁を参照。
(58) 折下吉延については、ウェブサイトを参照。
(59) 拙著『国立公園成立史の研究』、第2部第5章の「尾瀬」の節を参照。
(60) この事情については、拙稿「敗戦直後における国立公園制度の復活（下）」『経済志林』76-1、141-142頁を参照。
(61) 前掲『自然保護のあゆみ』、59-60頁。
(62) 同上、60頁。
(63) 同上、62頁。
(64) 同上、62頁、68-69頁。

(65) 同上、61－62頁。
(66) 同上、63頁。
(67) 前掲「尾瀬と水電＝回顧と批判」、『尾瀬ヶ原の諸問題』、80－81頁。
(68) 前掲『自然保護のあゆみ』、65頁。
(69) 前掲「尾瀬と水電＝回顧と批判」、『尾瀬ヶ原の諸問題』、80－81頁。
(70) 1949年10月28日『時事新報』は、奥只見電源開発にからんで「大規模な開発事業には何らかの方法でアメリカ政府が出資することも考えられる」と報じている。
(71) 前掲『自然保護のあゆみ』、64－65頁。
(72) 武田久吉は、『朝日新聞』の記事として紹介しているが、実は『読売新聞』の間違いである。前掲「尾瀬と水電＝回顧と批判」、『尾瀬ヶ原の諸問題』、79頁。
(73) 前掲「尾瀬と水電＝回顧と批判」、『尾瀬ヶ原の諸問題』、79頁。
(74) 同上、79－80頁。
(75) 前掲『自然保護のあゆみ』、66頁。
(76) 同上、67頁。
(77) 同上、67頁。
(78) 同上、68頁。
(79) 同上、68頁。
(80) 同上、68－69頁。
(81) 同上、70頁。
(82) 厚生省国立公園部『尾瀬ヶ原の諸問題』は、国会図書館にない。筆者は、群馬県図書館所蔵の本を利用した。
(83) 前掲『自然保護のあゆみ』、70－71頁。
(84) 同上、71頁。
(85) 同上、71頁。
(86) 通産省編『電気事業再編成20年史』、電力新報社、1972年、55－57頁。
(87) 前掲『自然保護のあゆみ』、86－87頁。

第4章
戦後後期における国立公園制度の整備・拡充

はじめに
1　戦後後期の国立公園行政の後退
2　戦後後期における国立公園行政の展開
　（1）戦前型国立公園制度の継承とその構造化
　（2）戦後後期の基本的な国立公園政策と自然公園法制定の準備
　（3）国立公園の新設・拡大と国定公園の指定
　（4）国立公園の管理システムとレジャー・観光の施設整備
　（5）国立公園行政当局の自然保護政策

はじめに

　国立公園制度は、戦後前期に戦前の水準に復活をとげて、1951年から1957年の戦後後期に新たな段階に入った。

　第4章の課題は、戦後前期に復活した日本の国立公園制度が、1951年から自然公園法が制定される1957年までの戦後後期に、日本の政治経済の本格的な復興過程において、産業開発主義の進展の新しい波にさらされながら、復活した国立公園制度をいかに整備し拡充してきたかを考察することである。

　第1節は、戦後後期に安定性を増した保守政権のもとで、国立公園行政、とくに国立公園審議会（のちに自然公園審議会）が、戦後前期にもっていた進歩的な性格を漸次失って体制化・保守化していく傾向を明らかにする。

　第2節の第1項は、戦後後期に、政府と国立公園行政当局が、戦前からの構造的特質、なかんずく安上がりの制度的体質、小さな財政、脆弱な管理制度、安易なレジャー・観光的利用と産業開発を許容する体質を克服できずに、維持してきたことを明らかにする。そうした中で、国立公園行政当局が自然公園法の制定準備をおこなった事情を明らかにする。

　第2節の第2項は、国立公園行政当局が戦後後期にいかなる基本的な国立公園政策を提起し実施したか明らかにする。

　第2節の第3項は、国立公園行政当局が戦後後期の基本的国立公園政策のうちいかに国立公園を新設・拡大し、戦前来の政策である国定公園制度を推進していったかを明らかにする。

　第2節の第4項は、国立公園行政当局が、脆弱な管理機構のもとで、いかに国立公園のレジャー的観光的な利用をすすめていったかを明らかにする。

　第2節の第5項は、国立公園行政当局がいかに戦後顕著になる国立公園内の産業開発計画に反対し、自然保護に取り組んだか、さらに国立公園法の改正によって制定された「特別保護地区」をいかに設定して自然保護に取り組んだかを明らかにする。

1　戦後後期の国立公園行政の後退

　敗戦後には、民主化の社会的な雰囲気の中で、多くの進歩的な官僚、学者文化人が社会的に進出して活躍した。そうした傾向は、戦後前期の国立公園行政にも反映し、多くの進歩的な官僚、学者文化人が、国立公園行政の基本を策定する国立公園委員会、国立公園審議委員会の委員に選出されて、大きな役割を果たした。

　しかし戦後後期に入って、敗戦後の経済的・政治的な混乱が次第に整理され、保守政権は戦前型の保守政治を維持して次第に安定していき、厳しい財政事情のもとで民生を犠牲にした積極的な産業再建政策を実施していった。野党の革新勢力は3分の1の壁を越えることができず、その後、保守永久政権を準備していった。[1]

　表4－1は、戦後の保守勢力が、衆議院において圧倒的な過半数を維持し、安定した勢力をなしていたことを如実に示している。

表4－1　戦後後期の総選挙結果　　　　　　　　　　　（人／％）

政党	1952年10月 当選者数	得票率	1953年4月 当選者数	得票率	1955年2月 当選者数	得票率
改進党	85	18.2	76	16.3		
自由党	240	47.9	199	42.7	112	24.0
鳩山自由党			35	7.5		
吉田自由党						
日本民主党					185	39.6
保守小計	325	66.1	310	66.5	297	63.6
左派社会党	54	9.6	72	15.4	89	19.1
右派社会党	57	11.6	66	14.2	67	14.3
労農党	4	0.9	5	1.1	4	0.8
共産党	0		1	0.2	2	0.4
協同	2	0.4				
革新小計	117	25.1	144	30.9	162	34.7
諸派	5	1.0	1	0.2	2	0.4
無所属	19	4.0	11	2.3	6	1.3
合計	466	100.0	466	100.0	467	100.0

注　『朝日新聞』より作成。

そのような保守政治のもとで、国立公園行政は戦前型の構造を維持しつつ、戦後前期にもっていた進歩的な性格を漸次喪失していった。

政府は、国立公園委員会・国立公園審議会の委員を選任するに際し、戦後前期にはややもすれば政府の方針に反して、鉱山開発や電源開発に反対した批判的勢力を、国立公園委員会・国立公園審議会から漸次排除し、保守的・体制的な委員をより多く選出して、政府の財政政策・産業政策に同調する国立公園政策を展開したからであった。

ここで国立公園審議会（のちに自然公園審議会）が、戦後前期にもっていた進歩的な性格を失っていく国立公園行政の後退を示す実態を検証してみたい。

この期の国立公園審議会・自然公園審議会は、いかなる委員たちによって構成され、全体として各審議会がどのような社会的性格をもっていたのであろうか。

表4－2に示したように、1951年の国立公園審議会、1957年の自然公園審議会は1949年の国立公園審議委員会とくらべ、次第に体制内化がすすみ、自然保護に理解ある委員の比重が低下してきている。各審議会の委員構成は、戦後前期には多くを占めていた進歩的で自然保護に熱心な大学教授・学者・文化人の比率が、戦後後期に入って激減してきており、各審議会の体制内化・保守化を示しているからである。

表4－2　国立公園関連委員会・審議委員の経歴構成比の推移

(%)

	1947年 国立公園 委員会	1949年 国立公園 審議会	1951年 国立公園 審議会	1957年 自然公園 審議会
現役官僚	25.0	21.7	32.5	28.8
元官僚	19.5	21.7	34.8	33.3
小　計	44.5	43.5	67.3	62.2
政治家・実業家	8.2	19.5	16.2	22.2
大学教授・学者・文化人	47.3	32.7	16.2	15.5
尾瀬保存期成同盟参加者	38.9	34.8	25.6	20.0
日本自然保護協会参加者		34.8	23.2	20.0
委員総数	100.0	100.0	100.0	100.0

注　既出表から作成。

第4章　戦後後期における国立公園制度の整備・拡充　119

　それは、以下の4点によって証明できる。
　第1に、すなわち各審議会の委員構成において官僚系委員の比重が大幅に増加してきており、全体として現役官僚・元官僚と併せた官僚系委員が多くを占め、国立公園行政における官僚系主導の体制が著しく強まったことを示している。
　現役官僚の比率は、1949年の23.9％から1951年に32.5％に増え、1957年に28.8％となっている。元官僚準官僚の比率も、1949年の15.2％から1951年に34.8％に増加し、さらに1957年に33.3％と増えている。
　現役官僚と元官僚を併せた官僚系委員は、1947年には44.5％、1949年に39.0％だったものが、1951年に67.3％に急増し、1957年にも62.2％を維持し、圧倒的な過半数を占めている。
　戦前の国立公園委員会も、また国立公園行政も官僚主導であったが、こうした傾向は戦後前期にいっそう強まったが、戦後後期にはさらに強まってきたことがわかる。官僚系が圧倒的多数の審議会は、当然政府の方針・政策を容易に汲み取る体質をもつことになり、のちに具体的に見るように、当然、旧習墨守の審議会を構成し、政府の方針に対抗して新しい革新的な国立公園制度を構築しようとする意欲ある体質を失っていったことが読み取れる。
　第2に、官僚系が増加した反面、大学教授・学者・文化人委員の比率は著しく低下した。やや特殊な状況ではあった戦後前期、1947年の47.3％、1949年の32.5％と高かった大学教授・学者・文化人委員の比率は、1951年には、16.2％に、1957年には15.5％に急減している。
　しかも、戦後前期の大学教授・学者・文化人の委員は、進歩的かつ自然保護重視者が多かったことを想起すると、戦後後期における学者・文化人の激減は、審議会の体質が体制内化を強め、保守的かつ開発重視、自然保護軽視の傾向を強めていったことを如実に示している。
　第3に、大学教授・学者・文化人の委員が激減しているのとは対照的に、政治家・実業家の比重は漸増している。政治家・実業家の比重は、1947年の8.2％、1949年の15.2％であったが、1951年には16.2％、1957年には22.2％に大きく増加している。
　この点でも官僚系の増加と同じように、保守的で体制的な政治家・実業家の増加は、官僚主導の審議会の体質を補強し、国立公園のレジャー・観光開発、電源開発、鉱山開発に好意的な勢力の増大を意味していた。

第4に、戦後後期の審議会の体制内化・保守化の傾向は、委員の中で、尾瀬保存期成同盟や日本自然保護協会への参加者が減少していることにもはっきりと現われている。委員の尾瀬保存期成同盟への参加率は、1947年の38.9％、1949年の32.6％であったのにたいし、1951年には25.6％、1957年には20.0％と急減している。
　また、委員の日本自然保護協会への参加率も1949年に32.6％だったものが、1951年には23.2％、さらに1957年には20％に落ち込んでいるのである。
　いずれも、自然保護意識の強い委員の減少を示しており、逆に開発に好意的な委員の増加を明確に示している。
　以上のように、各審議会は戦後後期に入って官僚主導を強化し、政府と一体となって、戦後復興と経済開発主導の政策に則って国立公園政策を作成し、実施していく体質を形成していることが読み取れる。
　こうした傾向をさらに各審議会について具体的に見ておこう。
　表4－3から表4－6は、1951年国立公園審議会委員、1957年自然公園審議会委員の略歴構成を示したものである。

表4－3　1951年国立公園中央審議会委員一覧（1951年11月任命）

氏　名	略　歴　　当時役職	尾瀬保護期成同盟参加○	日本自然保護協会参加○
会長　下村　宏	元逓信省官僚、元拓大学長		
政府系委員			
剣木亨弘	総理府官房副長官		
内田常雄	大蔵省管財局長		
森田　孝	文部省文化財保護委員会事務局長		
宮崎太一	厚生省事務次官		
森本　潔	厚生省国立公園部長		
山口正義	厚生省衛生局長		
渋江操一	建設省管理局長		
間島大治郎	運輸省観光部長		
始関伊平	通産省資源局長		
横川信夫	農林省林野庁長官		
松田太郎	総理府公益事業委員会事務総長		
豊島　陸	総理府土地調整委員会事務局長		
安芸皓一	経済安定本部資源調査会事務局長		
菊池　明	建設省道路局長		

学識経験者① 元官僚			
今道潤三	厚生省事務次官（'48年）		
葛西嘉資	元厚生省官僚、日赤副社長		
藤原孝夫	元厚生省官僚、国立公園協会嘱託		
田村　剛	厚生省嘱託、国立公園専門家	○	○
金森誠之	元内務省官僚、河川技師		
亀山孝一	元内務省官僚		
折下吉延	元宮内庁技師、造園家	○	○
平山　孝	大蔵省主計局給与課長局長（'50）		
吉阪俊蔵	農商務省、戦後内務省社会局長		
吉江勝保	元内務省官僚、山梨県知事		
津田正夫	元内務省社会局官僚、新聞協会事務局長		
関口　泰	元文部官僚、公教育学者	○	○
東　竜太郎	元東大教授、元厚生省官僚、日本体育協会会長		
浜野規矩雄	元厚生省予防衛生局長		
学識経験者② 政治家・実業家			
藤山愛一郎	衆議院議員		
岸　衛	国立公園施設協会会長	○	○
渡辺銕蔵	元東大教授・議員、東宝社長		
根津嘉一郎	東武鉄道社長		
松方義三郎	共同通信、登山家	○	○
諸井貫一	秩父セメント社長		
犬丸徹三	帝国ホテル社長		
学識経験者③ 学者・大学教授			
鏑木外岐雄	東大教授（動物学）	○	○
岸田日出刀	東大教授（建築学）	○	
田中啓爾	立正大学教授（地理学）	○	○
辻村太郎	東大教授（地理学）	○	○
本田正次	東大教授（植物学）	○	○
三浦伊八郎	元東大教授（林学）、大日本山林会会長	○	○
坂西志保	評論家		
幹事（省略）			

注　『国立公園』No.24、1951年11月、ウェブサイトその他、文献を参照して作成。

表4－4　1951年国立公園中央審議会委員の経歴・職歴別構成

役　職	人　員	％
現役官僚	14	32.5
総理府	3	
厚　生	3	
文　部	1	
農　林	1	
通　産	1	
建　設	2	
運　輸	1	
大　蔵	1	
安　本	1	
学識経験者①元官僚	15	34.8
厚　生	6	
内務省	5	
文　部	1	
大蔵省	1	
宮　内	1	
逓　信	1	
現役官僚＋元官僚	28	67.4
学識経験者②政治家・実業家	7	16.2
国会議員・政治家	1	
実業家	6	
学識経験者③	7	16.2
学者・大学教授（元を含む）	6	
評論家	1	
合　計	43	100.0
尾瀬保存期成同盟参加者	11	25.6
日本自然保護協会参加者	10	23.2

注　表4－3より作成。

表4−5　1957年自然公園審議会委員一覧（12月）

氏　名		尾瀬保存期成同盟参加○	日本自然保護協会参加○
会　長			
下村　宏	元逓信省官僚、元拓大学長		
政府系委員			
藤原節夫	元保守党役員、総理府総務副長官		
村田　繁	？		
北島武雄	大蔵省官僚、国税局長官		
岡田孝平	文部省官僚、文化財保護委員会事務局長		
田辺繁雄	厚生省官僚、厚生省事務次官		
大山　正	厚生省大臣官房国立公園部長		
山口正義	厚生省衛生局長		
石谷憲男	農林省官僚、林野庁業務部長		
福井政男	通産省官僚、鉱山局長		
小出栄一	通産省官僚、公益事業局長		
細田吉蔵	運輸省官僚、観光局長		
町田　稔	建設省官僚、計画局長		
富樫凱一	建設省官僚、道路局長		
学識経験者①			
元官僚			
下村　宏	元逓信省官僚、元拓大学長		
石神甲子郎	元厚生省・国立公園官僚		
葛西嘉資	元厚生省官僚、日赤副社長		
藤原孝夫	元厚生省官僚、国立公園協会嘱託		
浜野規矩雄	元厚生省予防衛生局長、藤楓協会理事		
児玉政介	元厚生省官僚事務次官、元秋田市長		
田村　剛	元国立公園官僚	○	○
足立　収	元内務省神社局官僚		
吉阪俊蔵	元戦後内務社会局長		
金森誠之	元内務省官僚、河川技師		
折下吉延	元宮内技師、造園家	○	○
平山孝	元運輸省官僚、		
安芸晧一	元安本資源調査会事務局長、元建設省官僚？		

西尾寿男	元運輸省官僚、鉄道弘済会理事長		
磯田好裕	元大蔵官僚		
東　竜太郎	元東大教授、元厚生省官僚、日本体育協会会長		
政治家・実業家			
山縣勝見	元厚生大臣、政治家		
根津嘉一郎	東武鉄道社長		
浜口雄彦	銀行役員		
諸井貫一	秩父セメント社長		
松方義三郎	共同通信、登山家	○	○
犬丸徹三	帝国ホテル社長		
渡辺銕蔵	元東大教授・議員、東宝社長		
樋口重雄	日本鉱業協会副会長		
松根宗一	日本電気連合会常務理事		
岸　衛	国立公園施設協会会	○	○
学者・大学教授			
鏑木外岐雄	東大学教授（動物学）	○	○
田中啓爾	立正大学教授（地理学）	○	○
辻村太郎	東京大学教授（地理学）	○	○
本田正次	東大教授（植物学）	○	○
三浦伊八郎	元東大教授、大日本山林会会長	○	○
谷口吉郎	東工大教授（建築家）		
文化人			
福島慶子	評論家		
幹事（省略）			

注　『自然保護行政のあゆみ』484－485頁、その他、資料から作成。

表4-6 1957年自然公園審議会委員の経歴・職歴別構成

役　職	員　数	％
現役官僚	13	28.8
総理府	1	
厚　生	3	
文　部	1	
農　林	1	
通　産	2	
建　設	2	
運　輸	1	
大　蔵	1	
不　明	1	
学識経験者①元官僚	15	33.3
厚　生	6	
内　務	3	
逓　信	1	
安　本	1	
運　輸	2	
宮　内	1	
大　蔵	1	
現役官僚＋元官僚	28	62.2
学識経験者②	10	22.2
国会議員・政治家	1	
実業家	9	
学識経験者③	7	15.5
学者・大学教授、評論家		
林　学	1	
建築学	1	
植物学	1	
動物学	1	
地理学	2	
評　論	1	
合計審議員数（臨時含む）	45	100.0

注　幹事は官僚なので省いた。表4-5より作成。

表4－3、表4－4に示したように、1951年の国立公園審議会の現役官僚委員は、各省の局長クラスの高級官僚が14名と全委員の32.5％を占めている。そのうち開発に熱心な総理府・通産省・建設省・運輸省・経済安定本部などの委員が8名、安上がり国立公園財政のお目付け役、管財局長がどっしりと居座っている。国立公園政策に関連する厚生省・文部省の官僚は併せて3名にすぎない。

　表4－5、表4－6に示したように、1957年の自然公園審議会委員の現役官僚は、厚生省3名、文部省1名であり、開発に好意的な官僚は、総理府1名、通産2名、建設2名、運輸1名の6名、それに大蔵1名で、1951年と大きな変化はない。

　委員として選出された元官僚出身者には、若干の変化が見られる。1951年の国立公園審議会の元官僚では、一応国立公園行政に理解ある人たちであった厚生省関係が6名、そのうち自然保護に熱心な委員が、田村剛、折下吉延、関口泰など3名がいた。自然保護に熱心だった文部省元官僚は1名であった。しかし、1957年の国立公園審議会の元官僚では、自然保護に熱心だった元文部官僚1名（関口泰）がいなくなった。

　政治家・実業家の委員では、1951年には岸衛、松方義三郎などの自然保護に熱心な委員がいたが、開発に熱心な東宝社長渡辺銕蔵、東武鉄道社長根津嘉一郎、秩父セメント諸井貫一、帝国ホテル社長犬丸徹三などトップ経営者が4名もいた。

　1957年には、トップ経営者はこの4名に加え、浜口雄彦（銀行家）、樋口重雄（日本鉱業会副会長）、松根宗一（日本電気連合会常務理事）など3名が増え、7名になった。これは、審議会の中で開発を重視する勢力が増加したことを象徴している。

　大学教授学者・文化人は1951年には7名おり、自然保護に熱心な6名であったが、1957年には7名となって、そのうち自然保護に熱心な学者・文化人が5名に減った。

　以上のように、戦後後期の審議会は、敗戦後の民主化・反体制の雰囲気が急激に薄れていく社会状況を反映して、官僚主導・政府寄りの体制、それゆえ開発重視、自然保護軽視の体制を強めていったと指摘できる。

　戦後後期の国立公園行政当局は、以上のように体制内化・保守化を強めた審議会のもとで展開されたということである。したがって、国立公園内の産

業開発計画が提起されても、国立公園行政は審議会とともに、国立公園法の自然保護理念を前面にだして強力に反対することができなかった。

　第２部で詳論するように、戦後後期における厚生省首脳と国立公園行政当局は、国立公園審議会、自然公園審議会とともに、やや例外的に日光国立公園内の尾瀬ヶ原電源開発計画、中部山岳国立公園内の上高地電源開発計画を中止させたが、ほかの多くの国立公園内の産業開発計画には絶対反対を貫くことができず、条件付きで開発計画を認めざるをえなかったのある。

2　戦後後期における国立公園行政の展開

（１）　戦前型国立公園制度の継承とその構造化

　戦後後期の国立公園行政当局は、戦後前期に復活した安上がりの戦前型国立公園制度を継承しさらに維持した。具体的には、国立公園制度における国立公園の小さな財政、脆弱な国立公園行政機構、とくに地方の国立公園の管理要員をほとんどもたない国立公園管理機構、レジャー・観光的開発の重視、国立公園の量的拡大、自然保護への手抜きなどの体質を継承・維持した。

　国立公園審議会・自然公園審議会も、当然そうした国立公園行政の基本的方針に沿って活動した。

　安上がりの戦前型国立公園制度の継承・維持は、表４－７に示したように少ない国立公園関係予算を見れば明々白々である。

　表４－７で明らかなように、戦後後期の国立公園関係予算は相変わらず少額であった。『自然保護行政のあゆみ』の提示している自然公園等管理費は、1953年、1954年の突出した7,000万円台を例外とすれば、1951年から1957年まで3,000万円台を基本的傾向としている。

　しかしこの予算は、戦後前期の1948年1,390万円、1950年2,496万円台と基本的に変わらず、戦後後期にも小さな国立公園予算であったことがわかる。国立公園関係の予算は、国民公園、温泉関係の予算をふくんでおり、実際の国立公園予算より多目であるが、その中心はおおよそ国立公園部の予算と考えて差し支えない。

表4－7　戦後後期の国立公園予算の推移

（単位：万円）

年次	国立公園部維持管理費	内純国立公園部維持管理費分	純国立公園施設整備費
1950	2,496	1,666	
51	3,747	2,396	
52	4,253	2,556	
53	7,731	5,606	1,128
54	7,022	4,704	1,206
55	3,088	1,012	3,982
56	3,373	1,186	7,450
57	3,645	1,290	5,476

注　『自然保護行政のあゆみ』491頁から作成。
　　なお、同書による予算資料は、実はわかりにくく、雰囲気的に見て数字の信憑性が薄い感じであるが、一応大まかな参考のために利用する。本表の国立公園部維持管理費は、同書の（項）「自然公園等管理費」からとった。また、本表の純国立公園維持管理費分は、国民公園管理維持費、温泉関係費用等を差し引いた、同書の「自然公園管理維持」からとった。

　国民公園等の管理費をふくむ国立公園部予算は、戦後後期のはじまる1951年度には、3,747万円であったが、インフレが加速していくにもかかわらず、その後の予算は1953年、54年に急増したのを例外とすれば、増加しなかった。純粋な国立公園部予算は、例外を除けばむしろ半減している。

　これらの数字は、数字の変動が極端で信憑性に欠けるが、『日本の国立公園』が指摘しているように、「国立公園の予算がいかに僅少であり、閑却されている[3]」かを証明している。

　小さな国立公園予算は、脆弱な国立公園行政機構であることをも意味している。安上がりの戦前型国立公園制度の継承・維持は、国立公園部の行政管理要員が、戦後前期の水準をほとんど越えない少なさであることを見ても明らかである。

　詳しい雇用要員についてはデータが不足しているが、『日本の国立公園』『自然保護行政のあゆみ』などの指摘を総合すれば、この期の国立公園行政管理要員は、ほぼ40名程度である。

第4章　戦後後期における国立公園制度の整備・拡充　129

　すでに指摘したように、戦後前期の純粋の国立公園管理要員は、1949年に33名（国民公園その他は43名）、1950年には本省の国立公園管理要員41名、現地管理要員39名、公園温泉関係が34名であった。

　表4－8によれば1951年には、国立公園管理要員のうち国立公園部の要員が41名、国民公園の要員が34名、計75名である。現地管理要員は不明であるが、1958年には40名の定員化がおこなわれたようである。

　国立公園行政もときとして可変的であり、とくに各地の国立公園の管理要員に関連する政策はわずかながらしばしば変化した。とくに各地の国立公園の管理を少しでも強化しようとすれば、各地に管理要員を派遣しなければならない。戦後前期にアメリカ型の国立公園を想定して地方の国立公園管理を強化する問題が提起されたが、日本政府はこれを拒否してわずかに戦前来の地方自治体に管理を委託する政策を維持してきた。それでも主要な国立公園の管理については、少しは国立公園中央機関による管理をおこなうとする政策が提起された。

　たとえば1950年に、経常の要員に加えて、国立公園の直接的管理のために「国立公園保護費として関係費用（賃金37名分）が計上され、管理職員を配置することが可能になったが、実際は保護費（賃金）を関係道県に支出し、一方道県は国立公園内の有識者、自然の愛好家に管理業務を委託したのが実態であった」と指摘されている。

　つまり政府は、地方の国立公園管理のために1950年に37人分の予算を計上したが、国立公園部の管理要員としてでなく、「国立公園保護費」として関

表4－8　国立公園部要員（1951年）

国立公園部要員 職　種　　　人　員	国立公園プロパー	国民公園プロパー
厚生事務官　　16	13	3
厚生技官　　　15	9	6
雇　員　　　　20	17	3
（事　務）	(9)	
（技　術）	(8)	
傭　人　　　　24	2	22
計　　　　　　75	41	34

注　『日本の国立公園』90頁から作成。

係道県に費用を支出し、道県が「国立公園内の有識者、自然の愛好家に管理業務を委託」させるというものにすぎなかった。それでもこの面での国立公園予算が増えたことには違いないが。

1951年にそうした各地の国立公園保護要員は予算上50名分に増額され、また1953年には年間雇用47名、半期雇用27名に増加し、年間平均要員60名程度となったが、地方自治体に委託するにすぎなかった。

ただし、1953年には主要な国立公園の集団施設の管理システムに変更が生じたため、国立公園部は「12名の公園技術者（大卒）を採用」した際に、「うち6名を現地に配属して、現地の管理員制度の初期の姿」を「誕生」させた。

1954年には5地区の国立公園に2名の常勤を配置したが、しかし1955年に「一部の集団施設地区の管理を道県に委託趣旨で管理委託費を計上、前記の国立公園管理員の一部は道県の委託技師となった」り、相変わらず国立公園中央行政機関による各地の国立公園の直接管理を放棄する傾向を克服することができなかった。

ともあれ、日本の国立公園行政管理要員の貧弱さは、戦前から各地の国立公園管理要員を本質的にもたないことから生じている。それはまた、戦後前期に地方の国立公園管理を中央機関でおこなうというアメリカ型の国立公園管理が拒否されたことから必然的に生じた制度的特質である。

国立公園予算のうち、国立公園の施設整備費があるが、表4－7に示したように、この額も実に僅少である。それでも1955年から国立公園の施設整備が少しずつ進展し、その費用は国立公園管理を上回って増加しているが、しかし大した額ではない。

国立公園予算を極力少額におさえる政策理念は戦前来の国立公園政策理念であって、国立公園の利用のための施設整備は、極力政府がおこなわず、できれば他の政府機関、地方自治体、民間によってもおこなうことが望まれたからである（この点は、のちに国立公園のための観光開発の項でもう一度見ることにしよう）。

さて以上のように、戦後後期における日本の国立公園制度の安上がり体質は、小さな国立公園財政と脆弱な国立公園管理機構の特質によって証明される。これは、たびたび指摘しているように、アメリカの国立公園財政との比較によって明瞭となる。

たとえば、1948年のアメリカ国立公園予算は1,012.8万ドルで、単純に1

ドル＝360円として、36億円である。日本の1955年国立公園部の予算3,088万円は、アメリカ国立公園予算36億円の約120分の1であった。

国立公園の管理要員について見ても、アメリカの国立公園は、おもに各地の国立公園の管理要員であったが、たとえば1946年に経常職員は、1,795名、さらに臨時職員が1,524名おり、計3,319名をかかえていた。1955年の日本の国立公園部要員75名は、アメリカの常・臨合せた国立公園要員の2.2％、約44分の1である。何という小ささであろう。

以上のように戦後後期の国立公園制度は、戦前型の国立公園制度の弱点を克服せず、継承し、さらにそれを構造化してきたものであることがわかる。

（2） 戦後後期の基本的な国立公園政策と自然公園法制定の準備

つぎに、この期の国立公園行政当局および国立公園審議会・自然公園審議会が提起した基本的な国立公園政策を見ておこう。それは、戦前・戦時の国立公園政策を基本的に継承した国立公園の拡大・拡充の路線であり、戦前に構想された自然公園体系の制定の準備であった。

国立公園行政当局は、戦後後期に入る1951年4月9日の第6回国立公園審議会において、森本潔・国立公園部長により「国立公園整備運営要綱」を提出し、これまでの国立公園政策を確認し、以後の国立公園の基本的政策を提起した。

「国立公園整備運営要綱」は、つぎのようなものであった。

　　国立公園は、昭和31年を目標に、左記各項により指定施設の整備及び運営の改善をなし、その保護及び利用に遺憾なきを期するものとする。
　　　記
　1、国立公園の指定
　　国立公園選定標準に照らし、速かに厳正なる調査研究を遂げ、国立公園の指定を行うと共に既指定の国立公園については、これを再検討して、区域の改善等を行い、国立公園の体系を整備する。
　2、国立公園計画の決定並びに施設の整備
　　（1）国立公園計画は、昭和27年度までにこれを決定する。
　　（2）国立公園計画に基く事業中、国立公園の保護及び利用上、差当

り整備すべき施設、事業主体及び事業年度等を定め、昭和27年度以降5ヵ年計画を以つて之が整備を図る。
3、国立公園の管理
（1）国立公園の区域中、集団施設地区等国立公園の利用上特に必要な土地は、国有地については、厚生省所管とし国有地以外の土地については必要あるときは、買収又は地上権の設定により国又は地方公共団体において使用し得る如く措置し、管理の徹底を図る。
（2）施設の整備及び利用者の増加に伴い、自然景観の保護、施設の管理並に利用者の指導等のため、各国立公園毎に必要な管理機構を整備する。
4、国立公園に関する資料の整備
各国立公園につき、自然景観及び文化景観に関する科学上の諸調査を昭和27年度迄に一応完了する。
5、国立公園の利用促進
国立公園に対する国民の認識を深め、関係官庁及び団体等と相提携して、保健・休養・教化等の利用を促す。
6、国定公園については、すべて国立公園に準じて行うものとする。

以上のように、「国立公園整備運営要綱」は、基本的には戦後前期の基本政策を踏襲し、1952年度内に国立公園施設整備5ヵ年計画を立案し、新しく国立公園施設整備に取り組むべきだと指摘した。

森本潔・国立公園部長は、この要綱を公表した翌月号の『国立公園』誌で国立公園の整備運営要綱についてつぎのように詳しく解説した。[13]

第1に、多くの国立公園、国定公園の指定申請がだされている中で、「新指定については慎重を期する必要がある」こと、「既指定の国立公園についても、自然保護の徹底、公園の利用及び産業開発の面から見て、その区域の決め方が不適当であると認められるものがあるから、区域の拡張又は縮少につき検討を進めたい」と指摘した。

この問題は、自然公園体系制定の問題にもからむが、「要綱」は、それをひとまず横において、国立公園の新たな指定には「厳正なる調査研究」（『要綱』の1）をおこなってことにあたるべきことを指摘した。

第2に、「国立公園計画の設定」については「速やかに確定」することを

主張した。

　第3に、国立公園「施設の整備」については、厚生省および地元と協議のうえ作成した「国立公園整備5ヵ年計画」を提起し、詳論した。

　すなわち、この「国立公園整備5ヵ年計画」は、1952年から5年間の計画と予算で、簡単にまとめれば、国立公園を「観光資源として開発利用」するため、第1、重点的には日光、富士箱根の山中湖、中部山岳の上高地などの国立公園の利用基地となるさまざまな施設からなる集団施設に約14億円、第2に公園内の単独施設に約7億円、第3に歩道に約3億円、第4に車道に52億円、合計約78億円を想定した。負担の内訳は、厚生省が6.5億円（1年間1.5億円）、建設省が25億円（1年約5億円）と見積られた。

　もっともこの見積りは、実際に実行されたわけではないが、この点についてはのちに再論する。

　第4に、「国立公園の管理」については、「必要な管理組織」が指摘されているのみで、望ましい規模が具体的に提起されていない。

　以上のように、「国立公園整備運営要綱」は、戦後後期の国立公園政策の基本的方向を提起したものであった。

　他方、国立公園行政当局は、こうした戦後後期の国立公園政策の一般的な基本的方向を提起しつつ、別途に国立公園を中心とした法的な「自然公園体系の整備」の方針を提起した。

　1951年4月9日の第6回国立公園審議会において黒川武雄厚生大臣は、国立公園審議会（会長・下村宏）に「自然公園の体系整備」について諮問をおこない、委員14名からなる特別委員会を組織した。[14]

　黒川厚生大臣の諮問に際して森本潔・国立公園部長は、諮問をだした理由を「全国に亘り国立公園、国定公園、都道府県立公園について自然公園体系として綜合する必要」があるからだと説明した。[15]

　森本は、「自然公園の体系整備」の必要について1956年6月の『国立公園』誌の論文「国立公園行政の問題」の中で詳しく論じている。

　森本が指摘しているように、「自然公園の体系整備」という問題は、「既に昭和11年に第8回国立公園委員会において〈都道府県立公園法の制定〉につき政府に建議し、又同年第69回帝国議会において〈道府県立公園根本方策確立に関する建議〉が採択され、更に昭和16、17年の間、国立公園協会では〈国立公園道府県立公園増設に関する特別委員会〉を設置して、調査結果を

発表して居り、かかる動きは国立公園運動の歴史と表裏して存在して居たのである」。
(16)

そして森本は、「自然公園の体系整備」の直接的理由として、1938年に制定された「厚生省設置法に、国立公園及び温泉と並んで〈景勝地及び休養地に関し、国民の厚生のため調査を行い、これ等の普及発達及び利用の増進を図ること〉、〈国民の厚生のため、公園（都市計画上の公園を除く）に関し、調査を行い、その整備改善を図ること〉と規定」されていることをあげている。

だから「自然公園の体制整備」は、この期の方針としてはじめて提起された政策ではなく、すでに戦前に提起されていたものなのである。しかも「自然公園の体系整備」は、1949年に国立公園法を改正して国定公園を実態化してきていたのであった。

より重要なのは、この期に「自然公園の体系整備」をおこなおうとした理由である。森本は、第1に、その理由の背景に、自然景観地を国立公園およびそれに準ずる自然公園地に申請・指定しようとする都道府県の動きをあげ、行政当局がそれにある程度応えていこうとしたことを指摘している。

そして森本は、第2に、この期に「自然公園の体系整備」に踏み込んだ理由として、多くの都道府県が公園を「最近数年間に自然発生的に各都道府県が条例を以って設定」してきており、それらは法的な規制を欠き、「最重要な自然保護の取締と利用開発の施設整備が出来ない」という問題を指摘した。

こうした事情から森本は、「国立公園以外の自然公園の体系化につき根本的態度を確立して対処すべき時期に至った」と指摘している。とくに「国土の開発利用」を「生産的見地より見るべきではなく」「同時に国民の保健休養のための開発利用、観光産業的見地よりの利用、或は文化財保護に匹敵する貴重な自然科学財保存の見地よりも考慮されるべき」体制の構築を指摘したのである。

戦前の国立公園法制定時と同じように、ここにも一方では各地の自然公園が乱立しているので、乱開発の放置を規制する「自然公園法」制定の意図が読み取れ、また他方では、国立公園をふくむ自然公園を自然保護のためにだけでなく、国民のレジャー・観光的利用に期するという国立公園制度の宿命的課題が潜んでいたことが読み取れる。

1951年7月11日の第7回国立公園審議会は、自然公園体系整備特別委員会による「自然公園の体系整備」についての答申をえた。その要点は、

①自然公園は、国指定若しくは認可区域とし、地域の景観の素質・規模により3種類とすること。
②自然公園の管理主体・費用の負担関係を明確にし、自然の保護・施設整備は国立公園法の趣旨によること。
③自然公園の設置については、保護・利用上必要最小限の面積とし、産業開発との調整を図り、利用上支障のないよう配慮すること。
ということであった。[17]

3点にわたる基本的な問題のうち、『自然保護行政のあゆみ』によれば、①についての「審議に当り、都道府県立自然公園は、都市計画上の公園と混同しないよう適切なる名称を考慮する」ことの必要が指摘されたが、これは大きな問題ではなかった。

しかし②の問題にからんで、「都道府県立自然公園の指定は、地方自治の精神から、都道府県立自然公園の申請によること。国定公園及び都道府県立自然公園に対しても国庫補助を行うこと」などが議論されたと指摘されている[18]。

国立公園行政当局は、明らかに中央政府の機関として「自然公園の管理主体・費用」を「国立公園法」に基づいて中央管理を主張したが、ここに指摘されているように、「都道府県立自然公園の指定は、地方自治の精神から、都道府県立自然公園の申請によること」が論議されており、中央にたいする地方自治体による管理権の主張がされていて、中央と地方の対立が見受けられる。

③の問題では、利用と保護との関係で、開発をすすめる部局から自然保護を強化することが開発にブレーキをかけると圧力がかかり、審議会内でこの問題が議論されたようである。

1951年11月16日の第8回国立公園審議会においては、厚生大臣から「自然公園法案要綱」について諮問がだされ、制度特別委員会が組織されて検討をおこなった。そして1951年12月20日の第9回国立公園審議会には、制度特別委員会から「答申」が報告された。

その「答申」の要点は、「都道府県立自然公園は地方自治の立場から独自に指定すること。保存区（特別保護区）を国定公園・都道府県立自然公園にも設定すること。公園の名称から〈自然〉の文字を削除すること」であった[19]。

その後、「自然公園法」案が起草されたが、しかし国会に上程されず、棚上げされたままであった。その理由について『自然保護行政のあゆみ』は、なぜか明確な指摘をおこなっていない。察するに保存区（特別保護地区）を

国定公園・都道府県立自然公園にも設定することが、開発を阻害するとして開発部門から抵抗されたからではなかったか。

「自然公園法」案は6年間の空白期間をおいて1957年に再び取り上げられ、国立公園審議会は、制度特別委員会を組織して「法案」の審議を付託した。自然公園法案は、審議においてつぎのような修正がおこなわれた。[20]

1、「都道府県立自然公園の指定については、固有事務であるから、各条例の定めるところにより行い、特別地域の指定についても同様とするが、国の関係地方行政機関との協議をようすることとしたこと」

2、「都道府県立自然公園に関して厚生大臣の助言勧告権を規定したこと」

3、「国定公園について特別保護地区の制度を設け、都道府県立自然公園については設けなかったこと」

4、「特別地域・特別保護地区の要許可行為の種類について整備したこと」

要するに、論議は国立公園当局の中央管理を制限しながら、その分を中央の「助言勧告」をおこなうことで妥協したということであり、また自然保護については、国定公園には特別保護地区の制度を設けるが、都道府県立自然公園には自然保護の規制をかけないということであった。

そして1957年3月20日、第17回国立公園審議会は「特別委員会」の報告をうけてそれを承認し、まず4月11日に参議院に上程され、その後5月18日に衆議院で緊急上程され承認された。自然公園法は1957年6月1日に公布され、10月11日に施行された。[21]

自然公園法についての詳細な分析は、高度成長期の国立公園制度の考察に際しておこなうことにして、ここでは二つの自然公園法についての批評を見ることによってその制定の本質的意味を確認しておきたい。

かつて国立公園論争において田村剛らと真っ向から対立して彼等の国立公園論を批判した上原敬二は、1974年に出版した『自然公園』において、戦前に代表的な風景地は国立公園に指定されており、「増設したくともそれは無理」であった、「そこで台頭したのが国定公園なのである。要するに国立公園に代わるというか、補うというか、それよりも一格低いものとされる自然公園である」と指摘した。[22]

すでに指摘した国立公園行政当局の説明はかなり建前的であったが、上原の指摘はやや舌足らずであるが、「自然公園法」制定の本質を、地元の景観地を新たに国立公園に指定するだけでなく、国立公園に準ずるものとして、

さらに国定公園・都道府県立公園を指定して地域の観光振興をはかろうとする地域住民の要望を入れて自然公園とし、総合的に管理しようとした、という鋭い指摘であった。

それに引き換え加藤則芳『日本の国立公園』は、「国立公園法を見直し、より発展させる意味から、1957年に新たに自然公園法が成立」したと指摘するだけで、自然公園法の意味合いについてまったく言及していない[23]。

問題は、自然公園法は果たして国立公園制度を強化し、なかんずく自然保護規定を強化するためのものであったのか、あるいは法的にいかに産業開発、とくにレジャー・観光施設の開発を規制し自然を保護するものであったのか、ということであった。

この問題については、自然公園法下の高度成長期以降の国立公園制度についての考察に際して詳しく論じることになる。

(3) 国立公園の新設・拡大と国定公園の指定

戦後後期の国立公園審議会の大きな活動の一つに、敗戦直後期の終わりからはじまった国立公園の新設・拡大、国定公園の指定を引き続きおこなうことがあった。

先に検討したように、国立公園行政当局は1951年に入って自然公園体系の構築を試みたが、思うようにその試みを実現することができなかった。そのため国立公園行政当局は、自然公園体系の整備とは別に実質的に国立公園の新設・拡大、国定公園の指定をすすめた。

橋本龍伍・厚生大臣は、1951年11月16日の第8回国立公園審議会にたいし、「自然公園法案要綱」について諮問をおこなったが、それと並行して「自然公園候補地の選定」についても諮問をおこなった[24]。

1952年9月9日に開かれた第10回国立公園審議会において「答申」がだされた。その答申で以下の19地域が自然公園候補地として指名されたが[25]、なお議論不明確な面もあり、「これら候補地をそれぞれ国立公園または国定公園とするか、既設国立公園の拡張区域とするか、二つ以上の候補地を併せて一つの公園にするか、今後調査のうえ決定すること、さらに、予め保護・利用計画案を提示することの意見が付された。」[26]

自然公園候補地の19地域は、以下のとおりである。

八幡平	三陸海岸	伊豆半島	伊豆七島
妙高戸隠	白山	若狭湾	但馬海岸
青海島須佐湾	秋吉台	石鎚山	渭南海岸
博多湾松浦潟	九十九島	五島	天草
日南海岸	錦江湾	屋久島	

　1954年6月21日に開かれた第12回国立公園審議会は、19の「自然公園候補地の公園指定・公園計画の決定について」の諮問をうけて、選定特別委員会、計画特別委員会で審議した結果、1954年8月24日の第13回国立公園審議会において、「自然公園候補地の公園指定・公園計画の決定について」の答申を提出した。

　この答申によれば、19候補地について、

　1、単独の国立公園候補地として、三陸海岸、五島・九十九島、屋久島。

　2、富士箱根国立公園拡張区域候補地として、伊豆半島。

　3、国定公園候補地として、八幡平、伊豆七島、妙高戸隠、白山、若狭湾、但馬海岸、青海島須佐湾、秋吉台、石鎚山、渭南海岸、博多湾松浦潟、天草、日南海岸、錦江湾、と決定した。

　なお、各公園の名称については、富士箱根を富士箱根伊豆、三陸海岸を陸中海岸、但馬海岸を山陰海岸、青海島須佐湾を北長門海岸、石鎚山を石鎚、渭南海岸を足摺、博多湾松浦潟を玄海、五島・九十九島を西海、などとすることが適当であるとの意見が付された。

　なおこの答申については、まだ多くの問題が残されていた。

　第1に、国立公園審議会では、すでに17国立公園が指定されているが、わが国を代表する景観がもっと多く残されているのではないかという意見が多くだされ、妥協案として20内外に増やすべきであるという意見にまとまったこと。

　第2に、19候補地のうち11候補地が海岸風景を主体とするものであり、国立公園3候補地が海岸風景であり、これに否定的な意見もあったようであるが、わが国が四面環海であるから適当であるという意見に落ち着いたこと。

　その後、国立公園審議会は、1955年に西海、陸中海岸を国立公園に指定し、屋久島を霧島国立公園に併合し、1964年まで国立公園の指定を保留した。国立公園の地域拡充については、伊豆半島は1955年に富士箱根国立公園に組み入れられ、富士箱根伊豆国立公園の一部となった。

　また国定公園には、1955年に若狭湾、日南海岸、北長門、秋吉台、石鎚が、

表4-9 国立公園の指定と拡大の推移

戦前の国立公園指定	(12)
1934年3月	瀬戸内海
	霧島
1934年9月	阿寒
	大雪山
	日光
	中部山岳
1934年12月	阿蘇
1936年2月	十和田
	富士箱根
	吉野熊野
	大山
1936年3月	雲仙
戦後前期（'45-'50）	
国立公園指定	(5)
1946年11月	伊勢志摩
1949年5月	支笏洞爺
1949年9月	上信越高原
1950年7月	秩父多摩
1950年9月	磐梯朝日
国立公園の拡大	
1950年2月	吉野熊野（潮岬追加）
1950年5月	瀬戸内海（鳴門、宮島地域追加）
1950年9月	日光（塩原、那須、奥鬼怒川追加）
戦後後期（'51-'57）	
国立公園指定	(2)
1955年3月	西海
1955年5月	陸中海岸
国立公園の拡大	
1953年9月	阿蘇（別府からの道路沿線追加）
1955年3月	富士箱根伊豆（伊豆地域追加、改名）
1956年5月	瀬戸内海（六甲地区追加）
1956年7月	上信越高原（妙高、戸隠地区追加）
1956年7月	十和田八幡平（八幡平を追加して改名）
1956年7月	雲仙天草（天草地区追加）

注 『自然保護行政のあゆみ』付録資料から作成。

表4-10 国定公園の指定の推移

戦後前期（'45-'50）	
1950年7月	耶馬日田英彦山
1950年7月	佐渡弥彦米山
1950年7月	琵琶湖
戦後後期（'51-'57）	
1955年6月	若狭湾
1955年6月	日南海岸
1955年11月	北長門
1955年11月	秋吉台
1955年11月	石　鎚
1956年6月	玄　海

注　『自然保護行政のあゆみ』付録資料から作成。

1956年に玄海が指定された。

　こうして自然公園体系は、国立公園・国定公園の指定については実質的に整備されていった。ただ問題は、拡大した自然公園体系の管理・施設を充実する体制を組めたか否かであるが、基本的に安上がりの国立公園体制のもとで、結局、自然公園体系の整備は、十分な予算も付かず、観光化要求におされて国立公園・国定公園の粗製濫造となり、自然保護についても特別な施策をほどこすことなく、名目的なものに終わってしまった。

　問題は、こうした国立公園・自然公園の粗製濫造について、政府はもとより国立公園行政当局、ひいては国民が十分な自覚、批判的な意識をもっていたかということである。残念ながらそうした自覚・認識は社会的にまったく見られなかったように思われる。

（4）　国立公園の管理システムとレジャー・観光の施設整備

　つぎに戦後後期の国立公園行政および国立公園審議会・自然公園審議会による国立公園の管理、施設、レジャー・観光施設開発についての政策を見ておこう。

　敗戦後の混乱からようやく立ち直って、国立公園行政当局は先に見たように1951年4月に「国立公園整備運営要綱」を公表し、国立公園の「施設の整

備」、「各国立公園毎に必要な管理機構」の整備の必要を提起したが、その実施はきわめて内容のともなわない、形だけのものにすぎなかった。

戦後後期の「各国立公園毎に必要な管理機構」については、すでに指摘したように、国立公園部で40〜50人程度の要員予算を組み、地方自治体に管理を委託するにすぎなかった。

ただし、国立公園部による国立公園管理の新しい動きは、主要な国立公園に存在した国民的利用のための共同施設の管理を、国立公園部が派遣する管理要員によっておこなうシステムをつくりだしたことぐらいである。

具体的には1953年に、日光湯元、上高地、十和田休屋、支笏湖畔、大山寺の5集団施設にはじめて中央機関から現地管理要員6名が配置された。その後、各国立公園の集団施設地区用地が林野庁から移管されて、1954年3月には、支笏湖畔、日光湯元、上高地、河口湖、大山寺の5集団施設に、国立公園部から現地管理要員を2名ずつ、計10名が配置されただけである。[31]

各地の国立公園直接管理と言っても、この程度なのである。

このほか、国立公園「施設の整備」について見れば、ここでも大きな施設の整備がなされたわけではない。

国立公園の管理体制と同じように、国立公園の国民的な利用のための施設は、小さな国立公園財政のもとでは戦前から十分な手当がなされてこなかった。

さすがに戦後後期に入って、国立公園行政当局は、国立公園にたいする国民の要望に応えるべく、1951年4月の「国立公園整備運営要綱」に沿って、1952年から実施する国立公園整備5ヵ年計画を立案した。

この国立公園整備5ヵ年計画は、①国立公園内の「集団施設」の充実に約14億円、②単独施設の充実に約7億円、③歩道の建設に約3億円、④車道の建設に約52億円を計上した。[32]

①の「集団施設」は、「各公園の利用基地となるもので、富士箱根について言えば、山中・船津・精進・本栖・猪の頭・檜塚・元箱根・仙石原等の地に夫々十町歩乃至数百町歩の地区を画して、苑地・歩道・運動場・上下水道・キャンプ場・キャビン・山小屋・集会所・管理所を整備し、1日数千人の探訪者を収容し、そこを基地として公園内を探勝させる施設」であった。

②の「単独施設」は、「公園内所要の地に点々と設けられた独立の広場・苑地・ロッジ・山小屋・休憩舎・展望舎」などであった。

③の「歩道」は、国立公園内の遊歩道の整備であり、④の「車道」の整備

表4-11　国立公園部の国立公園等施設整備費5ヵ年計画案と負担の内訳（1952年）

「国・地方公共団体及び民間の三者共同」施設整備費合計	76億円
施設別内訳 　1、集団施設 　2、単独施設 　3、歩道 　4、車道	 約14億円 約7億円 約3億円 約52億円
負担別内訳 　国庫負担合計 　　厚生省所管部分 　　建設省所管で 　地方他負担	 約31.5億円 約6.5億万円（1ヵ年約1.5億円） 約25億円（1ヵ年約5億円） 約44.5億円

注　森本潔「国立公園行政の問題」、『国立公園』No.19、3頁から作成。

は、国立公園内外の道路建設、補修であった。[33]

　この全体の事業は、「国・地方公共団体及び民間の3者共同」によるものであるが、国庫補助は「厚生省所管で」約6億5,000万円（1ヵ年約1.5億円）、「建設省所管で」約25億円（1ヵ年約5億円）であり、国庫補助21.5億円を期待した。[34]

　表4-7の国立公園予算に示したように、1953年から5ヵ年の「国立公園等施設整備費」は、合計1億9,242万円、約2億円（年間約4,000万円）にすぎなかったから、1952年の5ヵ年計画で「厚生省所管の期待された計画額約6億5,000万円」（1ヵ年約1.5億円）とくらべてもほんの小さな額しか支出されていなかったことがわかる。

　それでも厚生省所管の国立公園等施設整備費5ヵ年6.5億円の予算にたいして約2億円が支出されており、何とか主要国立公園の施設が整備された形跡が窺える。これは、敗戦後の財政事情のため、これまでまったくインフラが整備されていなかった国立公園に基礎的な設備が整備されはじめたことを意味していた。

　ちなみにアメリカの国立公園施設の開発投資について指摘しておけば、イエローストーン国立公園1ヶ所だけで1947年から1951年の5ヵ年の建設維持費は225.4万ドル、360円レートで単純換算しても、5ヵ年で8億1,144万円、

1年平均1億6,228万円に相当し、日本の国立公園施設への投資がいかに貧弱であったかが明瞭である[35]。

なお、国立公園施設整備5ヵ年計画（1952年）76億円の計上にたいし、のちに表5－5で見るように、国立公園協会が議員懇話会に提起した国立公園施設整備計画の総額は769億円という巨額なものであった。これは、国立公園協会が厚生省に代わって、国立公園を観光的に利用するための地域開発政策を国会議員に訴えて実現しようとした計画案であった。

以上のように、国立公園の管理費・施設整備費の面でも、戦後後期の国立公園政策は、小さな予算の脆弱な国立公園制度の構造的な枠内にとどまっていたことがわかる。

（5） 国立公園行政当局の自然保護政策

最後に戦後後期における国立公園行政当局の自然保護にたいする政策について見ることにしたい。

戦後後期の国立公園行政当局は、1951年4月の「国立公園整備運営要綱」（本書131－132頁参照）でも指摘されているように、国立公園内の自然保護にそれなりの注意をはらい、また自然保護に心掛けてきたことも事実である。

「国立公園整備運営要綱」の3「国立公園の管理」の（2）では、「施設の整備及び利用者の増加に伴い、自然景観の保護、施設の管理並に利用者の指導等のため、各国立公園毎に必要な管理機構を整備する」。4の「国立公園に関する資料の整備」では「各国立公園につき、自然景観及び文化景観に関する科学上の諸調査を昭和27年度迄に一応完了する」と指摘している。

しかし問題は、国立公園行政当局の「自然景観の保護」の姿勢、「自然景観及び文化景観に関する科学上の諸調査」ではなく、国立公園行政当局が具体的に「自然景観の保護」をどのようにおこなったか、あるいは、「自然景観及び文化景観に関する科学上の諸調査」をおこなって、具体的に「特別保護地区」をどのように設定していったか、である。

では、国立公園行政当局が、現実に国立公園内に生起する産業開発計画に自然保護の立場からどのように対処したのであろうか。この問題は、一般的には次章で、個々の具体的なケースについては、第Ⅱ部で詳論することになるので、ここではふれないことにする。

この点について一言でいえば、国立公園行政当局は、日本自然保護協会の圧力のもとで、重要な国立公園内の産業開発計画には断乎として反対し計画を中止する政策を貫徹する一方で、いくつかの産業開発計画にたいしては、計画絶対反対をかかげながら途中で計画を認め、条件を付けて妥協する政策をとっていた、ということである。

　こうした政策は、国立公園行政当局が戦前からおこなってきた政策を基本的に継承しているが、産業開発計画にたいして絶対反対を貫いたケースについては、戦後的な側面として大いに評価できるものであった。

　ここで検討したいのは、国立公園行政当局が、国立公園内の産業開発計画を規制するために、1949年の国立公園法改正によって制定された「特別保護地区」制度を、どのように機能させようとしたか、具体的にどこの国立公園内の特別な景観地、貴重な自然地域を「特別保護地区」に指定したか、である。

　国立公園行政当局は、1949年に国立公園法を改正して「特別保護地区」を設置する規定を制定した。しかしその後、当局はどこの国立公園に「特別保護地区」を設定してきたのであろうか。

　表4-12に示したように、国立公園行政当局は、戦後後期に入って1957年までに9国立公園内の地域を「特別保護地区」に指定した。しかしその内実は、必ずしも「特別保護地区」指定の目的が「特ニ景観維持ノ為必要アリト認ムルトキ」に指定すると言うように明確ではなかった。

　われわれの関心からすれば、すでに戦後前期に電源開発計画や鉱山開発計画が取りざたされていたような、貴重な自然、重要な自然景観をもった地域、雌阿寒岳、尾瀬、北山峡、黒部峡谷、上高地、大雪山、富士山が「特別保護地区」に指定されなければならなかったと考える。

　しかし、1953年7月にわが国で最初に「特別保護地区」に指定されたのは、当時瀬戸内海国立公園に属していた高崎山（157アール）であった。

　同じく、1953年9月に支笏洞爺国立公園内の重要な地区（1,408アール）が「特別保護地区」に指定されたことは注目されることであった。しかし、1952年に電源開発計画が浮上していた支笏洞爺国立公園内の名勝地、豊平峡一帯は指定から除外されていた。

　この点について私信の中ではあるが、俵浩三氏は、私有地であった昭和新山を除く5地区は、「林野庁の国有林地帯ですが、実態は高山帯、山岳帯、

表4-12 戦後の特別保護地区の指定地一覧

国立公園名	指定地名	指定面積アール	指定年次	資料出処
瀬戸内	高崎山	157	1953年7月	(三) 126頁
支笏洞爺		1,408	1953年9月	(三) 74-76頁
	オコタンペ湖	68.2	同	(三) 30頁
	樽前山	59.2	同	
	登別	36	同	
	昭和新山	1.5	同	
	有珠山	1.5	同	
	羊蹄山	214	同	
阿寒		8,445.5	1954年8月	(三) 69頁
	摩周湖	3,275	同	
	硫黄山	103	同	
	雄阿寒岳・阿寒湖	4,617	同	
	雌阿寒岳	450	同	
陸中海岸	北山崎一帯他	448	1955年9月	(三) 85頁
西海公園	黒島など	55	1956年3月	(三) 131頁
日光		9,713.3		
	日光山内	68.2	1957年4月	(三) 202頁
	女峰山	59.2	同	(二) 30頁は58年説
	野州原	36	同	
	華厳滝	1.5	同	
	竜頭滝	1.5	同	
	戦場ヶ原	214	同	
	太郎山	98	同	
	湯滝	0.5	同	
	白根山	438	同	
	湯沢	6	同	
	鬼怒沼	32	同	
	御池田代	76	同	
大山	尾瀬	8,650	同	
磐梯朝日	山頂、船上山	7,011	1957年7月	(三) 202頁
瀬戸内	月山、朝日連峰他	21,271	1957年10月	(三) 202頁
	厳島、生島	213	1957年10月	(三) 202頁

注 『日本自然保護協会事業概要報告書』第二輯、第三輯より作成。
　　資料出処の欄の（三）とか（二）の字句は、第二輯、第三輯などの略である。

山岳裸地、温泉地、湿地帯で『金のなる木』は生育しない、林業的に無価値の土地（当時の国有林では『除地』と表現していた）であり、だからこそ林野庁は特別保護地区指定に同意したものと俵は理解しています」と述べている。[36]

たしかに電源開発計画予定地の豊平峡一帯は原始林の国有地であり、林野庁の圧力で特別保護地区から除外されたとすれば、特別保護地区指定の目的がはぐらかされていたことになる。

1954年8月に阿寒一帯（8,445アール）が特別保護地区に指定された。しかしそれは、1952年厚生省が、雌阿寒岳山頂で硫黄鉱山採掘計画を承認したあとであった。もし雌阿寒岳が1952年以前に特別保護地区に指定されていれば、厚生省は計画に許可をだせなかったに違いない。

1955年に陸中海岸北山崎一帯（448アール）、西海国立公園内黒島（55アール）が特別保護地区に指定された。この場合も、同内域が観光開発を規制することはあっても、大型の産業開発計画には関係しない地域であった。

1957年4月に日光国立公園内の日光一帯とともに、尾瀬一帯（8,650アール）が特別保護地区として告示された。このケースは、一連の電源開発予定地域で例外的に特別保護地区に指定されたものである。その理由について第Ⅱ部第3章で詳しく論じるので、ここでは言及しない。

こうした戦後の特別保護地区状況の中で、これまで雌阿寒岳硫黄鉱山開発計画、黒部第四発電所建設計画、大雪山国立公園内の層雲峡電源開発計画をやむをえないものとして承認してきた日本自然保護協会は、1956年に有力国立公園内の貴重な自然地域、景観地の自然保護をめざして「特別保護地区」を指定する動きをおこした。

1956年8月15日に日本自然保護協会は、「国土の保全、資源の培養等についても、深甚なる考慮を払うと共に、自然の観察、研究、観照並びにレクリエーションの享用等のために、国土の一部を画して自然保護区域として、永遠に原始のままに保存することは、極めて緊要な時務と考える」という田村剛理事長の意見をもとに理事会を開催した。[37]

田村剛理事長は、「本来の国立公園その他の自然文化としての自然保護区域、保安林、禁猟区等につき、再検討を加える必要のあることを痛感し、本会内に広く有識者を網羅する対策委員会を設置して、問題を研究する」と理事会で説明した。

こうして理事会は、特別委員会を設置し、「自然保護地域を設ける具体案」

を作成し、「関係当局に考慮してもらうようにした」。

ちなみにこれまで国立公園内で「特別保護地区」に指定されていた地区は、1956年8月現在、指定されたもの6件、各省と「協議中」の9件、「原案作成中」の4件、「未定」のもの6件であった。

これで国立公園行政当局の保護姿勢が一応読み取れる。

しかしこの努力は、日本自然保護協会の特別委員会においてさえ、「特別保護地域に指定されることについて反対」もあったようで、議論が紛糾した。とくに管理上の問題で消極論がだされた。

問題の具体的な論点は、①「管理を十分しなければ、指定しただけでは、保護も目的は達せられない」、②「現在指定されている特別保護地域も、予算がないので、手が届かない状態で、管理はなかなか困難である」、③「国民運動の展開が必要である」（「国民運動を盛り上げて、保護の思想を普及せしめるの方法でも取らなければ、到底効果はあがらないであろう」と補足されている。）などと議論された。結局、話は詰められず、次回の特別委員会に保留された。

これは、特別委員会の意見であると同時に、国立公園行政当局の意見をも反映していると考えて差し支えないであろう。

しかし、その後9月10日に開催された特別委員会でも、小さな問題では進展があったが、積極的に「特別保護地区」の新たな設定の話は進展しなかった。

1956年11月2日に開催された第5回の特別委員会は、上高地電源開発計画には絶対反対することを決めたが、「特別保護地区」については、「保護地区および同候補地調書」が配布され、国立公園行政当局から説明があっただけであった。

その後、上高地にダムを建設する上高地電源開発計画が提出され、日本自然保護協会はこの計画反対運動に集中していき、上高地特別委員会が頻繁に開かれていくことになり、いつしか特別保護地区指定問題は、第5回特別委員会以後は論じられることなく空中分解してしまった。

以上のように戦後後期の国立公園行政当局は、特別保護地区指定による国立公園の自然保護をある程度試みたが、この点では大きな成果をえることがなかった。

注

(1) 戦後政治については、前掲正村『戦後史』を参照。なおこの箇所は、旧稿にはなく、新たに加筆したものである。
(2) 前掲『日本の国立公園』、286－287頁。
(3) 同上、102頁。
(4) 拙稿「敗戦直後における国立公園制度の復活（下）」、『経済志林』76－1、76頁。
(5) 前掲『自然保護行政のあゆみ』、105－106頁。
(6) 同上、105－106頁。
(7) 同上、106頁。
(8) 同上、106－107頁。
(9) 飯島稔「アメリカの国立公園行政」、『国立公園』No.3、1949年1月、23頁。
(10) 同上、23頁。
(11) 東良三『アメリカ国立公園考』、淡路書房、1947年には、1941、42年には、国立公園従業員数は、5,145名、4,510名との指摘がある。淡路書房、1948年、106頁。
(12) 『国立公園』No.18、1951年5月、26頁。
(13) 森本潔「国立公園行政の問題」、『国立公園』No.19、1956年6月、1－5頁。
(14) 前掲、『国立公園』No.18、26－27頁。
(15) 同上、27頁。
(16) 前掲「国立公園行政の問題」、『国立公園』No.19、以下、5頁。
(17) 前掲『自然保護行政のあゆみ』、118頁。
(18) 同上、119頁。
(19) 同上、119頁。
(20) 同上、119頁。
(21) 同上、120頁。
(22) 上原敬二『自然公園』（造園大系4巻）、加島書店、1974年、42頁。
(23) 加藤則芳『日本の国立公園』、平凡社新書、2000年、48－49頁。
(24) 『自然保護行政のあゆみ』、113頁。
(25) 同上、114頁。
(26) 同上、113頁。
(27) 同上、114頁。
(28) 同上、115頁。
(29) 同上、115頁。

(30) 同上、115頁。
(31) 同上、106頁、443頁。
(32) 前掲「国立公園行政の問題」、『国立公園』No.19、3頁。
(33) 同上、3頁。
(34) 同上、3頁。
(35) Aubrey L. Haines, THE YELLOWSTONE STORY, Vol1, Vol2, University Press of Colorado, p.482.
(36) 俵浩三氏から筆者への2009年7月19日付の手紙。なお引用に際しては俵氏の了承をとってある。
(37) 国立公園協会『日本自然保護協会事業概要報告書』(以後『協会事業報告書』と略す) 第三輯、1959年、59頁。ちなみに第一輯は1955年、第二輯は、1957年の刊行である。
(38) 同上、59頁。
(39) 同上、60頁。
(40) 同上、63頁。

第5章
戦後後期の国立公園協会と日本自然保護協会

はじめに
1　国立公園協会の復活と活動
　（1）国立公園協会の復活
　（2）戦後後期における国立公園協会の活動
2　日本自然保護協会の設立とその活動
　（1）日本自然保護協会設立の経緯
　（2）日本自然保護協会の正式な発足
　（3）日本自然保護協会の活動概況

はじめに

　戦後の日本の国立公園制度において、1951年に復活した国立公園協会と尾瀬保存期成同盟の消滅後に設立された日本自然保護協会は、重要な役割を果たしてきた。
　本章の課題は、国立公園協会と日本自然保護協会の設立事情、組織、方針、さらにおもな活動について考察することである。
　第1節の課題は、敗戦後に国立公園協会の前進として設立された国立公園研究会が、尾瀬保存期成同盟設立を導き、また尾瀬保護期成同盟が日本自然保護協会に改変されていったあとに、国立公園協会がどのように復活し、国立公園制度の普及活動に専念したかを明らかにすることである。
　第2節の課題は、日本自然保護協会が、いかに戦後前期末に尾瀬の電源開発反対運動のために設立された尾瀬保存期成同盟から生み出され、厚生省国立公園行政当局と密接に連繋しながら、どのように国立公園内の産業開発に反対し、自然保護につとめてきたかを明らかにすることである。
　そしてまた日本自然保護協会が、日本ではじめての戦後的な自然保護団体としてどのような性格や限界もって活動してきたかをも明らかにすることである。

1　国立公園協会の復活と活動

（1）　国立公園協会の復活

　戦前に重要な役割をになってきた国立公園協会は、戦後前期に復活して重要な役割を果たした。[1]
　戦前に国立公園制度の設立に貢献し、国立公園内の産業開発計画に積極的に反対してきた国立公園協会は、1943年に「国土健民会」に改組され、その後、その組織も休眠した。国立公園行政当局および戦前に国立公園協会に結集していた田村剛らは、国立公園協会の復活を目指して、戦時下に改組されていた「国土健民会」を1947年2月に解散して、同年3月31日に新たに国立公園研究会を組織して国立公園協会の再生をはかった。[2]

第5章　戦後後期の国立公園協会と日本自然保護協会

　国立公園研究会は、1948年7月に戦前の国立公園協会の主要な活動であった雑誌『国立公園』の発行を再開し、事実上国立公園協会を復活させた。[3]

　国立公園研究会に集まった人たちは、尾瀬ヶ原の電源開発計画問題がおきると、1948年10月に日光国立公園内の尾瀬の自然を保護するために、尾瀬保存期成同盟を組織して、戦前の国立公園協会の伝統にしたがって尾瀬の保存ために電源開発反対運動を展開した。[4]

　他方、国立公園研究会は1949年8月19日に解散し、尾瀬保存期成同盟とは別に、戦前来の国立公園制度の普及・充実を意図し政府の国立公園行政を側面から支援するために、1949年12月16日に設立された財団法人国立公園協会として発展的に解消した。[5]

　こうして財団法人国立公園協会は文字どおり、戦前の国立公園制度の復活を飾った。国立公園協会の設立は、戦後の国立公園運動を多様にするものとして興味深い。ここでまず復活した国立公園協会の趣旨、目的、活動、組織などについて簡単に検討しておきたい。

　設立時に示した国立公園協会の「設立趣意書」は以下のような内容であった。[6]

　　わが国土は風光の美に恵まれ、就中国立公園は実にその精粋であつて、風景上又科学上の優れた興味と価値とは国際的にも高く評価されている。
　　この天與の自然景観を文化的に又資源的に保護すると共にその利用を促進し、レクリエーションと観光開発の振興に資することは、平和的文化国家再建に寄與するところ極めて大なるを信じて疑わない。
　　国立公園を現代並びに後代に亘る国民の公園として、又世界的視野の下国際観光の地として、その文化的経済機能を発揮させるためには、政府の施策にのみ依存しては完璧を期し得ない。
　　ここに国立公園の綜合的発展を企図し、時勢の要請に即する施設の整備、合理的運営の推進等に資するため、国立公園協会を設立し各界各層に亘る具眼同好の士の御支持と御協力とを希う次第である。

　ここで強調されていることは、政府の施策にのみ依存することなく、戦前のように日本の自然景観を文化・資源として保護し、その利用を促進し、かつレクリエーションと観光開発の振興をはかるという伝統的な国立公園制度

の総合的な発展を期することである。ここでは、ことさら国立公園の自然保護が強調されていない。

　逆に言えば戦前と違って、戦後の国立公園協会は、政府の国立公園行政を側面から支援しつつ、国立公園制度の充実・強化をはかる活動をおこなう方向に特化したのである。そして国立公園協会は、戦前の国立公園協会がかかえた自然保護の課題を、経過的には尾瀬保存期成同盟に、すぐそのあとに設立される日本自然保護協会にうつし、本来的な活動に限定していったのである。

　国立公園協会の規約を分析しながら、国立公園協会の基本的な活動、組織などについて特徴づけておこう。

　寄付行為についての第2章は、「目的及び事業」についてつぎのように規定した。

>　第3條　本会は国立公園その他の公園・景勝地・休養地等の健全な発達を図り、国民の厚生文化の昂揚に寄与することをもつて目的とする。
>　第4條　本会は前條の目的を導成するために左の事業を行う。
>　　1、国立公園等に関する調査研究並びに政府の施策に対する協力
>　　2、国立公園思想普及宣伝の為刊行物の作製頒布並びに講演会・講習会・映画会・展覧会等の開催
>　　3、国立公園及び国立公園に準ずる区域の設定拡張に関する協力
>　　4、国立公園等に関する事業の実施並びに経営
>　　5、国立公園等の保護利用並びに施設に関する指導奨励
>　　6、国立公園等の施設に関する資材・資金の斡旋並びに計画の受託
>　　7、公共団体その他国立公園関係内外諸団体との連絡連携
>　　8、その他本会の目的を導成するのに必要な事項

　第3條は、見られるとおり国立公園協会の一般的な目的を「国立公園その他の公園・景勝地・休養地等の健全な発達を図り、国民の厚生文化の昂揚に寄与することをもつて目的とする」と規定し、国立公園だけでなく、戦後に生まれつつあった国定公園、公園など景勝地・休養地などひろく「健全な発達を図り」、「国民の厚生文化の昂揚に寄与する」と幅広い目的を規定した。

しかしこの規定は、戦前の国立公園協会の「目的」が、「国立公園ノ調査研究ヲ遂ゲ之ニ関スル思想ノ普及ヲ図ルト共ニ国立公園ノ制定及其ノ発達ニ就テ貢献スル」と簡潔に規定されていることを基本的に継承している。[8]

ただ戦後の規定の場合は、国立公園制度がやや整備されてきていることもあって、国立公園等の「健全な発達」と「国民の厚生文化の昂揚」という表現が加えられていることが特徴的である。

第4條で規定されている「事業」は、戦前にもおこなわれてきたもので、とくに注目すべきものはないが、あえて指摘すれば、地方の人たちが、一般的には協会をつうじて「政府の施策に対する協力」ができること、具体的には3「国立公園及び国立公園に準ずる区域の設定拡張に関する協力」、4「国立公園等に関する事業の実施並びに経営」に関与できることを戦前の場合より、より明確に示されていることである。

つまり国立公園協会は、地方の住民に、国立公園の新設や拡充、あるいは国立公園にかかわる事業の経営に関与する機会があるということを示したのである。

こうした規定は、日本の国立公園運動が生まれながらにもっていた国立公園が地域開発に資するものであること、あるいはレクリエーションや観光開発に貢献するという役割をもって生まれたことをよく示している。

私は、こうした国立公園協会の活動の設定は、国立公園制度派が、地域住民の国立公園への関心を著しく強化することを意図し、一方では、国立公園内の産業開発がすすめられ自然が破壊されて、国立公園が蔑ろにされている中で、国立公園への関心をひろめ強固にするために設定した戦略的方針であったと考えている。

第3章は「会員」について規定している。

会員は、団体会員と個人会員にわかれ、団体会員（第5條）は、会費年額3万ないし5万円とする「国立公園及び国立公園に準ずる区域の関係都道府県」と「関係市町村」、会費1口年額1万円以上とする「関係事業団体」である。

個人会員は、会費年額1,000円の「普通会員」、会費年額2,000円以上の「維持会員」、会費は徴収しない特別会員（「特に本会に功労ある者又は学識経験を以て協力する者」）からなっていた。

会員の規定からは、国立公園協会は、アメリカの国立公園協会やイギリスのナショナル・トラストのような大衆的民主的なシステムを欠き、半官半民

表5－1　　国立公園協会理事・監事一覧

(1950年4月)

役員名	略歴及び当時の役職	日本自然保護協会会員○ 尾瀬保存期成同盟参加◎ 雌阿寒硫黄鉱山反対　△
会　長　　佐藤尚武	参議院議長、元外務省官僚	
副会長　　渡辺銕蔵	東宝会長、元東大教授・議員	△
理事長　　田村　剛	国立公園専門家	○　◎　△
常務理事　飯島　稔	国立公園部長	◎
同　　　吉阪俊蔵	商工中金理事長、元内務省官僚	
理　事　　赤木正雄	参議院議員、元内務省官僚	
同　　　橋本龍伍	衆議院議員、厚生大臣	
同　　　内山岩太郎	神奈川県知事	
同　　　小平重吉	栃木県知事	
同　　　吉江勝保	山梨県知事、元内務省官僚	△
同　　　諸井貫一	秩父セメント社長	△
同　　　美土路昌一	朝日新聞役員	
同　　　松方義三郎	同盟通信編集長、登山家	○　◎
同　　　武部英治	全日本観光連盟理事長、元運輸省官僚、	○　◎
同　　　岸　衛	国立公園施設協会長	○　◎　△
同　　　関口　泰	公民教育学者、作家、元文部官僚	○　◎
監　事　　根津嘉一郎	東武鉄道社長	
同　　　林　虎雄	長野県知事（社会党）	
同　　　村上義一	参議院議員、元運輸省官僚	

注　『国立公園』No.7、ウェブサイト、その他より作成。

的な性格をもっていたことがわかる。

　第4章は、役員について規定した。

　協会役員は、会長、理事、評議員、幹事の3層構成をとっていた。

　各役員は、表5－1のとおりであった。

　会長、副会長は、評議員会において理事の中から「推挙」され、理事は、評議員の「互選」により会長の「委嘱」とされている。理事長、常任理事は、会長により「委嘱」されている。評議員は、関係都道府県代表者、国立公園および国定公園区域内の公益団体代表者、関係事業団体代表者、学識経験者、官庁代表者などの中から会長の「委嘱」によって選ばれる。

表5-2　国立公園協会理事・監事の役職

経歴	人数	％
官僚系	4	21.6
官僚	1	
元官僚	3	
運輸省	8	42.1
政治家	3	
参議員	1	
衆議員	4	
県知事	6	31.6
実業界	1	5.2
大学教授・学者	19	100.0
合計		

注　表5-1より作成。

　初代会長は、自然保護にはまったく関係してこなかった外務省出身で参議院議長の佐藤尚武が選出され、副会長には国立公園審議会の委員でもあった渡辺銕蔵（東宝会長）、諸井貫一（秩父セメント社長）の二人が選出された。常務理事には国立公園部長・飯島稔、元内務省官僚・吉阪俊蔵が選出された。

　一般の理事は、表5-1のとおり11名、参議院議員・赤木、衆議院議員・橋本、主要国立公園に関係する県知事、内山、小平、芳江、実業界から秩父セメント社長・諸井、朝日新聞役員・美土路、古くからの国立公園関係者から岸、関口、また監事には、国立公園審議会委員の東武鉄道社長・根津、長野県知事・林、元運輸官僚の参議院議員・村上が選出された。

　理事会の下に一般の評議員92名と各県代表評議員33名がおかれ、さらに一般幹事7名、地方幹事31名がおかれた。評議員、地方評議員は、もっぱら地方官庁の役人が多かった。

　なお規約では、第8章で「地方に支部を置くことができる」と規定しているが、戦後の国立公園協会は、戦前のように地方で国立公園設立運動のような目立った活動をおこなっていないように思われる。

　率直に言って国立公園協会の役員・委員の選出方法は、会長が理事の互選によって選出する以外は、会長による概して政府の方針に理解のある人物の「委嘱」というトップダウンで決まり、民主的な側面がまったくなく、官僚的な性格が強かった。しかも会長の選出は、会長に「委任」された評議員た

ちであり、自己完結的でお手盛り的であった。
　そしてできあがった国立公園協会は、国立公園行政当局のお手盛り的な半官半民的な組織であった。
　国立公園協会は、戦前から国立公園制度の普及・発展に大きな役割を果たしてきたわけで、戦後の国立公園協会も、協会の理事レベルで見れば自然保護に熱心な理事も少なくなかったし、また評議員の中にも自然保護に熱心な人が少なくなかった。こうした傾向は敗戦直後の協会の特徴であった。
　しかし、国立公園協会の役割は、国立公園の自然保護を強調するよりは、国立公園の拡大・充実、国立公園施設の充実、とくに観光的な利用の拡大・充実に力点がおかれていたように思われる。いずれにしろ、こうして国立公園協会の復活は、戦前の国立公園制度の復活を象徴するものであった。

（2）　戦後後期における国立公園協会の活動

　1950年に再建された国立公園協会は、国立公園研究会をもとに設立された尾瀬保存期成同盟が国立公園協会とは別に日本自然保護協会の設立に向かうに及んで、戦前来果たしてきた自然保護のための役割を急速に失っていった。けだし当然と言うべきであった。
　そうした意味で、自然保護の問題を重視する本書の問題意識からすれば、戦後後期の国立公園協会の活動には、注目すべきものがない。ただし、国立公園制度の動向を見るうえで、国立公園協会が発行していた雑誌『国立公園』は、国立公園運動にとって大きな情報源として積極的意味をもち、実に大きな意義をもっていた。
　ともあれ、戦後後期における国立公園協会の活動を瞥見しておこう。
　1951年に入って国立公園協会の活動として注目すべきことは、国立公園議員懇話会を組織したことである。その年の9月25日に、国立公園協会は、「この懇話会を通じて国会及び政府各方面に常時働きかけ、国立公園に対する認識を深め、今後の国立公園行政の飛躍的な発展を策すること」を目的にして、参議院会館において国立公園議員懇話会発起人会を開催した。[9]
　会議には、国立公園協会から田村剛理事長、森本潔常務理事、甲賀、小野の2幹事が出席し、衆議院議員植原悦二郎、船田享二、国立公園協会会長の参議院議長佐藤尚武、同副議長三木治朗が出席した。

第5章　戦後後期の国立公園協会と日本自然保護協会　159

　この会議では、国立公園協会会長佐藤尚武が座長となり、田村剛が国立公園議員懇話会発起人会設立の事情を説明し、また国立公園部長森本潔が、国立公園の現状について報告し、発起人代表に参議院議員徳川宗敬を選出して、今後の方針、世話人の人選、総会の準備などを話し合った。(10)

　懇話会第1回総会は、1951年10月31日に開催された。当日の出席者は、表5－3のとおりであった。明らかに超党派の衆参両院議員が出席していたことがわかる。国立公園に関係のある議員では、三重県選出衆議院議員で伊勢志摩国立公園指定に尽力したと言われる石原円吉、全国区選出の参議院議員で東大農学部林学卒、元内務省官僚で国立公園協会理事の赤木正雄、箱根出身で箱根の国立公園指定に尽力した石村幸作、厚生大臣経験者の黒川武雄、尾瀬保存期成同盟に参加していた徳川宗敬などが注目される。

　また、国立公園の開発に直結していた元官僚出身の衆議院議員は、元商工省官僚小金義照、元内務省官僚で参議院議員、只見川電源開発計画に尽力した石原幹市郎、元逓信省官僚・商工省電力局長で参議院議員の古池信三など、開発に関心の高い政治家もいた。

　表5－4を見ればより明瞭であるが、この議員懇話会が超党派で構成され

表5－3　国立公園議員懇話会総会出席者一覧（1951年10月31日開催）

氏　名	略　歴
衆議院議員	
石原円吉（自由党）	三重県選出、伊勢志摩国立公園指定に貢献
小渕光平（自由党）	群馬県選出
菊池義郎（自由党）	東京都選出
小金義照（自由党）	神奈川県選出、元農林省、商工省官僚
原田雪松（自由党）	熊本県選出、獣医師
森幸太郎（自由党）	滋賀県選出、元農林省官僚、元農林大臣
植原悦二郎（自由党）	長野県選出、元大学教授、元国務大臣・内務大臣
船田享二（国民協同党）	栃木県選出、元京城大教授、元行政管理庁長官
参議院議員	
赤木正雄（緑風会）	全国区、東大農学部林業科卒、元内務省官僚、国立公園協会理事
石坂豊一（自由党）	富山県選出、元富山市長、
石原幹市郎（自由党）	福島県選出、元内務省官僚、元福島県知事、只見川電源開発に尽力

石村幸作（自由党）	神奈川県選出、元箱根湯本温泉組合長
岩崎正三郎（社会党）	栃木県選出
梅原真隆（緑風会）	全国区、仏教者
小川久義（国民協同党）	富山県選出
黒川武雄（自由党）	東京都選出、元厚生大臣（'50－'51）
小林政夫（緑風会）	全国区
小宮山常吉（無所属）	山梨県選出、
古池信三（自由党）	岐阜県選出、元逓信省官僚、元商工省電力局長
田中　一（所属不明）	
徳川宗敬（緑風会）	全国区、東大農学部林業科卒、農学博士、尾瀬保存期成同盟参加
平沼彌太郎（自由党）	埼玉県選出、元埼玉銀行頭取
藤野繁雄（自由党）	長崎県選出、長崎県農業会長
松原一彦（無所属）	全国区
三木治朗（社会党）	神奈川県選出、総同盟幹部
山下義信（社会党）	広島県選出、僧侶、参議院副議長（'52年）

注　『国立公園』No.25、より作成。

表5－4　議員懇話会入会者の党派別構成

院別、党派別	
衆議院	113名
自由党	81
民主党	17
社会党	10
農民共協党	2
公正クラブ	2
参議院	90名
自由党	30
民主党	12
緑風会	23
社会党	21
第一クラブ	3
共産党	1
合　計	203名

注　『国立公園』No.25、16頁より作成。

ているだけでなく、全国にわたる議員が参加しており、そこから両院議員がいかに国立公園の施設整備について強い関心をもっていたかが推察できる。

総会の目的は、元国立公園官僚で国立公園協会嘱託の藤原孝夫が経過報告で指摘しているように、「厚生省当局の施設整備は極めて小規模で昭和27年度予算は東京周辺の日光・富士箱根両国立公園にのみかたよった計画であり、それを全公園につき再検討の上、全般的に計画を大にすること」であった。

したがって総会でのおもな課題は、第1に、国立公園協会から国会議員に国立公園についての理解を深めてもらうこと、とくに現下に問題となっている「国立公園施設整備計画」について国立公園協会の独自案を提出して議員の理解を深め、計画案実現のために貢献してもらうこと、第2に、国立公園発展のために、総理大臣、厚生、運輸、建設の各大臣に「陳情書」を作成、提出することであった。

国立公園協会嘱託の藤原孝夫は、「国立公園施設整備計画」案について詳しい説明をおこなったが[11]、それはすでに紹介した「国立公園施設整備5ヵ年計画」と異なった、より壮大なものであった。

その「国立公園施設整備計画」とは、表5-5に示したとおり、「国立公園終局の理想計画」であり、厚生省国立公園部の国立公園制度強化を願う推進派の意向を如実に反映したものであった。

この計画によれば、国立公園の内外関連施設整備費の総額は769億円であり、国立公園部作成の「国立公園施設整備5ヵ年計画」総額80億円とくらべて約10倍弱という「相当膨大」な額であった。

こうした膨大な計画は、厚生省国立公園部内部ではもとより、国立公園審議会ではさらに討議できない、まさに「国立公園終局の理想計画」であった。では、なぜこうした計画が国立公園協会から提起されたのであろうか。

それは、国立公園協会が政府の観光政策に沿って国立公園をレジャー・観光的に利用するため、小さな国立公園財政に抗して、国立公園へのアクセス道路と国立公園内の道路などの建設、国立公園内の宿泊休養施設などの大々的な整備をおこない、とくに地域経済の振興をはかろうとしたことである。「国立公園終局の理想計画」は、国立公園指定を要望している各地の地方自治体、地方選出の国会議員・地方議員、中央・地方の観光関連業者の要望に応えようとするものであった。

こうした事実は、議員懇話会から総理大臣、各大臣に提出された「陳情書」[12]

表5-5　国立公園協会の国立公園施設整備計画予算案

(1951年末、単位：円)

国立公園内外施設整備費総額	769億
（内国庫補助額372億）	
内　訳	
厚生省管轄事業	227億
自動車道路経費（国庫負担3分の2、地方負担3分の1）	216.5億
国立公園管理所関係費（国庫全額負担）	0.5億
他省所管国庫補助事業	235億
国立公園内の建設省関連車道（国庫補助2分の1）	232億
瀬戸内海の運輸省関連埠頭経費（国庫補助5分の2）	3億
域内のホテル等への施設設備への融資（国庫外補助）	98億
小　計　　国立公園内施設整備費	578億
（国庫負担277億）	
区域外の国庫補助事業	189億
国立公園へのアクセス道路（建設省関係）	184億
瀬戸内海公園域外の授業費	5億

注　『国立公園』No.25、1951年12月、16-17頁より作成。原文の内訳の数字の総計と記事による総計は一致しないが、そのままにした。

に実に明瞭に示されている。少々長いが「陳情書」の全文を紹介しておこう。

　わが国の国立公園は国民の熾烈なる興望(よぼう)を担つて昭和9年以来逐次指定され、その数17ヶ所、面積158万ヘククールに達し国土面積の4.3％を占め、その数量に於ては正に世界的水準に達し、且つ内外利用者の数は逐年増加の一途を辿り最近ではその年間総数2千万人（内、外人30万人）に及んで世界各国に多くその比を見ない盛観を呈しているが、これ一つにその傑出する大自然風景の魅力に因るものである。而して国立公園を重要な観光対象とする国内及国際観光事業は終戦と共に漸く勃興の気運に向ひつつあるが、国際観光収入が国際貸借の上に占める位置は、欧米観光国に比べて未だ極めて低調の域を脱しないのである。

　而して都市に於ける観光施設は官民の協力により漸次整備を見んとしつつあるに拘らず、都市と国立公園その他の観光地を連絡する観光道路、就中国立公園内の公園道路その他宿泊休養施設に至つては殆んど見

るべき発展なく、既往に於ける国立公園関係予算に対する国家の助成状況を以て推移するならば内外人に対して国立公園本来の厚生文化的使命を果しうる程度に整備されることは、全く予想もつかぬ状態である。かくては日本が最も誇りとする世界的観光資源を徒らに死蔵し、これが活用を永く阻止する結果となり国民文化の向上、国際親善並に外貨獲得等国家の重要政策を誤り、殊に窮迫せる昨今の国家財政を緩和する有力な施策を無視することとなり、われわれ同志の最も遺憾とする所である。因つて政府はまず国立公園計画に準拠して国立公園内外に亘る諸般の施設、殊に自動車道路の整備を根幹として重点的に国立公園の面目を一新するに足るべき予算措置を講ぜられるよう茲に国立公園議員懇話会の決議を以つて陳情する次第である。

　　昭和26年11月
　　　　国立公園議員懇話会
　　　　　　世話人総代　　徳川　宗敬
　　　　　　世　話　人　　石原幹市郎　　船田　享二　　植原悦二郎
　　　　　　　　　　　　　三木　治朗　　一松　定吉

　見られるとおり、陳情書で強調されていることは、何より第1に、国立公園の観光事業化であり、第2に、そのために国立公園内外の道路網の整備、宿泊休養施設の整備であった。陳情書においては、国立公園の行政・管理の制度的充実や国立公園内の自然保護政策に関して一言も言及されていない。

　国立公園協会は、各地の国会議員に呼びかけて公共投資をもって、国立公園のレジャー・観光施設を大幅に開発しようとつとめていることがわかる。この時期に国立公園内に自然保護問題が存在しなかったわけではない。国立公園協会は、尾瀬保存期成同盟やその後の日本自然保護協会に自然保護運動を任せて、もっぱら国立公園の国民的な利用のための運動をいわば分業的にすすめていることがわかる。

　こうした自然保護を無視した国立公園のレジャー・観光事業化がすすめば、国立公園内の自然が大きく破壊されるという問題を生み出すことになる。この問題は、産業開発による自然破壊と併せて高度成長期に顕在化することになる。

2 日本自然保護協会の設立とその活動

（1） 日本自然保護協会設立の経緯

　戦後後期のはじめに尾瀬ヶ原電源開発計画反対運動を契機に日本で最初の自然保護運動団体として日本自然保護協会が誕生した。[13]

　戦後後期の日本自然保護協会の活動は、設立準備期と正式な設立後の時期とに分けられる。日本自然保護協会の設立準備期は、1950年3月から1951年10月17日までであった。その後の日本自然保護協会の活動は、正式に発足した1951年10月17日から財団法人日本自然保護協会が発足する1960年1月前までであった。まず日本自然保護協会の設立準備の経緯から見ていこう。

　1950年3月に雌阿寒岳硫黄鉱山開発申請の動きがおきていることを知った尾瀬保存期成同盟の多くの有力メンバーと、同メンバーと重複者が多いが復活まもない国立公園協会の一部の有力リーダーたちは、1950年4月17日の尾瀬保存期成同盟の第4回会合において、雌阿寒岳硫黄鉱山開発計画を話題にした。そして彼らは、日光国立公園内の尾瀬ヶ原電源開発計画に反対し、自然保護のために運動してきた尾瀬保存期成同盟を「拡大強化して名称を自然保護協会にしようという議」を提出したが、「当分は尾瀬ヶ原の問題に全力を傾けて専念するべしとの意見」におされて、新組織の設立は「保留された」。[14]

　しかしその後、日本特殊鉱業株式会社が阿寒国立公園内の雌阿寒岳硫黄鉱山開発計画を急速にすすめ、1951年4月に関係当局に請願をはじめ、7月下旬に国立公園法に基づいて採掘許可申請を正式に北海道庁をつうじて厚生省に提出してきた。[15]

　当時の『国立公園』誌は、日本自然保護協会設立準備についてつぎのように伝えている。

　「阿寒国立公園雌阿寒岳頂上から硫黄を採掘しようとする企業家の計画が政治的にまで波及して楽観を許さぬ様相を呈した」ので、「若しこのような事業が許されるとせば折角生長の途上にあるわが国立公園の将来にとって由々しい問題である」とし、尾瀬保存期成同盟の有力メンバーと国立公園協会の一部の有力リーダーたちは急遽、1951年7月23日に「常に自然景観の永久保存に深い関心を持つ18名の有志が新宿御苑事務室に参集して、代表者田村

第5章　戦後後期の国立公園協会と日本自然保護協会

剛氏から当面の事情を詳しく聴取したが、その際この趣旨を広く国民に徹底せしめるために日本自然保護協会を設立すべしという、熱誠なる希望が有志の方々の間から提唱されて、全員一致でその実行を可決された。」[16]

この会合は、日本自然保護協会の第1回目の「協議会」とあつかわれているが[17]、実際は、日本自然保護協会設立の第1回準備会であった。この会合に参加した18名は、日本自然保護協会発起人有志といわれ、以下の人たちであった。[18]

東　良三	岡田紅陽	折下吉延	鏑木外岐堆	岸　衛
小糸源太郎	小林義雄	下村　宏	田中啓爾	田部重治
田村　剛	高久甚之助	辻村太郎	中井猛之進	本田正次
三浦伊八郎	三田尾松太郎	村井米子		

これらの人物がどのようなキャリアの人であったかは、表5-6に示すとおりであり、大学教授・学者では、鏑木外岐堆、小林義雄、田中啓爾、辻村太郎、中井猛之進、本田正次、三浦伊八郎、国立公園事業に長くたずさわってきた専門家とも言うべき人では、田村剛、東良三、折下吉延、岸衛、国立公園と自然保護に関心の強い文化人では、登山家である小糸源太郎、岡田紅陽、三田尾松太郎、村井米子など、国立公園の自然保護に熱心な人たちであった。

この会合では、「日本自然保護協会」を設立することを決定したほか、その会合の委嘱をうけて田村剛、鏑木外岐雄、本田正次の3名が、政府・政党の有力者を歴訪して「雌阿寒岳硫黄採掘反対の陳情書」を提出し、その善処方を強く要望した。[19]

1951年7月23日付けの「陳情書」の主旨は、以下のとおりであった。[20]

「阿寒国立公園雌阿寒岳山頂噴火口を中心とする部分で硫黄採掘を某鉱業会社が出願中であるが、この地域一帯は原始景観として、又学術的にも国宝的価値を有するもので、文化国家を標榜するわが国としては国際的にも断固これを阻止すべきであると考える。」

「この地方はかつて公害地に指定されており、又国立公園部の国立公園計画では現にこの山頂地帯をば特別保護地区に指定する具体案をたて、一切の人工を加えることを許さない方針を決められている。若しこれを無視して政治的に解決されるようなことがあれば、国立公園行改上の一大汚点を遺すこととなる。若し又その一部でも採掘を認めるならば、一帯の静寂神秘な自然

表5-6　　　日本自然保護協会会員一覧と略歴（1951年−1955年）

＊印は、協会設立発起人18名

氏　名	経歴、当時役職	尾瀬保存期成同盟参加者○	1951年国立公園委員会委員○
理事長　＊田村　剛	林学博士・東大講師	○	○
理　事　　井上万寿蔵	元鉄道省官僚		
同　　＊鏑木外岐堆	東大教授（理学博士、動物学）	○	○
同　　＊岸　衛	国立公園施設協会会長	○	○
同　　＊本田正次	元東大教授（理学博士）、・東大小石川植物園長	○	○
同　　＊三田尾松太郎	登山家・鉱業経営者	○	
評議員　　安部能成	学習院院長、元文部大臣	○	
同　　　足立源一郎	画家・日本山岳協会会員	○	
同　　＊東　良三	著作家、日本山岳会会員		
同　　＊岡田紅陽	写真家・(財)日本観光写真連盟会長		
同　　＊折下吉延	元宮内庁技師、造園家（農学博士）	○	○
同　　　冠松次郎	登山家、日本山岳会会員	○	
同　　　黒田鵬心	美術、建築評論家		
同　　＊小糸源太郎	画　家		
同　　＊小林義堆	理学博士・国立科学博物館、菌藻学者	○	
同　　＊下村　宏	元逓信省官僚、法学博士、元拓殖大学長		
同　　　関口　泰	元厚生省官僚、旅行作家・前社会教育局長	○	○
同　　＊田中啓爾	立正大学教授（地理学）	○	○
同　　＊田部重治	東洋大教授・日本山岳会会員	○	
同　　＊高久甚之助	元日本ツーリスト・ビューロー役員		
同　　　武田久吉	理学博士・日本山岳会会長	○	
同　　　武部英治	全日本観光連盟理事長	○	
同　　　谷川徹三	法政大学教授（哲学）	○	
同　　　塚本閣治	山岳映画作家	○	
同　　＊辻村太郎	東大教授（理学博士、地理	○	○

第5章　戦後後期の国立公園協会と日本自然保護協会

		学）・日本山岳会名誉会員		
同	津屋弘達	東大教授（理学博士、火山学）	○	
同	徳川宗敬	参議院議員（農学博士）、日本博物館協会会長	○	
同	＊中井猛之進	理学博士・国立科学博物館長	○	
同	中村清太郎	画家・日本山岳画協会会員	○	
同	中沢真二	電力技師	○	
同	福原楢男	農林省農業技術研究所、昆虫学者	○	
同	藤島亥治郎	東大教授（工学博士）、文部省文化財審議会委員		
同	松方義三郎	共同通信編集局長、登山家	○	○
同	＊三浦伊八郎	元東大教授（林学博士）、大日本山林会会長	○	○
同	＊村井米子	著述家・日本山岳会会員	○	
団体会員	国立公園協会			
同	日本風景協会			
10月30日以降の参加				
評議員	石井柏亭	洋画家、美術評論家		
同	大井次三郎	植物学、国立科学博物館	○	
同	川崎隆章	山と渓谷社経営者、登山家	○	
同	黒田長礼	鳥類学、日本鳥類学会会頭		
同	佐藤久	東大教授（地理学）		
同	島田隆次郎			
同	田中薫	経済地理学、神戸大教授		
同	中西悟堂	野鳥研究家、日本野鳥の会創設者		
同	山階芳麿	鳥類学、山階鳥類研究所長		
同	山根銀一	日本工業倶楽部主事		
同	吉江勝保	元農商務省・内務省官僚、山梨県知事		○
同	吉坂俊蔵	元内務省社会局長、商工中金役員		○
団体会員	日本山岳会			
同	日本鳥類保護連盟			

注　『国立公園』No.25、1951年10月、3頁、1955年頃までの新評議員は、『自然保護のあゆみ』、102頁による。略歴については、ウェブサイト、その他文献から作成。

景観を破壊し、地貌の原始性を毀り学術考証上の価値を損し、土砂崩壊の因を招き、国立公園保護上忍び難い破壊となる」。

政府は、業者に補償をし、鉱業権を取り上げ、今後問題がおきないように、懇願すると言うものであった。

この陳情書には、発起人有志として、すでに紹介してある18名の氏名が記されていた。

第１回の会合に参加した18名は、日本自然保護協会発起人有志となり、当日に作成された雌阿寒岳硫黄採掘反対の陳情書の署名者であった。初回の会合の18名参加者は、ほとんどすべて尾瀬保存期成同盟への参加者であり、尾瀬保存期成同盟に参加していなかったのは、元逓信省官僚で元拓殖大学学長下村宏、元観光局官僚高久甚之助の２名だけであった。なお、このときには武田久吉は欠席していた。

日本自然保護協会の第２回目の準備会が、1951年８月17日に前回と同じ会場で開催された。この会合では、「十数名の熱心な有志の参集を見て世話人を感激せしめたが」、前回の会合後に起草したと思われる「日本自然保護協会」の「規約案」が「席上満場一致で原案を認め、茲に『日本自然保護協会』は組織されることに決定して、わが国土の至宝である原始的な自然美を、心なき人々の破壊から護るべく発足することとなった」[21]。

また「前回の協議事項であった雌阿寒岳硫黄採掘問題についてその後の経過を田村剛氏より説明され、尚尾瀬ヶ原、熊野水力発電問題につても盛んなる討議が行なわれた」[22]。

第２回会合への出席者名は不明であるが、恐らく前回の参会者であったと思われる。なお、その際に決定された「規約案」は、のちに検討するように、正式な規約として採択されているが、しばらく暫定的なものとしてあったと思われる。

第３回目の会合が、1951年９月19日に、同じく新宿御苑の休憩舎において、悪天候にかかわらず19名が参加して開催されたが、『国立公園』誌は、「長時間に亘って終始熱心に忌憚の無い意見を交換されたのは流石に純在野の団体なればこそと思わしめた」[23]と報告している。わが国はじめての自然保護団体として、さまざまな意見の持主が参会していたので、恐らく意見の相違が相当あり、大いに議論がたたかわされたことが察せられる。第３回参加者19名の氏名も不明である。

この会合では、つぎのような議題で論議された。[24]
1、役員の選定の件
2、国内関係団体との連絡に関する件
3、国際自然保護連合との連絡に関する件
4、雌阿寒岳硫黄採掘に関する第2次経過報告の件
5、尾瀬ヶ原、黒部川、北山川の水力電気事業に関する対策の件

なお、この会合では、日本自然保護保護協会の人事規定について以下のように決定した。[25]
1　会長、副会長
　　会長1名、副会長2名を置くことに決定したがその選任は慎重を要し最も適当と認むる方を得るまでは田村剛氏が本会代表者として事業事務一切を執行すること。
2　評議員会と理事会
　　本協会の重要事項は評議員会において審議することを原則とし、理事会はその定めたる事務を執行する機関とすること。
3　設立発起人を以って評議員とし、理事の選出は田村剛氏に一任すること。

『国立公園』誌によれば、第3回会合の後に「協会役員は近く決定を見て」と指摘されているとあるので、役員の正式な選出はなされず、恐らく規約案に基づく暫定役員が推挙されたのではないかと思われる。[26]

そのほかの問題では、雌阿寒岳硫黄採掘についての第2弾の対策、さらに雌阿寒岳問題と並行して問題となっていた尾瀬ヶ原、黒部川、北山川の電源開発計画について検討されていたことがわかる。

また、その後参加した評議員もほとんどが尾瀬保存期成同盟に参加しており、同盟不参加で自然保護協会員になったのは、理事の元鉄道官僚井上万寿蔵、評議員の画家で写真家の黒田鵬心、評議員の小糸源太郎、東大教授（火山学）の津屋弘達、東大教授（工学）の藤島亥治朗の5名であった。

日本自然保護協会の組織は、以上の経過から見ても尾瀬保存期成同盟のときと同じように実際はかなりルーズにスタートし、十分な準備なしに立ち上げられたようであるが、第3回の会合でようやく組織らしい形態が固まってきた観がある。

（2） 日本自然保護協会の正式な発足

日本自然保護協会は3回の準備的会合をへて、1951年10月17日の第4回目の会合において正式に発足した。

では日本自然保護協会は、どのような組織として設立され、いかなる「目的」、理念、方針をもって活動しようとしたかを、規約の分析をつうじ明らかにしておこう。

1951年10月から1958、59年頃までの日本自然保護協会の初期の活動は、最初につくった規約に基づいておこなわれた。日本自然保護協会は、設立に際しては尾瀬保存期成同盟のように綱領のようなものを作成せず、その代わり規約に「目的」を掲げて協会の理念を示しスタートした。

1951年10月17日に開催された日本自然保護協会設立集会は、同年8月17日の第2回準備会に提案された規約を正式に採択した。[27]

日本自然保護協会の規約は、「目的」を「国民生活環境としての国土の自然を調査研究し、その景勝並に学術上の価値を闡明し、これが保存保護につき国民の認識を深めると共に、それを国家諸般の施策に反映せしめ、以つて世界文化の昂揚に貢献することを期する」と規定した。

協会の目的をより明確に示せば、第1に「国民生活環境としての国土の自然」を「存続保護」すること、第2に「国民生活環境としての国土の自然を調査研究し、その景勝並に学術上の価値を闡明」すること、第3に自然の「保存保護につき国民の認識を深める」こと、第4に、第1から第3の目的を追求し「国家諸般の施策に反映」させること、第5に、以上をもって「世界文化の昂揚に貢献すること」と規定したということである。

実に当をえた明快な協会の目的規定であった。

なお、ここでの自然認識について、自然の捉え方について指摘すれば、「国民生活環境としての国土の自然」と規定することによって、従来の自然認識、国立公園法的な「自然風景」、尾瀬保存期成同盟の『綱領』の場合のような「自然尊重精神」による「比類なき自然景観」の保護といった認識であったものとくらべて、自然保護概念がいっそう簡潔に深化していると言えよう。[28]

日本自然保護協会の規約の「目的」に示された自然の認識には、自然を「景勝」とだけ捉える狭い視点を克服して、環境としての自然という深い認識を示していた。

第5章　戦後後期の国立公園協会と日本自然保護協会

　日本自然保護協会は、純粋な学術団体ではなく、単なる掛け声をかける観念的な組織とは違って、政府や業界に直接実践的にかかわり、また「国民の認識」に訴え、かつ「国家諸般の施策に反映」させるというきわめて実践的な思想、運動と結びついた自然認識をもっていたと特徴づけることができる。

　なおこうした日本自然保護協会の自然認識は、その後の活動の過程で見るように、保護すべき自然を景観だけでなく動植物の自然・生態学的な自然にひろげることによって、より深められていく。

　つぎに日本自然保護協会の「目的」に沿った具体的な活動について見よう。

　規約は、つぎのような5項目の「事業」を提起した。

　1　「自然保護に関する資料の蒐集並に調査研究」
　2　「自然保護思想の普及宣伝の為、刊行物の作製頒布並に講演会、談話会、映画会、展示会等の開催」
　3　「自然保護に就いて関係方面に対する建議陳情」
　4　「自然保護に関する内外諸団体との連絡提携」
　5　「その他本会の目的を達するために必要な事項」

　日本自然保護協会の活動は、結果として3「自然保護に就いて関係方面に対する建議陳情」運動に中心がおかれたが、けっして「建議陳情」運動だけをおこなったわけではなかった。日本自然保護協会は、のちにふれるように、1「自然保護に関する資料の蒐集並に調査研究」、2「自然保護思想の普及宣伝」をも積極的におこない、日本においてはじめての自然保護団体として大きな役割を果たした。4「自然保護に関する内外諸団体との連絡捷携」についても、国際自然保護連合への参加、協力などで大きな実績を残した。

　つぎに日本自然保護協会の組織について見ておこう。

　日本自然保護協会の規約は、組織について以下のように規定した。

　まず「会員」についてはつぎのように規定した。

　3　「本会は本会の趣旨に賛同する会員をもって構成する。」
　4　「本会に入会を希望するものは、会員の紹介を添えて申込むものとする。」
　5　「会員で脱会しようとする者は、その旨を届け出なけれはならない。」
「役職員」
　6　「本会に左の役員を置く」
　　（1）会　長　1名
　　（2）副会長　2名

（3）理事長　1名
　　　（4）理　事　7名以内
　　　（5）評議員　若干名
　　　（6）監　事　若干名
　7　「会長、副会長は評議員会の推薦により選定し、任期は2ヵ年とする。」
　8　「理事長は理事の互選により選定し、その任期は2ヵ年とする。」
　9　「理事及び監事は評議員の互選により選定し、その任期は2ヵ年とする。」
　10　「評議員は会員の中から会長が委嘱しその任期は2ヵ年とする。」
　11　「会長は本会を代表する。会長事故あるときは副会長之を代理する。
　　　理事は理事会を組織する。
　　　監事は民法第59条の規定する職務を行う。
　　　評議員は評議員会を組織する。」
　12　「本会に幹事若干名を置く。
　　　幹事は会長が委嘱し、会長の命を承けて会務を処理する。」
　協会の役員組織は、6のとおり、国立公園協会の規約と同様に理事会・評議員制度をとった。役員は、会長1名、副会長2名、理事長1名、理事7名、評議員若干名、監事1名であったが、すでに見たように、1951年10月30日までに選出されたのは、役員のトップについては理事長のみで、会長、副会長は保留され、その後もその体制が続いた。
　理事は、規約どおり7名体制が維持された。評議員は、若干名と規定されていたが、当初は設立発起人18名が選出され、その後10月30日までに13名が追加され、さらにその後12名が追加選出された。
　役員機関の機能については、規約ではきわめて曖昧な規定である。理事会の任務は、「必要に応じて会長が召集し、本会の重要な事務を審議する」とあり、また評議員会は「必要に応じ、その都度会長が召集する」とされ、「その規約に規定する事項及び予算の決議、決算の認定その他の重要事項を審議する」とされている。
　何とも曖昧な規定であるが、常識的に見て、評議員会は、重要「事項及び予算の決議、決算の認定その他の重要事項を審議」し、最高決定機関として位置づけられている。理事会は「重要な事務を審議する」とだけしか規定されないが、常識的に指導・執行機関として位置づけられていると見なしてよ

いであろう。

　しかし日本自然保護協会は、きわめて実践的な組織であり、こうした紋切り型の運営ではなく、実際は理事会の指導性が発揮され、重要な問題は理事会が提起し、評議会で決議され、理事会がそれを実行した。

　たとえば各種の陳情書の類は理事会で起草され、評議会で決議された。緊急問題についてはしばしば理事会で決定し、実行され、事後的に評議員会で承認された。そして陳情書をもって関連機関にいって反対運動をおこなったのは、おもに理事会のメンバーであった。

　役員の選出方法について指摘すれば、日本自然保護協会は、国立公園協会のように半官的性格をまったくもたない、官僚組織からまったく独立した民間組織であったが、役員の選出方法はあまり民主的なものではなかった。

　会長と副会長は、評議員会の「推薦」で「選定」された。理事長は、理事の「互選」により「選定」された。理事、監事は評議員の「互選」によって選定された。これみな「推薦」とか「互選」で選出された。

　では、最高決定機関の評議員会の「評議員」は、どのようにして選ばれるのか。

　「評議員は会員の中から会長が委嘱」するのである。「評議員」は、理事会や評議員会で「推薦」されたり「互選」されるという、いくぶんでも民主的に選出されるのではなく、会長が「委嘱」するのである。これは、国立公園関係の委員会や審議会の委員と同じように、会長が任命するシステムである。

　会長が任命した評議員が会長を選出して、その会長が評議員を任命するという、何とも非民主的な選出方法であり、組織役員の選出が民主的に開かれておらず内向的となっている。

　そのような非民主的で内向的な役員選出方法となっている大きな理由は、そもそも日本自然保護協会が、一般かつ多様で大衆的な自然保護の組織や運動を基盤として民主的に下から積み上げられた組織ではなかったことである。

　日本自然保護協会の母体となった尾瀬保存期成同盟は、たどれば国立公園制度の周辺に存在した自然保護に熱心な学者や文化人などの個人を中心に組織され、厚生省の嘱託・官僚であった田村剛をリーダーとし、多くの現役、元厚生官僚、国立公園官僚を内包した官僚臭の強い、上から組織された性格の強い組織であったからである。

　また、日本自然保護協会はのちに地方組織ができるが、当初は大衆的な基

盤をまったく欠いた個人有力者のエリート集団・組織だったのである。あえて言えば、そうした閉ざされた組織は、日本自然保護協会の設立事情から必然的に生まれた組織体質であった。しかしそれは当時、自然保護運動の組織がほかにほとんど存在しなかったという事情の反映でもあった。また日本自然保護協会は、法人化するまでそうした組織体質を変えようとしなかった。

　役員の任期は2年間とし、各会議は必要に応じて会長が召集することになっていた。

　そのほか会長によって必要に応じて「小委員会」が設けられることになっていた。また支部の設置も規定されているが、支部が設置されたのは、法人化して以降のことであった[29]。

　さて、日本自然保護協会の実際の組織体制は、基本的には正式な協会の設立集会となった1951年10月17日の第4回の設立準備会で決められた。

　まず役員については、前回の会合の了解事項にしたがって田村剛に一任された理事は、井上万寿蔵、鏑木外岐雄、岸衛、田村剛、本田正次、三田尾松太郎が推薦され選出された。また監事には東良三、幹事には小野鶴太郎が選出された[30]。そして理事長には、互選ということで新理事全員一致の要望で田村剛が選出された。なお、会長、副会長については、法人化まで保留された[31]。

　また評議員は、1951年9月19日の第3回準備会で、「設立発起人」を評議員とすることに決められ、さらに、1951年10月17日の第4回準備会である日本自然保護協会の正式な設立集会において決められた[32]。

　こうして1951年10月17日の日本自然保護協会の設立総会でつぎのような役員体制が決定された。

　　　理事長　田村　剛
　　　理　事　井上万寿蔵　鏑木外岐雄　岸　衛　本田正次　三田尾松太郎
　　　評議員　岡田紅陽　折下吉延　小林義堆　下村　宏　田部重治
　　　　　　　武田久吉　辻村太郎　中井猛之進　田中啓爾
　　　　　　　三浦伊八郎　村井米子　高久甚之助　小糸源太郎
　　　監　事　東　良三
　　　幹　事　小野鶴太郎

　その後、10月30日に「雌阿寒岳硫黄採掘に関する陳情書」に署名した評議員は、先の18名の評議員のほか、10月17日から30日までに理事長によって推薦された新規追加の評議員であった。

追加の評議員は、以下のとおりである。[33]
　　安部能成　　足立源一郎　冠松次郎　　黒田鵬心　　関口　泰
　　武田久吉　　武部英治　　谷川徹三　　塚本閤治　　津屋弘達
　　徳川宗敬　　中村清太郎　中沢真二　　福原楢男　　藤島亥治郎
　　松方義三郎　団体加盟（国立公園協会、日本風景協会）

さらに10月30日から1954年末までに新たに参加した評議員はつぎのような人たちであった。[34]
　　石井柏亭　　大井次三郎　川崎隆章　　黒田長礼　　佐藤　久
　　島田隆次郎　田中　薫　　中西悟堂　　山階芳麿　　山根銀一
　　吉江勝保　　吉阪俊蔵　　団体加盟（日本山岳会、日本鳥類保護連盟）

ここで日本自然保護協会の役員の略歴をみておこう（表5-7）。

見られるとおり、日本自然保護協会参加者の特徴は、第1に、尾瀬保存期成同盟への参加者が66％で圧倒的に多く、未加盟者は34％であった。

第2に、職歴的にみると大学教授・学者が多く42.5％であり、また文化人

表5-7　日本自然保護協会理事・評議員の略歴構成（1951年-1955年）

役　職	人　員	％
1. 大学教授・学者	20	42.5
2. 文化人	10	21.3
3. 元官僚	9	19.1
厚　生	2	
内務省	2	
宮　内	1	
運　輸	2	
逓信省	1	
4. 議員・政治家	1	2.1
5. 実業家・事業家	6	12.7
6. その他不明	1	2.1
個人合計	47	100.0
尾瀬保存期成同盟参加者	31	66.0
非参加者	16	34.0
国立公園委員会委員	12	25.5

注　表5-6より作成。

も21.2%で少なくなかった。いわゆる学者・文化人が63.8%を占めた。また元官僚出身者が19.1%もおり、日本自然保護協会は、元官僚で国立公園にかかわり自然保護を重視する人たちを多くかかえていたことである。

　第3に、日本自然保護協会の有力なメンバーの25.5%が、国立公園委員会の委員であったことである。しかし、日本自然保護協会のメンバーが国立公園委員会の多数派を占めていたわけではなかった。

　以上のように、日本自然保護協会は、国立公園に集中的に関係する自然保護に関心の強かった当時の自然保護重視者を糾合していたことがわかる。

　日本自然保護協会の設立集会となった第4回目の会合の6日後、1951年10月23日に最初の理事会が開催された。理事会は、規約や役員の確認をおこない、かつ10月17日以降に協会への参加意向を示した人たちを評議員に推挙し、当面していた緊急の雌阿寒岳硫黄採掘問題の対策を協議した[35]。

　創設期の日本自然保護協会の特徴は、組織、政策などの方針をめぐって抽象的な議論を重ねることなく、きわめて実践的であったがゆえに、正式に開催された第1回理事会も、当面の実践的な課題に論議を集中していたことがわかる。

　理事会は、1951年11月25日に評議員会を開催することを決めた。その評議員会では、当面する雌阿寒岳硫黄鉱山開発問題のほか、富士山頂ケーブル鉄道の架設、富士山麓本栖湖疎水工事計画、北山川水力発電計画などの問題について協議した[36]。

　そして評議員会は、理事会が1951年11月21日付けで起草した「富士山麓本栖湖疎水工事計画に関する陳情書」を評議員会の決議とし、日本自然保護協会の理事長、理事連名で公表し、富士山麓本栖湖の水位を利用して発電しようとする計画に反対を表明した[37]。

　日本自然保護協会が本格的に取り組んだ自然保護問題は、阿寒国立公園内の雌阿寒岳硫黄鉱山開発計画認可問題であった。のちに詳しく検討するように、1951年12月に国立公園審議会、日本自然保護協会の反対にもかかわらず、雌阿寒岳硫黄鉱山開発計画申請が厚生大臣の独断で決裁された。それは、日本自然保護協会が発足して最初に遭遇した運動上の敗北であった。

　その敗北後の1952年1月18日に、第2回目（日本自然保護協会の資料では第5回評議員会）が開催された。この会合の出席者は、以下の19名であった[38]。その顔ぶれを見れば、協会でどのような人たちが活躍していたかがわかる。

田村　剛	井上万寿蔵	本田正次	岸　衞	三田尾松太郎
岡田紅陽	小野鶴太郎	冠松次郎	小林義堆	田部重治
武田久吉	津屋弘達	中井猛之進	福原楢男	三浦伊八郎
黒田鵬心	東　良三	石神甲子郎	田中敏治技官	

　この評議員会では、田村剛理事長から敗北した雌阿寒岳硫黄採掘問題の顛末が報告され、近年頻発している「国立公園地域内の電源開発について、直接計画の衝に当つて居る経済安定本部技官本田武夫氏から実状を聴収」した。[39]

　こうして評議員会は、改めて雌阿寒岳硫黄採掘問題についての「声明書」を採択し、さらに田村理事長から、「富士山頂八合目以上の帰属の件」「富士山頂ケーブル架設の件」について報告があり、「反対意見」を各方面に提出することを全員一致で可決した。

　また、東京都下の奥多摩電源開発計画に反対する住民3名の代表から「多摩川一帯の風致保護」について協会の協力をもとめられた。さらに田中敏治技官から「熊野川、琵琶湖、尾瀬ヶ原の資源局計画の実状に就いて、専門家から細々と解説され」、参加者一同「所詮資源開発と自然保護とは両立し難く、本協会の使命の一層重大なることを痛感せしめた。」[40]

　こうして日本自然保護協会は、1951年からはじまる戦後後期の経済復興過程で、否応なしに国立公園内の目白押しの産業開発計画に当面し、本格的な自然保護運動を展開していくことになる。

（3）　日本自然保護協会の活動概況

　1951年から1957年までの日本自然保護協会が取り組んだ活動は、第1に、おもに国立公園内、さらに国定公園内、若干そのほかの貴重な自然破壊をともなう産業開発計画を調査し、自然破壊をともなう計画については反対を表明し、陳情書、意見書を公表し、関係当局に陳情して計画の中止を訴えることであった。

　第2の協会の活動は、自然保護運動において重要な思想・理論の深化に取り組み、かつ新しい運動課題に取り組んだことであった。

　まず第1の活動から見ていこう。戦後後期に日本自然保護協会がおこなった国立公園内の開発に反対する陳情書・意見書の類は、表5－8のとおり、主要なもので27件に及んだ。

表5－8　日本自然保護協会の国立公園内の開発に反対する陳情書（1951－1957年）

鉱山開発	
1951年7月23日	「雌阿寒岳硫黄採掘に関する陳情書」、日本自然保護協会発起人有志18名連名
1952年1月25日	「阿寒問題声明」、理事長、理事6名連名
1953年11月4日	「八幡平自然公園候補地内後生掛、玉川両温泉地域に於ける硫黄採掘に関する陳情書」、理事長、理事連名
1954年5月11日	「玉川温泉に於ける硫黄採掘に関する陳情書」、理事長、理事連名、評議員連名
1954年12月20日	「四万温泉の鉱区禁止地域に関する陳情書」、理事長、理事連名、評議員連名
1957年9月10日	「大雪山噴火口鉱区設定に関する反対陳情書」、理事長田村剛名
1957年9月10日	「阿寒国立公園雌阿寒岳硫黄採掘に関する反対陳情書」、理事長田村剛名
電源開発	
1951年11月21日	「富士山麓本栖湖発電工事に関する陳情書」、理事長、理事連名
1952年4月14日	「秩父奥多摩国立公園奥多摩渓谷地帯における発電計画に関する陳情書」、協会名、理事長、理事連名
1954年5月11日	「豊平峡保勝に関する陳情書」、理事長、理事連名、評議員連名
1954年6月	「富士山麓本栖湖発電工事に対する反対陳情書」、無署名
1954年12月20日	「豊平峡保勝に関する再度の陳情書」、理事長、理事連名、評議員連名
1954年12月20日	「那智滝水源林保護に関する陳情書」、理事長、理事連名、評議員連名
1954年12月20日	「上高地発電計画に関する陳情書」、理事長、理事連名、評議員連名
1955年7月9日	「黒部川第四発電計画に関する反対陳情書」、特別委員会名
1955年7月9日	「尾瀬ヶ原の電源開発計画に関する反対陳情書」、特別委員会名
1956年4月20日	「黒部川第四発電計画に関する反対の再陳情書」、理事長、理事連名、評議員連名
1956年5月31日	「黒部峡谷の保勝に関する最後の陳情」、黒部対策特別委員連名
1956年11月28日	「上高地ダム建設反対陳情書」、上高地保存期成連名代表佐藤尚武（参加団体盟省略）
1957年4月23日	「大白川発電計画に関する陳情」、理事長、理事連名、評議員連名
1960年5月20日	「北山峡の保護に関する陳情」

観光開発
　1953年11月4日　「富士登山鉄道敷設に関する反対陳情書」、理事長、理事連名
　1957年9月10日　「乗鞍岳山頂車道建設反対に関する陳情」、理事長名

その他
　1954年5月11日　「平尾台に於ける石灰採掘に対する反対陳情書」、理事長、理事連名、評議員連名
　1957年4月23日　「鹿子前製塩工場建設に関する反対陳情書」、理事長、理事連名、評議員連名
　1957年9月10日　「笛吹川上流原生林伐採反対に関する陳情書」、理事長名
　1957年9月20日　「三段峡（広島県山県郡）の電源開発に関する反対陳情書」、理事長、理事連名
　1957年9月20日　「福岡県平尾台保護保存に関する陳情書」、理事長、理事連名

注　前掲『自然保護に関する陳情書・意見書集』、1973年、より作成。

　戦後後期に日本自然保護協会が発した国立公園内の産業開発計画に反対する陳情書・意見書を分類すれば、鉱山開発に関するもの7件、電源開発に関するもの14件、観光開発に関するもの2件、その他5件であった。
　印象的なのは、圧倒的に電源開発に関する陳情書・意見書が多く、逆に、観光開発に関する陳情書・意見書は高度成長期に増加するのであり、まだこの期には僅少であったことである。
　日本自然保護協会は、設立早々、国立公園内の産業開発計画に反対し、自然保護に熱心に取り組んだ。日本自然保護協会の活動は、まだ自然保護運動が不十分な時期に唯一の組織的な自然保護運動として大きな意義をもっていたのである。
　表5－9に示したように、日本自然保護協会がおこなった主要な13件の反対運動のうち、産業開発計画を中止させたケースは、尾瀬ヶ原電源開発2回、上高地電源開発、豊平峡電源開発、大雪山鉱山開発、富士山ケーブル建設計画の6件であった。その他7件は、すべて反対をかかげながら途中で条件闘争に切り替わり、計画に条件を付けて妥協し承認したケースであった。
　日本自然保護協会が具体的におこなった個々の主要な開発計画にたいする反対運動については第Ⅱ部で詳論するので、ここでは反対運動の要点だけを簡単に指摘しておくにとどめる。

表5－9　戦後国立公園内の産業開発計画反対運動の顚末

産業開発計画 （太字は重要度）	計画公表時期	厚生省の認可、否認、中止 又は文部省の不許可	解決期間
雌阿寒岳硫黄鉱山開発	'50年3月頃	'52年12月（認可）	1年10ヵ月
層雲峡電源開発	'51年8月	'52年11月（認可）	1年4ヵ月
糠平電源開発	'51年8月頃	'52年11月（認可）	1年4ヵ月
豊平峡電源開発	'52年12月	'58年11月（消滅）	5年9ヵ月
大雪山鉱山開発	'56年初め	'57年3月（否認）	1年数ヵ月
尾瀬沼取水工事	'47年2月	'47年7月（認可）	5ヵ月
富士山ケーブル建設	'47年2月	'54年（文部省不許可）	8年
尾瀬ヶ原（第1次）	'48年3月	'51年5月（中止）	3年2ヵ月
本栖湖取水工事	'50年4月	'50年11月（認可）	7ヵ月
尾瀬ヶ原（第2次）	'52年5月	'56年4月（中止）	3年9ヵ月
黒部第四電源開発	'51年9月	'56年6月（認可）	4年9ヵ月
北山川電源開発	'54年12月	'62年7月（認可）	7年8ヵ月
上高地電源開発	'56年10月	'57年2月（中止）	5ヵ月

注　筆者による作成。太字は、日本自然保護協会が重視した国立公園内の計画であった。

　日本自然保護協会がもっとも重視し、力を入れておこなった活動のうち、計画を中止させたケースは、日光国立公園内の尾瀬ヶ原電源開発計画と上高地電源開発計画であった。日本自然保護協会は、厚生省・文部省とともに、計画に絶対反対の旗をかかげて、大衆的な反対運動を組織して計画を中止させた。戦前からたびたび提起された富士山頂にケーブルカーを建設する計画は、戦後にも復活したが、厚生省・文部省とともに日本自然保護協会は、これを断乎として認めなかった。大雪山の頂上に硫黄鉱山を経営する計画については、厚生省が事前に反対して中止させた。

　日本自然保護協会結成の直接のきっかけとなった阿寒国立公園内の雌阿寒岳硫黄鉱山開発計画は、自然公園審議会の反対を無視して、厚生大臣の独断によって承認された。

　戦前からあって戦後復活した中部山岳国立公園内での黒部第四ダム建設計画にたいしては、日本自然保護協会はあまり明確に反対の方針を提起できず、はじめから条件闘争的な方向に向かって、条件付きで承認してしまった。

　戦前から問題にされてきた吉野熊野国立公園内の北山川の電源開発計画についても、日本自然保護協会は、はじめから絶対反対の方針提起をせず、ダ

ム建設計画の一部を移転させる案を提起し条件闘争に向かったが、地元の強い反対運動が続いて、解決が高度成長期に引き延ばされ、結局、一つのダムの移転で妥協的な解決がはかられた。

尾瀬沼の取水計画は日本自然保護協会設立以前のケースであったが、文部省と厚生省国立公園部は当初計画反対をかかげたが、途中で承認に方向転換した。同様の発電用の本栖湖の取水計画も、当初日本自然保護協会は反対を表明したが、問題なしとの調査結果がでて、やむをえず黙認した。

新たに提起された大雪山国立公園内の層雲峡、糠平の電源開発計画、支笏洞爺国立公園内の電源開発計画にたいしても、日本自然保護協会は絶対反対の方針を提起せず、条件闘争をおこない、最終的に計画を承認した。

日本自然保護協会は、重要な国立公園については相当に力を入れて開発計画反対運動を展開したが、重要度の小さな開発計画にたいしては、必ずしも十分な反対運動を展開できなかった。

こうして日本自然保護協会の産業開発計画反対運動は、戦後の経済復興、産業開発の大きな波のうねりに揉まれながら容易ならざる困難な運動であった。

日本自然保護協会が取り組んだ活動のうち、自然保護運動の思想・理論の深化については、法人化後に大きく進展するが、法人化以前にもいくぶんかの進展が見られた。日本自然保護協会は、保護すべき自然の分野の認識を拡大し、原生的自然、自然景観の保護から、鳥獣保護、森林保護へと保護運動の範囲を拡大し、生態学的自然保護の概念を拡大していった[41]。また、日本自然保護協会の運動をつうじて協会は、自然保護教育の必要を提起し、一定の取り組みをおこなった。国立公園の管理行政の改善についても提言をおこなっている。

以上のように、戦後後期における日本自然保護協会の活動は、戦前の国立公園自然保護運動の伝統を引き継ぎつつ、戦前にはなかった多くの注目すべき側面をもちつつ展開されていった。しかし、日本自然保護協会の国立公園内の産業開発反対運動には、多くの問題点がある。それらの点については、第Ⅱ部において詳しく検討する。

注

(1) 国立公園協会について論じる本節は、旧稿「敗戦直後における国立公園制度の復活（下）」、『経済志林』76－1の3の「(6)尾瀬保存期成同盟と国立公園の復活」の後半（157－164頁）と旧稿「戦後後期の国立公園制度の整備・拡充（1）」、『経済志林』76－2の1の「(3)国立公園協会の活動」（303－309頁）をもとにして修正、再編したものである。

(2) 「財団法人国立公園協会再発足について」、『国立公園』No.7、1950年4月、29頁。

(3) 同上、29頁。

(4) 同上、29頁。

(5) 同上、29頁。

(6) 同上、29頁。

(7) 国立公園協会の「趣意書」、「寄付行為」については、同上、29－31頁。

(8) 前掲『国立公園成立史の研究』、80－81頁。

(9) 『国立公園』No.25、1951年12月、16頁。

(10) 『国立公園』No.24、1951年11月、30頁。

(11) 『国立公園』No.25、16頁。

(12) 同上、17頁。

(13) 本節は、旧稿「戦後後期の国立公園制度の整備・拡充（2）」、『経済志林』76－3の2の（1）「日本自然保護協会の設立とその活動」を大幅に修正して作成したものである。

日本自然保護協会については、もともと日本自然保護協会の30年史である前掲『自然保護のあゆみ』が詳しく論じており、本論稿においても主要な資料として利用してきた。

なお残念ながら、『自然保護のあゆみ』が時どき利用している日本自然保護協会の理事会や評議員会の議事録を、紛失しているのか埋もれているのか不明であるが、利用できなかった。

とくに『自然保護のあゆみ』の記述において、日本自然保護協会、理事会や評議員会の開催日時が不確定であったり、『国立公園』誌の記述と異なる場合が少なくなかった。日本自然保護協会の歴史の重要さから見れば、『自然保護のあゆみ』は、いつの日か、より正確、厳密な正史がつくられることを期待しておきたい。

(14) 前掲『自然のあゆみ』、86－87頁。

(15) 雌阿寒岳硫黄採掘問題については、第Ⅱ部で詳論するが、さし当り前掲『自然のあゆみ』、93－94頁。

(16) 前掲「日本自然保護協会の発足」、『国立公園』No.23、26頁。
(17) 同上、26頁。
(18) 同上、27頁。前掲『自然保護のあゆみ』、96頁。
(19) 前掲『自然保護のあゆみ』、87－88頁。
(20) 前掲「日本自然保護協会の発足」、『国立公園』No.23、26－27頁。
(21) 同上、26頁。
(22) 前掲『協会事業報告書』(第一輯)、16頁。
(23) 「国立公園ニュース」、『国立公園』No.24、30頁。
(24) 同上、30頁。
(25) 前掲『協会事業報告書』(第一輯)、4頁。
(26) 前掲「国立公園ニュース」、『国立公園』No.24、30頁。
(27) 前掲『協会事業報告書』(第一輯)、5－8頁所収。この資料は、規約を紹介したあとに、「昭和26年10月17日の会合において役員選出を協議し」理事等の役員を「夫々選任し理事長には全員一致の要望によって田村剛を推し同氏の承諾をえた」と記している。9頁。なお、この規約は、前掲『自然保護のあゆみ』にも489－491頁に収録されている。
ただし、その後、理事は、7名から10名以内と改正されている。
(28) 尾瀬保存期成同盟の綱領は、前掲『自然保護のあゆみ』、59頁。
(29) 前掲『自然保護のあゆみ』、482頁。
(30) 前掲『協会事業報告書』(第一輯)、9頁。
(31) 同上、11頁に列記されている1954年頃の役員を参照。
(32) 同上、8－9頁。
(33) 前掲『国立公園』No.25、1951年12月、23頁。
(34) 前掲『協会事業報告書』(第一輯)、10－11頁。
(35) 理事会の議事については、同上、18－20頁。
(36) 評議員会の議事については、同上、25－27頁。
(37) 同上、27－28頁。
(38) 『国立公園』No.27、1952年2月、31頁。
(39) 同上、31頁。
(40) 同上、31頁。
(41) 詳しくは前掲『自然保護のあゆみ』第1章第6節を参照。

第Ⅱ部

国立公園内の自然保護のための産業開発計画反対運動

上高地のダム化反対運動によって水没から守られた大正池
『国立公園』12−7（1940年8月）より

第6章
阿寒国立公園内の雌阿寒岳硫黄鉱山開発計画と反対運動

はじめに
1 戦後後期の雌阿寒岳硫黄鉱山開発計画の申請と初発の反対運動
2 雌阿寒岳硫黄鉱山開発計画反対運動の展開
3 国立公園審議会による雌阿寒岳硫黄鉱山開発計画の否認
4 橋本厚生大臣による雌阿寒岳硫黄鉱山開発計画の認可
5 小　括

はじめに

　本章の課題は、戦後前期におこなわれた尾瀬ヶ原電源開発計画反対運動の中で誕生した日本自然保護協会が、戦後はじめておこなった阿寒国立公園内の自然保護のための雌阿寒岳硫黄鉱山開発計画反対運動について考察することである。

　第1節は、戦後後期に提起された雌阿寒岳硫黄鉱山開発計画の概要と初発の厚生省の妥協的な方針と反対運動の内実について明らかにする。第2節は、日本自然保護協会および国立公園審議会の雌阿寒岳硫黄鉱山開発計画にたいする反対運動について明らかにする。

　第3節は、国立公園審議会が雌阿寒岳硫黄鉱山開発計画に反対した事情を明らかにする。そして第4節は、国立公園審議会の反対にかかわらず、厚生大臣が計画を認可して、雌阿寒岳硫黄鉱山開発計画反対運動が終焉してしまう事情を明らかにする。最後に本章を簡単に総括する。

1　戦後後期の雌阿寒岳硫黄鉱山開発計画の申請と初発の反対運動

　雌阿寒岳の硫黄採掘は、古くは江戸時代からはじまり、明治・大正期に断続的におこなわれてきた。戦時体制に入って1938年12月に日本特殊鉱業株式会社（以下日本特殊鉱業と略す）は採掘申請をだして認可をうけた。しかし開発はすすまず、戦時情勢が悪化しつつあった1942年2月18日に、日本特殊鉱業は、条件付きで再出願をおこなった。1943年3月31日に厚生省は雌阿寒岳が国立公園の「特別地域」であり、「公害地」に決定されたにもかかわらず、戦時下という異常な状況下に条件付きで採掘出願を許可した。[1]

　しかし幸いなことに、戦局がさらに悪化したため日本特殊鉱業は、採掘の準備をおこなえず、約束の1年以内に工事に着手できなかった。そのためもあって1944年5月に軍需大臣は、戦時企業整備令により日本特殊鉱業に工事中止命令をだした。こうして雌阿寒岳硫黄採掘は、戦前時には回避された。

　戦後の復興過程で、化学繊維工業、パルプ工業の原料、農業用肥料硫安の原料である硫黄の需要が急増した。各地で硫黄鉱山の開発が問題となった。

第6章 阿寒国立公園内の雌阿寒岳硫黄鉱山開発計画と反対運動　189

　戦後の混乱が終わりかけた1950年6月に北海道開発庁が設置され、1951年から北海道の産業開発事業が実施されるようになるが、それに先んじて、1950年3月5日に日本特殊鉱業は、戦前採掘許可をえながら中止させられていた雌阿寒岳の硫黄採掘に改めて許可をえるべく当局に陳情をおこなった。

　陳情をうけた通産省資源局は、1951年4月20日に厚生省に協議を申し入れた。この段階の雌阿寒岳硫黄鉱山開発計画は、必ずしも明確ではないが、図6－1に示したように、雌阿寒岳山頂のいわゆる採鉱登録9号、10号、あるいは8号の地域で硫黄を採掘する計画であった。

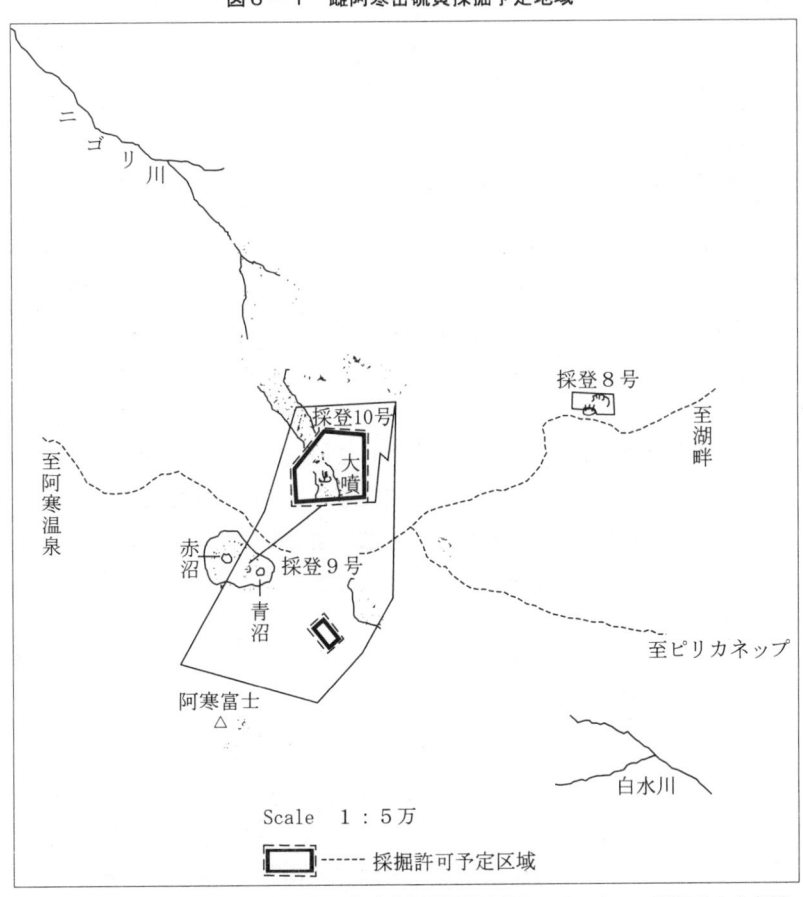

図6－1　雌阿寒岳硫黄採掘予定地域

注　この地図は「阿寒国立公園内雌阿寒岳硫黄採掘調査報告」中のもの。詳細は本文参照。

『自然保護のあゆみ』は、「厚生省ではそれを受け 6 月 29 日に国立公園部長名で、資源庁長官宛に不許可の回答をおこなった」と述べているが[5]、これは重大な事実誤認である。

　『日本自然保護協会事業概況報告書』(第一輯)では、国立「公園部長より資源庁長官宛一応回答」と記してあるだけで「不許可の回答」をおこなったとは記していない[6]。

　私の調査によれば、1951 年 6 月 29 日付けの国立公園部長から資源庁長官宛の文書には、不許可の回答ではなく、すでに内々で許可を与える旨の指摘が見られる。

　すなわち「厚生省は去る 6 月 29 日、先に許可した区域に限り、方法の如何によっては採掘を考慮すると共に、他の区域を鉱業禁止区域とする方針を一応決定し、資源庁に対し左記の通り通告した(ママ)」と回答されていた[7]。

　その通告は、以下のとおりである[8]。

　　資源庁長官殿
　　北海道阿寒硫黄鉱山開発認可依頼について
　　 4 月 20 日資源庁第 149 号で当省大臣宛に協議の標記の件は国立公園の保護利用と硫黄資源の開発との調整を図るため、検討の結果左記の通り処理するを適当と認めたので正式回答に先立ち一応回答する。
　　　　　　記
　一、雌阿寒岳山頂部青沼、赤沼付近はこの地域の風景の核心をなす部分であるから鉱業禁止区域として指定を申請する予定である。
　二、採掘、搬出、精錬等の位置、方法、期限の如何によっては、先に許可したことのある採登第 9 号、第 10 号各一部に限り採掘を認める予定である。
　　　なお採掘、搬出、精錬等の諸施設及びその位置については近く当部係官が現地調査の上検討する予定である。

　この報告で明らかなように、1951 年 6 月 29 日に森本潔国立公園部長は、あらかじめ正式な回答に先立って、戦前許可された採鉱登録第 8 号は認めず、図 6 - 1 に示してあるように採鉱登録第 10 号大噴地区と第 9 号地区との一部は何らかの条件付きで許可する「予定」であると回答していることがわかる。

第6章　阿寒国立公園内の雌阿寒岳硫黄鉱山開発計画と反対運動

　この話し合いは、第Ⅱ部第12章「3　戦後の国立公園にみる小さな改革」で論じるように、国立公園内の産業開発について厚生省と関係官庁が事前に協議するという協定にしたがってのことであるが、ここでは国立公園部長の交渉相手は通産省資源局長官であった。

　『自然保護のあゆみ』の執筆者が、この資料を見ていなかったかどうか私には不明である。もし見ていたとすれば、資料の無視であり、もし見ていないとしても、前掲『日本自然保護協会事業概況報告書』（第一輯）で、6月29日の国立公園部長が資源庁長官あてに「一応回答」とのみ記し、拒否したとも同意したとも記していないものを、証明なしに「6月29日に国立公園部長名で資源庁局長宛に不許可の回答をおこなった」と書いたのは、明らかに事実誤認であるだけではなく、事実の歪曲にほかならない。

　私は、『自然保護のあゆみ』の著者が事実を歪曲したのは、恐らく国立公園部長が、6月29日の段階ですでに条件付きで開発申請を許可しようとしていたことを認めたくなかったからだ、と指摘しないわけにはいかない。

　以上のように厚生省の国立公園行政当局首脳は、雌阿寒岳硫黄鉱山開発計画にたいしてはじめから承認の意向をもっていたことがわかる。

　他方、雌阿寒岳硫黄鉱山開発計画申請にたいする反対運動は、着々と進展していった。1950年4月14日に開かれた尾瀬保存期成同盟の会合では、日本特殊鉱業による雌阿寒岳硫黄鉱山開発計画申請の動きを察知して、反対運動をおこなうために、自然保護協会を設立することが話題になったが、このときは時期尚早として新組織の結成は見合わせられた。

　しかしその後、通産省資源庁、北海道庁の雌阿寒岳硫黄採掘計画申請許可の意向を察知して、尾瀬保存期成同盟に結集していた国立公園の自然保護を重視していた人たちは、急遽反対運動に立ち上がった。『自然保護のあゆみ』によれば、尾瀬保存期成同盟のリーダーであった田村剛は、1951年7月11日に開催された第7回国立公園審議会において「雌阿寒岳硫黄問題については政治問題であり、また国立公園行政に於いて重要な問題であるから、審議会に対して厚生省から正式に諮問をして審議会で正式に議題として取り上げるべきではないか」という〝呼び水〟的意見を具申した[9]。

　国立公園審議会の政府委員でもある森本潔国立公園部長は、それをうけて、国立公園の自然保護の立場から「現審査会のご意見を伺わなければならぬと思います」と答えた[10]。

しかし厚生省首脳、国立公園行政当局は、第7回国立公園審議会に雌阿寒岳鉱山開発計画問題をついに諮問にかけなかった。先に指摘したように、すでに1951年6月29日に森本潔国立公園部長は条件付きで許可をだす旨回答しており、橋本龍伍厚生大臣もまたそれを了承していたはずである。
　否むしろ橋本厚生大臣は、開発促進を使命としていた通産省、戦前戦時の経過から見てはじめから開発に積極的であった北海道庁の圧力をうけて、すでに雌阿寒岳硫黄採掘に認可の方向で腹を固めていたため、あえて国立公園審議会の議題にしないようにつとめていたのである。
　国立公園審議会に問題を提起しなかった表面的な理由としては、厚生省首脳は、新国立公園審議会委員の任期が7月14日で切れるので、この問題については新しい審議会員のもとで議論したいということであった。[11]
　他方厚生省は、通産省資源庁から7月14・15日に共同で雌阿寒採掘問題についての現地調査をおこなうことについて申し入れをうけて、「揃って現地調査を実施」した。[12]
　通産省資源庁の7月14・15日におこなわれた厚生省との共同調査について、国立公園部長は、「調査結果」の報告を先の回答文書に添付している。[13]
　「調査結果」を読むと、この調査がすでに認可条件を見出すためのものだったことがわかる。「調査結果」においては、「国立公園として最悪の場合を想定するときには景観の破損を最小限にとどめる為に次の方法を採る必要がある」として、つぎのように指摘している。[14]

（イ）採掘方法は露天掘に限ること。
（ロ）大噴気孔は採掘によって移動があるかもしれないが噴気は自然のままに放置すること。
（ハ）鉱石案出の索道はニゴリ川の源流の沢から始発し、停車場及び鉄柱等は雌阿寒岳山頂及び雌阿寒登山道から見えないところとすること。
（ニ）事務所は索道の停車場に附帯させ、採掘現場（大噴気孔を中心とする一帯）には何らの工作物を作らないこと。
（ホ）人夫の宿舎、倉庫等の位置は前項よりも更に離れて広く各方面から全くみえない位置にすること。
（ヘ）大噴鉱床から原鉱の搬出方向は景観上、自ら決定され、足寄又は相生方面（すなわち北西方向）にだすこと。

この指摘に続いて、結論部分で「付近一帯の景観の保護上採掘許可区域をできるだけ最少にとどめ、その他の区域は鉱区禁止区域とすることが望ましい」「本件については北海道観光連盟は反対決議を行い、近く陳情の予定ときくが、地元方面は鉱害に不安を持つだけであって、これさえ解決が確認されれば左程強硬な意見はないものと予想される」と核心的な指摘をおこなっている。
　以上の資料によって、厚生省首脳、国立公園行政当局は、すでに共同調査段階で認可のための妥協点を探していたことがわかる。
　1951年7月17日に開かれた総務庁の土地調整委員会は、1950年に改正された鉱業法により、鉱業権の出願について審議するのであるが、国立公園部長を呼んで委員会で採掘計画についての意見をもとめた。しかし、その「委員会の雰囲気も許可もやむなし」と言うものだったと指摘されている。[15]
　こうした状況で、日本特殊鉱業は、1951年7月下旬か8月はじめに、国立公園法に基づく採掘許可申請を正式に北海道庁をつうじて厚生省に提出してきた。[16]

2　雌阿寒岳硫黄鉱山開発計画反対運動の展開

　雌阿寒岳硫黄鉱山開発申請が認可の方向で急速に進捗していくのを憂慮した尾瀬保存期成同盟の有力メンバーは、厚生省首脳が国立公園審議会に問題を諮らず無視したことをうけて、大きな危機感をいだき、1951年7月23日に第1回目の日本自然保護協会設立準備会を開いた。彼らは、雌阿寒岳硫黄鉱山開発計画申請問題を討議し、尾瀬保存期成同盟を改組し、反対運動をおこなうための日本自然保護協会を発足させることを決めた。
　日本自然保護協会の創立準備大会となったこの会合は、「雌阿寒岳硫黄採掘に関する陳情書」を作成し、雌阿寒岳硫黄鉱山の開発反対運動に積極的に取り組むことを決定した。[17]
　この陳情書の要点を抜粋すれば以下のとおり。[18]

　　仄聞（そくぶん）するところによれば阿寒国立公園雌阿寒岳山頂噴火口を中心とす

る部分における硫黄採掘を某鉱業会社が出願中とのことでありますが、この地域一帯は原始景観として、又学術的にも国宝的価値を有するものと認められますので、文化国家を標榜するわが国としては国際的にも断固これを阻止すべきであると考えます。

殊に雌阿寒岳は阿寒湖一帯原始景観の主題であり、中腹まで原始林に覆われ、山頂部は森林限界以上の無立木地で、高山植物群落を伴い、火山としてはコニーデに属するが富士型とは趣を異にし、酸性噴出岩のドームを形成し、火口には硫気孔があって不断に噴気現象を続けており、……独り雌阿寒岳だけが様式的且つ原始性を保つ火山として唯一つ残された火山で極めて重要であります。

聞くところによれば、この地方は嘗て公害地に指定されており、又国立公園部の国立公園計画では現にこの山頂地帯をば特別保護地区に指定する具体案をたて、一切の人工を加えることを許さない方針を決められているそうであるが、洵(まこと)に当然のことで、若しこれを無視して政治的に解決されるようなことがあればこれこそ国立公園行政上の一大汚点を遺すこととなります。……若し又その一部でも採掘を認めるならば、ために多数労務者は出入稼業して、一帯の静寂神秘な自然景観を破壊するは勿論、地貌の原始性を毀り学術考証上の価値を損し、或は土砂崩壊の因を招く等、国立公園保護上忍び難い破壊となるばかりでなく、運搬設備のためには原始林を伐り拓き、架空索道を通し、山腹一帯の自然景観を損壊するのであります。更に硫黄精錬場を山麓に設けるならば、その煙害は四周数里を蔽うて、植物に甚大な危害を及ぼすばかりでなく、鉱毒を流す広大な下流地方の人畜作物等に及ぼす被害も少くないと思われます。

阿寒国立公園は内外人を通じて最も尊重されている国立公園でありまして、将来の観光価値は高く評価されてよいと思います。鉱業も素より重要産業でありますが、観光も亦重要産業の一つと考えられます。……阿寒の如き地帯では観光による利用価値の方が鉱業生産価値を凌駕する日のあることを確信するのであります。

政府はよろしく業者に対する合理的補償を行い、その鉱業権を取り上

げて、今後再びこの種の問題の起らないよう善処されることを希望いたします。

　本件は文化国家日本の面目を維持し、来るべき国民に対して此の偉大にして独自の大自然の国宝をば国家の遺産として保留せられるよう同志連名を以て切に希望する次第であります。そして吾々の願意はそのまま国民の声であると信じますので、何卒慎重御詮議の上御採択なるよう懇願いたします。

昭和26年7月23日

　日本自然保護協会

　　発起人有志

　　（18名の氏名は第Ⅰ部第5章165頁で既に紹介してあるので省略―引用者）

　反対陳情書は、雌阿寒岳の硫黄鉱山経営が、かけがえのない貴重な自然を破壊するので、雌阿寒岳の「永久に亘る保存」を要求し、「一事業家の営利のためにこれを犠牲とすることは絶対に当を得た行政ではない」とし、開発に絶対反対する旨を宣言したのであった。日本自然保護協会発起人の田村剛、鏑木外岐雄、本田正次の3名は、1951年8月4日に衆参両院議長、廣川自民党総務会長、参院緑風会、北海道開発庁、橋本厚生大臣等を訪問し、この陳情書を提出し、雌阿寒岳硫黄採掘に関する善処を要望した。[19]

　1951年8月5日の『日本経済新聞』は、このような雌阿寒岳硫黄採掘問題と日本自然保護協会による反対活動とについて、「名勝か開発かの対立」との見出しでつぎのように報じた。

　　開発か景観保持かで尾瀬沼電源開発計画が問題になっているおり今度は北海道阿寒国立公園の硫黄問題をめぐって問題が表面化している。同国立公園の雌阿寒岳の中腹から山頂にかけて3ヶ所に硫黄地帯がありその埋蔵量は約50トンといわれるが、最近これに目をつけた日本特殊鉱業会社がその採掘を出願、通産省でこれを受理した。これに対し厚生省や地元北海道では現場に精錬所をつくったり、ケーブルを引くことは（1）国立公園として景観を害し（2）同地帯特有の天然記念物マリモやヒメマスが死滅する恐れがある（3）現在硫黄の需給状態はそれほど窮屈でなく、阿寒以外の場所を求めればいいとの理由でこれに正面から反対し

ている。

 この時期に国立公園審議会では直接この問題は提起されなかったのであるが、その代わり厚生省首脳は、1951年8月30日に国立公園審議会の「学識経験者よりなる委員は7月14日に任期満了し目下新委員の任命手続中のところ本問題は早急に解決する要があるので、発令前ではあるが内定を見た新委員をもって非公式に国立公園懇談会を開き意見を聴くこととなった」[20]。

 この懇談会では、座長に諸井貫一が選ばれ、宮崎大一厚生省事務次官が「国立公園の自然保護と産業開発についての国家的立場から特に開発に慎重に処理したいと懇談会の趣旨」について述べた。

 諸井貫一の挨拶のあと、甲賀春一管理課長より問題の「経過並びに状況が説明され」、通産省資源局長官始関伊平が開発の必要の説明をおこなった。続いて橋本龍伍厚生大臣が挨拶した。

 その後に新委員、諸井貫一、渡辺銕蔵、吉江勝保、亀山孝一、岸衛、田村剛、藤原孝夫、本田正次、下村宏、鏑木外岐雄、安芸皓一、田中啓爾、金森誠之から質問と意見開陳があり、質疑応答がおこなわれた。

 しかし『国立公園』誌によれば「採掘賛成意見は皆無であり、反対意見が圧倒的多数であった」と指摘されている[21]。

 なお、反対意見の主旨はおおよそつぎのとおりであった。
 （1）　雌阿寒岳一帯の原始景観はわが国において真に世界に誇り得る国宝的なもので又学術上も貴重であり硫黄生成の自然現象等は後世のためにも絶対保存すべきところである。
 （2）　硫黄開発による産業価値と自然保護による観光価値或は文化財的な有形無形の価値とを比較検討すれば優に後者が勝っており、資源庁の資料によれば尚採掘すべきであるという納得のゆく結論ではない。
 （3）　特別保護地区予定地の雌阿寒を保護し得ないとすれば、国立公園制定の意義を失い且つ国立公園行政上特に他の景観保護上頗る困難な結果を招来する。
 （4）　硫黄は従来より国際的な需給関係に左右されるため価格の変動が甚しく、現在は相当高いので事業として成立つが低落すれば途中で放棄する可能性が多い。これに対し誰も責任を負うものはない。又責任を負い得る性格のものでもない。

そして「最後に本懇談会は決議したり答申するということではないが、厚生大臣は懇談会で開陳された意見を十分尊重されて慎重に検討の上善処されたい、ということで懇談会は終了した。」

『自然保護のあゆみ』は、「国立公園審議会メンバー及び日本自然保護協会の会員たちは、この懇談会の要望を受けて、橋本厚相も許可には慎重な態度を取り、次回の正式な国立公園審議会では当面の問題についての諮問があるものと受け止めていた」と指摘している。

この懇談会は、午前10時から開かれ１時に終了し、３時間もの長時間にわたったが、厚生省首脳によるいわばアリバイつくりの会合であり、国立公園審議会新員の不満をガス抜きするための会合にすぎなかった。

『自然保護のあゆみ』は、1951年８月30日の国立公園審議会委員による「国立公園懇談会」のときから、国立公園部事務局の動きがおかしくなり、「事務局としては同審議会に対してコミットすることは大臣から禁じられたのではないか、と思われる態度が見受けられる」と指摘している。

しかし事態の推移を見れば、厚生省首脳および国立公園行政当局は、雌阿寒岳硫黄鉱山開発申請問題について、８月30日の国立公園懇談会以前、森本国立公園部長が資源庁に回答をだした２ヶ月前の６月29日から許可の方向で動いていたことは確かである。

だから厚生省首脳は、日本自然保護協会の雌阿寒岳硫黄採掘計画反対を見て、国立公園審議会の多くの委員が反対するであろうことを予想し、第７回国立公園審議会で雌阿寒岳硫黄鉱山開発計画申請問題を審議することを回避してきたのである。

なお1951年７月14・15日の厚生省と通産省の「共同調査」を重視した地元の阿寒国立公園協会会長は、1951年８月４日に「採掘反対陳情電報」を日本自然保護協会に打電した。また、９月１日には北海道観光連盟会長田中敏文が、採掘反対陳情書を提出した。地元の観光業界では、景観を破壊する雌阿寒岳硫黄採掘に反対の意見が存在していくことがわかる。しかし、どのように反対運動をおこなったか不明である。

1951年８月30日の懇談会以後、厚生省の認可の動きに歯止めはかからず、すでに４月頃から条件付きで賛成の意向を示していた北海道庁は、10月11日に改めて条件付きで許可してよいとの意向を国立公園部に示した。

1951年10月13日の『日本経済新聞』は、ふたたび「条件付で硫黄採掘」と

のメインタイトルと、「『観光か資源か』にケリ」とのサブタイトルで、「観光か資源かのテストケース……国立公園阿寒の硫黄採掘問題は硫黄の重要性から条件を付けることにより採掘は必ずしも風致、学術考証をそこなわないとの結論に達し、道当局から一両日中に書類を橋本厚相の手許に提出、近く問題に終止符が打たれることになった」と報じた。

また、森本厚生省国立公園部長の談話として「北海道庁からまだ正式に書類が出ていないが、そのうち提出するらしいから、大臣、次官と協議の上正式に態度を決めたい」と語ったと付け加えた。

ここでは、もちろん森本国立公園部長が、すでに開発を条件付きで認可しようとしていたことにいっさい言及していない。

この新聞報道のもとになっているのは、1951年10月11日付けの国立公園部長あて、北海道庁林務部長の「阿寒国立公園雌阿寒岳硫黄採掘について」の文書であった。[26]

この文書は、雌阿寒岳山頂が「国立公園を構成する風景の重要部分であるから慎重に調査検討をしたところ、別記の通りであって許可されてもよろしいものと思料されるが、この事業が行なわれることにより若干の風致の破壊を免れ得ないところであるから若し我国硫黄生産の現状からして、本個所の開発が国家的に緊要なものであるならば、左記の条件を附して許可せられるのが適当と思われるので進達します」と述べ、12ヶ条を列記して、条件付きで認可を進言している。[27]

この12条件の要点は、以下のとおりであった。

1 採掘地域は出願書添付図面の部分に限る。
2 採掘方法は露天掘とする。
3 工作物（索道停車場、採鉱事務所、採鉱労務者宿舎、索道支柱及架線）等其他これに附属するものの設置個所は雌阿寒岳山頂、同登山道から望見されない位置を選定すること。
4 採掘区域内の大噴気孔に人工を加えないこと。
5 製錬方法は蒸気製錬とすること。
6 採掘終了個所は逐次自然状態に地均を行い順次跡片付をすること。
7 東部鉱床は鉱石の運搬時期は登山の最盛期七、八月中は休止し、運搬器具機材は登山者の目に触れぬよう措置すること。

8　許可期間中であっても工事を中止した場合は一年以内に工作物を撤去し、原状に復すること。
9　以上各項を履行せぬときは許可を取消すことがあること。
10　採掘期限は許可の日から五年限り有効とすること。
11　許可の月から一ヶ年以内に工業に着手せぬときは許可を取消すことがある。
12　工作物の設置並に森林□開に当っては北海道知事の指示に従うこと。

　その後、1951年10月19日に北海道庁林務部長から国立公園部長に日本特殊鉱業の出願について「条件付許可の副申書」が正式に提出されたようである。[28]こうして雌阿寒岳硫黄鉱山開発計画申請問題は、北海道庁が条件付きで認可の方針を固めて、厚生省首脳がそれを認める方向で決着が予想された。
　日本自然保護協会は、たまりかねて1951年10月23日、最初の理事会を開催し、尾瀬ヶ原、黒部川、北山川の水力発電問題対策とともに雌阿寒岳硫黄鉱山開発計画申請問題について協議し、10月30日にふたたび雌阿寒岳硫黄採掘計画に反対する陳情書を提出した。[29]
　陳情書「雌阿寒岳硫黄採掘に関する件」はつぎのとおりである。[30]

　　先に関係各方面へ陳情致しました雌阿寒岳硫黄採掘の件、最近條件附で許可されるやに伝えられていますが、若しその報導が事実とせば、本邦国立公園の将来にとつて、由々しき問題と信ぜられ、本協会の最も遺憾とする所であります。
　　惟うに本件は阿寒国立公園の保護保存上極めて重大でありまして、同国立公園の最も誇りとする原始性とその尊厳を破壊する暴挙であり、一度これを認めるならば、阿寒国立公園制定の意義を抹殺し、延いて他の国立公園に起りつつある同様な諸案件にも甚大な影響を及ぼし、国立公園行政上実に看過し難い切実な問題であると思惟されますので、たとえ一見首肯せられるが如き條件附と雖も、その実行を看視することは、既往の事実に照して極めて困難なるが故に、如何なる條件附と雖も絶対に之を認可されざるよう、当局並に関係方面に於て慎重対処せられんことを切望いたし、本会理事会の決議に基づき重ねて陳情致す次第であります。

昭和26年10月30日
　　日本自然保護協会
　　　理事長　　林学博士田村剛（以下理事氏名は別掲のため省略—引用者）
　　　団体会員　国立公園協会　日本風景協会

　日本自然保護協会の各理事は、陳情書をもって各方面に陳情し、反対を訴えた。
(31)
　この陳情書は、この計画に「絶対に之を許可されざるよう」と指摘して、事実上、言葉こそ使用していないが「絶対反対」を主張したものと理解できる。
(32)

3　国立公園審議会による雌阿寒岳硫黄鉱山開発計画の否認

　厚生省首脳が雌阿寒岳硫黄鉱山開発計画を承認する方向で動いていた状況下で、新しい委員からなる第8回国立公園審議会は、1951年11月1日に開かれ、日本自然保護協会の発起人の一人であった下村宏が審議会会長に指名された。審議会の新委員は、この第8回国立公園審議会で雌阿寒岳の問題が検討されると期待していた。
(33)

　しかし当日、国立公園事務局は雌阿寒岳の問題を諮問しなかった。『自然保護のあゆみ』は、「出席した各委員たちも驚愕したに違いない」と指摘している。
(34)

　厚生省首脳のこうしたやり方に国立公園審議会の内部から反乱がおきた。議事に入る前に、雌阿寒岳問題が議題からはずされたことを知った審議会委員たちは、岸衛審議委員に審議会で雌阿寒問題を論議すべきであるという「緊急動議」を提出させた。この動議に応じて田村剛委員は、詳細な説明ののち、自然保護の立場から雌阿寒岳は最後の一線として守るべきであって、「採掘は絶対に許可しないよう事務当局に建議したいと強い調子で迫った。」
(35)
(36)

　田村剛委員の「建議」した意見にたいして、渡辺銕蔵委員から賛成の意見が述べられ、続いて鏑木外岐雄委員からは自然保護および文化財保護の立場から賛成し、また田中啓爾委員から事務当局に奮起を求める意見がだされ、さらに亀山孝一委員からは、単に建議だけではなく、審議会の意見書を作成

第6章　阿寒国立公園内の雌阿寒岳硫黄鉱山開発計画と反対運動　201

したらどうか、との意見が提案された。⁽³⁷⁾

　その文案として、日本自然保護協会が1951年10月30日に提出した陳情書に手を加え、若干の字句修正は会長に一任し、それを審議会の「意見書」とするということにし、全員異議なく会長名で当局にその「意見書」を提出することになった。⁽³⁸⁾

　1951年11月16日付けの「意見書　雌阿寒岳硫黄採掘に関する件」は、つぎのとおりである。⁽³⁹⁾

　　　雌阿寒岳硫黄採掘の件は、阿寒国立公園の保存保護上極めて重大でありまして同国立公園の最も誇りとする原始性とその尊厳を破壊する暴挙であり、一度これを認めるならば、阿寒国立公園設定の意義を抹殺し、延いて他の国立公園内に起りつつある同様な諸案件にも甚大な影響を及ぼし、本邦国立公園の将来にとって由々しき問題と信ぜられ、国立公園行政上実に看過し難い切実な問題であると思惟されますので、たとへ一見首肯せられるが如き条件附と雖も、その実行を看視することは、既往の事実に照らして極めて困難なるが故に、如何なる条件附と雖も絶対に之を認可すべからざるものと認めます。
　　　右国立公園審議会の決議に基き意見書を提出致します。

　この意見書には「国立公園審議会長　下村宏」の署名があり、長い反対「理由」が添付された。その要点は、第1に「硫黄賦損存地域は他に代替のない原始景観である」とし、雌阿寒岳の国立公園としての価値と意義を明確に指摘し、「風致的にも学術的にも国宝的価値」があると指摘した。第2に「硫黄生産の緊要性に対しては他に適当な方途があること」、第3に「国立公園は一方的に硫黄生産を拒否するものでない」、一般論で硫黄生産を拒否しないが、雌阿寒岳硫黄採掘は「反対する」という主張であった。

　こうした国立公園審議会の動きを、『自然保護のあゆみ』は、「審議会ジャック」と呼んだが、けだし明言であった。こうした事態は、恐らく審議会の歴史にはほかに類を見ない異例の、体制にとっては暴挙であり、審議委員にとっては快挙であり、雌阿寒岳硫黄採掘計画反対という審議会の立場の表明を回避しようとした厚生省首脳、国立公園行政首脳への厳しい批判であった。

　こうした反乱にあって、高橋通産相は、12月15日に国立公園協会理事の一

人渡辺銕蔵を訪問し、許可への協力への申し入れをおこなって圧力をかけた。
　1951年12月20日の『朝日新聞』夕刊は、「阿寒硫黄開発に協力申し入れ　高橋通産相」との見出しでつぎのように報じた。

　　通産省が増産の見地から許可方針をとるのに対して厚生省、国立公園協会、全日本観光連盟などは風致を害するとの建前で強行に反対、行悩みとなっているので、高橋通産相は15日夕刻丸の内の日本クラブに国立公園協会理事渡辺銕蔵氏を訪問、硫黄は国際的希少物資であり、また国際原料割当会議（IMC）からも明年産１万５千トンの輸出を要請されている際でもあるので、同鉱区の開発方針に協力されたい旨懇請した。

　こうした事例は、通産省の硫黄採掘への異様な熱意を示す異例のことであった。

4　橋本厚生大臣による雌阿寒岳硫黄鉱山開発計画の認可

　橋本龍伍厚生大臣は、国立公園審議会と日本自然保護協会の強烈な反対にもかかわらず、1951年12月20日に突如として雌阿寒岳の硫黄鉱山開発計画申請を条件付きで認可してしまった。[41]
　この許可条件とは、以下のような16条件であった。[42]

1　採掘区域は出願書添付図面の部分に限ることとし、現地における区域を明確に標示すること。
2　採掘期限は昭和31年12月末日迄とすること。
3　採掘方法は露天掘りとし、採掘区域内には鉱石運搬用軌道のほか施設を行わないこと。
4　大噴気孔には人工を加えないこと。
5　索道停車場、採鉱事務所、採鉱労務者宿舎、索道支柱及び架線等の工作物の設置箇所は雌阿寒岳山頂、同登山道並びに主要展望地点から望見されない位置を選定することとし、別途許可を受けること。
6　精錬所は国立公園区域外とし、精錬方法は蒸気精錬とすること。

7 　東部鉱床の鉱石運搬は、本計画索道による場合は登山最盛期である7、8月は休止し、その間運搬器具機材は登山者の目に触れぬように措置すること。
8 　採掘終了箇所は地貌を逐次自然状態に整地すること。
9 　許可期間中であっても工事を中止した場合は直ちに厚生大臣に報告しなければならない。この場合厚生大臣は許可を取消すこと。
10 　昭和27年8月15日迄に採掘に関する施設を完了すること。
11 　国立公園の風致維持又は利用上特に必要あるときは採掘を禁止し若しくは制限し又は必要な措置を命ずることがあること。
12 　現地における採掘区域の標示、工作物の設置、森林の伐採、採掘中及び採掘後の措置については北海道知事の指示に従うこと。
13 　使用する道路（私道を除く）の補修、待避所の設置は北海道知事の指示により出願人が行うこと。
14 　以上各号の条件を履行しないときは許可を取消すことがあること。
15 　前号により許可を取消した場合は、その日から1年以内に工作物を徹去し、原状に復すること。
16 　採掘後は昭和32年6月末日迄に施設を徹去し、原状に復すること。

　なお申請に際しては、日本特殊鉱業の代表取締役塩川政巳は、「誓約書」に「阿寒国立公園特称地域内雌阿寒岳の鉱物採掘につき、……許可指令中の条件はこれを厳に遵守致します。なお、鉱物採掘に当つては阿寒国立公園の景観保護について特に留意致します」と記し、厚生大臣橋本龍伍に提出した。[43]
　この条件は、すでに見たように、早くは1951年6月19日の国立公園部長が資源庁長官に提示した開発許可の条件を踏襲したものであり、10月11日に北海道庁林務部長が国立公園部長に開発許可の条件として提示した12項目とほぼ同じであった。
　したがって、1951年12月20日に厚生大臣が提出した16項目の開発認可の条件は12月20日に突如として提出されたものではなく、1951年6月段階で基本的に準備されていたものであったと指摘することができる。
　のちに詳しく検討するが、条件としてはかなり厳しいものであった。それは、北海道当局が戦時にすでに厳しい条件を付けていたものを引き継いだこともあるだろう。しかし、陳情書が指摘しているように一度破壊したものは

容易に元に戻らない以上、条件を付ければ承認していいということにはならない。

ともあれ国立公園審議会の反対にもかかわらず、厚生大臣が16項目の条件を付して突如として独断的に採掘許可を与えてしまったことは事実であった。

この大臣決定は、もちろん国立公園法によって与えられた権利であったが、他方では、国立公園法は国立公園計画・運営の重要事項については、国立公園審議会の意見を問うと規定しており、それは、これまで戦前から守られてきた制度的慣行であった。こうした厚生大臣の独断的決定をうけて、多くの国立公園審議会委員が憤激したことは指摘するまでもない。

1951年12月26日、厚生大臣の決定から6日後に、国立公園行政当局はふたたび国立公園審議委員との懇談会を開催し、「意見交換」と称して事情説明をおこない、事態の収拾を試みた。

『国立公園』誌によれば、「出席委員は下村会長以下十数名に過ぎなかったが、宮崎次官、甲賀管理課長（部長代理）の本件に関する経過説明に対して、岸、田中、本田、鏑木、田村の各委員から熱意ある意見の開陳があった」。

その開陳された意見の「概要」は、つぎのようであった。

第1に「国立公園の景観保護上極めて重要な影響をもつ本件が、不利に解決したことは国立公園設定の建前から極めて残念なことであり、しかも国立公園審議会の意見に対し、反対の行政措置がとられたことは審議会の設置目的に鑑みて実に遺憾なことである。今後かゝることを絶対にくりかえすことがないよう善処を要望する。」

第2に「許可については条件が付けられているが、條件の完全な履行は保ち難いので、当局においては道庁に委託するばかりでなく、直接厳格な指導監督を行って、風景の破壊損を最少限度に止める様措置されたい」ということであった。

こうした意見をうけて厚生省宮崎一事務次官から、「本件は止むを得ず許可したもので、例外中の例外であり、今後共審議会の意見を尊重することは変りない。監督については本省から直接充分監督して條件の履行其他について万全を期する旨の約言があり、遅れて出席した橋本厚生大臣からも本件については諸般の事情のため審議会の意見に沿はない結果となった事は真に遺憾であったが、今後かゝることの絶無を期したいとの真意の披瀝があったので、委員一同本件については諒承し、将来に期することゝして散会した」。

この懇談会において主張された審議会委員の意見は、本質的に見て、国立公園審議会としてではなく、非公式にだが、事後的に事実上、厚生大臣の独断的決定を承認したことを意味した。
　もし国立公園審議会が、厚生大臣の独断的決定を承認しないのであれば、断乎として審議会として反対の意志を公表し、反対し続けるべきであった。そうしなかったということは、結局、国立公園審議会として大臣の処置を事後的に承認したということにほかならない。それは、国立公園審議会がその体質的な弱さ、体制的な性格をいみじくも顕現させるものであった。
　国立公園審議会の反対意見を無視した橋本厚生大臣の独断的決定は、懇談会で指弾されたように、「国立公園審議会の意見に対し、反対の行政措置がとられたことは審議会の設置目的に鑑みて実に遺憾なこと」であり、歴史上はじめてのことであった。こうした「例外中の例外」、異例の処置は、国立公園審議会制度に大きな禍根を残すことになった。
　それは、雌阿寒岳硫黄採掘の国立公園審議会以降に、困難な問題に当面した場合には、行政当局が国立公園審議会の反対論を押し切ってしまう前例を生むことになり、国立公園審議会・自然公園審議会は、行政当局の提案を追認するという慣行を体制化することになったからである。[47]
　もちろん、雌阿寒岳硫黄鉱山開発計画申請の認可は、けっして一大臣の決断にのみよるものではなく、吉田内閣の産業政策、すなわち国立公園内の自然を犠牲にしての産業開発をすすめるという政策に沿ったものであったことは間違いない。それは、尾瀬ヶ原電源開発計画を中止に追い込んだ反対運動に見られるように、国立公園内の産業開発をかなり厳しく規制し、自然保護を重視してきた戦後前期が終わって、日本社会で自然保護より開発重視の思想・政策が強まってきていたことの現われであった。
　一方、日本自然保護協会は、1952年1月25日に改めて理事会を開いて「阿寒問題声明」（1952年1月25日付け）を発表し、事態の意味を鋭く論じた。[48]
　日本自然保護協会理事長と理事連名のあるこの「声明」の要点を抜粋すれば、以下のとおりであった。

　　北海道阿寒国立公園の中枢雌阿寒岳山頂火口部から、硫黄を採掘せんとする日本特殊鉱業株式会社の計画は、決して一地方の問題、一産業開発の問題としてのみ視るべき性質のものではなく、それは実に阿寒国立

公園設定の厳然たる意義を抹殺するものであり、国家的にも国際的にも断じて看過し難き重要事であると認めたるために、本協会は数次に亘り陳情書を提出して、関係諸方面の慎重なる処決を要望するところがあった。

　幸い政府要路を始めとして、政界各方面もその重大性を認識し、われ等の意のあるところを諒とせられて、所管当局も本件の取扱を慎重にし一時は本申請を却下する如くに推察せられたので、心ある人々を安堵せしめたのであったが、意外にも事態は急転して、政府は去る12月20日を以て遂に右採掘計画を条件附で許可するに至ったことは頗る遺憾に堪えない次第である。

　一度びこの地域に産業的操作が加えられる場合には、その純真無垢なる自然美を破壊するに止まらず、斯くの如き無謀な悪例が、他の国立公園内に起りつつある同様な案件にも甚大な影響を及ぼすに至るであろうことは、火を睹るよりも明らかである。……

　殊に最近開催された国立公園審議会においてもこの点を強調し、且つ強いて国立公園地域を犯さずとも、国内需要と海外輸出に充当してなお余りある硫黄生産力のある事実を挙げて、絶対反対の決議を行ったにも拘わらず、政府当局は学識経験者をもって構成されている権威ある諮問機関の意志を無視して、一方的に採掘許可を決裁したということは、断じて当を得た措置とは言い得ない。

　蓋し国立公園は国家、社会、国民のための存在であって、一都道府県、一地方の事情によって左右されるものではない。いわんや一事業会社の営利のためにこれを犠牲として顧みざる如きは、決して正しい政治家、為政者のとるべき道ではない。事後報告のために召集された国立公園審議会懇談会で、厚生大臣並に事務次官は『本件は特例中の特例であって今後このような事は絶対にしない』と弁明されたということであるが、百の口約束よりは良心に基づく一の実行こそ尊い。

　本協会一同は、本件に対する政府の処置を深く遺憾として不満の意を明かにし、わが国立公園地域内に再び斯くの如き不祥事の繰返されることのなからんよう切に要望して歇まない。

この声明は、厚生大臣による独断的な雌阿寒岳硫黄鉱山開発申請の承認がもつ歴史的な問題点をきわめて鋭く指摘した、自然保護運動にとって歴史的な文書となっている。

　その論点を簡単に整理すれば、五つの論点を指摘することができる。

　第1に、この声明で日本自然保護協会は、敗因の究明をおこなっているわけではないが、雌阿寒岳硫黄鉱山開発反対運動について敗北宣言をおこなったということである。

　第2に、日本自然保護協会は、政府・大臣・政治勢力による国立公園審議会を「軽視」・「無視」した政治的な決断にたいする厳しい批判をおこなったということである。

　第2の論点について敷衍して言えば、声明は、国立公園審議会が「絶対反対の決議を行ったにも拘わらず」、政府当局は「権威ある諮問機関の意志を無視して、一方的に採掘許可を決裁した」ことは、「断じて当を得た措置とは言い得ない」として、大臣・政治勢力の裏切りを確認し、大臣の政治的な決断に厳しい批判を加えているということである。

　第3に、日本自然保護協会は、政府・大臣が「今後起る審議会の機能の無視が予知されている」と指摘して、将来に警告をおこない、そしてまた「斯くの如き無謀な悪例が、他の国立公園内に起りつつある同様な案件にも甚大な影響を及ぼすに至るであろうことは、火を睹るよりも明らかである」とも指摘し、今後おこりうる事態を予告している。

　こうした「予知」が事実となっていくことは、のちに検討する黒部第四ダム建設計画問題の事例が端的に証明している。[49]

　また第4には、日本自然保護協会は、政府・大臣・政治勢力による政治的な決断にもかかわらず、なお事態を諦めることなく、「16項目に亘る条件」を厳しく遵守することを要求していることであった。

　声明は、引用では省いたが、最後に「厚生大臣の許可書中に16項目に亘る条件が明示されているが、業者をしてそれ等の条件を必ず完全に履行せしめ些かにても違反の行為ある場合には、即時工事中止、許可取消の処分を採られるよう特に所管当局に要請すると共に、我々も亦厳重にこれを監視することを怠らないであろう」と指摘している。

　日本自然保護協会は、事実、のちに指摘するように、事態を諦めることな

く、すぐのちに「16項目に亘る条件」を厳しく遵守させるために活動したことは注目してよい。

　第5の論点は、日本自然保護協会は声明で、国立公園審議会が大臣の独断的決定を事実上黙認してしまっていることに言及せず、大臣の決定を批判するだけにとどまらず、けっして承認も黙認もしないことを表明しなかったことである。このことは、日本自然保護保護協会が、絶対反対を貫けなかったことを示す体質的な弱点を表示するものであった。

　こうした日本自然保護協会による厚生大臣・国立公園行政首脳にたいするかなり厳しい批判は、3年後に『国立公園』誌に公表された田村剛の「自然保護運動の展開」にもよく示されている。田村剛はつぎのように指摘する。[50]

　　懸案の雌阿寒岳硫黄採掘問題は、自然保護協会にとって、最初の重大問題であり、しかも出願者は政党方面に働きかけて、厚生省通産省に圧力をかけて来た極めて悪質のものであったし、硫黄資源は国内に豊富であるとの見解から、本会は特に実行委員を選び、関係方面に対しては直接面会し、強力に陳情した。又この問題は当然国立公園審議会でとりあげられるべきものであったので、同審議会に於いても審議の結果は全面的に不許可とするを至当と認めて、決議の上厚生大臣に建議したわけであるが、遂に大臣は前例を破って審議会の意見を無視して、同年11月20日条件付許可の指令を出してしまった。この事件は実に政党政治の堕落を説明する一つの証左として、永く国民の記憶に遺される不祥事として解決を見たわけである。

　田村剛は、ここで「出願者は政党方面に働きかけて、厚生省通産省に圧力をかけて来た極めて悪質」なものであり、「大臣は前例を破って審議会の意見を無視して、……条件付許可の指令を出してしまった」「実に政党政治の堕落を説明する一つの証左」であると強調した。しかし田村剛は、「政党政治の堕落」を批判するだけで、大臣の横暴の詳細を明らかにしなかった。彼は、事態を究明し徹底的な糾弾をおこなわなかったのである。

　しかし雌阿寒岳硫黄鉱山開発計画申請問題は、厚生大臣の認可だけで終わったわけではなかった。日本自然保護協会は、その後のケアに取り組んだ。

　『国立公園』誌1952年7月号で、日本自然保護協会の評議員、自然公園審

議会委員であった鉱業家の三田尾松太郎は、雌阿寒岳採掘問題の処理には、「法の不備」があったと指摘し、法改正と行政機構の是正を提言した。(51)

三田尾は、「国立公園公害指定地域区内には絶対試掘権」を認めないよう、また国立公園法制定以前に認めた試掘権を認めないように法改正すべきであると提言した。

三田尾は、さらにこの法改正ができない段階では、1950年に改正された鉱業法第15条による土地調整委員会法第22条にしたがって、土地調整委員会に申請して雌阿寒岳の鉱物を採掘することが公益やほかの産業の利益を損なう場合に「鉱業権の設定を禁止する」「鉱物禁止区域」として指定することを提言した。

さらに三田尾は、「雌阿寒岳に鉱物禁止区域が決定していたら不法行為も起こらなかったであろう」と指摘している。この指摘は、雌阿寒岳硫黄鉱山開発反対戦術に大きな瑕疵があったことを示唆していて興味深い。

厚生省国立公園行政当局は、三田尾の提言している方向で、1952年7月に、土地調整委員会法により雌阿寒岳を「鉱区禁止地域」に指定するための申請をおこなった。

この申請は、雌阿寒岳のほか川湯特別保護地区予定地、摩周特別保護地区予定地をふくんでいたが、雌阿寒岳の指定申請の理由は、本地域（1,664ヘクタール）は「最も優れた原始景観」であり「貴重な文化財」であり、「この種の火山として標式的且代表的な形が見られるので火山景観保持上鉱業の稼業は不適当」であるとし、保存の必要を指摘した。(52)

総務省の土地調整委員会は、1952年11月13日に聴聞会を開催し、委員会を開いて、先に認可した雌阿寒岳の「硫黄採掘を許可した区域を除いた」、雌阿寒岳の「森林限界以上の区域と面積は4分の1程に縮小されたが、重要な部分は指定の区域内に包含せられて綜合的な自然景観保護の立場」から鉱区禁止区域として認めた。(53)

こうした規制は、既存の採掘地域をさらに拡大し、雌阿寒岳の損傷を現状以上に拡大することを著しく制限することにあった。

1952年8月「日本特殊鉱業会社の手で、雌阿寒岳硫黄の採掘」がはじまった。「しかし条件は厳しいもので、採掘期間は昭和31年12月まで、工作施設は登山道や展望地から見えないようにすること、登山者の多い7・8月は採掘禁止、精錬は国立公園外にする等」、厳しい制約のもとにおかれたことも

事実であった。

　こうして政治力の介入によって強引に認可され強行された雌阿寒岳の硫黄鉱山開発は、認可時の条件として雌阿寒岳採掘の期限が５年間とされていたが、５年経過すると日本特殊鉱業は1956年12月に雌阿寒岳採掘の３年間延長を出願して、許可された。

　国立公園審議会は、この３年延長申請を承認している。なぜそれを阻止できなかったか明らかではないが、これは、日本自然保護協会の『声明』が予知した事態、すなわち国立公園審議会が体制化し弱体化している傾向を示すものであった。

　さらに1957年５月に、日本特殊鉱業は、採掘中の大噴鉱床の南方に続く、雌阿寒岳鉱区禁止地域である「所謂東部鉱床中のＡＢ鉱床採掘」の採掘出願を申請した。

　これをうけて1957年９月10日、日本自然保護協会は評議員会を開催し、日本特殊鉱業の操業延長、新鉱区の採掘出願に反対し、「反対陳情書」を公表することを決定し、11月９日付けで日本自然保護協会理事長田村剛名により関係各方面に提出された。

　この「阿寒国立公園雌阿寒岳硫黄採掘に関する反対陳情書」は、「阿寒硫黄鉱業株式会社採掘中の大噴鉱床の南方に続く所謂東部鉱床中のＡＢ鉱床採掘出願は阿寒国立公園の景観上重大な悪影書があるので絶対に許可さるべきではないと思われます」とし、反対の根拠を示した。

　操業３ヶ年の延長を認めたものの、自然公園審議会は、今度は雌阿寒岳頂上が「鉱区禁止地域」に指定されていたので、審議の結果さすがに採掘鉱区の拡大を認めなかった。

　1950年代末から石油の脱硫装置の開発によって安価な硫黄の生産が可能になった。鉱山における硫黄採掘は採算が悪化して、日本特殊鉱業は、結局５ヶ年の操業後さらに３年間延長したものの、1953年から採掘を開始して５ヶ年後の58年まで営業し、その後社名を阿寒硫黄鉱業と改称し、３年延長して1961年まで営業したが、ついに1962年、雌阿寒岳の硫黄採掘の操業停止に追い込まれた。

5 小　括

　最後に雌阿寒岳硫黄鉱山開発計画反対運動について簡単に総括しておきたい。
　雌阿寒岳硫黄採掘計画反対運動は、いくつかの問題点がある。
　第1の問題点は、1951年4月の申請の動きから2ヶ月後の6月に、国立公園行政当局が、すでに条件付きで認可の方向に動いていたのはなぜだったのかということである。
　その理由の一つとして、過疎地をかかえていた北海道庁の開発優先主義がまず指摘できる。北海道庁は、戦前に雌阿寒岳の硫黄採掘を認めていたので、戦後も北海道の産業振興政策から見て、開発申請を当然認めようとし、通産省資源局も、それを強力に後押ししていたからである。
　しかし、それだけでは国立公園行政当局がなぜ申請早々に国立公園審議会に諮ることなく雌阿寒岳硫黄採掘計画を条件付きで承認する方向に向かっていたのか理解できない。
　第2の問題点は、なぜ国立公園審議会が反対しているにもかかわらず、厚生大臣が独断的に申請を許可したのかということである。
　大資本投資をともなう電源開発と違って、山頂に小さな鉱山を開発することの経済効果はたかが知れている。厚生省国立公園行政当局は、国立公園内の自然保護という大儀で申請を不許可にすることにそれほど困難があったとは考えにくい。
　私は、厚生省が雌阿寒岳鉱山開発計画申請を認可した本質的な理由は、当時の吉田内閣が、国立公園政策を産業開発に寛容なものに政策転換したからだと考えている。
　尾瀬電源開発計画反対運動に学んで、吉田内閣は、敗戦直後の占領下に一時的に自然保護政策を強めていた厚生省国立公園行政当局に、自然保護より産業開発政策を重視するよう圧力をかけることになったのである。
　その試金石が雌阿寒岳硫黄鉱山開発計画認可問題だった。吉田内閣は、通産省資源庁、北海道庁を中心に、自然保護ではなく産業開発優先主義を雌阿寒岳硫黄鉱山開発認可問題で貫徹し、とかく自然保護を重視する国立公園審議会の発言力を抑制することに挑んだのである。

だから、産業的には大したメリットもない小さな硫黄鉱山開発計画に政府・通産省資源局は、民間の任意団体である日本自然保護協会の反対はともあれ、国立公園審議会の強力な反対を押し切って厚生大臣に圧力をかけて独断的な申請を認可させたのである。

　これが、厚生大臣が、雌阿寒岳硫黄採掘計画にはじめから許可を与えようとした真の理由だったのである。

　第3の問題点は、政府の圧力があるにしても、国立公園審議会、本質的には日本自然保護協会は、なぜ申請反対運動に敗北したのか、または同じことであるが、申請を拒否することに成功しなかったのか、ということである。

　ここで雌阿寒岳開発計画申請反対運動の敗因をいくつかあげてみよう。

　第1の敗因は、一般的に見て、たしかに日本自然保護協会が結成されたが、「名勝か開発かの対立」という点では世論が開発を重視していたからであり、社会的に自然保護への関心は弱く、名勝という名の自然を守ろうとする社会的な勢力がけっして大きくはなかったことである。

　第2の敗因は、国立公園審議会および日本自然保護協会の体質的弱さにあったと指摘しておかなければならない。

　国立公園審議会は、戦後前期以来の性格を引き継いで、むしろ雌阿寒岳鉱山開発計画にはよく反対しえたが、しかし厚生大臣がひとたび許可を与えてしまえば、事後的に許可を追認せざるをえない体質であった。

　日本自然保護協会もまた、同様であった。田村剛を代表的な指導者とする日本自然保護協会は、鉱山開発申請に建前では絶対反対でも、最後までラジカルに反対運動を貫く体質を欠いており、国立公園審議会とは違って自立的な組織であるにかかわらず、当局が認めてしまえば結局条件付きで賛成するという体質であった。

　第3の敗因は、反対運動が運動論的に見ても申請から許可までの期間が短く、反対運動をおこなうのに十分な時間が不足したということもあった。

　反対運動は、1950年3月に開発申請の動きがはじまって翌年12月20日に許可されるまで約1年10ヶ月、現実的には1951年7月末に開発申請がだされてから12月20日に許可されるまで実に5ヶ月しかなかった。国立公園審議会には正式にかけられることなく、申請作業が短期におこなわれ、反対運動をおこなうのにはあまりに準備期間が短かったということが指摘できる。

　このことは、ほかのケースと比較してみると明瞭である。たとえば、戦後

後期の尾瀬ヶ原電源開発計画は、1951年に計画が発表されて1955年の計画が消滅するまで5年もかかっている。

　第4の敗因は、尾瀬や上高地と違って雌阿寒岳が北海道の遠隔の地にあるという地理的事情であった。反対運動は、つねに中央でおこなわれていたから、東京で雌阿寒岳の危機を説いても、なかなか社会的な反対世論を喚起するのには困難であった。北海道内の反対運動は、管見する限り、北海道観光協会と阿寒国立公園協会の二つの反対声明がだされただけで、目立ったアクションが見られなかった。

　第5の敗因は、厚生省・日本自然保護協会は、開発申請が急遽提出されたこともあるが、雌阿寒岳を国立公園のような貴重な自然の中の鉱山開発を規制するべき鉱区禁止地域、また特別保護地区に指定する準備を欠いていたことであった。

　日本自然保護協会の有力な会員であり、国立公園審議会委員でもあった三田尾松太郎は、雌阿寒岳採掘問題の処理には「法の不備」があったと事後に指摘したが、雌阿寒岳を鉱区禁止地域と特別保護地区に指定しておけば、開発を回避できたかもしれなかった。

　第6の敗因は、雌阿寒岳硫黄鉱山開発の申請許可が、16項目の条件付きであり、その条件が、鉱山経営による自然、景観破壊、汚染をかなり厳しく規制したものであり、反対派に条件付きで申請許可を与えやすかったことである。

　以上のように、雌阿寒岳硫黄鉱山開発計画反対運動は、虚しく敗北したのである。

　他方、雌阿寒岳硫黄鉱山開発計画を推進した政府が勝利した主要因について言えば、吉田政権の強行姿勢があったと言うべきである。吉田政権は、戦後復興の経済産業政策を強行するために、尾瀬ヶ原電源開発計画を中断させるような自然保護運動、具体的には国立公園審議会、さらには日本自然保護協会の反対意見を強引に無視して雌阿寒岳硫黄鉱山開発計画を認可したのである。認可した責任者は橋本龍伍厚生大臣であったが、その真の本質的な責任者は、吉田政権であった。田村剛は、橋本厚生大臣の認可が単に「政党政治の堕落」を「証明」する証しとして非難したのであるが、それはいかにも抽象的で問題の本質を十分に認識した表現となっていないと、指摘せざるをえない。

以後、厚生省、国立公園審議会、日本自然保護協会は、そうした産業開発を重視し、自然保護を軽視する政府を前提に、国立公園政策をおこなわなければならなかった。その最初の試練が、黒部第四発電所建設計画問題であった。

注

(1) 拙稿「阿寒国立公園内の雌阿寒岳硫黄鉱山開発と反対運動」、『経済志林』76－3、224－226頁を参照。なおここで阿寒国立公園を公害地と決定とあるのは、前掲『協会事業報告書』(第一輯)、37頁による。
(2) 北海道開発局編『北海道開発局二十五年史』、北海道開発協会、1977年、2－3頁。
(3) 「雌阿寒岳採掘についての経過」、前掲『協会事業報告書』(第一輯)、39頁。
(4) のちにみる国立公園部文書「阿寒国立公園雌阿寒岳硫黄採掘調査報告」内の国立公園部長から資源庁長官にあてた文書。
(5) 前掲『自然保護のあゆみ』、93頁。
(6) 前掲『協会事業報告書』(第一輯)、39頁。
(7) 国立公園部文書「阿寒国立公園雌阿寒岳硫黄採掘調査報告」内の国立公園部長から資源庁長官に当てた文書。田村剛文庫、資料番号Ａ－1－494、による。
(8) 同上。
(9) 前掲『自然保護のあゆみ』、108頁
(10) 同上、108頁
(11) 同上、108頁
(12) 種市佐改『阿寒国立公園物語』、阿寒国立公園広域観光推進協議会、1974年、43頁
(13) 前掲「阿寒国立公園雌阿寒岳硫黄採掘調査報告」内の「調査結果」の記述。ちなみにのちに提起される12条件、16条件と内容的にほぼ類似のものである。
(14) 同上、「調査結果」。
(15) 前掲『自然保護のあゆみ』、93－94頁。
(16) 日本特殊鉱業株式会社『阿寒硫黄鉱山開発説明書』、日本特殊鉱業、1952年8月。
(17) 前掲『自然保護のあゆみ』、88頁。

(18) 日本自然保護協会編『自然保護に関する陳情書・意見書集』、日本自然保護協会、1－2頁。
(19) 前掲『自然保護のあゆみ』、88頁。
(20) 「国立公園ニュース」、『国立公園』No.23、1951年10月、28頁。
(21) 同上、28頁。
(22) 前掲『自然保護のあゆみ』、109頁。
(23) 同上、108頁。
(24) 前掲『協会事業報告書』（第一輯）、40頁。
(25) 同上、41頁。
(26) 北海道林務部長から国立公園部長にあてた1951年10月11日付文書「阿寒国立公園雌阿寒岳硫黄採掘について」。前掲田村剛文庫、資料番号、Ａ－１－492
(27) 同上。
(28) 前掲『協会事業報告書』（第一輯）、41頁。
(29) 「緊迫化した雌阿寒問題」、『国立公園』No.25、1951年12月、22頁。
(30) 同上、22－23頁。
(31) 前掲『自然保護のあゆみ』、109－110頁。
(32) 後の「阿寒問題声明」でもこの「陳情書」を「絶対反対の決議」と指摘している。
(33) 前掲「緊迫化した雌阿寒問題」、『国立公園』No.25、22頁。
(34) 前掲『自然保護のあゆみ』、110頁。
(35) 同上、110－111頁。
(36) 同上、111頁。
(37) 同上、111頁。
(38) 同上、111頁。『国立公園』No.24、17－18頁ではこの意見書を「建議書」と指摘している。
(39) 前掲『協会事業報告書』（第一輯）、22－24頁。
(40) 前掲『自然保護のあゆみ』、112頁。
(41) 前掲『自然保護のあゆみ』、107頁。
(42) 前掲『協会事業報告書』（第一輯）、33－34頁。
(43) 同上、35頁。
(44) 『国立公園』No.27、1952年2月、31頁。
(45) 同上、31頁。
(46) 同上、31頁。
(47) 黒部第四、北山川の発電計画についての自然公園審議会の動向について

は、次章以下で詳論する。
(48) 前掲『自然保護に関する陳情書・意見書集』、3－4頁。
(49) 第Ⅱ部第7章を参照。
(50) 田村剛「自然保護運動の展開」、『国立公園』No.61、1954年12月、3頁。
(51) 三田尾松太郎「国立公園と鉱業問題」、『国立公園』No.31、1952年6月、12－13頁。
(52) 『国立公園』No.38、1953年1月、29頁。
(53) 同上、30頁。
(54) 種市佐改『阿寒国立公園物語』、阿寒国立公園広域観光推進協議会、1974年、43頁。
(55) 阿寒国立公園の自然1993年編集委員会『阿寒国立公園の自然 1993年』上巻、財団法人前田一歩園財団、1993年、177頁。
(56) 前掲『協会事業報告書』(第三輯)、156頁。
(57) 前掲『自然保護に関する陳情書・意見書集』、37－38頁。
(58) 前掲『協会事業報告書』(第三輯)、203－204頁。
(59) 前掲『阿寒国立公園の自然 1993年』上巻、178頁。

第 7 章
中部山岳国立公園内の黒部第四発電所建設計画と反対運動

はじめに
1　戦後初期の黒部第四発電所計画の復活と反対運動
2　関西電力による黒部第四発電所建設計画の概要
3　初発の黒部第四発電所建設計画反対運動
4　黒部第四発電所建設計画申請と反対運動
5　国立公園審議会による計画承認と日本自然保護協会の妥協
6　黒部第四発電所建設計画の実現と立山観光開発計画
7　小　括

はじめに

　本章の課題は、中部山岳国立公園内の黒部第四発電所建設計画とその反対運動について考察することである。

　第1節では、戦前に続いて承認された黒部第四発電所建設計画が戦後前期に復活提起されたが、反対運動は必ずしも生まれなかったことを明らかにする。

　第2節では、戦後後期に、戦後復興の本格化する中で新たに提起された黒部第四発電所建設計画の概要を明らかにし、第3節で日本自然保護協会がその計画にたいしてどのような反対運動をおこなったかを明らかにする。

　第4節では、関西電力株式会社の黒部第四発電所建設計画の申請の動きと、日本自然保護協会の反対運動について明らかにする。

　第5節では、日本自然保護協会の反対にもかかわらず、国立公園審議会は、一部の反対をおさえて黒部第四発電所建設計画を承認し、日本自然保護協会もそれを追認していく過程を明らかにする。

　第6節では、黒部第四発電所建設計画がどのように実現していくかを明らかにし、黒部第四発電所建設計画にともなう観光開発計画に言及する。最後に小括において、黒部第四発電所建設計画反対運動の内実を簡単に総括して、そこに潜む問題点を明らかにする。

1　戦後初期の黒部第四発電所計画の復活と反対運動

　黒部渓谷における電源開発計画は戦前からあり、とくに黒部第三発電所建設計画は、戦前の国立公園行政当局と国立公園協会が熱心に反対してきたものであった。[1]

　敗戦後、電力不足が深刻化する中で、戦時に黒部川の発電所を日本電力から引き継いだ日本発送電は、1949年頃から黒部第四発電所建設計画を復活させ、そのための調査を再開した。

　「その際に開発計画は、新たな観点から建て直され、河水の有効利用を目標として、貯水池の容量を増大する方向に向けられた」。その当時の計画で

は「ダムの高さ176メートル、その体積213万立方メートル、有効貯水量1億4,700万立方メートル、最大使用水量30立方メートル/秒、有効落差533メートルであり、最大出力13万7,000キロワット」で、戦前の計画をやや上回った。
(2)

　この計画案は、いわゆるKAOS構想（黒部のK、青木湖のA、大塩貯水池のO、犀川のSをとってKAOS）と言われるもので、建設期の「資材等の工事現場への輸送方式」は、「長野県側からダム地点まで、針ノ木岳の下を貫通」させ、「このトンネルは、建設完了後導水路として利用し、黒部川の水を長野県の犀川に流域変更し、長野県側でさらに発電を行なうとする案であった」。しかし計画案は、日本発送電の解散によって流産し、その後中止された。
(3)

　1950年6月、朝鮮戦争がおきて日本の産業界は特需にわき、政府は大規模な電源開発を計画して、1952年7月に電源開発促進法を公布し、特殊法人電源開発株式会社を設立し、大規模な電源開発がすすんだ。電力再編の結果、
(4)
1951年5月に設立された関西電力株式会社（以後関西電力と略す）は、解散した日本発送電がもっていた黒部第四発電所建設計画を引き継ぎ、1951年9月から建設許可をえるために再調査を積極的にすすめた。そして関西電力は、
(5)
当初のKAOS構想による黒部第四発電所建設計画を改め、黒部川下流の設備を増強する本流案を主体にした計画をたてた。地元富山県では、早くも関西
(6)
電力の計画に抵抗が生まれた。

　一つは、黒部川下流の農民による発電所建設にたいする反対運動であった。1951年2月7日の『朝日新聞』富山版によれば、下新川郡入善町冷水害対策農民は、黒部川筋の農業委員、農協、農業共済組合幹部、農民ら2,000名を集め総決起大会を開き、田に冷水害をもたらすと言うので黒部第四発電所の建設に反対した。そして富山県は、発電事業で水温が下がらないような具体案を示し、下流農民が納得ゆくまで発電所の水利権を認めず、発電事業による冷水害と流砂をふせぐ施設を充実し、流水客土が早く終わるように促進すると決議した、ということである。

　もう一つの問題は、黒部第四発電所建設のための水利権を関西電力に再認可することへの反対であった。関西電力は、戦前に獲得していた黒部第四発電所建設水利権を継承していたが、1951年9月25日にその権利が切れることになっていた。地元富山県では、資源地元帰属論・属地主義があり、水利権が関西電力に帰属することへの反対が強かった。

1951年9月27日の『朝日新聞』富山版は、水利権満期を機会に県としては関西北陸間に横たわる電力問題の政治的なふくみからも、いったん関西電力から水利権を引きあげるのではないかとも想像され、許可するにも県がどのような条件を付けるか、また、むざむざ関西電力へ許可することを県民の世論が支持するだろうか、問題は今後に複雑微妙な種を残している、と報じた。

　さらに1952年3月23日の『朝日新聞』富山版によれば、1952年3月の県議会では、関西電力に水利権を認めるか否かで激しい論議がたたかわされ、副知事は「電源開発によって地元では山がひどく荒れ、川の水温が下がるなどの損害がある。本県で電源を開発して、そっくり関西産業に回すのは不公平」であると発言し、ある県議は「水の損害だけを本県へ残して、電気の利益だけを関西に与える開発には協力できない」などと、批判が続出した。

　しかし、1952年8月22日の『朝日新聞』富山版は、黒部川の「水利権を〈一両日中に無条件で関西電力へ許可するつもりだ〉と21日、高辻県知事が語った」と報じた。県民の反対が強かったにもかかわらず、関西電力に水利権を認めたのは、結局、「黒部川第四発電所の開発能力をもつものは関西電力以外にない」という高辻県知事の判断のようであった。

　こうして富山県知事が関西電力に水利権を与えた背景には、中央政界の圧力のほか、黒部第四発電所建設計画が、立山・黒部の観光開発に大きく貢献するという構想をともなっていたことがあげられる。ともあれ関西電力は、水利権再獲得の難関を乗り越えて黒部第四発電所建設計画の実行をすすめることができた。

　他方、黒部第四発電所建設計画に許認可を判断する立場の厚生省には、まだ1951年段階で正式に問題が提起されていなかった。1951年9月19日に開催された日本自然保護協会の第3回設立準備会は、尾瀬、北山川と並んで黒部第四発電所建設計画案について対策を協議したが、しかし詳しい内容は明らかではない。その後開かれた会議でも、日本自然保護協会はまだ黒部問題について論議していなかった。

　しかし、ここに注目すべき資料がある。旧稿では見落としていたことであったが、国立公園協会が第3回国際自然保護連盟に提出した田村剛が書いたと察せられる報告書「日本における自然保護と水力開発」では、尾瀬ヶ原の電源開発については「極力反対」を表明しているのに、黒部第四発電所建設計画については「当協会は極力この計画に反対すると共に若し己むを得ざる

場合は、堰堤式発電所により上廊下、下廊下の渓水に変化を加えない計画の実施を要望」すると指摘し、すでに妥協的姿勢を想定していることである。

　黒部第四発電所建設計画が中央で問題になるのは、1953年に入ってからであった。関西電力は、1953年7月に中央電力研究所との合同調査に参加し、国立公園審議会も、この調査に便乗して黒部渓谷の調査をおこなっている。

　関西電力は調査を進捗させて、1955年6月には黒部第四水力調査所をダム近くに常設し、調査をすすめ、黒部第四発電所建設の最終的計画案をまとめた。この最終的計画案は、旧計画を大幅に変更して作成された。

2　関西電力による黒部第四発電所建設計画の概要

　1955年に明らかにされていた黒部第四発電所建設計画の「最終的計画案」の概要は、当時の『電気新聞』(1956年6月27日）によれば、大略つぎのようなものであった。

　「関西電力ではかねて計画中の黒部川第四発電所25万8千キロワット開発に伴う関係官庁の諸認可が今月（6月）中に得られる見通しにあるので、7月早々から着工することとなり、23日平井建設所長からその最終計画を次の如く発表したが、それによれば昭和35年8、9月頃までにダムを110メートルまで打ち上げると共に発電機2台の据付を完了して10月には第1期15.4万キロワットを行い、38年11月に最終計画の25.8万キロワットを完成する目標であり、総工事費は370億円の予定である。」

　「運搬ルートについては以下のとおり。

　堰堤のコンクリート打設量は最盛期になると1日平均4千立方メートル以上となり、その為には1日1万トンの骨材と800トン以上のセメント輸送が必要となり、この輸送ルート……3案があり、検討の結果、隧道5キロを含む大町ルートをメーン・ルートとし、立山、宇奈月の両ルートを補助ルートとする方針が最終的に決定された。」

　黒部第四発電所建設計画の概要は以下のとおり。

　「黒部川第四発電所は黒部川の最上流（富山県中新川郡立山町御前沢標高1,400メートル）に高さ182メートルのアーチダムを築造して約2億立方メートルの貯水を行い、延長約10キロの水路によって最大（毎秒）54立方メート

ルを発電所に導水して最大25.8万KWの発電を行う計画であり、完成の暁は我国最高のダムが出現するほか、（1）高水圧の長大水路、（2）発電機1台の容量、（3）竪軸ペルトン水車の容量、（4）水圧鉄管、（5）地下式発電所及び27万5,000V開閉所等々において注目すべき記録的工事となる訳であるが、その概要は次の通りである。」（以下省略）

　図7-1に示したように、黒部第四発電所建設計画の特徴は、①ダムは、御前沢辺にアーチ式の高さ182メートル、提の長さ526メートルに構築し、②第四発電所は、第三発電所近くの仙人ダム上部に、外界からまったく見えない地下に建設し、そこまでダム地点から地下トンネルで導水する。③大町から資材輸送用に掘削したトンネルは、完成時に観光用道路に使用する。さらにダム湖と立山室堂を結ぶ地下トンネルも大町ルートにつなげ、アルペンル

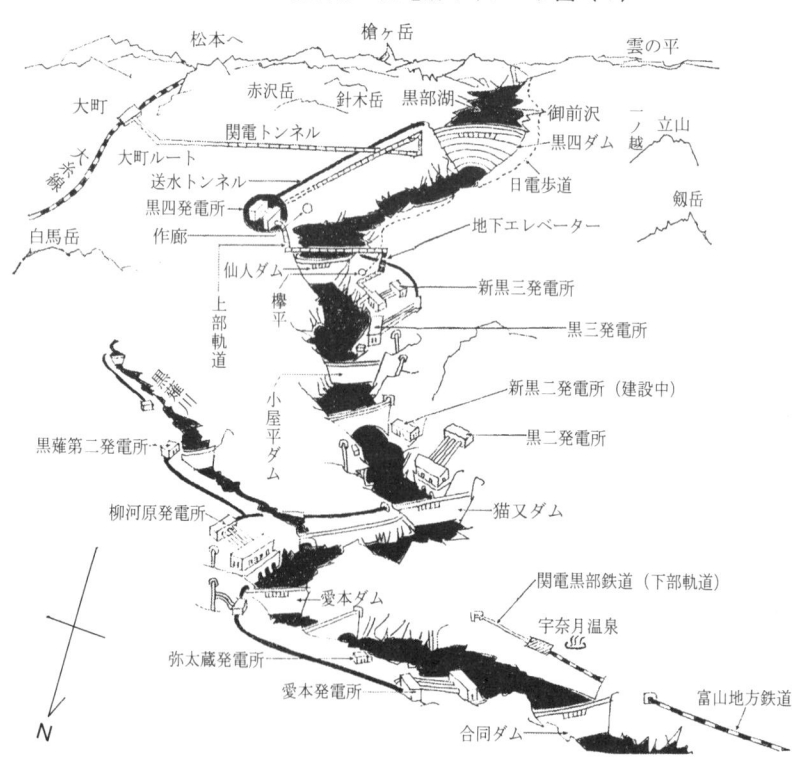

図7-1　黒部第四発電所のイメージ図（1）

注　この黒部電力要図（昭和39年10月現在）は、木本政次『黒部の太陽』の裏表紙による。

第7章　中部山岳国立公園内の黒部第四発電所建設計画と反対運動

図7-2　黒部第四発電所のイメージ図（2）

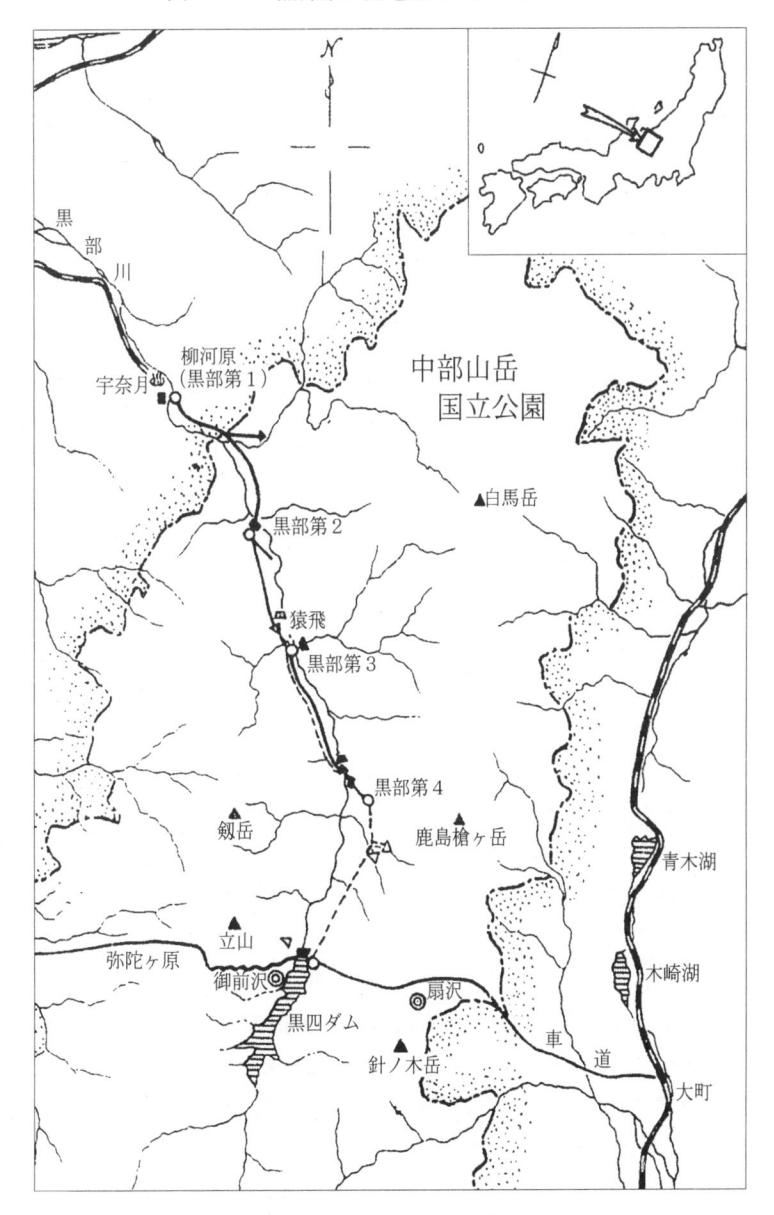

注　この地図は『国立公園』No.163、2頁から引用。

ートとして観光化する可能性をもっている。④工事に際して、工事排出土石の廃棄を最少限につとめ、渓谷の景観破壊も最少限にとどめる。⑤当初総費用250億円、最終的には370億円という膨大な資金を投入し、人跡未踏の秘境に近代技術を駆使しての発電所・ダム建設であった。⑥投入した労務者延310万人。⑦主要資材〈セメント〉57万トン、〈鋼材〉1.6万トン、ということであった。

3 初発の黒部第四発電所建設計画反対運動

　日本自然保護協会は、こうした黒部第四発電所建設計画の情報を察知し、1955年6月8日、日比谷公園松本楼において第1回特別委員会を開催して、「尾瀬ヶ原黒部峡谷の電源関発に関する件」について論議した[12]。特別委員会では「田村理事長から尾瀬ケ原と黒部峡谷の電源開発問題について概略の説明があり、続いて担当係官たる国立公園部の田中（敏）技官より詳細な説明があって懇談に入った。なお三田尾理事より別項の如き水力開発に関する意見書が提出された。」

　「第四発電所の計画」について、「第三発電所より上流に発電所を建設することは、技術的に困難とみられていたが、最近に大規模のものが計画されているという。田中技官より計画の内容について詳細な説明があり、又出席の委員冠松次郎氏より峡谷の現状について詳細な説明があった。」

　特別委員会は、二つの電源開発問題にたいして「本日は結論を出さず、今後の考究に俟つこと」にし、尾瀬ヶ原、黒部峡谷の電源開発問題についての特別委員会を継続して開くことにした。

　特別委員会の委員は、以下のような協会の有力メンバーであった[13]。

　　田村　剛、東　良三、井上万寿蔵、石神甲子郎、鏑木外岐雄、岸　衛、
　　本田正次、三田尾松太郎、足立源一郎、冠松次郎、佐藤　久、関口　泰、
　　田中啓爾、武田久吉、辻村太郎、中沢真二、松方三郎、三浦伊八郎、
　　村井米子、吉阪俊蔵、日本山岳会。

　1955年7月9日に第2回特別委員会が、前回と同じ議題で新宿御苑集会所において開催された[14]。特別委員会は、田村理事長の挨拶にはじまり、尾瀬ヶ原問題の討議ののち、「黒部峡谷の電源開発問題に移り、黒部の現地に最も

第7章　中部山岳国立公園内の黒部第四発電所建設計画と反対運動

精通せられる冠委員から、地図によって詳細な説明があつたので、出席者一同は一層理解を深め」、出席者の意見はおおよそ以下のようなものであった。

1、第四発電所の建設により、自然の峡谷美を失うが、他面未開発の利用施設（桟道、山小屋）が整備されて利用促進される。
2、黒部の利用期間完全放流を条件として、電源開発と景観保護の調整は不可能なりや否や、かかることは水力発電側が経済的に採算不可能となり、実際問題としてこの条件は見込がない。
3、本発電計画全体の経済上採算可能なりや否や、又ダム埋没の問題もあり、火主、水従の傾向のある現在は、火力の方が有効でないか。
4、事業資金の問題は如何にするか。

　特別委員の中では、最後的には「右色々と論議されたが、全員一致で本電源開発は、開発を前提とする単なる調査と雖も反対するという結論に達した」が、このとき、すでにダム建設を前提にする観光放水と「電源開発と景観保護の調整」を話題にする委員が存在したことに注目しておきたい。
　この特別委員会は、黒部の現地調査をおこなった石神甲子郎委員と黒部渓谷に精通していた登山家・冠松次郎委員の報告をうけて、尾瀬とあわせ黒部第四発電所建設計画に「断乎反対」を決議し「黒部川第四発電計画に関する反対陳情書」を作成し、1955年8月18日に各方面に提出した。
　7月9日付けの「黒部川第四発電計画に関する反対陳情書」は大略以下のようなものであった。

　　黒部川は日本アルプス鷲羽岳に水源を発し、約120粁を流下して日本海に注ぐ本邦最大の急流である。特に源流から上廊下、下廊下を経て宇奈月に至る間は、立山連峰、後立山連峰の間に構成された主として花崗岩の断層浸蝕谷であって、両岸の山勢の極まる処、堅岩相迫って高峻豪壮なわが国第一の廊下状峡谷を形造っている。特に東谷から上流の十字峡、半月峡を経て、内蔵の助沢に至る8粁の下廊下では、数100米に及ぶ岩垂と激流深淵と原始林の織りなす大深谷であって、立山側から剣沢、黒部別山沢、内蔵の助沢、後立山側から棒小屋沢、下のたる沢、新越沢、鳴沢等の飛爆急湍を懸け、その規模はわが国においては勿論、世界的に

も稀のものであって、実に中部山岳国立公園の心臓部である。
　然るに、従来この秘境を探るには、発電会社の設置する歩道による外、途(みち)はなかったものであるが、近時鹿島槍岳より牛首山を経て十字峡の奇勝を探り、黒部別山を経て立山に達するコースも開かれようとしている。
　……（中略）……
　わが国の発電地点には尚多くの余力を残しており、敢て350億の巨費を投じ、国家の至宝ともいうべき黒部の景勝を犠牲として、黒部川に高堰堤を築造発電することが、国策として果して当を得たものであるか頗(すこぶ)る疑問なきを得ない。
　本会は本件の重大性に鑑み、これが対策につき、各界の学識経験者を特別委員に委嘱して、慎重に調査研究した結果、全員一致かかる世界的大景勝を犠牲とする水力発電に際しては、断乎反対することに決したので、何卒十分御検討の上適正妥当なる御裁断を仰ぎたく陳情いたします。
　　昭和30年7月9日　　　　　　日本自然保護協会特別委員会

　陳情書は、「中部山岳国立公園の心臓部」であり「国家の至宝ともいうべき黒部の景勝」を守るために、尾瀬ヶ原や上高地の電源開発計画の場合と違って「絶対反対」という用語ではなく「断乎反対」を主張した。
　他方、関西電力は、1955年度調査工事のために1955年7月28日に中部山岳国立公園特別地域内工作物新改築・土石採掘・木竹伐採の許可を申請して許可をえた。[17]
　したがって厚生省、国立公園部首脳は、黒部第四電源開発計画実施のための調査を認めていることから、すでに黒部第四電源開発計画を基本的に認める方針に傾いていたのではないかと察せられる。
　それを証明するかのように、1955年9月には、三浦伊八郎東大教授その他の国立公園審議会委員および児玉厚生次官は、関西電力中江取締役の案内で、立山一の越〜平ノ小屋〜日電歩道〜黒三にいたるルートによる黒部第四発電所開発地点の視察をおこなっている。[18]
　その後、日本自然保護協会は、同年11月18日に第3回特別委員会を「関西電力株式会社黒部川第四発電所計画説明会」という議題のもとに新宿御苑の事務所で開催した。[19]
　この特別委員会で、「先づ田村理事長は従来からの経緯を説明の上、本日

の説明を聴いた上改めて特別委員会を開催するの必要あるべき旨の挨拶があって会社側の説明に入った」。

関西電力の森副社長が「黒部川第四発電計画の必要理由」を縷々述べた。続いて目黒建設部長が「計画の大要説明」をおこなった。

その後、「質疑応答」がおこなわれ、「各委員から各種の質疑が出されこれに対する答弁を聴いたが、此の工事のために生ずる棄土、岩石類の処理によって景観が損ずること、流れの減量による美観の減少、原子力発電との関係、経済価値その他各般に亘って行われた」。その質疑で、計画の「利点」について、①電力供給の増加、②専用道路の開鑿によるダムサイト——大町市間の自動車道開設で、峡谷探勝上の便が大きく開ける、③第四発電所の点検のために第三・第四発電所間の道路が残り、なお渓谷の桟道は修理を続ける予定で最も瞼岨な峡谷を観賞できる、④第四発電所の開発によってさらにその上流への登山、探勝ができる——、などと話された。

図7-3 黒部峡谷の景観・白竜峡

注 この写真は『国立公園』No.81、9頁から引用。

また計画の「マイナス」については、①「アーチダム建設のための砂利は人工砕石による予定とあったが、峡谷に面して採石場所をとる場合は著しく景観を損う虞れがある」、②「トンネル・ダム第三・第四に二つの水路、作業用道路の掘鑿による莫大な不用土砂、岩石の処理は適当に処理するとの説明であるが、斯かる大工事には莫大な不用土砂、岩石が生ずるから、狭い峡

谷でこれを処理することは容易ならざるものがある」、③「地下式発電所による不用の土石は、東谷に砂防堰堤を作って処理するとあったが、これも楽観を許さないものと感じられる」、④「第三発電所建設当時の捨石が峡谷に惨たんたる有様であるという意見に対して、現在でも峡谷は常に崩潰しているという会社側の説明であったが、このような感じを以って工事を施行するに於ては、一層深憂を懐かざるを得ない」、などと語られた。

以上のように、関西電力側の説明を聞いて、観光への期待が生まれる一方、特別委員会の委員の中には、黒部第四発電所建設にともなう黒部渓谷の荒廃・破壊への不安がみなぎっていたことがわかる。

なお地元では1955年12月8日に、黒部川流域住民、地域首長らは「黒部川冷水対策同盟」を結成し、12月9日には黒部第四発電所建設にたいする反対嘆願書を提出した。[20] 詳細は明らかではないが、先に見た黒部川下流の農民が、黒部第四発電所建設計画が承認されそうになっているので、危機感をいだいて水害対策の一環として反対嘆願書を県に提出したものと思われる。

4　黒部第四発電所建設計画申請と反対運動

関西電力は、黒部第四発電所建設計画の準備をすすめつつ、1955年12月15日に国立公園法に基づいて建設計画の申請書を提出した。小林英三厚生大臣は、同日に国立公園審議会にこの件について諮問を提出した。[21] 厚生大臣は、黒部第四発電所建設計画を国立公園審議会に諮問し、1956年2月16日から6月14日まで、電力関係特別委員会を6回、同小委員会を4回、計10回開催して「慎重な審議を繰り返」した。[22]

しかし当時の国立公園審議会でどのような論議がおこなわれたかは、内容が明らかではない。[23]

ともあれ国立公園審議会は、雌阿寒岳鉱山開発の申請の場合に3ヶ月で審議を終わらせたのにくらべて、5ヶ月もかけて審議し、建設計画の許可を短期に与えなかった。その理由は、日本自然保護協会による強力な黒部第四発電所建設計画にたいする反対と、国立公園審議会の中に日本自然保護協会に属する委員の反対があったからであった。

日本自然保護協会は、国立公園審議会の審議を横目で見ながら、1956年4

第7章　中部山岳国立公園内の黒部第四発電所建設計画と反対運動　229

月20日に日比谷交叉点のレストラン巴里において、暫くぶりに第18回評議員会を開催した。

　評議員会は「公私共多忙の評議員の方々が、32人出席されて盛会であつた。田村理事長の挨拶の後に」、「豊平峡発電計画」や「有益鳥獣の保護増殖及び狩猟の適正化に関する特別措置法案」のほか、「黒部川第四発電計画に関する件」について論議した。[24]

　そして評議委員会は、「本問題は目下厚生省の国立公園審議会に諮問中で、近く審議会の意見が纏（まと）まるであろうが、会社は早急に許可の決定を要望しており、事情は切迫している。本会としては従来反対して来たが、……夫々（それぞれ）活発な意見の交換が行われたが、結局、本協会としては協会の使命に鑑み、許可条件等を考慮する事なく、絶対反対の立場を取るべきであるとの結論に達し、反対陳情案文、陳情方法その他は常務理事に一任する事となつた。[25]」

　評議員会は、国立公園審議会が計画を条件付きで承認する雰囲気を感じ、国立公園審議会に圧力をかけるかのように、「許可条件等を考慮する事なく、絶対反対の立場」を示す陳情書を提出することを決定し、常任理事に文案を一任したのである。

　1956年4月20日に開かれた日本自然保護協会の評議員会では、理事長、理事、評議員連名の「黒部川第四発電所計画に関する反対の再陳情書」を作成して各界に公表した。「黒部川第四発電所計画に関する反対の再陳情書」は以下のとおりである。[26]

　　本邦に傑出する世界的大景勝たる中部山岳国立公園の黒部大渓谷の核心部である下廊下を中心として、関西電力が黒部川第四発電所を設置する計画に関しては、去る7月9日付を以て反対の陳情を行い、関係各方面の猛省を促したが、其の後意外にも該発電計画は、着々として工事の手続を進め、事態が窮迫した模様であるので、本協会に於ては、関西電力当局より開発計画の説明を求めると共に、本邦の電力事情を詳細調査の上、之が対策に就て検討を行ったが、世界に誇るべき黒部大渓谷は、国家の至宝として、現状のまま後代に遺すべき貴重な国家的文化財であるから、如何なる代償を払うも、絶対に保護すべきものであるとの結論に達し、先の意見を変更する理由なしとし、評議員会一致を以て、之が保存方を再確認の上、議決したので、標題の通り再び反対陳情を申上げ

る次第である。
　何卒大所高所より善処せられ、之が保存方につき断乎たる御裁断を賜わるようお願いしたい。
　　　昭和31年4月20日　　　　　日本自然保護協会
　　　　　　　　　　　　　　　　理事長、理事、評議員連名

　なお、一連の日本自然保護協会の反対陳情書を注意深く見ると、興味深いニュアンスの相違が読み取れる。1955年7月の特別委員会の「陳情書」では計画に「断乎反対」とあり、1956年4月20日の評議委員会の決議の「結論」では「絶対反対」となったが、1956年4月20日付けの「再陳情」では、計画「反対」と「絶対の保護」が主張されただけで、「絶対反対」、「断乎反対」の言葉が消えている。明らかに日本自然保護協会の黒部第四発電所建設計画への反対の論調に大きなニュアンスの変化が見られた。
　日本自然保護協会がこうした反対を表明している一方で、片や政府の電源開発調整委員会は、1956年5月18日に黒部第四発電所建設計画を承認した。[27]
　しかし、黒部第四発電所建設計画について、文部省・世論・マスコミは、尾瀬ヶ原電源開発問題で示したのとは対照的に、ほとんど感心を示さなかった。『朝日新聞』は、わずかに1950年11月30日に、関西電力が黒部第四地点で1951年度から着工予定で発電所建設計画をすすめていると報じているだけであり、1951年1月14日には、関西電力が、電源開発会社との調整で計画案を一部修正したことを報じるだけであった。
　国立公園協会の『国立公園』誌も、1955年から56年6月14日に国立公園審議会で計画が承認されるまで、日本自然保護協会の動向についての簡単な報告はしているが、かつて雌阿寒岳鉱山開発計画について論じたように、黒部第四発電所建設計画については特別に何も論じてなかった。
　1956年5月31日に新宿御苑事務室で日本自然保護協会の特別委員会が、「黒部川第四発電計画問題について」という議題でふたたび開催された。[28]
　特別委員会はこの問題について、「目下国立公園審議会において審議中にして、関係官庁間の折衝において、条件付許可の方針やに聞き及んだので……本問題の対策につき、慎重審議した結果、条件を付して許可されることはやむを得ないとの決論を得た」ということである。
　出席の特別委員は、これまで自然保護のために活躍してきた委員である田

村剛、東良三、井上万寿蔵、石神甲子郎、本田正次、三田尾松太郎、吉阪俊蔵、三浦伊八郎、中沢真二、冠松次郎、村井米子などであった。
　日本自然保護協会の特別委員会は、国立公園審議会が条件付き許可の方針を固めていたことを勘案して、討議の結果、彼らの連名で、ついに黒部第四発電建設計画絶対反対から条件付き賛成に立場を転換し、1956年6月6日に関係方面に下記の「黒部峡谷の保勝に関する最後の陳情」を提出した。[29]

　　黒部川第四発電所設置の件につきましては、既に三度重ねて陳情致しましたが、目下関係官庁間に於いて折衝が行われ、条件付許可の方針が打ち出されたように伝えられましたので、本会は緊急特別委員会を紹集して、これが対策につき検討いたし、左記の通り決議の上、陳情いたしますので、これを採択されるよう懇請いたします。
　　　　　　　　　記
　1　黒部の世界的寄勝をわが国土の一角に失うことは、国家行政の大乗的見地よりして、極めて妥当を欠くものであり、これは正に国民多数の容認し難いところと信じますので関係当局はよろしく今回の発電計画を断固阻止されるよう善処せられたい。
　2　若し不幸にしてこの計画を承認するの止むなき場合に於ては
　　（イ）　立山、剣、黒部別山、剣沢その他の各支流を含む地域に於いて、一切の工作物を厳禁し、せめては黒部川左岸一帯の自然と景勝とを原始のままに保護すること。
　　（ロ）　黒部川本流に於ける堰堤、貯水池その他の工作物の設置並びに水流の調整については、少くも6月中旬より10月中旬に至る4ヶ月間、昼間は現在の右期間中の低水量以上の量を堰提より放流する限度に於いて使用水量を決定し、且つこれを厳守せしめるための物的並びに人的設備を行い厳重に監視すること。
　　（ハ）　黒部川右岸の工作物、土捨場等の設置は、最少限度に於いてこれを認めるも、本流左岸の道路より望見されざるよう措置すること。
　　（ニ）　黒部川に出入する交通については、少くも現状を確保すること。
　　　昭和31年5月31日
　　　　　　　日本自然保護協会黒部対策特別委員連名

以上のように、日本自然保護協会の特別委員会は、国立公園審議会が条件付きで開発計画を承認する動きがでたことを意識して、1956年6月14日の国立公園審議会の条件付き承認を待つことなく、いとも簡単に絶対反対の旗を降ろし、条件4項目を明示して、開発計画承認を表明してしまったのである。

5　国立公園審議会による計画承認と日本自然保護協会の妥協

　国立公園審議会は、1956年6月14日に「慎重な審議を重ね」たのちに14条件を付けて、小林英三厚生大臣に許可を答申した[30]。厚生大臣は1956年6月30日に、関西電力に14条件を附して黒部第四発電所建設計画の許可を与えた。
　この14条件をやや詳しく分析しておきたい[31]。
　まず条件1は、「黒部峡谷の景観維持のため、御前沢堰堤から次のとおり放流すること」であった。このいわゆる観光放流は、国立公園の開発に関連しては、戦前の黒部第四発電所の建設条件に採用された用語であるが、用語が示すように、黒部第四発電所建設が大きな観光事業を前提としていたことを示している[32]。
　この計画は、黒部「奥地資源開発を促進し、国立公園としての黒部峡谷が観光地帯として一躍脚光を浴びる」という特質をもっていた[33]。そうした観光事業化を前提にした観光放流は、ダム建設にともない、黒部川の水がダムに貯水され、下流に流れないため下流の渓流を涸渇し、しかも第三発電所用の仙人ダムに流されずに第三発電所近くの新第三発電所に渓谷をとおらずにトンネルで導水するので、仙人ダム以下の渓流をも涸渇する。
　そこで開発条件は「黒部峡谷の景観維持のため」に、黒部第四発電所用ダムから観光放流し、黒部渓谷の流量減少、渓谷・渓流の荒廃をいくぶんか軽減し、渓谷・渓流の観光化をはかろうとするものである。
　具体的に放流の期間と時間それに放流量は、6月26日から7月31日は午前6時から午後5時30分まで、8月1日から9月10日は午前6時30分から午後5時まで、9月11日から10月15日は午前7時から午後4時30分まで、6月26日から8月15日は毎秒15立方メートル以上、8月16日から10月15日は毎秒10立方メートル以上、ということであった。
　条件2～5は、条件1の観光放流を具体的に監視するシステムを提起し、

規定水量の放流を確認する施設をつくり、富山県を経由して厚生大臣に報告し、かつ必要に応じて放流および観測のデータの提出をもとめることができることとした。

　条件6〜8は、建設工事が工事中に自然へ大きな被害を及ぼさないように厳しく規制したものであった。

　すなわち、条件6は、国立公園の風致維持上もっとも重要な地域であり景観保護上必要があると認めたときは、工事実施中であっても設計変更を命ずることを認める。

　条件7は、工事跡地の整理、工事用仮設工作物の除去、緑化および土捨場の土石が河川に落下することの防止（ただし、湛水区域の土捨場を除く）ならびに土捨場跡地の緑化等については、厚生大臣の指示にしたがい、風致維持ならびに公園利用上支障ないよう処理することと厳しい条件を付したものであった。

　条件8は、本工事のため仮に設置する工作物中その設置期間が長期にわたり、かつ、その規模構造が工作物に該当するものと認められるものは、そのつど厚生大臣の許可をうけることであった。

　以上のように、計画の初発で発電所を地下方式にして、黒部峡谷の一角を大々的に破壊し、景観を台無しにすることをさけたことに加え、こうした工事にともなう自然破壊を厳しく規制したことは、自然保護を主張する人たちが条件付きにしろ計画に賛意を示しやすい状況をつくりだすことになった。

　条件9〜12は、ふたたび発電開発工事の結果を観光登山的な利用に供することを認めたものである。

　条件9は、本工事にともなう湛水により埋没する小屋および湛水区域間の歩道の代替施設を設け、公衆の利用に供する。条件10は、針ノ木谷〜平ノ小屋間の歩道および釣橋の代替として無料渡船を設ける。条件11は、工事用として建設される道路は、工事竣功後はこれを公衆の利用に供する。条件12は、黒部川左岸旧日電歩道は、国立公園歩道としてこれを維持し、公衆の利用に供する、などを約束した。

　最後に、条件13は、工事終了後であっても必要がある場合には、風致維持のため必要な措置を命ずる。条件14は、以上各号の条件に違反した場合には、許可を取消し、原状回復を命じ、厳しいペナルティーを課したものである。

　これらの14条件が、現実には多くの問題点があったとしても、こうした開

発上の規制が開発計画反対論を和らげる緩和策であったことに間違いない。とくに黒部第四発電所関連施設の黒部観光への開放、観光放流は、立山・黒部観光にとって大きなメリットとなり、反対の論理を超えて開発賛成の大きな物質的根拠となった。これは、過疎地北陸にとって経済効果は大であり、地域住民の反対から賛成への大きなインパクトとなった。また反対陣営が、賛成にまわる場合の大きな口実ともなったであろう。

　日本自然保護協会もまた、各般にわたり厳重な条件を付して工事計画を認可することに決し、絶対反対をとおせなかった代わりに、14項目の条件を獲得したのである。1956年6月30日、厚生大臣は、黒部第四発電所建設計画に許可をだしたのであるが、今度は、雌阿寒岳硫黄採掘の場合のように、国立公園審議会の意見を無視するのではなく、審議会に条件付き賛成を取り付け、いわば合法的かつ従来の慣行にしたがって、黒部第四発電所建設計画を承認したのである。

　日本自然保護協会理事会は、国立公園審議会の計画承認を追認したことは言うまでもない。

　だがしかし、日本自然保護協会は、なぜ当初の方針のとおり、評議員会の決議「許可条件等を考慮する事なく、絶対反対の立場」を最後まで貫かず、結局、日本アルプス方式と呼ばれた戦前の妥協と同じように、「条件を付して許可されることはやむを得ないとの決論」にたっしたのであろうか。

　この方向転換は、末尾の小括において詳しく検討するが、おおまかに言えば、第1に、協会が最初から黒部第四発電所建設計画に、絶対反対の強い方針をもっていなかったからであり、第2に、自然保護か開発かという問題で、協会は、自然保護に徹する反対運動を成功させる見とおしをもてなかったからだということである。

　一方、黒部第四発電所建設計画に反対していた地元農民も、1956年8月16日の『富山新聞』によれば、「黒部第四発電所建設をめぐる冷水害問題は15日も午前10時から県知事室で関電代表と地元代表の間で話し合いが行なわれ」、「1、上流の貯水池で表面水を取る施設をする。2、本流発電所の水とかんがい水を分離する。3、流水客土事業に県も協力する。」などの3項目の協定事項を了解し、「関電側の譲歩により午後4時両者の間に仮調印、ここに今春いらいもんでいた難問は解決をみた。このため県ではちかく発電所の工事認可をあたえるもようである」。

こうして黒部第四発電所建設計画に反対していた農民を中心とする地元住民は、施設を造り、冷水被害を回避するという関西電力の譲歩で解決し、反対運動の旗を降ろした。

　さて日本自然保護協会は、黒部第四発電所建設計画の条件付き承認、妥協的解決をどのように受け止めたであろうか。管見する限り、日本自然保護協会が、問題の妥協以後、理事会、評議員会で黒部第四発電所建設計画承認についてどのような内部討論をおこなったか明らかではない。この組織は、労働組合や政党のように、年次の活動を総括する慣行をもっていなかったのである。

　とは言え、日本自然保護協会は暗黙の反省をおこない、1951年5月31日の日本自然保護協会特別委員会妥協ののちに開かれた8月15日の理事会で、突如、「本会は本来の国立公園その他の自然文化財として自然保護区、保安林、禁猟区等につき、再検討を加える必要のあることを痛感いたし、本会内に広く有識者を網羅する対策委員会を設置して、問題を解決すること」を提起した。[35]

　田村理事長は「米国に於ける自然保護は、国立公園や国家記念物や国有林のレクリエーション地域の設定により、厳重に行われている。わが国では、水力電気事業、林業、鉱山、放牧等のために、だんだん自然保護区域がなくなるのではないかと思う。この際自然保護区域を設ける具体案を作って、関係当局に考慮してもらうようにしたい」と挨拶し、特別委員会を組織して、積極的に「特別保護地区」を設定するよう要請した。

　こうして特別委員会は1956年11月まで5回開催され、翌年中間報告をおこない、特別保護地区設定にむけて当局に圧力をかけ、自然保護重視の方針をうちだした。[36]

　これは、明らかに黒部第四発電所建設計画反対運動敗北を経験して、日本自然保護協会理事会が、先ず何より制度的に見て特別保護地区を増設拡大して、産業開発による自然破壊を防ぐことを意図したからである。

　また1957年以降、日本自然保護協会は、黒部第四発電所建設計画反対運動敗北を経験して、組織強化を意図して、組織の財団法人化、地域支部の設置などの組織拡大、自然保護の思想の普及などに取り組んでいる。[37]

　もう一つの反省もあった。国立公園協会は、1956年の『国立公園』8月号で「電源開発と黒部峡谷」という特集を組み、黒部第四発電所建設計画反対

運動を振り返り、認可条件の厳守を訴え、世論にアピールしたことである。[38]

特集「電源開発と黒部峡谷」は、田村剛「黒部計画の認可について」、本田政次「黒部よ永遠なれ」、冠松次郎「雄渓黒部を惜しむ」、『電気新聞』「黒部第四発電所計画の概要」、無署名記事「黒部第四発電所計画の許可」、田中敏治「黒部川発電所問題の回顧」、藤原孝夫、児玉政介、石神甲子郎、村井米子の「黒部川第四発電計画について」の論稿であった。

これらの論稿を分析して見ると、日本自然保護協会が黒部第四発電所建設計画の条件付き承認をどのように受け止めたかが、ある程度明らかになって、興味深い。

とくに日本自然保護協会理事長田村剛は「黒四計画の認可について」において、「関西電力株式会社出願に係る黒部第四発電所計画は、如何なる事情で許可されようとしているか、これを広く国民に報告し、来るべき国民に対する申開きとして記録することは、われわれの責任でもあると思うので、この稿の筆をとる」と指摘し、黒部の保護運動について、つぎのように指摘した。[39]

黒部第四発電所計画反対について、国立公園協会や日本自然保護協会は、あらゆる機会にその趣旨を宣伝してきたものであるが、「与論の反響は案外少く、登山界においてすら、これをとりあげる者は稀であった。要するにそれは黒部を知る者が少かったためであろう」と敗北の理由を指摘した。

また「電力関係者側でも最近までその5ヵ年計画に乗せることもなく、当分着工されるような気配は見えなかったのである。われわれとしては、そうしているうちには原子力発電も始められ、旧式な水力発電に代られて、黒部の上流は安泰に遺されるであろうと観測していたこともあつた」と述べた。

ここで田村剛は、要するに反対世論が小さかったこと、関西電力の計画実施にたいする楽観視、関西電力の強行的な開発姿勢についての認識が甘かったことをあげて、反対運動が十分に展開できなかったかのように論じている。

そして今度は、「遂に発電を許可することに決定した主な理由」として、つぎのように指摘する。

「現下わが国の電力事情は急速に電源開発を行う必要に迫られ」たこと、「ピーク発電に対応するには、水力殊にダム式発電所を必要とすること、そして黒部川発電所以下には貯水池がなく、結局第四発電所以奥に大貯水池を設けて、同時に下流発電所の功率をあげる必要のあることが、同水系として

は必須の条件であること等であつた」と指摘し、承認はやむをえなかったと言うのであった。

　さらに田村は、14条の条件付き許可については、つぎのように指摘する。

　「最も重大な点は観光放流であつたが、……観光放流については水量と時間が問題点で」それなりの成果があったと評価し、「今後もこの種の問題に対してここに自ら一つの基準を作った恰好である」と指摘する。

　また「観光放流」以外の問題では、田村は、「大町から赤沢岳をトンネルを穿って御前沢落口の対岸、ダムサイトに達する車道や旧日電歩道を観光のために確保することや、水没する平小屋の渡し、その他貯水池の舟行の便を開くことや、工事用宿舎の一部を観光者のために転用すること」をあげ、開発が観光に大いに貢献すると指摘した。

　田村剛は、以上のように14条件がいくぶんとも自然破壊を抑制し、また黒部観光に貢献することを強調し、黒部の観光化に救いを見出している。

　田村は、最後に「こうして国立公園の三大難問題の一つは結着を見た」とし、「尾瀬原については黒部川のように妥協の方法は全くなく」と述べ、あくまで尾瀬ヶ原を保守する姿勢を提起している。

　田村剛の論述は、黒部第四発電所建設計画が絶対反対を貫けずに敗北してしまった事情に、十分な反省を提起しているとは言えないと指摘しておかなければならない。いわんや、日本自然保護協会がなぜ敗北したのかについて、原因を究明して運動の反省とすることになっていない。

　その他の論稿については、妥協がやむをえなかったという意見が多く、黒部第四発電所建設計画反対運動についての反省らしきものは何も指摘されていないので、言及を省きたい。

　以上のように関西電力の黒部第四発電所計画は、1951年から提起され、1955年に一挙にオープンにされ、1956年2月から国立公園審議会で審議され、ついに6月15日に承認をうけて、6月30日に厚生大臣から認可され、実行にうつされることになった。

図7-4 自然破壊の実相（第4工区作廊谷労務者宿舎付近）

注　この写真は『黒部川第四発電所建設史』、51頁から引用。

6　黒部第四発電所建設計画の実現と立山観光開発計画

　関西電力は、厚生省から黒部第四発電所建設計画のお墨付きをえて、1956年7月から工事に着手し、6年11ヵ月をかけてついに1963年6月に計画を完成させた。[40]

　建設工事は、難航をきわめ、171人という途方もない多数の尊い人命を奪い、当初予定の計画工事期間の約4ヶ年を約3年も大幅に上回り、当初計画投資額370億円を大幅に超過する500億円を要し、世界銀行から3,700万ドル（約133億円）を借款し、延べ1,000万人の労力を投じて完了した。[41]

　第四発電所建設は、巨大な自然破壊をともなうものであったが、ついに1960年11月に発電所の通水式が敢行され、黒部第四発電所いわゆるクロヨンが活動を開始した。

　工事開始とともに日本自然保護協会は、評議員会で1958年9月16日に、9月29日から10月2日まで黒部第四発電所建設現地視察をおこなうことを決め

た。しかし、その結果についての報告はとくになかった。

他方、1957年8月、総合雑誌『総合』は、梅棹忠夫の「黒部渓谷」を掲載した。当時はまだそれほど著名ではなかった梅棹忠夫は、黒部第四発電所建設工事を見学してそのレポートを書き、黒部第四発電所建設を無条件に礼賛し、自然保護のために反対者を「愚かな文化人」として批判した。彼は、国立公園が自然保護を目的に制定されたことについての一言の言及もなく、高度成長を控えて産業開発主義への期待を謳歌するのであった。

この論文は、日本社会が、戦後の自然保護への一定の理解を著しく後退させたことを象徴するものであった。しかし、1960年に発刊された日本自然保護協会の機関紙(4号から誌)は、梅棹忠夫の「黒部渓谷」への批判も、黒部第四発電所建設の実行について批判的に言及することも一度もなかった。

国立公園協会の『国立公園』誌の1963年6月号は、黒部特集をおこなった。4本の論稿、松下廉増「黒部川第四発電所と黒部渓谷」、田中敏治「黒部川第四発電所の計画から完成まで」、宇野佐「黒部川第四発電所の完成からTKAの立山開発構想について」、田中忠一郎「黒四、大町ルートに伴う観光開発について」が掲載されたが、しかしすでにそこには黒部第四発電所建設への批判の論調はなく、現実をただ肯定するだけであった。

黒部第四発電所完成後の1964年5月から9月まで、同じく黒部第四発電所建設を美化し礼賛する木本政次の『黒部の太陽』が『毎日新聞』夕刊に連載され、11月に単行本として発行されベストセラーとなった。

1968年に木本の『黒部の太陽』を原作とした壮大な自然破壊の映画『黒部の太陽』が熊井啓監督、石原裕次郎主演で制作・上映され、大好評を博した。しかしその後の『国立公園』誌も、日本自然保護協会の『自然保護』誌もこうした黒部電源開発礼賛について何ら批評することがなかった。

こうして国立公園内の大規模な電源開発であり、貴重な大自然の大破壊である黒部第四発電所建設問題は、日本自然保護協会において、また日本の自然保護運動史においてほとんど言及されることのない、タブー的な存在となってしまったのである。

たびたび指摘したように、黒部第四発電所建設計画は、はじめから大なり小なり立山・黒部の観光開発計画と結びついていた。1951年に提起された富山県が提起したKAOS計画でも、富山県の立山・黒部の観光化をともなっていたし、黒部第四発電所建設計画が関西電力に引き継がれたあとも、富山県

は、1952年の立山山岳地帯総合開発計画においても、立山観光化のためのインフラ整備計画をたて、黒部第四発電所建設がらみで観光化計画を構想していた。

1956年に関西電力による黒部第四発電所の建設工事がはじまった段階で、1952年に企画された立山山岳地帯総合開発計画の実績は、黒部第四発電所の建設工事を積極的にささえたのである。[47]

1953年9月に千寿ヶ原～美女平間の鋼索鉄道（現行の立山―美女平間のケーブル鉄道）が完成し、1954年9月には富山から千寿ヶ原までの鉄道輸送が整備され、1956年9月には美女平から弥陀ヶ原の追分間（13キロ）の道路が整備され、追分～室堂間の道路も何とか確保されていた。

「これによって、前記の関西電力による黒部電源開発の工事用資材輸送ならびにダム地点の迎え掘り（富山側からの掘削）には、これらの輸送機関が大きく役立ったのである。」[48]

黒部第四発電所建設後の黒部立山観光開発計画については、過剰な観光開発にたいする反対運動がおこなわれたが、これらの問題は、高度成長下の国立公園制度についての研究課題であり、今後の研究にゆずりたい。

7　小　括

最後に黒部第四発電所建設計画反対運動について簡単に総括をしておきたい。日本自然保護協会の黒部第四発電所建設計画反対運動は、当初計画に「断乎反対」「絶対反対」をとなえていながら、なぜ条件付きで妥協して敗北したのであろうか。

この問いは、これまでの戦後の国立公園研究史の中でけっして発せられなかった問題である。『自然保護のあゆみ』は、黒部第四発電所建設計画反対運動の敗北について意図的に論じることをさけている。日本自然保護協会もまた同様であった。

ここには、批判的にふれてはいけない日本の産業開発優先主義神話にまとわれた黒部第四発電所建設のタブーがある。私は、あえてこのタブーな問題に挑戦して、本章の結びとしたい。

関西電力を先頭に黒部第四発電所建設計画を実行しようとした開発勢力は、

第7章　中部山岳国立公園内の黒部第四発電所建設計画と反対運動

なぜ勝利しえたのであろうか。そして黒部第四発電所建設計画絶対反対運動は、なぜ敗北しなければならなかったのであろうか。

まず関西電力を先頭に黒部第四発電所建設計画を実行しようとした開発勢力が勝利した要因について分析しておきたい。その要因は4点ほど指摘できる。

第1点は、政府が自然保護を無視して電源開発政策を強行し、黒部第四発電所建設計画を強力に支援したことであった。

戦後前期に不安定であった保守政権は、戦後後期に入って吉田内閣のもとでようやく強固になり、戦後復興政策を実施し、とくに強固に電源開発政策を実施し、国立公園法が重視した自然保護政策を無視し、黒部第四発電所建設計画を強力に支持した。

電力不足を解消するというこの政策は、世論の支持をえ、戦後前期と違って「電力か自然の保護か」と言った論争は希薄になり、明らかに世論は「自然保護より産業開発」へと傾いていた。こうした流れの中で、黒部第四発電所建設計画に絶対反対し、計画を放棄させることは、非常に困難であり、容易ならざることであった。

第2の要因は、政府が、国立公園審議会の体制内化をはかり、審議会から黒部第四発電所建設計画の支持を取りつけ、自然公園審議会内部の反対意見をおさえ込むことができたことである。

第3の要因は、黒部第四発電所建設計画が、反対運動を抑圧し吹き飛ばしてしまう特殊な仕掛け、すなわち富山県内の地元だけでなく、中央の観光業界からも大きな支持をえられる大型の観光開発計画を内包していたということである。

こうした電源開発の観光開発とのセット化は、黒部第四発電所建設計画反対運動を消沈させるに十分であった。地域住民や観光業界は、こぞって黒部第四発電所開発がもたらす立山・黒部の観光化に賛成したのである。

第4の要因は、黒部第三発電所建設反対運動の経験を汲んで、関西電力が自然保護・建設反対運動を意識して柔軟に対応し、発電所を地下方式にするなど、かなり自然保護運動・建設反対運動の要求を入れて大幅な妥協案を提起することによって、反対運動を氷解させる巧みさを示したことである。

以上のように、黒部第四発電所建設計画推進勢力は、政府・産業界・世論の支持を背景にして黒部第四発電所開発計画を実施することに成功したので

ある。

つぎに黒部第四発電所建設計画絶対反対運動の敗因について検討しておこう。

絶対反対運動の敗因は、第1に、日本自然保護協会を中心とする反対運動が、関西電力の計画実行について判断の甘さがあって、反対運動を十分に組織できなかったことである。

設立まもない日本自然保護協会は、関西電力の強力な黒部第四発電所建設計画に対抗するにはあまりにも組織が弱体であり、しかも黒部第四発電所建設計画反対運動の立ち上げがあまりにも遅くなったためと言えよう。

黒部第四発電所の建設計画は、戦後早くも1951年に再提起されていたにもかかわらず、日本自然保護協会はそれに気づいていながら、ただちに反対運動を積極的に組織しようとしなかった。

その理由は、関西電力による黒部第四発電所建設計画実行についての日本自然保護協会の判断の甘さがあったことを指摘しなければならない。

1955年6月8日に日本自然保護協会の特別委員会は、「第三発電所より上流に発電所を建設することは、技術的に困難とみられていた」と指摘している。また1956年4月20日の「反対の再陳情」には、「其の後意外にも該発電計画は、着々として工事の手続を進め」とあり、もしかして計画は実行されないのではないか、という甘い判断があったように推測される。

このように日本自然保護協会の開発計画にたいする甘い判断は、1951年から提起されていた黒部第四発電所建設計画に反対する運動を早くから準備することを怠たる原因をつくったのである。こうした田村剛らの楽観論では、関西電力が周到に準備した開発計画に対抗しえなかった。勝負ははじめから見えていたと言わなければならない。

絶対反対運動の敗因は、第2に、日本自然保護協会設立以前の問題でもあるが、厚生省国立公園行政当局や文部省は、第四発電所として予定されていた黒部峡谷を、特別保護地区や天然記念物に指定し、黒部第四発電所建設計画を阻止する法的規制体制を事前に構築していなかったことである。

尾瀬ヶ原については1952年に「特別保護地区」に指定され、1956年には天然記念物に指定されていたのと対照的に、黒部峡谷は自然保護の法制的根拠を欠いていた。そのことが黒部峡谷の開発を阻止する反対運動を盛り上げることができなかった大きな一因をつくっていたのである。

絶対反対運動の敗因は、第3に、黒部第四発電所建設予定地が遠隔地にあり、予定地に人口がまったく希薄であり、反対運動の展開が社会的にも地理的にも著しく困難であったことである。

　黒部第四発電所建設予定地は黒部峡谷の山奥にあり、一般にエキスパートの登山家以外に知られておらず、そこには住民がまったく住んでいなかった。したがって、黒部第四発電所建設予定地で被害をうける地元住民の反対運動がおこりようになかった。このことがまた黒部第四発電所建設反対運動の立ち上げをおくらせる一因だった。

　絶対反対運動の敗因は、第4に、黒部第四発電所建設計画絶対反対論の理論的弱さをかかえ、適正な反対運動戦略を欠いていたことがあげられる。

　厚生省国立公園行政当局および日本自然保護協会リーダーは、黒部峡谷を尾瀬、上高地などとくらべてかなり低く評価していたようである。すでに指摘したように、国立公園協会の報告で、1952年に黒部第四発電所建設計画にたいして「当協会は極力この計画に反対すると共に若し己むをえ得ざる場合は、堰堤式計画の実施を要望している」と述べて、雌阿寒岳、尾瀬ヶ原、上高地などのように、黒部峡谷を何がなんでも手付かずに守るという評価をしていないのである。

　こうした黒部峡谷への評価の低さは、雌阿寒岳、尾瀬ヶ原、上高地などに関する計画反対の陳情書とくらべて、黒部峡谷を守ろうとする論調がより著しく弱いことに現われている。

　こうした黒部峡谷にたいする理論的な弱さは、黒部第四発電所建設計画反対運動の戦略的な配慮の不十分さとなっていた。

　その戦略的な不十分さは、3点ほどあった。

　一つ目は、反対運動が、すでに指摘したように、黒部第四発電所建設計画にたいして開発を規制する法的体勢を早くから固めることを怠ってきたことである。

　二つ目は、反対運動が、黒部第四地点に代わる開発地の代替案を積極的に提起できなかったことである。

　日本自然保護協会の陳情書で指摘されている黒部第四地点反対論の代替案は、「水主火従」から「火主水従」、つまり水力発電から石炭・石油を燃料とする火力発電所へ、「原子力発電」などへの転換論であった。この代替論は、それなりに根拠はあるが、しかし関西電力が黒部川で強行しようとしていた

計画に対抗する代替案としてはあまりにも抽象的すぎた。

　実は戦前に田村剛は「日本電力会社の計画に係る猿飛上流の権利を放棄せしむる場合は、その代償として現在県が権利を獲得したるまま全然手を染めざる本流宇奈月下流の分並びに支流黒薙水路の2カ所の権利を会社に譲らるるは一案である」と提案した。

　この案は戦後にも妥当性をもっていたのに、厚生省、日本自然保護協会、田村剛らは、なぜかそのような提案をおこなっていない。

　私は旧稿で、富山県内の1960年度から10年後の発電能力を分析して、黒部第四発電所予定の発電量は、黒部第四発電所以外の発電所で充分代替可能であったと推測した。

　そうした代替案をもって1951年から反対運動を展開していれば、事態は大きく変わったに違いない。

　三つ目は、関西電力が1951年に黒部川第四地点の水利権を申請した際に、日本自然保護協会が、この水利権問題を反対運動のために戦略的に利用しなかったことである。

　関西電力が日本発送電から引き継いだ黒部川の水利権は、1951年に切れることになっていた。富山県内では、自然地元主義にたっていて、関西電力に水利権を与えることに反対が多かった。

　戦前来、黒部川の自然・景観を保護することに、富山県当局は一定の理解を示し、富山県史蹟名勝天然記念物保存協会の黒部川保護運動の歴史もあった。日本自然保護協会は、そうした状況を十分に考慮して、北陸電力や県営発電所を後押しして、水利権をタテに国立公園の目玉である黒部渓谷を守るため、関西電力の黒部第四発電所建設計画阻止の運動を展開すべきだったのである。

　残念ながら日本自然保護協会は、1951年から1955年の間にそうした戦略的な反対運動を構想もできなかったのである。

　絶対反対運動の敗因は、第5に、日本自然保護協会を中心とする反対運動に、組織的な混乱があったことである。それは、おもに国立公園審議会と日本自然保護協会の関係の曖昧さ、癒着といった問題である。そうした反対運動上の弱点は、黒部第四発電所建設計画反対・自然保護運動を混乱させ、反対運動を弱めた。

　日本自然保護協会は、あくまで民間の自発的に組織された自然保護団体で

あったが、厚生省寄りで国立公園行政組織と多分に癒着していた。日本自然保護協会は、1955年の特別委員会で「断乎反対」、1956年4月20日の評議員会で「絶対反対の立場」を主張していたのに、国立公園審議会が条件付き賛成の方向に固まると、国立公園審議会が正式に条件付き賛成を表明する以前に、条件付き賛成を表明してしまったのであった。

国立公園審議会がまだ正式に白旗をかかげていないときに、日本自然保護協会の特別委員会が先に白旗をあげるという事態は、組織論的にも運動論的にもおかしなことである。本来であれば日本自然保護協会は、特別委員会や評議員会の方針にしたがって、最後まで開発計画に断乎反対・絶対反対すべきであったのである。

絶対反対運動の敗因は、第6に、日本自然保護協会を中心とする絶対反対運動は、結局、結果として十分に世論・地元住民の中にひろがることができなかったし、反対運動が孤立していたということであった。

田村剛は、1952年に夏の論文で敗北の原因を、「与論の反響は案外少く、登山界においてすら、これをとりあげる者は稀であつた。要するにそれは黒部を知る者が少かつたためであろう」と指摘し、反対運動が与論を動かすまでにいたらなかったことを認めている。

では、なぜ反対の世論が高まらなかったのか。田村剛はこの問いを発しなかった。それは、これまで指摘してきた5点にわたる理由で、日本自然保護協会が十分に国民、学者、文化人、地域住民の中で反対運動をひろめることができなかったからである。

私は、日本自然保護協会が、本当に黒部第四発電所建設計画に絶対反対しようとしていなかったのではないか、たたかわずに敗北を予想していたのではなかったか、とさえ感じる。と言うのは、これまで尾瀬ヶ原、上高地の場合のように、黒部第四発電所建設反対運動の場合には大衆的な活動を組織しようとしていなかったからである。これは偶然的なことではなかった。

ちなみに戦前の黒部第三発電所反対運動では、中央でも積極的に組織されたし、国会でも委員会が開催されて反対論が公開された。

厚生省国立公園部、自然保護協会の首脳たちは、黒部第四発電所建設反対運動の場合には、関西電力の周到な戦略のもとで戦後の電力不足を背景に470億円もの巨額な資金を用意して準備した計画に、絶対反対で対抗しようとしていなかった嫌いがあるように思われる。

以上のように、黒部第四発電所建設計画反対運動は絶対反対を貫けず、妥協していかなければならなかったのである。

注

（1）戦前の黒部発電所建設計画とその反対運動については、拙著『国立公園成立史の研究』第Ⅱ部「第5章」黒部の節、において詳しく論じてある。また本章は、旧稿「中部山岳国立公園内の黒部第四発電所建設計画と反対運動」、『経済志林』76－4、を大幅に圧縮、修正したものである。資料やより立ち入った論議について興味のある読者は旧稿も参照されたい。

（2）黒四建設記録編集委員会『黒部川第四発電所建設史』、関西電力、1965年、36頁。

（3）同上、37頁。

（4）前掲『自然保護のあゆみ』、118頁。

（5）前掲『黒部川第四発電所建設史』、37－38頁。

（6）同上、38頁。

（7）1951年10月16日『朝日新聞』富山版を参照。

（8）『国立公園』No.24、30頁。

（9）前掲『協会事業報告書』（第一輯）、年表、71頁

（10）前掲『黒部川第四発電所建設史』、185頁。

（11）『電気新聞』1956年6月27日。あるいは、『国立公園』No.81、1951年8月、4頁。

（12）前掲『協会事業報告書』（第二輯）、101－103頁。

（13）同上、103頁。

（14）同上、111－114頁。

（15）前掲『自然保護のあゆみ』、122頁。

（16）前掲『自然保護に関する陳情書・意見書』、26－27頁。

（17）前掲『黒部川第四発電所建設史』、185頁。

（18）同上、185頁。

（19）前掲『協会事業報告書』（第二輯）、118－128頁。

（20）1955年12月9日『富山新聞』、あるいは村上兵衛『黒部川―その自然と人と』、関西電力、1989年、485頁。

（21）前掲『黒部川第四発電所建設史』、52頁。

（22）同上、52頁。

（23）私は、国立公園委員会、国立公園審議会の議事録をさがしたが、ついに

第7章　中部山岳国立公園内の黒部第四発電所建設計画と反対運動

発見することができなかった。「国立公文書館」、田村剛文庫にも重要な問題を審議した時期の議事録は残されていない。不思議なことである。

(24) 前掲『協会事業報告書』（第三輯）、25頁。
(25) 同上、26頁。
(26) 前掲『自然保護に関する陳情書・意見書集』、28頁。
(27) 前掲『黒部川第四発電所建設史』、186頁。
(28) 前掲『協会事業報告書』（第三輯）、53頁。
(29) 前掲『自然保護に関する陳情書・意見書集』、31頁。
(30) 前掲『黒部川第四発電所建設史』、52頁。
(31) 『国立公園』No.81、1956年8月、5頁。
(32) 拙著『国立公園成立史の研究』、332頁。
(33) 前掲『電気新聞』、「黒部第四発電計画の概要」の「二計画の特徴」の（7）。
(34) 前掲『自然保護のあゆみ』、123頁。
(35) 前掲『協会事業報告書』（第三輯）、59頁。
(36) 同上、59頁。
(37) 前掲『自然保護のあゆみ』、第2章第6節以降参照。
(38) 前掲『国立公園』No.81。
(39) 同上、1－2頁。
(40) 詳しくは、田中敏治「黒部川第四発電所の計画から完成まで」、『国立公園』No.163、1963年6月を参照。
(41) 前掲『黒部川―その自然と人と』、500－501頁。
(42) 前掲『自然保護のあゆみ』、401頁。
(43) 梅棹忠夫の「黒部渓谷」、総合雑誌『総合』、東洋経済新報社、1957年8号所載。この小論は、1963年に「クロヨンとわたし」と改題し、黒部に関する4本の論稿からなる、梅棹、冠、安川、足立編『クロヨン』、実業之日本社、1963年、と題する単行本に収録されている。
私は、旧稿「黒部第四発電所建設計画と反対運動」、『経済志林』76－4、の付論「梅棹忠夫のクロヨン礼賛論批判」として、16頁にわたり詳細な批判をおこない、梅棹忠夫のクロヨン礼賛論がいかに酷いものであったかを明らかにしたつもりである。また末尾に映画『黒部の太陽』についても批判しておいた。ここでも掲載しておきたかったが、紙幅の都合で割愛せざるをえなかった。ぜひ旧稿を参照していただきたい。
(44) 前掲『国立公園』No.163の「黒部特集」。
(45) 木本政次『黒部の太陽』、毎日新聞社、1964年11月。
(46) 『黒部太陽』の映画監督、熊井啓批判については、前掲旧稿「黒部第四発

電所建設計画と反対運動」、『経済志林』76－4、349－352頁を参照。
（47）富山県『富山県史』通史編Ⅶ　現代、富山県、1983年、819頁。
（48）立山黒部貫光30年史編集委員会『立山黒部貫光30年史』、立山黒部貫光株式会社、1995年、78頁。
（49）拙著『国立公園成立史の研究』、324頁。
（50）前掲「黒部第四発電所建設計画と反対運動」、『経済志林』76－4、370頁。

第 8 章
戦後後期の日光国立公園内の
尾瀬ヶ原電源開発計画と反対運動

はじめに
1 　戦後の第 2 次尾瀬ヶ原電源開発計画諸案の提起
2 　第 2 次前段の尾瀬ヶ原電源開発計画反対運動
3 　戦後後期の第 2 次後段の尾瀬ヶ原電源開発計画の提起
4 　第 2 次後段の尾瀬ヶ原電源開発計画案反対運動と計画の中断
5 　小　括

はじめに

　尾瀬は、国立公園の自然保護運動、ひいては日本の自然保護運動のメッカとも言うべき格別の意義をもった地域である。戦前来、尾瀬はたびたび電源開発の危機にさらされながらも、反対運動に守られて生き延び、戦後も3回にわたる電源開発計画を阻止する運動によって保存され、さらに無謀な観光道路開発を中止させる運動に成功して、今もなお天然の自然を私たちの前に残していてくれる。しかも2008年には、日光国立公園の一部にすぎなかった尾瀬一帯は、尾瀬国立公園として独立し、いっそうその価値と重要性を高めている。

　有力な国立公園内の貴重な自然、名勝地が、産業開発や観光開発によってしばしば破壊され大きく傷つけられてしまったのに、尾瀬は比較的被害を最少におさえ、多くの原生的自然を維持してきている。

　なぜだろう、不思議なことである。

　本章の課題は、以上のような特異な存在であった尾瀬の中でも、中心的な存在であった尾瀬ヶ原の戦後2回にわたる電源開発計画と、それにたいする反対運動について考察することである。

　第1節は、戦後後期のはじめに提出されたいくつかの尾瀬ヶ原電源開発計画を紹介する。第2節は、そうした計画にたいしてどのような反対運動がおこなわれたかを明らかにする。第3節は、戦後後期末に再度提起されるおもに東京電力による尾瀬ヶ原電源開発計画を紹介する。

　第4節は、その計画にたいしてどのような反対運動が展開され、1956年5月に黒部第四発電所建設計画が承認され、建設工事が開始されていったその時期に、なぜ計画を中断させえたかを明らかにする。

　最後にこの章を総括し、日本の自然保護運動のかかえる問題点を摘出し、自然保護運動の教訓を明らかにしたい。

第8章　戦後後期の日光国立公園内の尾瀬ヶ原電源開発計画と反対運動

1　戦後の第2次尾瀬ヶ原電源開発計画諸案の提起

　尾瀬の電源開発計画は、大正期から戦時下までたびたび提起され、そのつどそれにたいする反対運動が激しくおこなわれ、中止されてきた。

　戦後前期においても、第1部第3章で論じたように、1948年に日本発送電によって提起された第1次尾瀬ヶ原電源開発計画は、厚生省・文部省を先頭に尾瀬保存期成同盟の強力な反対運動にあって、奇しくもGHQの指令によってつくられた集中排除法に基づいて、1951年に日本発送電の解散とともに消滅した。

　ちょうどその時期にわが国の電源開発問題は新たな段階に入った。すなわち1950年に朝鮮戦争が勃発し、日本の産業界は戦争特需にわき、政府は大規模な電源開発計画をすすめた。

　政府の電源開発政策に呼応して、尾瀬・奥只見を県域内にかかえる福島県は、1950年3月に、日本発送電案を継承して「福島県総合振興政策」を立案し、その一部の計画案として、尾瀬ヶ原を貯水池化して、尾瀬ヶ原発電所を建設し、16.8万キロワットの発電を計画した。

　1951年5月、東北電力も「只見川電力開発計画」を発表した。新潟県も、1948年1月に只見川から県内に分流する開発計画を立案し、1949年7月には新潟県議会でこの案を採決した。

　こうして一時消滅していた尾瀬ヶ原の電源開発計画は、只見川総合電源開発計画をめぐる福島県の本流案と新潟県の分流案とで対立し、政争の具と化し、また尾瀬ヶ原の水没、尾瀬の自然破壊の問題として社会問題化していく中で、ふたたびクローズアップされることになった。

　政府は、急速に増大する電力需要に応えるために、尾瀬・奥只見の電源開発計画をめぐって対立していた各計画を一本化して、早期に電源開発計画を実施していく必要に迫られた。

　1951年7月に政府は、通産省公益事業局の諮問機関である公益事業委員会をつうじて、政争を超えて只見川電源開発計画を公平かつ技術的な面から一本化するために、OCI（通称アメリカ海外技術調査団）に調査方を依頼し、アドバイスをもとめた。

　22名からなるOCIの一行は、1951年9月6日から21日まで只見川の現地調

査をおこない、尾瀬についても3日間の調査をおこなった。OCIは、9ヶ月の調査・研究の後、1952年5月に「只見川電源開発調査報告」を公表した。[7]

その間、福島県総合開発調査局は、1951年11月に「只見川電源開発について」を発表し、「只見川本流開発計画」として、以下のような尾瀬ヶ原の貯水池化と発電所建設計画を示した。[8]

この計画は、「尾瀬原地帯は標高1,400メートルの高所に在り、且つ、広大な平坦地であるから貯水地築造には全く理想的な地点である」とし、「貯水及び発電計画」として、「平滑の滝の東部に〝ロックフィルダム〟（石塊堰堤）を築造して貯水池を設ける。本貯水池は尾瀬沼を除いた流域の自己流量の外に本堰堤地点から尾瀬原発電所の下流に設ける白沢調整池に至る間の流域の流量と大津岐川及び大ヨッピ川から導水される流量とを揚水して貯溜する。斯くして得られた水を冬期及び夏期渇水期に使用して火力代用の補給電力を発生せしめる」と言うものであった。

具体的な計画数字は、表8－1に示したとおりであった。[9]

1952年5月にOCI『日本政府公益事業委員会に対する只見川電源開発調査報告書』が公表された。[10]

この報告書は、東北電力案、福島県案などの「尾瀬ヶ原、奥只見、前沢、田子倉及び内川の大規模貯水池の建設」案を基本的に踏襲し、「尾瀬原貯水

表8－1　福島県尾瀬ヶ原電源開発計画案（1951年）

項　目	指　標
標　高	1,427m
ダムの貯水量	2.5億万立方m
ダムの高さ	66m
ダムと発電所の落差	474m
建設材料	
セメント	4.2万トン
鉄　材	2.7万トン
建設費	89.4億円
発電所の最大出力	15.7万kW
発生電力量	3.25億万kWh

注　前掲『福島県史』第14巻、
　　259頁より作成。

池から放流される水は奥只見の本流に建設される発電所で使用」されるとして本流案を支持し、「尾瀬原貯水池へ揚水して貯水することの費用及び価値を経済的に検討した結果、尾瀬原地点は当初は其の地点の自流のみを貯水するよう建設すべきことがわかった。その結果として尾瀬原の貯水容量は日発（日本発送電のこと）から最初に提案されたものの半分以下に修正された」と指摘した。[11]

OCI尾瀬ヶ原発電所建設計画案についての具体的なデータは、表8－2のとおりである。

OCI案は、発電所の出力を16.8万キロワットから12万キロワットに、またダムと発電所の落差も512.8メートルから495メートルに、ダムの貯水量も2.5億立方メートルから1.25億に、そしてダムの高さも80メートルあるいは66メートルから当初50メートル程度に縮小する案であった。

なお、「東京電力会社は只見川の尾瀬原における自流を利根川に移すための水利権を持っている」との主張にたいして、「水利権に関する問題はOCIの只見川調査の範囲内ではない」として、その是非の判定を保留した。[12]

OCI報告が公にされるや、福島県はわが意をえたりと開発計画の実現に励み、1952年8月に「本流案の優位」を、1953年3月「只見側電源利用計画概要」を公表して自説を喧伝した。[13]

片や分流案の新潟県は、1952年6月に「分流案の方が優秀である」と、OCI「只見川電源開発調査報告書」を批判した。その後、双方は政治的な論

表8－2　OCIの尾瀬ヶ原電源開発計画案の指標

	原　案	修正案
ダムと発電所の最高落差	512.8m	495m
発電所の最終出力	16.8万kW	12万kW
ダムの貯水量	2.5億万立方m	1.25億万立方m
ダムの高さ	80m（東北電力案） 66m（福島県案）	当初50m その後85mに
総工事費 ダムのみ		82.3億円 18.2億円

注　OCI『只見川電源開発調査報告書』、44頁、61頁、65頁、から作成。

争・工作をおこない、激しく対立していった。この対立は、尾瀬ヶ原電源開発計画反対運動に微妙に影響することになった。

　いずれの計画案も、尾瀬ヶ原の貯水池化を前提にした開発案であった。政府は、こうした本流案と分流案の対立・政争を解消して電源開発を早期に実現していくことを迫られ、1953年7月28日、新潟県に一部分流案を認め、本流案開発方式を閣議決定した。

　「政府案は開発会社案の長所を更に活かし新潟県分水案の短所を避け、電力の最も効率的な開発を図ると共に、只見川地域全体総合開発の大局的見地に立って立案されたものである」と言われている。

　当初、対立は解けなかったが、1953年8月には両県は妥協して開発にあたることになった。こうして政府案がまとまり、いよいよ尾瀬・只見川電源開発計画の実行が日程にのぼってきた。

　1954年8月、福島・新潟両県合意の「只見特定地域総合開発計画書」が策定されて公開され、1956年3月に閣議決定された。依然この計画は、尾瀬ヶ原の電源開発計画をふくんでいたことに変わりはなかった。

2　第2次前段の尾瀬ヶ原電源開発計画反対運動

　1951年5月に日本発送電が解散させられて、第1次尾瀬ヶ原電源開発計画は消滅したため、問題は一応解決した。しかし、すでに見たように尾瀬ヶ原の電源開発計画そのものは、厳密に言えば1951年にけっして消滅したわけではなく、福島県を中心に、東北電力、電源開発会社などの計画案に引き継がれていた。

　1951年から1954年にかけての尾瀬ヶ原電源開発計画にたいする反対の動きは、1955年の運動とくらべると激しいものではなかったが、地道に確実にすすめられていった。

　1951年9月19日に開催された日本自然保護協会設立のための第3回準備会では、緊急な雌阿寒岳硫黄採掘計画問題を検討しただけでなく、尾瀬ヶ原・黒部川・北山川の水力発電問題対策をも協議した。しかし、尾瀬問題がどのように議論されたかわかっていない。

　1951年10月23日に最初に開かれた日本自然保護協会理事会でも、雌阿寒岳

硫黄採掘計画問題が中心的に論議され、反対の陳情書を作成し、雌阿寒岳硫黄採掘計画反対運動に取り組みはじめた。尾瀬ヶ原・黒部川・北山川の水力発電問題対策も協議されたが、その内容は明らかではない。[20]

1951年11月21日に開催された日本自然保護協会評議員会は、富士山頂ケーブル架設問題、富士山麓本栖湖疎水利用問題、吉野熊野国立公園内の北山川水力発電所建設問題を論議したが、しかし尾瀬問題を討議した形跡は残されていない。[21]

1952年1月18日に開催された日本自然保護協会の評議員会においては、厚生省国立公園部「田中技官から各公園地域内の電源開発予定に関する一般的な説明があった後、本田技官から2時間余りに亘って熊野川、琵琶湖、尾瀬ヶ原地方の資源局計画の実状に就て、専門的立場から細々と解説され来会者に深い感銘を与えたが、所詮資源開発と自然保護とは両立し難く、本協会の使命の一層重大なことを痛感せしめた」と報じられていた。[22]

この会議では、はっきりと日本自然保護協会が、尾瀬ヶ原の電源開発計画の存在を確認し、反対の意向を示していることがわかる。しかし当日開かれた理事会は、「特に押迫った事情にある大雪山公園層雲峡、吉野熊野公園の北山川の問題」について論議し、尾瀬ヶ原電源開発問題を取り上げなかった。[23]

したがって日本自然保護協会は、まだ尾瀬ヶ原電源開発計画については緊迫したものとして真剣に対応していなかったことがわかる。

一方、1952年2月25日、国立公園協会あてに、同年9月開催の第3回国際自然保護連合総会への招待状が届いていた。国立公園協会は、代表を出席させることができなかったので、英文のレポート「日本における自然保護と水力開発」を送ることになった。[24]

この報告書の中で国立公園協会は、当時問題の中心であった北山川、黒部渓谷の問題とともに、尾瀬ヶ原の「水力発電」計画の概略を述べ、「尾瀬ヶ原は景観的には勿論、地形、動物、植物学的にも貴重なものを多数包含し、水力発電計画により貯水池と化して水没することはわが国の自然保護上重大な問題であって、国立公園を主管とする厚生省並びに当協会では従来から極力反対しており、世論も之を重大視しているが、水力発電側ではこれを一方的に計画を推進しようとしている」と報告し、国際世論に訴えた。[25]

こうした報告書を見れば、国立公園協会や日本自然保護協会が、理事会や評議員会で逐一尾瀬ヶ原電源開発計画に反対を表明していなくとも、一貫し

て尾瀬ヶ原電源開発計画に反対していたことが理解できる。

なおこの報告書は、状況的に見れば田村剛が書いたものと思われるが、国立公園協会は、黒部第四発電所建設計画について「当協会は極力この計画に反対すると共に若し已むを得ざる場合は、堰堤式発電所により上廊下、下廊下の渓水に変化を加えない計画の実施を要望している」と述べている。ここでは、黒部第四発電所建設計画反対より尾瀬ヶ原の電源開発計画反対のほうにより力を入れる姿勢が認められており、われわれは、このことに注目しておきたい。

1952年5月にOCIの報告書が公表された。これをうけて、1952年6月13日に開催された日本自然保護協会の評議員会では、さっそく「米国資本に依る尾瀬ヶ原の電源開発計画への対策に関する件」を議題にあげて、「尾瀬ヶ原の電源開発については、最近のOCI（アメリカ技術調査団）より発表された勧告、すなわち只見川本流開発案の内容並びに将来の見込みについて詳細な説明を聴いた」と報告され、勧告に注目している。

その後1952年9月3日、理事長の田村剛の病気と夏の熱さのため開催されなかった日本自然保護協会の評議員会が久しぶりに開催された。この評議員会では、カラカス国際自然保護連合総会の報告がおこなわれ、只見川に関するOCI調査団の勧告について報告され、「わが国土の自然保護も決してゆるがせに出来ない緊迫した状態にあるためか、列席者各位が異常の熱心を示され、頗る有意義な会合であった」と報じられている。

日本自然保護協会は、国際自然保護連合総会に大いに注目した。しかしその後、日本自然保護協会も国立公園協会も、尾瀬ヶ原電源開発計画問題についてしばらく言及することはなかった。1953年1月23日の日本自然保護協会の評議員会は、多くの問題を論じたが、尾瀬ヶ原電源開発計画問題を議題にあげなかった。

ところが1953年5月4日、外務省をつうじて総理府科学技術行政協議会事務局長あてに、「国際自然保護協会から自然保護についての要請に関する件」という要請文が届けられた。

その内容は、「1952年9月カラカスにおいて開催された国際自然保護協会第3回総会は、ロンドン会議及びワシントン会議の定義する国立公園及び特別自然保存地をおびやかしている危険に対する関係政府の注意を喚起する」、そして日本の政府関係機関にその旨を通達するように要望し、大会決議を添

えたものであった。[30]

　その大会決議は、尾瀬ヶ原の電源開発計画を名指してはいなかったが、明らかに、尾瀬ヶ原、北山川、黒部の各発電所開発計画を批判し、政府にたいし厳しく自然保護を要求するものであった。[31]

　これをうけて国立公園協会は、理事長田村剛の名義で、政府関係機関のほか電源開発会社、9電力各社にたいし国際自然保護連合の関係資料を送付し、自然保護を訴えた。[32]

　この国際的圧力は、どの程度日本政府に影響を与えたか必ずしも明らかではないが、尾瀬ヶ原の電源開発計画にたいして少なからぬ影響を与えたことは疑いない。

　国際的支援を背景にして元気づいた厚生省は、1953年6月24日に開催された国立公園審議会の国立公園計画特別委員会で、「日光国立公園特別保護地区計画について」提案した。『国立公園』誌の報告によれば「日光……国立公園の特別保護地区については慎重なる調査並に他省との折衝の結果今回の原案をえた」と提案されて議論された。[33]

　明らかに「尾瀬ヶ原については12万キロワットの発電計画」があることが前提で論議され、「尾瀬の発電と自然保護とは両立し難い、開発の一番最後の段階の時に計画して貰いたい」として、発電計画の先送りが主張された。[34]

　こうして1953年12月22日に国立公園法に基づいて厚生省は、日光各地のほか尾瀬地区、8,650ヘクタールを特別保護区に指定した。[35]

　『日本自然保護協会事業概況報告書』は、「これにより今後尾瀬ヶ原保存問題に貴重な裏づけを得たものと喜びに堪えない」と指摘している。[36]

　これは重大なことである。厚生省は、黒部については計画中止の手段・措置をこうじなかったが、尾瀬ヶ原については、特別保護地区に指定し、計画を阻止しようとする法的な楔(くさび)を打ち込んだのである。

　さらに厚生省は、鉱山法に則って1956年に尾瀬ヶ原を「鉱区禁止地域」に指定し、必ずしも尾瀬ヶ原で鉱山開発計画があったわけではないが、開発規制に歯止めをかけた。[37]

　文部省もまた、貴重な文化財と自然を天然記念物に指定して保護行政を強めていた立場から、尾瀬ヶ原の保護に乗り出し、積極的な活動をおこなった。

　戦前から尾瀬の保存に熱心に取り組んできた文部省は、厚生省とともに1948年、49年にかけて尾瀬ヶ原電源開発計画反対の運動に積極的に関与して

きた。この反対運動をおこなっている最中の1950年に文部省は、東大教授の辻村太郎（地質学）、鏑木外岐雄（動物学）、本田正次（植物学）の3名からなる尾瀬ヶ原調査団を派遣した。これは、尾瀬ヶ原を天然記念物に指定して、開発から尾瀬ヶ原を守ろうとする意図をもったものであった。

文部省は、この調査とは別途に日本学術会議の協力のもとに尾瀬の大々的な調査を企図し、実行していた。この調査は、1950年3月に現に危機にさらされている尾瀬について「純学術的立場から尾瀬ヶ原を総合的に徹底的に調査研究することの急務を痛感」して、日本学術会議の植物学・動物学・地質学の研究者が集っておこなうことになったものである。

調査は総勢52名の全国から集められた学者から編成され、1950年度から3ヶ年かけておこなわれ、中間研究発表をおこないつつ1954年7月『尾瀬ヶ原総合学術調査団研究報告』として公表された。

報告書の「あとがき」は、「できるならば、あの美しい、心のふるさととも思われる尾瀬の自然が近視眼的な少数の人間によって破壊されることは防ぎたいものである」と指摘し、きわめて控えめであるが、尾瀬ヶ原の保存を訴えた。

こうした尾瀬ヶ原の学術調査を踏まえて文部省は、尾瀬の天然記念物指定の準備をおこなったのである。

文部省は、とくに戦前来尾瀬の保護にはことのほか熱心であった。戦前は尾瀬の天然記念物指定に成功しなかったが、1948年に尾瀬ヶ原の電源開発計画案で消滅の危機にさらされたときも、文部省は史蹟名勝天然記念物保存法の精神に基づいて尾瀬ヶ原を保存するために積極的に活動した。

戦後の法体制整備の過程で、史蹟名勝天然記念物保存法は他の法律と一緒にされ、1950年に文化財保存法の第5章におさめられた。

尾瀬の場合には、戦前から文部省によりたびたび指定が意図されたが、商工省の反対で実現しなかった。文部省は、1948、49年に尾瀬ヶ原電源開発計画が提起されるや、今度こそ尾瀬を天然記念物に指定して尾瀬を保存しようと試みたのであった。今度はそうした努力が実って、尾瀬は先ず1956年に天然記念物に指定され、さらに1960年には特別天然記念物に指定されることになる。

話をもとに戻そう。

地元の福島県でも尾瀬ヶ原電源開発計画にたいする大きな反対運動の動きが見られた。1954年8月16日の『福島民報』は、「〝尾瀬〟の保存問題再燃、

県学術界の意見まとめ強力運動」と題してつぎのように報じている。

　　　田子倉地区の開発を踏切に奥只見電源開発は急に進展する雲行をみせているが、これにともなって日光国立公園の自然美を代表する尾瀬ヶ原の保存問題が再燃、県教委では9月はじめにひらく文化財専門委員会で県学術界の意見をとりまとめ、建設、通産両省にできる限り保存するよう呼びかけることになった。県内文化関係者、学術団体は尾瀬湿原が低緯度地帯では世界でも有数な自然美を原形のままとどめていることを理由に〈近視眼的な少数の人間によって破壊されることをぜひ防がなければならない〉と強硬な意見をとなえている。

　文化財保護委員会は、天然記念物に指定する場合には、地方自治体教育委員会の意見を聞かなければならなかったので、文部省は、福島県の教育委員会の協力をもとめたのである。
　国立公園協会と日本自然保護協会の理事長である田村剛は、1954年12月の『国立公園』誌に掲載された小論文「自然保護運動の展開」の中で、「近時尾瀬ヶ原の発電計画については、絶対にこれを認めない方針で臨んでいる」と宣言している。
　以上のように、1951年から1954年にかけての尾瀬ヶ原電源開発計画に反対する動きは、厚生省と文部省を中心に、尾瀬ヶ原電源開発計画を確実に規制する法的な体制を整備しながら展開されたのである。

3　戦後後期の第2次後段の尾瀬ヶ原電源開発計画の提起

　政府は、1953年7月に尾瀬・只見電源開発計画の政府案を提出し、各県・機関の意見をまとめて、1954年8月に「奥只見特定地域総合計画」を策定した。
　福島県議会は、1955年2月定例議会で、OCI「奥只見特定地域総合計画」を支持して、「只見特定地域総合開発の促進について」という意見書を採択していた。1956年3月に政府は、「奥只見特定地域総合計画」を閣議決定した。こうしてにわかに尾瀬ヶ原電源開発計画の実現がクローズアップされてきた。

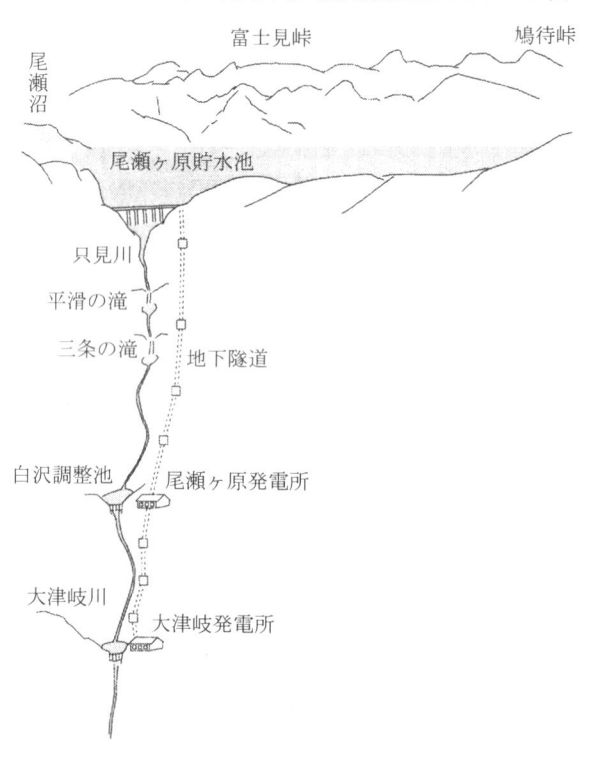

図8-1　1955年の尾瀬ヶ原電源開発計画のイメージ図

注　図は筆者による作成。

　1955年6月8日に開かれた日本自然保護協会の特別委員会の報告によれば、この計画はつぎのようなものと紹介されている。[46]

　　尾瀬ヶ原温泉小屋付近に高さ55米、提頂長さ730米のダムで締切り、有効貯水量1億2,500万立方米の貯水池を造り、この貯水池から延長41,000米の隧道により水を導き、三条の滝より約5粁下流の白沢合流点付近において、落差495米、最大出力12万kWの発電所を設け、年間1億8,000万kWhの電力を得ようとするものである。
　　計画によれば、尾瀬ヶ原貯水池発電所の工費は82億3,000万円で、昭和33年度に10億円を計上して着手し、昭和36年竣工を予定している。
　　只見特定地域における電源開発事業が完成すれば、最大出力213万kW

であるが、尾瀬ヶ原発電所はその5.6%に当る。

この計画は、以前の計画より若干縮小されたものであった。

4 第2次後段の尾瀬ヶ原電源開発計画案反対運動と計画の中断

1955年に第2次尾瀬ヶ原電源開発計画が実施にうつされる時期に、さっそくしばらく問題から遠ざかっていた日本自然保護協会が積極的に動きだした。日本自然保護協会は、黒部第四発電所建設問題などと合わせ緊急の自然保護にかかわる問題が生じているとし、1955年6月8日に第1回特別委員会を開催して、「日光尾瀬ヶ原の電源開発問題」を協議した。(47)

この特別委員会には、以下の20名の委員、1団体が選ばれた。(48)

田村　剛	東　良三	井上万寿蔵	石神甲子郎	鏑木外岐雄
岸　衞	本田正次	三田尾松太郎	足立源一郎	冠松次郎
佐藤　久	関口　泰	田中啓爾	武田久吉	辻村太郎
中沢真二	松方義三郎	三浦伊八郎	村井米子	吉阪俊蔵
日本山岳会				

これらのメンバーが、どのような人物であったかについてはすでに論じてあるので再論しないが、ほとんど尾瀬保存期成同盟以来の自然保護運動家たちであった。(49)

第1回特別委員会では、「田村理事長から尾瀬ヶ原と黒部峡谷の電源開発計画についての概要の説明があり、続いて担当係官たる国立公園部の田中（敏）技官より詳細な説明があって懇談に入った」と報告されている。また「最近に至って福島、新潟両県から、只見特定地域総合開発計画が内閣総理大臣に提出された。」とし、先に紹介した日光尾瀬ヶ原電源開発計画について報告がなされた。この会合では、詳しい対策については論ぜられず、つぎの会議に委ねられた。(50)

1955年7月9日に第2回特別委員会が開催された。「会議は田村理事長の挨拶に始まり、先ず尾瀬ヶ原の問題について、各委員より活発な意見の発表、交換」があり、具体的につぎのようなことが話し合われた。(51)

第1に「文部省の文化財委員会においては、文化財として保護のため現状

と指定の範囲を調査する」、第2に「尾瀬ヶ原は現在国立公園法に基いて、特別保護地域に指定されており、なお鉱区禁止地域に指定の手続中の由で保護については万全の策を採っている」、第3に「地理学専門学者の意見として、尾瀬ヶ原は北欧・北米の高層湿原と異り、基盤が火山地形から成ること、池塘の形状、分布、高低等変化が極めて多いこと等の点からも、国際的に誇り得る高層湿原である」などであった。

こうして第2回特別委員会は、「尾瀬ヶ原を保存することは出席者全員の賛成を得たので、陳情書を関係方面に発送すること」を決議し、「陳情文は理事に一任すること」に決定した。なおこの問題は国際自然保護連合にも理由を付して送ることになった(52)。

以上のことは、実は、厚生省・文部省とで尾瀬ヶ原を保護する法体制を整備し、尾瀬ヶ原電源開発計画をほぼ完全に阻止する体制を構築していたということを意味した。この体制を無視して、政治力を発揮して計画を強行することは相当に無理かつ困難となったと言わなければならない。

日本自然保護協会の提出した「尾瀬ヶ原の電源開発計画に関する反対陳情書」は以下のとおりであった(53)。

　　　尾瀬ヶ原は標高1,400米、東西7キロ、南北2粁に拡がる一大湿原で、日光国立公園中の秘境で、その高層湿原はこれを囲む4周の山地森林と共に、完全に原始状態を保存する広大な地域であって、日本国土有数の自然保護区域として知られ、国立公園としてはその重要性に基づき特別保護地区に指定し、一切の人工を排除することとしており、文部省は文化財保護法により、天然記念物並に名勝に指定準備中であり、関係官庁その他の団体は数次に亘る調査を行い、世界的に貴重な文献を発表している。尾瀬ヶ原は単に本邦最大の高層湿原であるばかりでなく、日光国立公園中に存する火山噴出による熔岩の堰止により生じた中禅寺湖・戦場ヶ原と共に大地形を為し、この両者の中間の状態を示す湿原で、この三者は景観上その一つをも欠くことは許されないのである。

　　　然るに只見川水系の発電計画は下流より上流に向って進み、近くその上流に堰堤を設け、この湿原一帯を湖底に埋没する計画に着工しようとして、国土総合開発法により、その手続がとられたと聞く。しかるにこの計画が無暴極まるものであることは、水力発電に関係する当事者の間

第8章　戦後後期の日光国立公園内の尾瀬ヶ原電源開発計画と反対運動　263

にも、反対の声があるばかりでなく、昨今のわが電気事業の大勢は火主水従の有力説も行われ、世界のエネルギー源としては、原子力がこれにとって代るべき時代が近づきつつある際であるので、尾瀬ヶ原の如き、全日本的乃至世界的大自然景観に於ける発電は、他に代替地を多く残している限りは、絶対に許さるべきものではないと確信する。本会先に絶対保存の意見を決議して、関係方面に対して陳情し、更に国際自然保護連合にも訴えた結果、同連合からは外務省を通じて、日本政府関係当局に勧告がなされた条件があるに拘わらず、今日尚電気当局の反省する所がないのを見て、本会は更めて特別委員会の議に付し、再び本件を議題に供したのであるが、何等の異見を見ず、全員一致して絶対反対を即決したので、ここに再度陳情する次第である。

　因に尾瀬ヶ原は高層湿原として広大であるばかりでなく、燧岳火山の堰止により生じた地形であること、細流池塘浮島等の微小地形の複雑なこと、その地形に応じて独自の植生を伴い、尾瀬ヶ原のみに生存する動植物の存する点、その総合景観の雄大でしかも繊細、真に神秘を極める点等で、内外に比類を見ないものである諸点が列挙せられ、学術並に観光上他にかけがいのないものと断じられたのである。

　　　昭和30年7月9日
　　　　　　　　　　　　　　　　　　日本自然保護協会特別委員会

　尾瀬ヶ原電源開発計画反対論の根拠などをここで改めて指摘するまでもないが、国際自然保護連合の批判にかかわらず「今日尚電気当局の反省する所がないのを見て、本会は更めて特別委員会の議に付し、再び本件を議題に供した」との指摘が注目される。

　こうした反対陳情書は、尾瀬ヶ原電源開発計画の実施にとどめを刺すことになったのではなかろうか。

　その後、厚生省国立公園部は、かねて尾瀬を鉱区禁止地域に指定の手続中であったが、総務庁の土地調整委員会の承認をえて、1956年1月27日付けで、尾瀬沼、尾瀬ヶ原は、戦場ヶ原、鬼怒沼とともに、鉱区禁止地域に指定された。
(54)

　もっとも、尾瀬の鉱区禁止地域指定は、鉱山開発への歯止めであり、電源開発への歯止めではなかったが、国立公園行政当局の何がなんでも尾瀬を守

れという姿勢が読みとれる。

　文部省は、尾瀬ヶ原を永久に保存するために天然記念物に指定する活動をおこなった。文化財保護委員会は、1955年9月に尾瀬調査をおこなった。そして1956年8月9日に文部省は、宿願であった尾瀬の天然記念物化に成功した。

　さらに文部省文化財保護委員会は、1955年に尾瀬調査をおこなって、尾瀬を特別天然記念物に指定する努力を重ね、ついに1960年3月1日に特別天然記念物に指定することに成功し、尾瀬ヶ原電源開発に決定的な歯止めをかけた。

　かつて日本自然保護協会が第1次尾瀬ヶ原電源開発計画反対運動でおこなった尾瀬ヶ原を保護するための署名運動を、今度は、尾瀬の住人平野長英が、1955年に個人的におこない、2,469名の署名を集めた。

　『国立公園』誌は、第1次尾瀬ヶ原電源開発計画反対運動の際におこなったように、「たまたま尾瀬ヶ原長蔵小屋主人平野長英氏が、尾瀬ヶ原保存の署名帳を持参されたのでこれを分析した」として、署名者の内訳を詳しく表示した。

　日本自然保護協会は、1955年7月9日の特別委員会以後、尾瀬ヶ原電源開発計画が中止されるという認識にたったのであろうか、尾瀬ヶ原問題を取り上げてこなかった。ともあれ尾瀬ヶ原電源開発計画が中止されたと言うのであれば、日本自然保護協会としてその運動について何らかの総括をおこなうべきであるが、そうした気配を残していない。こうしたことは、ちょっと理解し難いことである。

　日本自然保護協会の歴史を記述した『自然保護のあゆみ』は、「その後尾瀬ヶ原問題は幸いにも着手されず一応危機が去った」と指摘するのみで、詳しい事情について何も言及していない。

　『福島県史』は、わずかに昭和「31年7月にすべて解決した」と指摘し、また『尾瀬と只見電源開発』も、「昭和31年8月、尾瀬は天然記念物、昭和35年3月に特別天然記念物に指定され尾瀬ヶ原の貯水池化による電源開発は自然取り止めの状態になった」と指摘するのみであった。そのほか『電源只見川開発史』、『電源只見川開発秘話』、その他の文献もこの点について何も言及せず、何とも不思議な終焉である。

　残念ながら私は、1956年3月に閣議決定された「奥只見特定地域総合計画」

に、尾瀬ヶ原電源開発計画がふくまれていたかどうか確認できなかった。厚生省は、国立公園内の開発計画については、国立公園審議会（1961年9月からは自然公園審議会）で審査し、その可否を決定しなければならなかったが、尾瀬ヶ原電源開発計画は国立公園審議会にかけられた気配はない。また、総理府所管の電源開発調整審議会でも尾瀬ヶ原電源開発計画案が審議されなかったと思われる。

ともあれ、尾瀬ヶ原電源開発計画案は、たとえ閣議決定にふくまれていたとしても、国立公園審議会の許可がえられなければ、けっして実施できなかったので、私は、尾瀬ヶ原が1956年8月に天然記念物に指定されることになってから、当局により放棄されたと理解している。

こうして厚生省・文部省の政府機関から反対され、かつ強力な自然保護体制、開発規制体制を整備され、国民的な反対運動にさらされて、尾瀬ヶ原電源開発計画は1956年に消滅してしまったようである。

それは、当事者によって大々的に計画の中止が宣言されることなく、こっそりと只見川電源開発総合計画から姿を消していったのである。あたかも、国立公園審議会が黒部第四発電所建設計画を承認し、厚生大臣がその計画に許可を与えたちょうどその時期にであった。

5 小 括

以上のように、尾瀬ヶ原保存のための尾瀬ヶ原電源開発計画反対運動は、計画を中止させたことで、国立公園内の自然保護運動において傑出した特記すべき運動であった。

最後にここで尾瀬ヶ原電源開発計画反対運動が、なぜ勝利したか、あるいは逆になぜ尾瀬ヶ原電源開発計画が頓挫し中止せざるをえなかったのか、について検討しておきたい。

一般的に言えば、尾瀬ヶ原電源開発計画反対運動は、商工省、電力会社など開発計画推進勢力の力を上回って、開発計画を中止させ、勝利したということであり、尾瀬ヶ原電源開発計画推進勢力は、勢力が弱く反対運動に抗しきれず、計画を実現できずに敗退せざるをえなかったということである。

では、なぜ尾瀬ヶ原電源開発計画推進勢力は、計画を中断せざるをえなか

ったのか。その敗因は5点ほどあげられる。

　すなわち第1に、尾瀬ヶ原電源開発計画の対象である尾瀬ヶ原が、地質学的地理学的な面で技術的に著しい弱点をかかえていたこと、第2に、尾瀬ヶ原電源開発計画には、厳しい法的開発規制の網がかけられていたこと、第3に、尾瀬ヶ原電源開発計画勢力が弱体でその上足並みが乱れていたこと、第4に、尾瀬ヶ原電源開発計画勢力は、地元をはじめ世論的にも開発への同調を組織できなかったこと、第5に、東京電力を中心とする尾瀬ヶ原電源開発勢力が強力な反対運動にあって自信を喪失していたこと、などがあげられる。

　まず第1敗因について検討してみよう。

　尾瀬ヶ原電源開発計画については、戦前から地質学的・地理学的な、かつ開発技術的困難が指摘されてきた。

　この点については、すでに戦前の尾瀬電源開発計画反対運動において武田久吉、安達成之らによって指摘されてきた。[64]

　戦後には、1950年に日本発送電の尾瀬ヶ原電源開発計画案について、登山家で鉱業経営者、尾瀬保存期成同盟の一員であった三田尾松太郎は、貯水池化とダム建設の技術的困難性についてつぎのように指摘した。[65]

　　尾瀬は噴火に因る爆烈地帯で、溶土、溶岩、樹草などが地底深く埋もれ、調査を進めれば進めるほど困難に逢着する事情から完全なる確信を基礎調査は未だ出来ていないと想う。

　　尾瀬の豊水と地理的見地からすれば、とうの昔に実現していなければならない筈である。然るに爾来廿数年着工もせずしてそのままであるのは、工事上の困難に存するものと推測せざるを得ない。これについて、なぜ起工を遅らせているのかと先年東電当局に訊したことがある。その答えは、調査中で未だ着工するまでに達していない、着工が少々遅れても確信を得るまで完全な調査を遂げないと、後日もし技術上の粗漏から、事故を起すことがあってはならないと、暗に尾瀬貯水工事の困難をほのめかしていたことを、いまに記憶している。

　　激甚を極めた噴火、地烈、崩壊せし危険地帯を、人為で征服せんとする着想かもしれないが、あまりにも現状を無視した暴挙であって、健実性を貴ぶ斯道権威者の計画とは想われない。私は各地の山を相当広く経巡ったが、噴火した山上附近には数多く山湖が見られるも、これを利用

したダムの建設を未だかつてみたことがない。尾瀬計画はよほど基盤条件を安易にみているようだが、仮に施工が可能であるとしても、地震の多い吾国では先きのことを考慮すれば、かゝる山上の危険地帯は避くべきが当然であろう。唯本計画は渇水期の調節を主眼にして計画したものであって、現状を軽視し、将来策を考えざる嫌いがある。

　三田尾の指摘は要点をまとめるまでもない明快なものであった。さらに注目すべきは、1951年に尾瀬ヶ原を調査したOCI調査団でさえ、尾瀬ヶ原ダム建設の困難性について懸念をもっていたほどである。当のOCIの報告書も、「建設上の難点」として、「総ての水力発電所の建設中に遭遇する普通の工事上の問題の他に、只見川開発工事計画のうち若干のものは工事中に更に困難に遭遇するであろう」として、詳しい指摘をおこなっている。

　とくに尾瀬ヶ原の工事について見れば、まず「輸送」上の隘路として、尾瀬ヶ原までの道路の敷設、それにともなう工事の生み出す被害の示唆、「天候」上の隘路、標高1,400メートルの尾瀬ヶ原の4メートルの積雪、「冬の風雪」による「出入道路及び工事道路」が「雪の吹寄せに依って重大な困難に遭遇する」ことを指摘する。

　「大規模な計画地点」にともなう隘路として、尾瀬ヶ原で必要とする「ロックフィルダムのための岩石運搬用トラック群と大規模掘削設備」、さらに「供給及び保守用の工場」資材、「大量の燃料油、潤滑油、部品その他の資材」の搬入がある。しかも天候の悪条件の中での困難性がある。

　もっとも、こうした弱点、欠陥は、近代的先進的な技術をもってコストを無視して膨大な資金を投じれば、克服可能であると考えられることも事実である。しかしその可能性も、たとえば黒部第四発電所のように、日本アルプス形の頑強な山岳地帯にあって、資材運搬用にトンネルを穿ち、高額な資本を投じ近代技術を総動員して困難を克服したのとは違って、近代技術をしても、安達の指摘する尾瀬ヶ原の脆弱な地質基盤と、貯水池が完成したのちの貯水池の不安定性を克服することはほぼ不可能ではないか、という疑問は残されたのである。

　こうした技術上の隘路は、尾瀬ヶ原電源開発の実行に際して、計画推進勢力内部でも大きな懸念材料となり、推進勢力の結集力を弱め、推進派の大きな敗北要因の一つとなったと言わなければならない。

尾瀬ヶ原電源開発計画勢力の第2の敗因は、反対運動が、尾瀬ヶ原電源開発計画にたいする厳しい法制的規制を施されていたことである。

　尾瀬ヶ原電源開発計画反対運動の力によって、厚生省は国立公園法に基づいて1953年6月に尾瀬ヶ原を特別保護地区に指定し、厳しい開発規制をかけた。特別保護地区内での開発計画については、国立公園審議会の厳しい審査をへて大臣の許可を必要とした。

　だからもはや、尾瀬ヶ原電源開発計画は、超越的な政治的圧力がなければ、行政的には国立公園審議会の許可も厚生省の許可もえられる可能性がなかったのである。ちなみに中部山岳国立公園内の黒部第四発電所建設計画の場合は、開発の歯止めとなる特別保護地区の指定がなされていなかったのである。

　さらに、文部省の加えた施策も大きな規制となった。第2次尾瀬ヶ原電源開発計画が1950年代はじめに提起されるや、文部省は文化財保護法に基づいて尾瀬を天然記念物に指定するように努力し、その間、尾瀬ヶ原の開発に待ったをかけつつ、1956年8月に尾瀬を天然記念物指定に成功した。これも1956年に第2次尾瀬ヶ原電源開発計画を中止させた大きな要因の一つであった。

　さらに文部省は、1960年までに尾瀬ヶ原を特別天然記念物に指定するようにつとめ、その間開発に待ったをかけ続け、最終的に1960年にことに尾瀬ヶ原を特別天然記念物に指定することに成功した。

　尾瀬ヶ原については、やや例外的に厚生省と文部省が一丸となって、自然保護のための体制の法的な整備をおこなったということに留意しておかなければならない。

　尾瀬ヶ原電源開発推進勢力の第3の敗因は、尾瀬ヶ原の電源開発計画推進勢力の弱体に加え、推進派内部の確執、電力会社、地方自治体間の確執による足並みの乱れがあったことがあげられる。

　ダム建設による尾瀬ヶ原を貯水池化する案の放棄は、早くも1948年3月に新潟県から提出されたいわゆる「3月案」に見られ、反対運動側の支持をえたことがある。この3月案は、政府の圧力で新潟県により撤回され、元の尾瀬ヶ原の貯水池化案に戻ったが、明らかに反対運動に配慮した新潟県の良識を示すものであった。

　福島県の本流案派と新潟県の分水案派との対立も、計画推進を妨げ、反対運動にプラスした。

尾瀬ヶ原電源開発計画推進勢力の第4の敗因は、開発推進勢力が地元住民を味方に付けられず、とくに電源開発によって尾瀬の観光化を促進するとの言辞をもって観光業界を味方に付けることができず、開発推進勢力を結集することができなかったことがあげられる。

尾瀬ヶ原電源開発計画は、尾瀬ヶ原の貯水池化で山小屋経営者を山から追い出し、周辺の住民から観光資源を奪うことになるので、尾瀬ヶ原の山小屋経営者、周辺地元にとってまったくメリットをもたらさず、地元住民はもとより、中央の観光業者からも支持をえることができなかったのである。

このことは、尾瀬ヶ原電源開発計画反対運動に、1950年頃の尾瀬保存期成同盟のメンバーの学者・文化人のほか、多くの登山界の人たち、一般登山家から山岳会の会長、元運輸官僚で全日本観光連盟理事長の武部英治、檜枝岐村村長の星数三郎、新潟県十日町町長中山意次など地元の首長などが参加していたことによって証明される。(68)

ちなみに黒部第四発電所建設計画の場合は、地元や観光業界に大きな観光開発への期待をいだかせ、住民や観光業界を計画推進勢力に組み入れることに成功したのであった。(69)

尾瀬ヶ原電源開発計画推進勢力の第5の敗因は、尾瀬ヶ原電源開発計画の推進勢力が、先に指摘した技術的な弱点、勢力の分散、強力な反対運動によって計画の実行に自信を喪失していたことがあげられる。

武田久吉は、戦前の経営者について「幾年経っても工事の噂を聞かない尾瀬の発電計画は水電会社もその非を悟って放棄したものかと聊（いささ）か感心して居た」と述べ、経営者の逡巡を指摘していた。(70)

また三田尾松太郎も、1950年に経営者の動揺について尾瀬ヶ原電源開発が「なぜ起工を遅らせているのかと先年東電当局に訊したことがある。その答えは、調査中で未だ着工するまでに達していない、着工が少々遅れても確信を得るまで完全な調査を遂げないと、後日もし技術上の粗漏から、事故を起すことがあってはならないと、暗に尾瀬貯水工事の困難をほのめかしていたことを、いまに記憶している」と述べ、経営者の動揺を指摘している。(71)

1948年に新潟県が尾瀬ヶ原のダム化を撤回する3月案を提起したことも、計画推進者の動揺の証しであった。

『福島民報』は、1951年のOCI尾瀬調査団の調査に際してすでに「発電計画をたてている建設省、通産省あるいは公益委との論争もどうやらけんかに

ならないうちにさたやみとなる公算が強いように見受けられた」と、建設省・通産省あるいは公益委の弱気と動揺を洞察している[72]。

田村剛も1956年8月に、「尾瀬ヶ原については黒部川のように妥協の方法は全くなく、又電力側でもあきらめているようにみえる」と経営者の逡巡を指摘している[73]。

以上のように、尾瀬ヶ原電源開発計画推進勢力は、黒部第四発電所建設推進勢力のように確固たる自信を持ち合わせてはいなかったのである。

尾瀬ヶ原電源開発計画派の第6の敗因は、尾瀬ヶ原電源開発計画の中止・中断に必ずしも大きなリスクがともなわず、計画中止が容易に可能であったことである。

事実、尾瀬ヶ原電源開発計画は、戦後の奥只見総合計画のごく一部にしかすぎず、尾瀬ヶ原発電所の発電力は、1947年の日本発送電の計画案では14.3万kWであり、総合計画の総発電力181.6万kWの7.8%にすぎなかった[74]。また1954年の福島県案では、全体が191万kWで、尾瀬ヶ原発電所は12万kWで全体の6.2%にすぎなかった[75]。

要するにほかの発電所計画で、尾瀬ヶ原電源開発での喪失分は解消できたし、回復できなかったとしても、大した大きさではなかったことは、尾瀬ヶ原電源開発計画を中止しても、それほど大きな損害・リスクとはならなかったことから明らかである。しかも開発工事は、下流から上流に向かってすすめられたから、上流でのごく一部の計画中止は、下流での計画に何も影響を与えなかったのである。

こうした事情は、尾瀬ヶ原発電計画の中止を容易にしたのである。ちなみに黒部第四発電所の発電力27万kWは単独のものであり、関西電力が社運をかけた計画であった。したがって、いかなる反対を押し切ってまでも計画を実行しなければならなかった。計画の中止は、先行投資の損失であるだけでなく、社運をかけた計画を白紙にし、ゼロにするものであった。

以上のように尾瀬ヶ原発電計画推進勢力は、それを強行するためには、すべての点であまり有利な条件をもっていなかったことがわかる。

つぎに尾瀬ヶ原電源開発計画反対運動が勝利した要因について分析しておきたい。

第1にあげなければならない勝因は、尾瀬ヶ原電源開発計画反対運動は、戦前以来、尾瀬電源開発計画反対運動の豊富な経験を蓄積しており、戦後で

も1948・49年の運動の豊かな経験の蓄積をもって1951年から56年にかけての尾瀬ヶ原電源開発計画反対運動を有利に展開しえたということであった。こうした反対運動の伝統は、上高地の場合を除けば、ほかの国立公園における自然保護運動にはまったく見られなかったことでもある。

第2の勝因は、戦後の尾瀬ヶ原電源開発計画反対運動が、何より広範囲な反対勢力を結集しておこなわれたということであった。

戦後の尾瀬ヶ原電源開発計画反対運動は、まず国立公園行政をあずかる厚生省、貴重な自然を保護するために天然記念物を所管する文部省、観光資源として貴重な自然を保護する運輸省、さらにさまざまな学会、学者文化人、観光業界、登山界、多くの一般市民、マスコミなどの広範な勢力を結集しえた。こうした広範な反対勢力の結集は、大きな力を発揮したのである。

第3の勝因は、戦後の尾瀬ヶ原電源開発計画反対運動は、開発計画を中止させる法的体制をつくりだすことに成功したことである。もとより厚生省・文部省などの行政機関が開発計画反対にまわったとしても、計画を阻止する法的システムを確立していなければ、計画の阻止を保証することはできなかった。ほかの開発事例では、上高地を除けばそうした法的システムを築いていなかったということである。

第4の勝因は、尾瀬ヶ原が首都近くにあり、反対運動をおこなうにも地の利が大きく、国民やマスコミの注目を集めやすかったということも指摘しておきたい。

この問題は、尾瀬の保護運動と一見無縁のように思われるが、黒部や北山川が僻地にあり、また北海道の層雲峡などが遠隔かつ僻地にあったことを考えれば、関東圏にあった尾瀬ヶ原の反対運動は、きわめて地理的に恵まれた有利な存在だったと指摘できる。

第5の勝因は、全体的に見て、尾瀬ヶ原の開発に賛成する勢力が小さかったという状況を指摘しておきたい。

すでに見たように、尾瀬ヶ原電源開発計画の否定は、奥只見電源開発計画全体の否定ではありえず、したがって奥只見川電源開発計画から利益をえる人たちと何ら対立するものではなかった。

尾瀬ヶ原電源開発計画はけっして尾瀬観光にプラスするものがなかったから、尾瀬ヶ原電源開発反対運動は、観光に期待する住民・観光業界を敵にまわすこともなかったのである。むしろ多くの地域住民を反対勢力として結集

することができたのである。

　しかし、周辺地域あるいは観光業界に大きな利益をもたらす黒部電源開発計画の場合と根本的に異なって、尾瀬ヶ原電源開発計画反対運動は、尾瀬周辺現地に開発賛成派がまったく存在せず、地元内部から切り崩される恐れがまったくなかったのである。

　以上のように尾瀬ヶ原電源開発計画反対運動は、きわめて長い運動の歴史をへつつ、1951年から5年にわたって展開された第2次尾瀬ヶ原電源開発計画反対運動は、やや曖昧な形であったが結果的に見ればほぼ完全勝利であったと評価できる。

　尾瀬ヶ原電源開発計画反対運動は、やや特異で例外的な存在ではあったが、しかし以上の総括から国立公園内の自然保護運動の、あるいは自然保護運動一般にとっても、あるべき姿を探求するうえで実に貴重な多くの教訓をわれわれに与えてくれていると強調できる。

　注
（1）戦前の尾瀬の電源開発計画とそれにたいする反対運動については、拙著『国立公園成立史の研究』の第Ⅱ部第3章において詳しく論じてある。
　　なお本章は、旧稿「日光国立公園内の尾瀬ヶ原電源開発計画と反対運動」、『経済志林』77-1、を修正、圧縮しものである。紙幅の関係で、資料などかなり割愛されているので、興味ある読者は、旧稿をも参照されたい。また1955年以降に生じた第3次尾瀬ヶ原電源開発計画反対運動についても、旧稿で論じてあるが、これも割愛した。
（2）この経過については、福島県編『福島県史』第14巻、「近代資料」4、福島県、1969年、の巻末の解説に詳しい。
（3）同上、69-70頁。
（4）同上、251-256頁。
（5）前掲『尾瀬と只見川電源開発』、76頁、119頁。
（6）同上、76頁。
（7）同上、90-96頁。
（8）前掲『福島県史』第14巻、258-259頁。
（9）同上、259頁。
（10）OCI『日本政府公益事業委員会に対する只見川電源開発調査報告』、公益事業委員会、1952年。なおOCIとは、アメリカ海外技術調査団（Overseas

第 8 章　戦後後期の日光国立公園内の尾瀬ヶ原電源開発計画と反対運動　273

　　　Consultants Inc.）の英語のイニシァルである。あるいは前掲『尾瀬と
　　　只見川電源開発』、99－108頁。
(11) 同上、15頁。あるいは前掲『尾瀬と只見川電源開発』、99―108頁。
(12) 同上、18頁。
(13) 前掲『福島県史』第14巻、275－285頁。
(14) 前掲『尾瀬と只見川電源開発』、77頁。
(15) 同上、77頁。
(16) 同上、132－134頁。
(17) 同上、77頁。
(18) 同上、65－67頁。
(19) 前掲『協会事業報告書』（第一輯）、16頁。
(20) 同上、18頁。
(21) 同上、25－28頁。
(22) 同上、43頁。
(23) 同上、47頁。
(24) 同上、64頁。
(25) 同上、67－68頁。
(26) 同上、71頁。
　　　黒部については、前章で詳しく論じたのであるが、そこで厚生省国立公
　　　園部首脳や田村剛らが、尾瀬ヶ原をとくに重視し、黒部第四発電所建設
　　　計画にやや冷ややかであったと指摘したが、すでに1952年の段階でそう
　　　した事実が示されていたことについての指摘を、旧稿「中部山岳国立公
　　　園内の黒部第四発電所建設計画と反対運動」、『経済志林』76－4 では示
　　　しえなかったことについて反省しておきたい。
(27) 前掲『協会事業報告書』（第一輯）、77頁。
(28) 同上、93頁。
(29) 同上、121頁。
(30) 同上、71－73頁。
(31) 同上、73－75頁。
(32) 同上、75－76頁。
(33) 『国立公園』No.45・46、1953年 8・9 月、38頁。
(34) 同上、38頁。
(35) 前掲『協会事業報告書』（第二輯）、30頁。
　　　なお『協会事業報告書』（第三輯）202頁では、日光の特別保護地区への
　　　告示は、1947年 4 月となっている。

(36) 前掲『協会事業報告書』(第二輯)、30－31頁。
(37) 同上、125頁。
(38) 前掲『尾瀬と只見川電源開発』、211頁。
(39) 尾瀬ヶ原総合学術調査団『尾瀬ヶ原総合学術調査団研究報告』、日本学術振興会、1954年。
(40) 拙著『国立公園成立史の研究』第Ⅱ部第3章の「尾瀬」の節を参照されたい。
(41) 文化財保護委員会編『文化財保護の歩み』、文化財保護委員会、1960年、490頁以下参照。
(42) 前掲『尾瀬と只見電源開発』、214頁。
(43) 田村剛「自然保護運動の展開」、『国立公園』No.61、1954年12月、3頁。
(44) 前掲『尾瀬と只見電源開発』、63－64頁。
(45) 同上、64頁。
(46) 前掲『協会事業報告書』(第二輯)、102頁。
(47) 同上、103頁。
(48) 同上、101－102頁。
(49) 本書第4章を参照。
(50) 前掲『協会事業報告書』(第二輯)、101－102頁。
(51) 同上、111頁。
(52) 同上、112頁。
(53) 前掲『自然保護に関する陳情書・意見書』、27－28頁。
(54) 前掲『協会事業報告書』(第二輯)、125頁。
(55) 佐竹義輔「尾瀬調査」、本田正次「尾瀬に考うべきこと」、日本自然保護協会機関紙『自然保護』第2号、1960年11月、4頁。
(56) 前掲『文化財保護の歩み』、262頁。
(57) 同上、262頁。
(58) 「尾瀬ヶ原保存の署名運動」、『国立公園』No.80、1956年7月、30－31頁。
(59) 前掲『自然保護のあゆみ』、122頁。
(60) 福島県編『福島県史』通史編5、近代2、福島県、1971年、801頁。
(61) 前掲『尾瀬と只見電源開発』、437頁。
(62) 国分理編『電源只見川開発史』、福島県土木部砂防電力課、1960年。『只見川電源開発史秘話』、南会津開発協会、1957年を参照。
(63) 日本の官庁資料(国会図書館)の国会議事録参照。
(64) 拙著『国立公園成立史の研究』、第Ⅱ部第3章の「尾瀬」の節を参照。
(65) 三田尾松太郎「乱暴な尾瀬案を葬れ」、『山と渓谷』No.129、1950年2月、

99頁
(66)『福島民報』1951年6月8日。前掲『尾瀬と只見川電源開発』、212－213頁。
(67) 前掲『日本政府公益事業委員会に対する只見川電源開発調査報告』、55－57頁
(68) 本書第Ⅰ部第3章を参照。
(69) 本書第Ⅱ部第7章を参照。
(70) 前掲「尾瀬と水電─回顧と批判─」、『尾瀬ヶ原の諸問題』、56頁。
(71) 前掲「乱暴な尾瀬案を葬れ」、『山と渓谷』No.129、99頁。
(72)『福島民報』1951年9月8日、前掲『尾瀬と只見川電源開発』、213頁。
(73) 田村剛「黒四開発の認可について」、『国立公園』No.81、1956年8月、2頁。
(74) 前掲『尾瀬と只見川電源開発』、44頁。
(75) 前掲『福島県史』第14巻、355－356頁。

第9章
中部山岳国立公園内の上高地電源開発計画と反対運動

はじめに
1 戦後における上高地電源開発計画の再提起
2 日本自然保護協会による初期の上高地電源開発計画反対運動
3 上高地保存期成連盟の結成と新たな電源開発計画反対運動
4 上高地電源開発計画の廃止
5 小　括

はじめに

　上高地電源開発計画は、戦前に国立公園制定以前の1925（大正14）年2月に提起されたが、内務省衛生局国立公園課をはじめ、史蹟名勝天然記念物保存協会、日本庭園協会、北アルプスの登山基地として上高地を利用していた日本山岳会、地元の自然保護学者らを糾合した上高地電源開発計画反対運動によって中止された。

　本章の課題は、戦後、1951年に提起された上高地電源開発計画とそれを中止させた反対運動について考察することである。

　第1節は、敗戦後ただちに復活した上高地電源開発計画と1954年に長野県総合開発局から提出された本格的な上高地電源開発計画について明らかにする。第2節は、上高地電源開発計画にたいする日本自然保護協会を中心とした反対運動について明らかにする。第3節は、日本自然保護協会を中心とした反対運動が新たに上高地保存期成連盟を結成して、大衆的組織的な反対運動をすすめ、最終的に通産省、長野県、東京電力が計画を放棄せざるをえなかったプロセスを明らかにする。最後に小括において、上高地電源開発計画反対運動が勝利した要因を分析する。

1　戦後における上高地電源開発計画の再提起

　上高地電源開発計画は大正期に提起されたが、大きな反対運動によって中止された。その後、1940年の戦時下にふたたび計画されたが、戦況の悪化のために実行されなかった[1]。しかし上高地電源開発計画は、戦争直後の経済荒廃の中で早くも敗戦後3年目にしてふたたび復活し、提起された。

　1948年6月の『サン写真新聞』は、上高地のダム化計画についてつぎのようにに報じた[2]。

　　上高地は地元長野縣で貯水池化を立案、大正池とそれに続く梓川上流を堰止め電力開発と松本平野のかんがいに利用しようとしているもので、ここの出力は3 40万kW（注―引用者）と見られているが、あまりにも

第9章 中部山岳国立公園内の上高地電源開発計画と反対運動　279

有名で且つ愛されている場所だけに反対の声も多く、長野県当局は立ちすくみの形になっている。日本電化ということは産業復興、ひいては国力回復のためには是非行われなければならないが、さりとて国家の文化財たるこの学問の宝庫や絶好の観光地を失ってもよいものか、或は学問研究のためには電力危機もあまんじて受けるか、各方面の意見をきいてみたい。

　（注：出力3 40万kWというのは、30－40万kWということのようである。後の計画では、梓川水系発電所全体の出力で27万kWである。）

戦後の第1次とも呼ぶべき上高地電源開発計画は、長野県が企画したものであったが、戦前の反対運動の伝統もあり、新聞が指摘しているように、立案者の長野県も自信なげで、実現が難しく、実施されなかった。

かつて内務省は、貴重な自然を保護するために、1927年に上高地一帯1万平方メートルを史蹟名勝天然記念物保存法により「天然保護区」として天然記念物に指定していたが、この天然記念物保存法の管理を引き継いだ文部省は、1952年頃に単なる天然記念物にすぎなかった上高地を「特別天然記念物」に指定し、開発から保護する法体制を固めるためにつとめていた。[3]

それにもかかわらず上高地は、戦後復興が本格化していく過程で、電源開発計画の対象とされた。1954年頃に長野県総合開発局は、商工省の産業復興政策として立案された国土総合開発法に沿って、東京電力と協力して「中信地区総合開発計画概要書」を作成して、その中で第2次とも呼べる上高地電源開発計画を提起した。[4]

「中信地区総合開発計画」は、以下のようなものであった。[5]

1　上高地明神池上流800米の地点に高45米貯留量7,400万立方米のロックフィルダムを設置する。
2　島々谷に最大18立方米を引水して第1、第2、第3発電所計124,200kW、年出力4億kWhのピーク発電所を設ける。
3　稲核（いねこき）地点に高58米のコンクリート堰提貯留量2,064万立方米を設置し、発電6,000kWhを行い、灌漑用水は上高地堰堤と併行して操作供給する。（4、5、6、7は味噌川並びに奈良井川の計画。—引用者）
8　灌漑用水は梓川系7,348町歩、372立方米、奈良井川系3,089町歩、132

立方米、計10,437町歩、用水量38.8立方米（日中最大44.6立方米）を充足する。

9　新設発電所は8ヶ所出力146,200kW、年出力5.02億kWhにて、既存発電所の出力減は1.95億kWh　差引出力増2.2億kWhであるが、新設発電所の81％がピーク発電所である（梓川には既設発電所7ヶ所〈95,700kW〉があるが、主として初期建設であるから平均負荷75％で、無効放流も44％に達する）。

10　総工事費122.7億、内電気工事費95.3億、1kW当り工事費65,000円、年出力増1kWh当り42.6円、土地改良工事費29.9億。

11　本計画の主工事は3ヵ年間、土地改良は5ヵ年計画。

「上高地堰堤計画」そのものは、以下のとおりであった。

1　地　点

上高地堰提として考えられる地点は左の3ヵ所ある。（イ）河童橋附近、（ロ）明神池下流500米、（ハ）明神池上流800米、貯留効果は下流程有利であるが、観光其の他の面より本計画は養魚池上流（ハ）を計画地点とした。

2　地質並にダム構造

左岸は粘板岩、右岸は石英班岩、河床は厚さ約80米の砂利層であるが、2、3米に一層宛の不浸透層を有する見込、特に弾性波試験の結果は深さ20米の地点にロームより固く、岩盤より軟い不浸透層があると推定されるので、之等の地質、地形を利用してロックフィルダムが適当と考えられ、次の如き構造とする。

　　基盤締切工　シートパイル及びプレパクト工法
　　心　壁　　　コンクリート
　　堤　体　　　砂、砂利、粗石、上流側1.5割、下流側1.8割
　　高　さ　　　4米
　　貯水量　　　7,400万屯
　　長　さ　　　540米
　　堰堤積　　　148万立方米
　　利用水深　　30米

満水位　　　1,590米
　3　調整計画
　　上高地方面は年雨量2,500～3,000粍である。水量の調節方針としては灌漑用水と電力渇水期の補給を目的とする。
　6月1日～9月末日迄、6～2立方米放流
　10月1日～2月30日迄、3立方米に止め貯留水位上昇
　12月1日～4月雪融迄、6～9立方米放流水位低下
　4月雪融～5月31日迄、3立方米放流水位上昇
（上高地から島々までの有効落差は805米）
　4　大正池堰堤補強
　　上高地にて完全分水を行えば大正池の残流域は37.4平方粁となり、霞沢発電所は流域面積33.1％に減少する。従って霞沢以下の各発電所の出力減に対処する為に大正池の砂防を行うと共に60万立方米を貯留して霞沢発電所も4～6時間のピーク発電所とする（大正池から龍島間既設発電所の有効落差は737.8米）。

　以上のように、「上高地堰堤計画概要」は、図9－1に示したように、上高地堰堤計画をふくむ総合計画であった。
　上高地電源開発計画は、一つは、表9－1に示したように、上高地から800メートル奥の明神池附近に高さ45メートル、横幅540メートルのロックフィルダムを築き、梓川上流に沿って7,400万トンの広大な貯水池を設置し、上高地の奥地を水没させて、上高地ダムから点線で示してあるように、ダムの水を徳本峠あたりの地下にトンネルを穿ち、島々谷川に導水し、その間に出力12.4万kWの3ヶ所の水力発電所を建設して発電すると言うものであった。
　またもう一つは、大正池に堰堤を築いて2メートルほど水位をあげて、梓川の下流で8発電所を新設して14.6万kWを発電すると言うものであった。
　この計画が実現すれば、天然記念物としての上高地の自然景観、貴重な動植物の生態が破壊され、完全に消滅することになる。そうなれば、山岳観光客を上高地から大幅に排除することになる。

図9－1　中信地区総合開発計画一般平面図（上高地ダム化の計画略図）

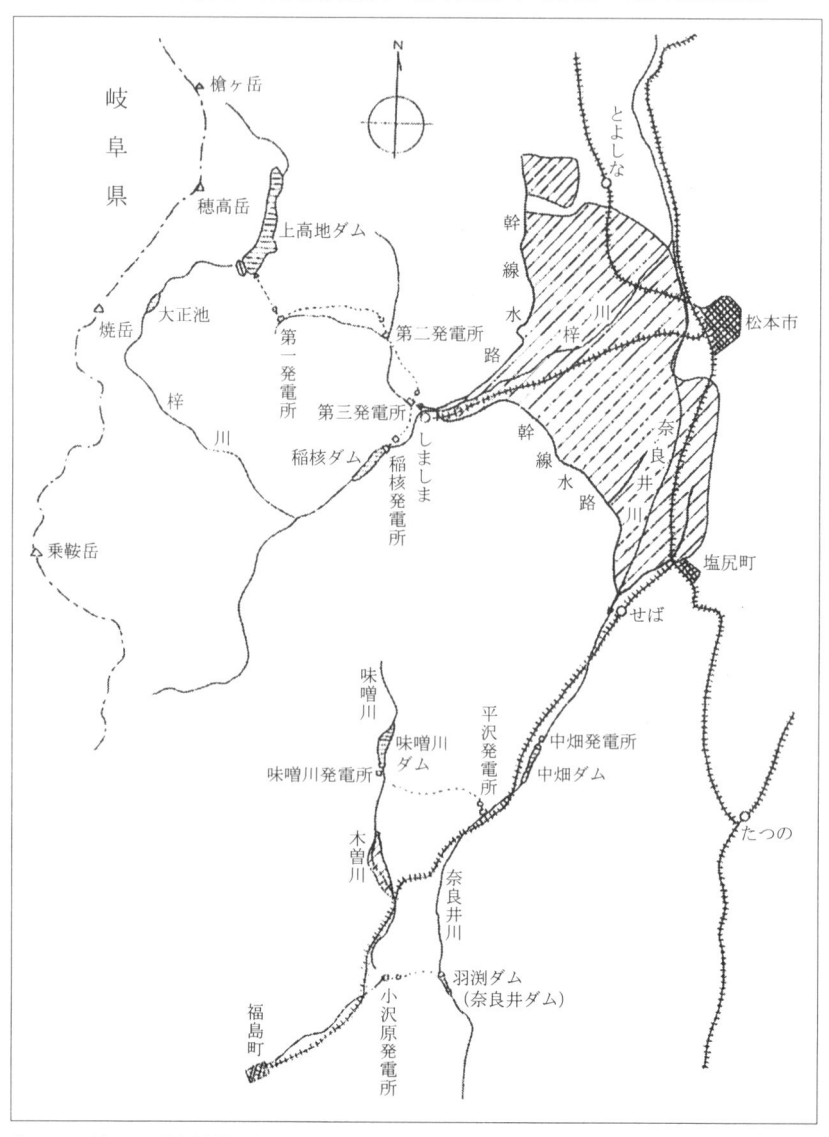

注　この地図は「中信地区総合開発計画概要書」、33－34頁から引用。

表9-1 上高地電源開発計画の指標

項　目	データ
明神池近くのダムの高さ	45m
ダムの長さ	540m
貯水量	7,400万トン
水　深	30m
3発電所の発電力	12.4万kW
大正池の水位	2mの上昇
梓川―奈良井川間	8ヶ所の新設発電所
8ヶ所の新設発電所出力	14.6万kW
総工費	120.7億円

注　「中信地区総合開発計画概要書」から作成。

2　日本自然保護協会による初期の上高地電源開発計画反対運動

　長野県総合開発局「中信地区総合開発計画概要書」は、1956年10月12日に開かれた県総合開発審議会に提出され、「同日の審議会で承認され」た[6]。しかし、すでに1954年12月にこの計画を事前に察知した日本自然保護協会は[7]、いち早く同年12月20日に評議委員会を開催し、「上高地の明神池の上に堰堤を造り、発電・灌漑・治水等に資する計画の調査が進められていることについて協議したが、中部山岳の中枢地帯に、此の種人工的の工作物を造ることに反対する陳情をすることを決定した。」[8]

　1952年の国際自然保護連盟の総会に提出された報告書「日本における自然保護と水力」においては、上高地電源開発計画は、まったく問題にされていなかったが[9]、1954年に上高地電源開発計画が提起されてからの日本自然保護協会の対応は素早かった。

　日本自然保護協会は、ただちに1954年12月20日付けで以下のような「上高地発電計画に関する陳情」を作成して、反対の意見を表明することになった。[10]

　　電源開発調整委員会に於ては、梓川上高地上流に堰堤を設け穂高貯水池発電灌漑計画案を有し之が実施につき研究を進めている由であるが、上高地より上流梓川一帯は中部山岳国立公園の盟主槍、穂高嶽を包含す

る中核地帯であって、絶対原始境のままこの神秘雄大な景観を保護する必要があるので本発電計画案を中止する様特別の御考慮を煩わしたく、本会評議員会の議決により陳情致します。
　　　昭和29年12月20日
　　　　　　　　　　　　　　　　　日本自然保護協会
　　　　　　　　　　　　　　　　　理事長、理事、評議員連名
　　　　　理　　由
　　中部山岳国立公園は我国国立公園中でも雄大な原始的景観を誇る第一流の国立公園であって、就中槍、穂高嶽を含む梓川上高地上流地帯はその高度に於て、その山容に於て、その神秘的原始景観に於て或はまたその地学的成因に於て中部山岳国立公園中の中核をなすものであるから、国立公園計画上よりも国立公園目的以外の人工を絶対に排除する特別保護地区の予定地であり、原始的大自然のままの景観を永遠に保存して之を後代に伝うべき処であります。
　　近時中部山岳国立公園の利用者は毎年増加し、特に上高地はその最も重要な利用基地としてその集団施設地区の大部分を林野庁より国立公園部に所管替をして施設整備に努力して居りますが、之より上流は前述の如く絶対保存の原始景観のままの姿を維持する事を国立公園計画上より予定しており又国民の大部分も同様に期待している処と信じます。
　　依って中部山岳国立公園の精粋たるこの地帯に発電灌漑用の貯水池を設置するが如きは、全く大自然の冒瀆であり、この地帯の大自然の景観価値は、この地点に於て発生を予期せらるる電力の経済的価値を遥かに凌駕する学術的、文化的価値があるものであるから、我国に於て発電工事を排除すべき数少ない絶対保存地帯の一つとしてこの穂高貯水池発電計画案を廃止する事を要望する次第であります。

　日本自然保護協会は、1954年12月20日に上高地電源開発計画に反対する陳情書を提出して以降、尾瀬、黒部の電源開発問題など多くの問題をかかえていたため、しばらく上高地問題を取り上げることがなかった。しかし、1956年に入って日本自然保護協会は、上高地問題をふたたび論じはじめた。
　1956年5月に黒部第四発電所建設計画が厚生省により承認され、日本自然保護協会はこれまで反対してきたにもかかわらず黒部第四発電所建設計画を

条件付きで承認した。それをきっかけにして、急遽、国立公園内の重要な自然を保護するために、日本自然保護協会は「特別保護地区」の指定作業に取り組みはじめた。

　1956年8月15日午前中に日本自然保護協会は、「自然保護地域の設定に関する件」を議題に理事会を開催し、特別委員会を組織して具体案をつくり検討をおこなうことになった。[11]

　8月15日午後に第1回特別委員会が開催された。[12]

　事務局からは、既存の自然保護区域6件と目下各省と協議中のもの9件、原案作成中のもの、未定のものなどが披露され、「特別保護地区の指定は遅れている現状なので、今後推進していきたい」との説明があった。このとき、上高地はまだ明確に特別保護地区の対象として明確にされておらず、「中部山岳国立公園」の地域は「原案作成中」としてあつかわれているに留まっていた。また田村理事長からいずれ国立公園審議会に諮られると説明された。[13]

　1956年8月31日に第2回特別委員会が開催された。委員会では、自然保護区指定の法的な根拠と管理上の問題（予算をともなわないという不備の問題）などが議論されたが、とくに中部山岳国立公園の特別保護地区指定のプランが説明された。[14]

　1956年9月10日に第3回特別委員会が、また10月12日に第4回特別委員会が開催されたが、とくに上高地の問題は協議されなかった。[15]

　しかし、1956年11月2日に開催された第5回特別委員会では、「中部山岳国立公園上高地上流ダム計画の地質調査について」という特別なテーマをかかげて、上高地電源開発計画問題が論議された。この議論は以下のようなものであった。[16]

　「中部山岳国立公園の上高地明神池上流部において、長野県及び名古屋通産局が、地質を調査したいという案件であるが、これは同所に、発電用、洪水調節用、灌漑用の目的で、巨大なダムを築造する計画に基いて、方眼状に火薬を爆発せしめ、人工地震を起して地質調査をせんとするものであって、単なる地質調査ではない。即ち此の問題は中部山岳国立公園の中枢部に致命的な自然破壊をもたらすもので、自然保護の立場からは、絶対に許可すべきでないというのが一致した意見であつたが、現地に於いて調査に着手される虞れが多いので、早急に反対陳情等の措置を講ずる必要を認めて散会した。」

　こうして日本自然保護協会は、1956年11月になって上高地電源開発計画を

ふたたび取り上げ、危機意識を感じて、厚生省、文部省、国立公園協会など と協議を重ね、積極的な対策に乗り出した。

まず国立公園協会は、1956年11月12日に、国立公園協会主催という形式で 第1回上高地ダム建設問題の対策打合会を、神田学士会館において開催した。[17]

当日の参加者および参加団体は以下のとおり。

日本山岳会	神谷恭、岩永信雄
全日本山岳連盟	高橋定昌
全日本観光連盟	平山孝、高橋進
国際観光協会	山口一重
日本風景協会	三浦伊八郎、小野鶴太郎
日本山岳会信濃支部	高山忠四朗
国立公園協会	田村理事長、藤原常務理事、川嶋常務理事
	石原理事代理、児玉理事、吉阪理事、甲賀幹事、
	千家幹事、
日本自然保護協会	東理事、石神理事、鏑木理事、三田尾理事、
	東海林幹事、池田書記、池ノ上技官

この対策打合会議は、「中部山岳国立公園の中枢部たる上高地の上流に、 巨大なダムを建設する目的で、既に地質調査を実施しつつあるよう仄聞した。 本件は国立公園保護のためにも極めて重大な問題であるので、国立公園協会 主催のもとに関係諸団体と相協力して、反対運動を行うために、緊急打合会 を開くこととした」ということであった。[18]

対策会議は、先ず田村理事長から「この問題を今後如何に取扱うべきか」 との挨拶があり、国立公園部の池ノ上技官より、上高地ダムの計画案に対す る説明がなされた。[19]

池ノ上技官は、すでに前項で紹介された計画を説明したあと、「この計画 案が実施される場合は、中部山岳国立公園の神髄部に下記の如き重大な変化 をもたらす」と述べ、つぎのような問題点を指摘した。[20]

1　上高地明神池の上流部に、高さ45米、延長540米の巨大なダムを築 造することによって、最も神秘的な自然景観が根本的に損壊される。
2　ダム築造用の砂利、採石等のために、採石場所が甚しく荒廃のおそ れがある。

3　明神池下流の既設発電所の発電量の補強を計るために、大正池の既設堰堤を2米嵩上げすることによつて、その上流部たる上高地一帯に湿地帯を生ずる虞れがある。
　4　ダムの築造によつて、下流への流量減少による上高地景観減殺が予想される。

さらに対策会議の出席者からはつぎのような発言があった。[21]

　1　この計画案は長野県総合開発審議会のもので、この案の実施を地元の農家は歓迎しているようであるから、県としては実施したい意向が強いので、この問題阻止の困難さがある。
　2　黒部川第四発電計画が許可されたからという意見もあるが、黒部の方は開発によって大衆が利用する利便が拓けるし、黒部峡谷の左岸は自然景観が保護されるが、この計画によれば、自然が破壊されるのみである。
　3　発電の所要経費と発電増加量とを比較すれば非常に高い建設費である。
　4　ひと度人工を加えると永久に恢復出来ないのが自然である。経済的な問題があるのであろうが、自然の儘に保護してもらいたい。あらゆる手段を尽して、阻止する運動をしたい。
　5　一地方、一府県の計画で、国家的自然景観が毀損されることは賛成できない。国家的見地で処置すべきである。
　6　上高地は日本の国立公園の最も代表的な地点であり、且つ利用者も多い国立公園集団施設地区であるから、どうしても保護せねばならない。大きな見地から検討する必要がある。
　7　上高地集団施設地区は、徳沢までも含めるべきで、その区域を水底に没するが如きは論外の計画である。
　8　国土の宝石のような上高地であるから、此の様な計画を阻止するには世論でたたかうより仕方がないと思う。各団体が団結して反対したならば守れるのではないか。
　9　上高地が狙われるとは残念である。厚生省では主力を尽して阻止してもらいたい。

10 自然保護は人類の福祉のために必要であると主張されている。この計画案を国際自然保護連合に報告して、援助してもらうことも一案である。
 11 先年尾瀬ヶ原が問題になったとき、有志が集つて、尾瀬保存期成同盟を結成して反対したが、今回も同様なものを結成してやらぬか。
 12 本日列席の各団体は挙つて反対することとし、結束を固めるために、反対期成同盟の如きを作つて運動したらどうか。
 13 地元の態度をはつきり知りたいものだ。

議論のあと「大体意見の尽きた頃、田村理事長より、本日列席の各団体の意見をまとめてもらい、上高地保存の団体の連合体でも造つて運動したい、又各団体で機関誌を通じて、或は個人の意見を新聞、雑誌等に寄書する等、輿論を喚起する必要がある、今後もなお会合を願つて協議したい旨を述べて散会した。[22]」

3 上高地保存期成連盟の結成と新たな電源開発計画反対運動

「上高地保存期成連盟」と言った一つの団体を結成して力強い反対運動を展開しようという申し合せにしたがって、1956年11月22日に第2回の対策会議が開催された[23]。ここで「上高地保存期成連盟」が結成され、以後新たな電源開発計画反対運動が展開されることになった。

会議に出席した団体と氏名は以下の8団体17名であった[24]。

国立公園協会	〈在京理事〉	佐藤尚武　田村　剛　藤原孝夫
		吉阪俊蔵
日本自然保護協会	〈在京理事〉	東　良三　石神甲子郎　本田正次
		三田尾松太郎
日本山岳会		岩永信雄　松丸秀夫　他1名
全日本観光連盟		高橋　進
国際観光協会		出口一重
長野県観光協会		宮島耕一
日本自然保護協会		山根銀一

国立公園事務局　　　　　東海林作太郎　池田　剛

会議の模様は、つぎのようなものであったと報告されている。[25]

　先ず佐藤国立公園協会々長から、学術上、日本の観光上重要問題であり、観光資源の保護と維持の上から十分検討を期待する旨の挨拶があり、次いで田村理事長は、重大な問題故に、あくまで慎重を期さねばならないと思うが、この際上高地保存期成連盟を結成して反対を強調したいが、その結成と各団体の加盟について、各団体の出席者の意見を徴されたところ、長野県観光連盟は、参加困難であろうという意見であったが、他は加盟に賛成された。依つて本連盟代表には佐藤尚武氏にお願いし、先生の御承諾を得た。なお、右連盟の事務局を国立公園協会に置くことにした。

　次いで、予め準備した陳情案について協議した結果、種々意見があったので、更に意見のあるところを盛って、早急に関係方面に陳情することにして午後5時頃解散した。なおその後、上高地旅館組合が加盟の旨連絡があった。

この会議で「上高地保存期成連盟」が正式に結成されたことになる。
「上高地保存期成連盟」の会議の席上発表された「意見の要旨は、……次の通り」であった。[26]

1　単なる発電事業としては、本工事により発電しうる電力量比較的少なく、従来の本流に沿う発電力を減殺して分流することの不利なこと等により採算上必ずしも有利でない。
2　推定深さ80米もある砂利層の上に、高さ45米、延長540米に達するロックフィルダムを建設せんとするものであるが、漏水の虞れがあり、強度につき疑問もあり、地震等不虞の事故により一度破壊された場合は、下流一帯に恐るべき大惨苦を及ぼす。
3　上高地の雪水をトンネルにより導水して貯留する貯水池の水は、低温のため、灌漑用としては極めて不利である。
4　上高地集団施設地区の狭隘を告げる今日、大正池ダムの嵩上げにより、上高地の平坦地を水没して、現在の利用面積を狭め、更に、上高

地ダムの新設による大貯水池は、同地第二集団施設地区たる徳沢一帯
　　　を水底に没せしめること等により、上高地の探勝登山の基地としての
　　　機能を失わしめる。
　　5　よって、代案としては、上高地に建設せんとするダムをやめ、本流
　　　沿いの既設発電所を効率的に近代的設備に改良し、灌漑用水としては、
　　　本流の水を下流国立公園区域外に於いて貯溜して、灌漑に充当するこ
　　　とにより、発電、開田並びに保安上の目的を達成しうるのみでなく、
　　　上高地の景勝を安泰に保存し得る。

　これらの意見で注目しておきたいのは、本計画案は、第1に、2で指摘し
ているように、技術的な弱点が著しいこと、第2に、4で指摘しているよう
に、上高地の自然景観が大幅に失われること、第3に、5で指摘しているよ
うに、本計画に代わる案があり、無理に本計画を実行する必要性はないこと、
第4に、1で指摘しているように、採算的にもけっしてよくないということ
などであった。
　こうした意見を踏まえ、上高地保存期成連盟は、「上高地ダム建設反対陳
情書」を作成し、会議で採択し、1956年11月28日付けで各関係省、政党、長
野県、新聞通信社に提出した。「上高地ダム建設反対陳情書」は以下のとお
りである。[27]

　　　わが国立公園の白眉である日本北アルプスの核心上高地明神池上流に
　　おいて、高さ45m延長540mの巨大なダムを新設貯水し、トンネルより
　　島々谷に導き、3ヶ所に発電所を設置する一方、大正池のダムを2m嵩
　　上げして、在来の本流7ヶ所の発電を補強すると共に、梓川下流山麓地
　　帯に灌漑用水を供給せんとする総合的開発案が長野県総合開発局と東京
　　電力株式会社等協力の下に企画され、既にこれが現地調達に着手してい
　　ると聞き、下記同憂の諸団体は数次に亘り会合し、これが対策につき協
　　議を重ねた結果、上高地の自然景観を現状のまま保存するため、上高地
　　ダムの建設を絶対に阻止することを期し、ここに上高地保存期成連盟を
　　結成した次第であります。
　　　由来、上高地は我国の国立公園中においても、最も崇高な大自然の景
　　観を具有し、しかも比較的容易に親しむことを得て、無限の霊感を感得

する神秘境として、国民等しく讃仰するところであります。されば国は現に中部山岳国立公園の特別地域中の集団施設地区とし、文化財としては、特別天然保護区に指定し、国有林営業上では、国有保護林に編入する等、内外観光並びに学術上最も重要なる対象とし尊重し、且つアルプス登山探勝の大基地として、施設を整備し、その利用者は広く全国に亘って逐年激増しつつある等、超国家的に重要な地域であります。

　然るに伝えられるが如き国立公園以外の施設による開発計画は、一朝にして上高地一帯の大自然を破壊しその景観を冒瀆し去る暴挙であって、一度これを破壊せんか、再び復元することは絶対に不可能であります。依ってこの地の景観の保護と産業開発との調整に関しては、今更検討の余地はなく、その両立を計るが如きは全く無意味であって、本件上高地における工作物の設置に関する限り、直ちに不許可とすべきものと確信するものであります。関係当局に於かれましては、よろしく地方的事情に促われることなく、国家的見地に立ち広く国民与論に応えて、断呼この常軌を逸したる開発計画を中止せしめ、日本国土の誇りとする世界的稀有の景観を永遠に亘り保存されるよう、万全の対策を講ぜられるよう強く要望するものであります。

　　　昭和31年11月28日

　署名は、上高地保存期成連盟代表者・佐藤尚武、上高地旅館組合代表・加藤純一、国際観光協会・浜口雄彦、国立公園協会会長・佐藤尚武、全日本観光連盟会長・佐藤尚武、全日本山岳連盟会長・武田久吉、日本山岳会会長・別宮貞俊、日本山岳会信濃支部長・高山忠四郎であった。

　こうした反対運動をうけて、1956年11月23日の『朝日新聞』は、「上高地ダム建設に反対」「美観を守る連盟結成」の標題のもとに、図面入り6段におよぶ記事をかかげて、計画の内容、その自然破壊の状況、連盟結成等をつぎのように紹介した。[28]

　　長野県と東京電力で上高地に水力発電のダムを建設する計画がこのほどまとまったが、これに対し早くも〈とんでもない暴挙だ〉と反対の声が高まり、22日東京で〈上高地保存期成連盟〉が結成された。参加団体は国立公園協会、日本自然保護協会、日本山岳会、全日本観光連盟、日

本風景協会、国際観光協会など。連盟代表佐藤尚武氏ら関係者は22日午後東京神田学士会館に集まり、各方面に反対陳情をすること、文化人、財界人をはじめ各界世論に訴えて強い反対運動をおこすことを決めた。
　上高地ダム計画は長野県総合開発計画のなかの重要工事で、さる12日長野県で発表された計画内容は次ぎの通りだ。
　……（計画についてはすでに紹介してあるので引用を省く——引用者）……
　この計画については地元の長野県部内でも〈上高地の観光価値を傷つける〉という反対意見があったが、同県開発局は〈上高地の観光開発にも役立つよう計画する〉と一項目を入れて計画をまとめた。すでに同県では東京電力と協力して現地調査も進めているという。
　上高地保存期成連盟があげているダム建設反対の理由は、まず上高地が日本ではかけがえのない美しい自然景観を持っていること。したがって数多い国立公園のなかでもいちばん大勢の大衆が親しんでいる観光地であること。また上高地の場合は景観保護と電力開発設備とを両立させようとしても無理である。ダムをつくると徳沢一帯が水没してしまうので、アルプス登山の基地としての役にも立たなくなってしまう——などである。
　このほか△ダム建設経費がかさむ割に発電量が少ない△上高地の雪水を貯めても冷たすぎて用水には向かないだろう△明神池あたりの深い砂利層の上に、長野県が計画しているようなロックフィルダム（岩をつんでコンクリートで固める方法）を建てては決壊のおそれもある△むしろ上高地ダムより、梓川本流ぞいにある既設発電所を改良した方が得ではないか……などの意見もあった。いずれにしろ22日の会合では〈上高地にダムをつくるなんて、とんでもない〉と頭から否定するもの、〈早いうちにこの計画を押しつぶしてしまおう〉という強い意見が圧倒的だった。

　ちなみに『朝日新聞』は、当時盛り上がっていた尾瀬ヶ原電源開発計画反対運動について何も報じなかった。このことを思えば、上高地ダム反対運動についてこれほどの詳細な報道は、上高地保存期成連盟がいかに上高地ダム反対に力を入れてマスコミ対策をたてていたかを物語るものである。
　こうした中央での反対運動に呼応して、地元でもさらに反対の声が高まった。

『信濃毎日新聞』は、1956年10月12日に開かれた長野県総合開発審議会の席上で、総合開発局が「上高地ダムの〝県計画〟を明らかにしたところ、すぐ横から〈そのような構想は初耳だ。最高級の国立公園のド真中でダムなどつくられてはこまる〉と観光課の強い異論がでた」と指摘している。また「〈少なくとも〝県計画〟と銘打ち、公式の席上で発表しながら、庁内の連絡がとれていないのはどうしたことなのだ。サービスを看板にするお役所にこんなセクショナリズムがあるのはケシカラン〉——審議会の一メンバーははきすてるようにいった。」

　こうして公表された総合開発局の『中信総合開発計画報告書』は、県庁内部、とくに観光課からさえ反対された。地元の長野県庁内（観光課）に計画反対勢力が存在したということである。

　上高地保存期成連盟の会議のあと、地元上高地の上高地旅館組合、穂高神社宮司、山小屋組合は、上高地ダム建設の反対運動に参加し、1956年12月に反対陳情書を提出した。

　その「上高地ダム建設に対する反対陳情書」は以下のとおりである。

　　中部山岳国立公園中の代表的景勝地である上高地渓谷にダム建設を企図されんとするに当り、上高地に密接の関係を有する吾々と致しましては、何としても黙止（黙視の誤植—引用者）に忍びず、左記に反対の理由を銘記し、此の計画の実現を極力阻止する様特に御考慮を願う次第であります。

1　上高地は中部山岳国立公園の核心部をなす世界的の景勝地であり、例い奥地といえども現下の上高地への登山者の利用度から考えると、登山者推定16万人中其の6割は奥地の利用者であります。此等利用者の非難は相当大きいものと思考されます。

2　上高地は渓谷と云え、相当広大なる盆地であり、其の中心を流れる渓流と日本の代表的偉観を呈する山岳とを包含したる極めて勝れた一大自然公園を形成し、普通の渓谷とは其の趣が全々異なる事は周知の事実であります。報道で見ます様なダムを築造し、反対側の島々谷に放流すると致すならば、渓流を失う事となり、上高地の景観を根底より破壊する事は必須であります。

3　ダムの建設予定地は、明神池より上流約500米の地点であり、河底

の岩盤迄は約80米掘下げる必要があるそうですが、第1に考えられることは、河水の浸透によって形成しおる明神池が枯渇し、明媚なる明神池の現在の状態を推持することが出来ざるものと思考されます。又河水の圧力により湧出しております上高地温泉は如何なる状態となるや、思うに此の貴重なる二つの資源を失う事は、重大問題と思考致します。
4　工事の期間は3年間とのことであるが、此の期間中に入り込む工事従事者の取締を如何にするかが、問題である。恐らく工事中は、奥地利用の登山客は急減し、業者の打撃は重大と思考致します。
5　仮に建設した場合を考えて見ると、建設後の種々雑多な工事用建造物の乱立を如何に整理するか、誠に憂慮に堪えないものがあるので、現下の上高地業者が取締を受けつつある厳しき制限が崩れる心配もあり、今迄の様に神聖視された業態は廃頽し、上高地の持つ原始的又は神秘的の感じの状態は皆無となる事は必須であります。
　　以上の状態を考えます故、ダム建設計画は絶対に反対せざるを得ません。右実情御高察下され、無謀に近い計画の即時変更方御高配賜わりたく陳情いたします。
　　　　昭和31年12月　日
　　　　　　　　　　　　　　上高地旅館組合組合長　　加藤純一
　　　　　　　　　　　　　　穂高神社宮司　　　　　　小平窪明
　　　　　　　　　　　　　　山小屋組合組合長　　　　赤沼千尋

　以上のように上高地電源計画反対運動は、県庁内部に計画反対の勢力をかかえつつ、信州観光連盟こそ参加しなかったが、地元上高地の住民も参加することによって、いっそうその幅をひろげることになった。
　1957年1月25日に日本自然保護協会は評議員会を開き、「上高地発電計画の件」を取り上げた。その議論はつぎのように報じられている[31]。

　　石神理事から現在までの経過を報告し、田村理事長は、もう少し情勢をみて、強力な運動を起したいと思うので各位の意見を聞きたいと、各位の意見を徴した。
　　これに対する発言の主なものは

㈦この計画をやるならば国立公園区域から除外したらどうか、㈠特別委員でも挙げて対策を講じては如何、㈢新聞、ラジオ、テレビ等で広く訴えると共に署名運動も必要ではないか、㈣有名人と共に松本市あたりで大講演会を開いて地元の啓蒙に乗り出したらどうか、㈤文化人に大いにやつてもらうことも必要であろう、等であった。

この報告からは、日本自然保護協会評議員会の計画反対者の意気込みが感じられる。

他方、前年末結成された上高地保存期成連盟は、1957年2月6日に、第4回目の特別委員会を日比谷公園松本楼にて開催した。[32]

その会議の様子はつぎのようなものであった。

　　上高地発電計画の反対について先に上高地保存期成連盟を結成し次いで反対の陳情書を昨年11月28日付で関係官公庁、政党方面、関係会社、報道関係等に提出し、その後の成り行きを観望していたが、更に協議の上対策を講ずる必要ありとして去る2月6日日比谷公園内松本楼で特別委員の参集を求めて協議した。
　　先ず田村理事長より挨拶に次いで地方、中央方面の情報を報告して対策の協議に入った。協議中の主なる意見として、
　1　与論を喚起する必要がある、たとえば
　　イ　日本山岳会の恒例のウエストン祭りの折上高地保存を折り込んで与論に訴えてもらうこと
　　ロ　新聞、ラジオ、文化人に呼びかけて与輪に訴える
　2　技術的に無理な計画のようである
　3　松本市で賛否の討論会を開催したらどうか
　4　国際自然保護連盟、米国の国立公園協会に協力を依頼すること
　5　全日本観光連盟総会が本年大阪の予定であるが、誰か適当な方の提案があれば、採り上げることも出来よう
といったことで、熱心に続けられ、結論として、この運動は一致結束した運動でないと効果は期待できないのではないはないか——というにあった。

会議のあと、田村、東、鏑木、本田、村井の各理事が通産省公益事業局に上高地発電計画反対の陳情をおこなったところ、「上高地発電計画は、通産省の電力5ヶ年計画にも入っていないし、公益事業局の方では直接関係していないが、その計画の実現性に疑問があるし、県独自の力でやるつもりかどうか、農林省の方の考え方ではないか等の意見であった。」⁽³³⁾

こうして上高地保存期成連盟は、「上高地発電計画は、通産省の電力5ヶ年計画にも入っていないし、公益事業局の方では直接関係していない」という情報をえて、少々胸をなで下ろしたことであろう。

しかし、ここで注意しておきたいことは、1953年に国立公園法による「特別保護地区」に指定された尾瀬の場合と違って、上高地の場合は、1956年8月に一連の地域と同様に「特別保護地区」に指定しようと発案されていたのであるが⁽³⁴⁾、結局候補のままで未定になってしまったことである。

1956年8月31日の日本自然保護協会第2回特別委員会の報告には、国立公園を「特別保護地域に指定されることについて反対もある」と指摘されている⁽³⁵⁾。すでに1956年には、国立公園内の貴重な一定地域を「特別保護地区」に指定して保護しようとすることへの抵抗が強まってきていたのである。

その後、日本自然保護協会による「特別保護地区」指定の努力は続けられたが、行政的には受け入れられず、戦後期には「特別保護地区」に指定された地域はない。これは、高度成長期に入って明らかに国立公園法の自然保護精神は、急速に低下してきた証しであった⁽³⁶⁾。

他方、長野県当局は、「反対はあまりにも観念的だ⁽³⁷⁾」と主張し、「〈ダム建設で上高地の観光価値が下がるという考え方はおかしい。上高地に大正池よりもグンとスケールの大きい〝昭和池〟といった人造湖ができれば、これだけでも大きな観光地になれる。その上、島々行をつらぬく道路もつくるのだから、いまのバス道路とともに松本から上高地までの〝環状線〟があらわれ、観光、登山客は現在の四倍入れるようになる〉と強気なハラを」見せた⁽³⁸⁾。

4 上高地電源開発計画の廃止

1957年2月6日に上高地保存期成連盟の会議が開催されたあと、10日もたたない2月16日の『読売新聞』(長野県版)は、「上高地ダムは机上計画」と

の4段抜き大見出しと、「地質からみて無理と通産省」の小見出しで、計画の撤収可能性をつぎのように報じた。

　　県総合開発局は中信地区総合開発計画の原動力として、〝上高地ダム〟の構想をねっていたが、15日県総合開発審議会の席上、通産省側から〈第1次地質調査の結果、ダム建設は技術的に不可能に近い〉との注目すべき見解が示された。上高地ダムについては、中部山岳国立公園内の日本有数の山岳観光地帯だけに日本山岳会をはじめ、すでに全国的に建設反対気運が高まっているが、これにたいしさらに技術的否定が加わったわけで、県当局の構想は安易な机上計画として葬り去られてしまう見込が強くなった。
　　同審議会に出席した通産省名古屋通産局福井発電課長は、昨年10月行った上高地明神池上流700～800米のダムサイト予定地の電探調査について中間発表したが、それによると「同地点は河床から下約150メートルは透水性の砂レキ層が続いており、その下にようやく基礎盤があるので、ここにダムを建設することは、極めて困難だ」ということが明らかにされた。
　　同地点は県の中信地区総合開発計画でもダム建設予定地となっており、観光面への考慮などから上高地ダムの第一候補地だったが、これでこの計画は事実上ご破算となった。
　　通産省側では大電源地帯としての上高地を重視しており、新年度も雪どけを待って、6月ころから第1次調査地点の上下流に3、4ケ所を選んで、さらに地質調査を続けるというが、観光価値や自然文化財として、〈そのまま置いてほしい〉という世論が強いところへ、更に技術的難点が加わったことで、同ダムの実現性はますます遠のいてしまったことになる。
　　名古屋通産局福井発電課長の話「いま計画整理中で、結論的なことはいえないが、あの地質ではダム建設はきわめて困難だ。候補地はまだ3、4ヵ所あるので、さらに調査を続けたい。」
　　唐沢県総合開発計画局長の話「当初の計画がダメになってもまだほかにダム候補地があるので、計画全体を放棄することにはならない。」

この記事によれば、上高地ダム化計画の実現性は、反対運動に加え、とくに技術的な難点が加わってきわめて困難になったということがわかる。それは、本来計画を積極的に推進すべき通産省が、本計画の実行を放棄せざるをえなくなっていることでよくわかる。

1957年4月25日に開かれた日本自然保護協会評議員会では、この問題が報告された。『国立公園』誌によれば、その報告はつぎのようなものであった。[40]

> 上高地ダム建設に対しては、先に掲げた様に、上高地保存期成連盟を結成して、反対運動を続けて来たが、去る2月15日長野県において開かれた、県総合開発審議会において、上高地多目的ダムの建設に関する中間報告が行われた。これによると、明神池上流800米のダム建設予定地の地質調査は、昨年10、11月に亘り、通産省名古屋通産局の手で行った所、ダム地点は基礎岩盤まで、約150米の砂礫層であり、この地点にダムを造るのは、技術的にも困難であることが明らかとなった。従って上高地ダム建設計画を中心とする中信地区総合開発計画を根本的に修正する必要を生じた。但し、県ではなお、ダム建設は、不適当と判明して予定地の上下1キロの間に、他の有力な候補地点があり、追ってその地質調査を行うと説明した模様であるが、実情は他に適地の発見は困難、結局上高地ダム建設は不可能と断じてよい様である。我々の反対運動の目的が達したもので御同慶の至りである。

以上のように、上高地発電計画は、強力な反対運動に加えて、技術的困難でほぼ完全に中止されることになった。『自然保護のあゆみ』は、「この上高地発電計画は、計画自体も安易な机上プランであったため、計画はご破算になってしまった。しかしながらともかく、これだけの団体が協力して問題に対処できたことは、自然保護運動において極めて有意義なことだった」と指摘している。[41]

その後、長野県総合開発局は、上高地電源開発計画を中止し、1957年7月2日に「上高地ダム計画に代る梓川中流の奈川渡ダム計画の内容を明らかにした」。[42]

『信濃毎日新聞』は、唐沢県総合開発局長の話とし、「いろいろ調査の結果、上高地ダムはうまくいかないことがわかった。そこで奈川渡ダム計画を

まとめたわけだが、この本格的調査は来年からはじまるものとおもう」という記事を掲載した。(43)

　この計画は、上高地をはずして梓川と奈川の合流点に「奈川渡ダム」、その下流水殿川合流点に「水殿ダム」、さらに下流稲核橋近くに「稲核ダム」を建設し、既設の奈川渡発電所、龍島発電所を廃止し、新たに安曇発電所、龍島発電所を建設し、既存の沢渡、前川、大白川の発電所を改造する計画に変更した。(44)

　この計画の実現によって、上高地電源開発計画による上高地のダム化の危険は完全に回避されることになった。はじめから慎重に地質調査しておけば、上高地のダム化計画は生まれなかったであろうに、はじめに計画ありきの総合開発計画がいかに安易に立案されていたかがわかる。

5　小　括

　全体的に見て国立公園内の電源開発計画反対運動で勝利したケースは、必ずしも多くはなかったが、上高地電源開発計画反対運動は、尾瀬ヶ原電源開発計画反対運動より明確に勝利したケースとして特記すべきものである。

　上高地電源開発計画が比較的容易に中止され、上高地電源開発計画推進派が敗北した要因は3点ほど指摘できる。

　すなわち第1の要因は、すでに指摘したように1957年に通産省側からの「第1次地質調査の結果、ダム建設は技術的に不可能に近い」(『読売新聞』)との注目すべき見解である。これをうけて長野県総合開発審議会も、長野県もこれを否定することができず、計画を放棄せざるをえなかった、ということである。

　この点については、上高地保存期成連盟の会合でも「推定深さ80米もある砂利層の上に、高さ45米、延長540米に達するロックフィルダムを建設せんとするものであるが、漏水の虞れがあり、強度につき疑問もあり、地震等不虞の事故により一度破壊された場合は、下流一帯に恐るべき大惨苦を及ぼす」と指摘されてきたことである。

　ともあれ、通産省が技術的困難を理由に、上高地電源開発計画にお墨付きを与えなかったということが、まずもって計画中止の最大の理由であった。

第2の中止の要因は、上高地が電源開発を厳しく社会的に規制され、保護されていたということである。
　すでに見たように、上高地は、1915年に山林局から「学術参考保護林」に指定され、1924年に上高地の電源開発計画が提出された際に反対運動によって計画が放棄された。その後、1928年に上高地が国立公園の有力候補になり、文部省は、上高地を「天然保護区」として天然記念物に指定し、産業開発の破壊から保護する法的な規制を設定した。また上高地は、1936年には中部山岳公園の一角に指定され、保護された。
　戦後には、電源開発総合計画が立案されはじめたころ、いち早く1952年に文部省の努力によって文化財保護法に基づき、ただの天然記念物であった上高地は、特別天然記念物に指定されて、いっそう厳しい産業開発規制を施された。
　厚生省もまた1956年に戦後上高地を国立公園法に基づいて「特別保護地区」の候補地に指定する準備をおこなっていた。
　したがって上高地を電源開発することは、実は法的にも相当に困難であったということが指摘できるのである。
　通産省が計画を技術的に困難だとして中止した背景には、そうした法的な開発規制をも意識していたことは間違いない。
　第3の要因は、上高地電源開発計画を推進する勢力がかなり弱体であったことがあげられる。計画の推進勢力は、長野県と東京電力であったが、とくに長野県は、戦前来上高地の保護につとめてきた歴史もあり、上高地の観光地的な価値を充分に認識してきた事情もあって、また総合開発計画局の案に審議会で観光課が公然と反対したりしていたこともあって、強力な反対運動を無視して開発計画を強行することができなかったのである。
　以上のように上高地電源開発計画は、比較的に容易に中止せざるをえなかったと指摘できる。
　他方、上高地電源開発計画反対運動が勝利した要因について分析してみたい。その勝因は5点ほど指摘できる。
　まず第1にあげなければならない勝因は、客観的にはすでに指摘したように、上高地電源開発計画が地質学的技術的に見て困難であったこと、通産省・長野県が計画を強行できなかったという事情が存在したということを背景にして上高地電源開発計画反対運動が大きく盛り上がったということである。

第2の勝因は、すでに指摘したように上高地の自然を保護するための上高地電源開発計画を強行することを阻止する法的な社会的システムが、戦前から戦後期にできあがっていて、開発計画に大きなブレーキをかけていたことである。これをテコにして、上高地電源開発計画反対運動が大きく盛り上がったのである。

　第3の勝因は、開発計画の技術的困難、上高地保護の制度的規制システムを前提にして、上高地という類稀(たぐいまれ)な景観地にして原生的自然が恐らくわが国最高の国民的な人気、知名度をもっていたことを背景に、上高地電源開発計画に反対する運動が広範な勢力を結集して強力に展開されたということである。これらの点は、尾瀬ヶ原電源開発反対運動についても指摘できた同じ特徴であった。

　上高地電源開発計画反対運動の特徴は、すでに詳しく考察したことであるが、国立公園を所管する厚生省、天然記念物を所管する文部省、部分的に観光行政をあずかる運輸省の官僚を先頭に、自然保護をかかげる日本自然保護協会、国立公園協会、日本風景協会、さらに全日本観光連盟、国際観光協会などの観光業界、日本山岳会、全日本山岳連盟、日本山岳会信濃支部などの登山・山岳界、地元の上高地旅館組合、穂高神宮、山小屋組合など、きわめて広範な勢力を結集しておこなわれたことである。こうした広範な勢力を統合した電源開発反対運動は、尾瀬のほかこの上高地の場合だけであった。

　第4の勝因として、とくに強調しておきたいことは、尾瀬の場合以上に、上高地は登山観光地として知られ、また膨大な観光客を集めていることから、地元をふくめ観光業界が、観光資源としての上高地を守るために電源開発計画反対に立ち上がり、大きな勢力を形成したことである。

　上高地の自然景観は、恐らく日本で一番ポピュラーなものであった。このことは、反対「陳情書」にも「由来、上高地は我国の国立公園中においても、最も崇高な大自然の景観を具有し、しかも比較的容易に親しむことを得て、無限の霊感を感得する神秘境として、国民等しく讃仰するところであります」と、その観光地的価値を強調していることからもわかる。

　地元住民の「反対陳情書」も、「上高地は中部山岳国立公園の核心部をなす世界的の景勝地であり、例い奥地といえども現下の上高地への登山者の利用度から考えると、登山者推定16万人中其の6割は奥地の利用者であります。此等利用者の非難は相当大きいものと思考されます」として強調している。

黒部第四発電所計画反対運動では、観光業界あるいはクロヨンの観光化に期待する地元住民が、黒部第四発電所計画賛成にまわり、反対運動に背を向けたのであるが、上高地電源開発計画反対運動の場合は、ちょうど逆で、県庁内の観光課、観光業界あるいは上高地の観光化に期待する地元が、上高地電源開発計画反対運動に参加したのであった。

　こうした大衆的な上高地への支持があってこそ、上高地の自然は守られたのである。

　第5の勝因は、上高地電源開発計画そのものが、けっして必要不可避な計画ではなく、上高地発電所の発電力12万kW程度の発電を代替する計画が、国立公園地域以外の地域で容易に見出せたからである。

　図9－1を見れば明らかなように、総合開発の一部にすぎない上高地堰堤計画が中止されても、梓川と奈良井川による安曇野の灌漑計画にはまったく影響をうけなかったのである。

　以上のように、上高地電源開発計画は、国立公園内の電源開発計画諸案の中で、比較的容易に中止されたということができる。そこからえられる大きな教訓は、上高地の場合は、尾瀬と同じように戦前から保護運動がおこなわれ、自然景観が国民的な支持をえていて、かつそれを保護する社会的規制システムがかなり準備されていたということである。

　国立公園の自然を開発から保護するためには、天然記念物保存のための法律（戦後は文化財保護法）、国立公園法の自然保護のための「特別保護地区」の規定がいかに大きな役割を果たしたかが明らかになる。

　そうした教訓を前提にすれば、国立公園内の産業開発に反対し、貴重な自然・景観を保護する運動は、あるいは国立公園協会や日本自然保護協会、文化財保護委員会は、もっと多くの地域を特別天然記念物に指定し、かつ国立公園の「特別保護地区」に指定する努力をおこなうべきであったことがわかる。

注

（1）大正末年の上高地電源開発計画については、拙著『国立公園成立史の研究』、第Ⅱ部第4章中部国立公園の（1）上高地・白馬の説を参照。
　　また戦時下の上高地電源開発計画については、長野県総合開発審議会（昭和29－30）に収録されている「梓川土地改良区連合」の「陳情書」（1954

年）の中に、今回「作物に必要な水量が確保」されないので「上高地ダムを建設する議を決した」が、「この上高地ダムは大東亜戦争中一度農林省が多額の経費を投じ土質検査を行った」ことがあると記している。（長野県立歴史館の資料中「長野県行政文書」の中の「長野県総合開発審議会」資料、資料請求番号「昭和30年—M—1」による。）
（2）『サン写真新聞』1948年6月20日。
（3）上高地の特別天然記念物の指定については、JTB『日本の特別天然記念物』、JTBパブリッシング、2006年、64頁。
（4）筆者は、この「中信地区総合開発計画概要書」を長野県庁でさがしたがなかなか見つからなかった。幸い長野県立歴史館の「長野県行政文書」の「長野県総合開発審議会」資料の中で、偶然見付けることができた。ちなみに資料請求番号「昭和31年—M—1」の資料中の第21回審議会資料の付録袋の中にあった。
　ガリ刷りの冊子には、「昭和三十一年九月」の日付が記されている。この計画そのものは、のちに見るように事前にもれて、日本自然保護協会が1954年12月に問題にすることになった。
（5）なお、この計画書の中の「上高地堰堤計画概要」は、1957年の『国立公園』No.86・87、1・2月号に一部紹介されている。ここでは原文と少し違うが『国立公園』誌のものを引用した。
（6）『信濃毎日新聞』1956年10月13日の「上高地にダム建設」の記事による。
（7）『信濃毎日新聞』1957年3月5日の「上高地（7）」の記事に「県のダム計画は厚生省をとおして民間の観光筋に伝わっていた」とある。
（8）前掲『協会事業報告書』（第二輯）、74頁。
（9）前掲『協会事業報告書』（第一輯）、65頁以下参照。
（10）前掲『自然保護に関する陳情書・意見書集』、21頁。
（11）前掲『協会事業報告書』（第三輯）、58–59頁。
（12）同上、58頁。
（13）同上、59–60頁。
（14）同上、62–64頁。
（15）同上、64–66頁。
（16）同上、67–68頁。
（17）同上、138頁。
（18）同上、138頁。
（19）同上、138頁。
（20）同上、38–39頁。

(21) 同上、139－140頁。
(22) 同上、140頁。
(23) 同上、141頁。
(24) 『国立公園』No.86・7、24頁。
(25) 同上、24頁。
(26) 同上、25頁。
(27) 同上、24－25頁。
(28) 『朝日新聞』1956年11月23日。
　　なお、俵浩三「上高地レンジャー第一号の上高地生活」は、『朝日新聞』1956年11月24日の記事、表題「上高地の美観を守れ／ダム建設に反対」という版を引用している。自然公園財団『レンジャーの先駆者たち』、自然公園財団、2003年、220頁。
(29) 『信濃毎日新聞』1957年3月5日、「上高地（7）」の記事。
(30) 前掲『協会事業報告書』(第三輯)、145－146頁。
(31) 同上、151頁。
(32) 同上、147－148頁。
(33) 同上、149頁。
(34) 同上、64頁。
(35) 同上、63頁。
(36) 前掲『自然保護のあゆみ』、149－151頁。
(37) 『信濃毎日新聞』1957年2月27日の「上高地（1）」の記事。
(38) 『信濃毎日新聞』1957年3月5日の「上高地（7）」の記事。
(39) 『読売新聞』（長野県版）1957年2月16日。なお前掲『協会事業報告書』(第三輯)では、2月15日の南信版となっているが、南信版を確認することはできなかった。146－147頁所収。両記事とも内容はほぼ同じであったが、南信版（2月15日）では、長野版（2月16日）の最後のインタビュー記事が省かれている。
(40) 「上高地ダム建設反対運動の件」、『国立公園』No.91、1957年6月、25頁。前掲『協会事業報告書』(第三輯)、162頁。
(41) 前掲『自然保護のあゆみ』、124頁。
(42) 『信濃毎日新聞』1957年7月3日の「水没まぬがれる？上高地」の記事。
(43) 同上。
(44) 安曇村『安曇村誌』第三巻歴史下、安曇村、1998年、592頁。

第10章
吉野熊野国立公園内の北山川
電源開発計画と反対運動

はじめに
1 敗戦直後の熊野川電源開発計画と反対運動
2 1954年の熊野川開発全体計画分水Ａ・Ｋ案と反対運動
3 1957年の北山川電源開発計画本流案の提起
4 北山川２ダム・発電所建設計画案への反対運動（前半）
　　1957年7月―1958年初旬
　　（1）計画案実現のための複雑さと反対運動の複雑さ
　　（2）日本自然保護協会の反対運動
　　（3）地元における北山川２電源開発計画案への反対運動
5 北山川電源開発計画反対運動の終焉
6 小　括

はじめに

　本章の課題は、戦後に吉野熊野国立公園内の北山川で提起された電源開発計画とそれにたいする反対運動について考察することである。
　第1節は、敗戦後に提起された熊野川電源開発計画とそれにたいする反対運動を明らかにする。第2節は、戦後後期に提起された電源開発会社の熊野川電源開発計画、いわゆる分水Ａ・Ｋ案とその反対運動について明らかにする。第3節は、1957年に提起される北山川電源開発計画本流案とはどんなものであったのかを明らかにし、第4節は、その計画にたいする初期の反対運動がどのようにおこなわれたかについて検討する。第5節は、戦後期に終了せず高度成長期に持ち込まれた北山川電源開発計画反対運動の終焉について概観する。
　最後に戦後の北山川電源開発計画にたいする反対運動について小括をおこなう。

1　敗戦直後の熊野川電源開発計画と反対運動

　1936年に指定された吉野熊野国立公園は、奈良、三重、和歌山の3県にまたがる紀伊半島の背骨をなす山岳地帯に位置し、北部の山岳部と南部の海岸部とその中間の渓谷部からなっている。中間部の渓谷は、北山川が流れ、北山峡十里、一名奥瀞(どろ)として知られ、また静寂太古のごとき瀞八丁、さらに熊野灘にいたる熊野渓谷の九里峡など優れた自然と景観で知られている。
　北山川流域では明治以来、原生林の乱伐に反対する自然保護運動が、地元民と史蹟名勝天然記念物保存協会によっておこなわれた。この地域は、自然保護意識の強い地方であった。[1]
　北山川の峡谷は、自然豊かにして優れた景観地であったが、渓谷と水量を利用して、古くから水力電源開発計画の対象となってきた。
　すでに北山川の峡谷では大正期から水力電源開発計画が提起されてきたが、住民は国立公園制度に着目し、北山川流域を国立公園に指定して、景観と自然を守ろうと電源開発計画に反対してきた。

第10章　吉野熊野国立公園内の北山川電源開発計画と反対運動

　昭和初期からふたたび北山川流域に電源開発計画が提起された。地域住民と国立公園協会や史蹟名勝天然記念物保存協会は、自然保護の見地から北山川電源開発計画反対の運動を、国立公園制定運動の一環としておこなった。吉野熊野の国立公園指定運動は成功して、1935年に吉野熊野国立公園指定がほぼ確実になった。しかし水力発電所建設問題では決着がつかず、逓信省は、計画の実行を主張し、国立公園行政当局と国立公園協会は反対を主張してゆずらなかった(2)。

　結局、1936年に吉野熊野国立公園は指定されたが、激しい反対運動にもかかわらず、北山川水力発電所建設の具体的な計画は、国立公園委員会においてのちに決めるという曖昧な決定のままに、水力発電所建設と国立公園内の自然保護を両立させるという黒部の第三、第四発電所建設計画の解決方式「日本アルプス方式」と私が名付けた妥協方式で処理された(3)。この計画は、決定されてしまったが、幸い戦争のため中止された。

　この計画とは別に、1940年に石原産業が、七色、大沼、小森の3ヶ所にダムと発電所を建設する計画を提起した。これにたいし北山村、新宮市は猛烈な反対をおこなった。国立公園協会が、強引かつ理不尽な電源開発計画案にたいし大きな声で反対できなくなった戦時下に、こうした地元住民による強力な反対運動がおこなわれたことは注目される(4)。

　しかし、この北山川電源開発計画は、ダムや発電所の建設現場が著しく曲折していて建設に技術的困難があったこと、コスト増も予想され、かつ日本の戦局が悪化したこともあって戦時下には実行されなかった。

　戦後、黒部峡谷、尾瀬ヶ原、上高地と並んでわが国の4大電源開発計画問題の一つとして話題になった熊野川・北山川電源開発計画案は、敗戦直後に初歩的に提起され、1951年から本格的な計画として提起された。北山峡の景観地をかかえる北山川電源開発計画問題は、地元住民の強力な反対運動に遭遇し、1955年頃までに何ら解決されず、むしろ1957年から1963年にかけて激しい反対運動をまねいた。しかし北山川電源開発計画は、当初の計画を大幅に修正して、1963年末までにある程度の自然・景観の保全を維持し、一定の地元補償を獲得して最終的妥結をみた(5)。

　敗戦・戦後復興という新たな経済状況のもとで、電力不足を確保するために、これまで未開発におかれていた熊野川・北山川両水系における電源開発計画は、敗戦後すぐに復活した。いくつかの計画案が、各方面から開発地点

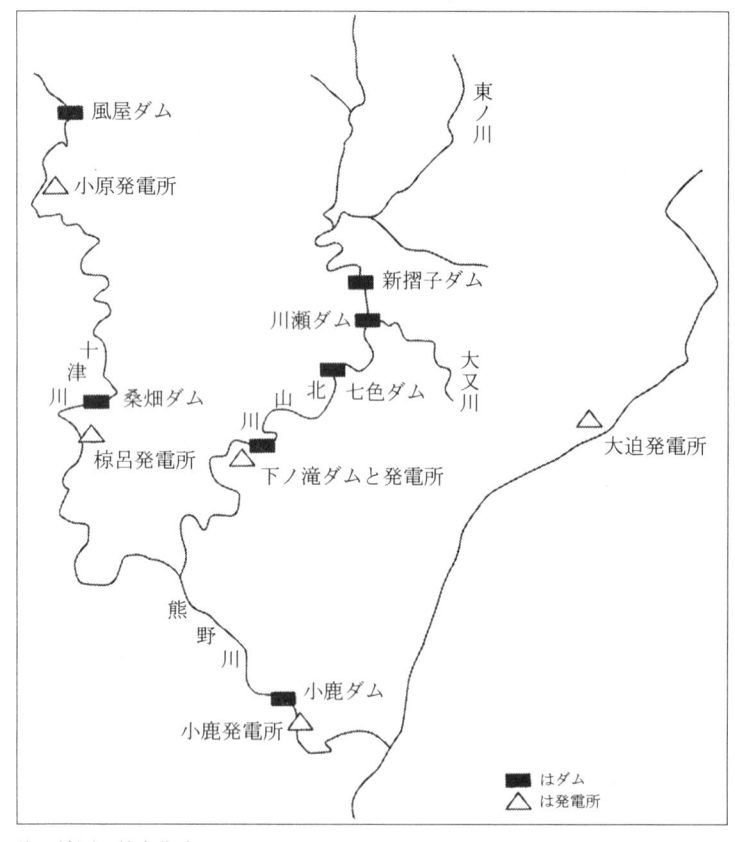

図10-1　戦後前期の熊野川水系の電源開発計画諸案

（図：風屋ダム、小原発電所、東ノ川、新摺子ダム、川瀬ダム、十津川、桑畑ダム、北山川、七色ダム、大又川、椋呂発電所、下ノ滝ダムと発電所、大迫発電所、熊野川、小鹿ダム、小鹿発電所、■はダム、△は発電所）

注　地図は筆者作成による。

を重複させながら提起された。[6]

　その後、1950年5月に国土総合開発法が公布され、1951年12月に同法により総合開発計画の地域指定をうけて、電源・林業・農業の資源開発を目指す「吉野熊野総合開発計画案」として経済安定本部案がまとめられ、その中で「熊野川電源開発計画」が提起された。[7]

　1951年5月7日に政府の公益事業委員会は、OCI（アメリカ海外技術調査団）に熊野川水力開発に関する調査、審議を委託契約し、乱立する計画案の調整を試みた。[8]

　その直後、6月5日に公益事業委員会は、熊野川本流に小鹿、十津川に風

屋、北山川に七色のダムを設けるなどとする熊野川電源開発計画3案を提出した。[9]

1952年6月に、OCIによる熊野川水力開発に関する報告書、勧告が提出された。[10] 報告書は、これまでの計画案について詳細にプラス、マイナスを検討し、最終的にOCI案として、北山川本流での開発を避け、熊野川支流の十津川、北山川上流・支流で開発するいわゆる分流案を合理的な計画として勧告した。[11]

前年6月に結成されていた熊野川総合開発期成同盟会は、1952年7月に、OCI勧告案を吉野熊野総合開発計画の無視と批判し「熊野川本流の減水」に絶対反対を主張した。[12]

公益事業委員会の本流案とOCIの分流案は対立したが[13]、そうした中で、1952年に国策会社として設立された電源開発会社は、1953年6月30日に分流案を採用して、開発事業活動を開始した。[14]

1956年10月、政府は分水A・K案（A・Kとは、発案者のイニシアルであった）と呼ばれる電源開発会社の計画に沿った吉野熊野総合開発計画案を承認した。[15]

そうした戦後前期の熊野川水系電源開発計画にたいする反対運動は、かなり厳しく展開された。その反対運動は、国立公園内の自然破壊にかかわる北山川内の電源開発計画にたいするものと、国立公園外の熊野川上流、北山川支流の電源開発計画にたいするものとに分かれた。

1948年に新日本化学工業によって計画された北山川と大又川の分岐点に建設される川瀬ダム計画にたいし、「村のほとんどが水没する」奈良県北山村は、1949年5月の村会において「絶対反対を決議」した。[16]

この計画は、水没地域の強力な反対に加え、下流に計画中の小鹿ダムに影響がでること、一営利事業の私的経営に問題があることなどの理由で、和歌山県、新宮市、北山川流域各村の大きな反対があって中止に追い込まれた。[17]

すでに見たように1951年6月5日に、公益事業委員会による熊野川電源開発計画3案の一つである熊野川下流の小鹿ダムの建設計画案が提起されたが、新宮市はこの計画を促進するため「熊野川総合開発計画連合会」を結成し、促進運動をすすめていた。[18]

しかし、1952年に小鹿ダム建設をめぐって三重県紀宝町川丈の村民と和歌山県新宮市とが対立し、またダムによって水没する広大な地域の住民は小鹿ダム建設に反対したため、小鹿ダム建設計画は消滅した。[19]

1952年6月に、OCIによる熊野川水力開発に関する報告書は、本流案でなく分流案を勧告したため、和歌山県新宮市、「熊野川総合開発期成同盟会」は、公益事業委員会の本流案（熊野川に小鹿ダムと北山川に七色ダムとの建設案）の立場にたって、分水によって北山川の水量が3分の1減水するとして、OCIの小鹿ダムと七色ダムをだめにする分水案に絶対反対の態度を示した。[20]
　もっともこうしたダム計画にたいする反対運動は、必ずしも自然保護を目的としたものではなく、伝統的な水争いと住民の生活基盤擁護の生活闘争であった。
　他方、中央でもようやく熊野川のダム計画が注目されはじめた。1951年6月に、この公益事業委員会の「熊野川電源開発案」が提起されると、設立まもない日本自然保護協会は、早くも同年8月17日、9月19日に、詳しい事情は明らかではないが、北山川の水力発電問題について協議した。[21]
　その後も日本自然保護協会は、同年11月21日の評議員会で北山川の水力発電問題を取り上げ「重要問題故可及的早い時期に公益事業委員会と当局者の実際計画を聴取して善処することを決定した。」[22]
　ちょうどその頃、国際自然保護連盟の会議に国立公園協会が招待されたが、代表を派遣できなかったので、日本自然保護協会は、1952年夏に開催される国際会議へのレポート「日本における自然保護と水力発電」を国立公園協会名義で作成して提出した。その報告は、つぎのように指摘している。[23]

　　熊野川、北山川は吉野熊野国立公園の北部の山岳部と南部の海岸部を連絡する渓谷部であって、全域に亘り水成岩からなり特に北山川は急湍、滝、瀬、淵の変化極まりない渓谷美を展開しており、わが国で他に類例を見ない渓谷である。熊野川のダムが築造されれば、渓谷美は潰滅的な打撃をうけるのであるが、前記の事情により実現性に乏しく北山川ダムが完成した場合について考察すれば、北山川渓谷の景観上の主要部はダムより下流になるので堰堤式発電所により同一河川に放水すれば支障が少いのであるが、落差や工業立地の関係から大部分の水は流域を変更して使用されるので、問題は七色発電所に渓谷景観を害わないだけの水を落すか否かにかかつている。

　日本自然保護協会は、以上のように指摘し、北山川電源開発計画にたいし

て疑念を提起したが、多くのダム建設計画案が吉野熊野国立公園内に属していなかったこともあって、必ずしも熊野川電源開発計画案に反対の意向を明確に表明しなかった。

2 1954年の熊野川開発全体計画分水A・K案と反対運動

　1951年5月にGHQの命令で日本発送電が解散させられて、9電力会社が設立された。政府は総合開発法を制定し、1951年10月に電源開発5ヵ年計画を発表し、全国的に電源開発計画が立案されていった。
　1952年に設立された電源開発会社は、各地で電源開発計画を提起し、先の経済安定本部案とOCI「勧告」案を引き継いで、北山川・熊野川一帯の水力電源開発計画を担当し実施することになった。[24]
　すでに指摘したように電源開発会社は、1953年6月に北山川のダム建設をさけて分流案を採用し、1954年に「熊野川開発全体計画」、いわゆる分水A・K案を立案していた。1954年7月に政府主管の電源開発調整審議会は、この分水A・K案を検討審議し、大枠で承認した。[25]
　この計画は、表10−1、図10−2に示したように、非常に多岐にわたっており、のちの計画にもからんだ複雑なものであった。しかし、第1次着工準備地点として承認されたものは、景勝地の多い北山川本流をはずした地域で、図10−2で示したように、第1に、奈良県にある十津川筋の芦の瀬ダム、その下流に十津川第一発電所（7.5万kW）、高さ76メートルの椋呂ダム、その下流の和歌山県内に十津川第二発電所（5.8万kW）の建設計画案であった。
　第2に、北山川支流の東ノ川に坂本ダム、そして尾鷲第一発電所、北山川上流と東ノ川の合流地点に大瀬ダム、その発電所、竜の子発電所、北山川上流の前鬼口ダム、音枝発電所の建設計画案であった。
　第3は、北山川本流にかかわるが、その支流神川の川口に設定と想われる神の上ダム、竹原発電所、葛川の川口に設定と想われる葛川ダム、田戸発電所、北又谷川の川口に設定と想われる木津呂ダム、竹筒発電所の建設計画案であった。[26]
　電源開発会社は、1954年7月に「熊野川開発全体計画」原案を若干修正し、電源開発調整審議会の承認をうけた。この「熊野川開発全体計画」案は、

表10－1　電源開発会社の熊野川分水Ａ・Ｋ案（1954年）

流域河川	ダムの位置	発電所名	出　力
十津川	芦の瀬	十津川第一	5.6万kW
	椋　呂	十津川第二	6.2万kW
北山川支流東ノ川	大　瀬	竜の子	4.1万kW
北山川支流東ノ川	坂　本	尾鷲第一	4.0万kW
北山川支流又口川	又　口	尾鷲第二	8.8万kW
北山川上流	前鬼口	音　枝	0.7万kW
北山川支流神川	神ノ上	竹　原	1.2万kW
北山川支流葛川	葛　川	田　戸	2.8万kW
	神　護		
北山川支流北又谷川	木津呂	竹　筒	1.2万kW

注　『電発30年史』、227頁、高嶋「北山川発電計画と日本化学工業株式会社」より作成。

図10－2　1954年、熊野川電源開発分水Ａ・Ｋ案の配置図

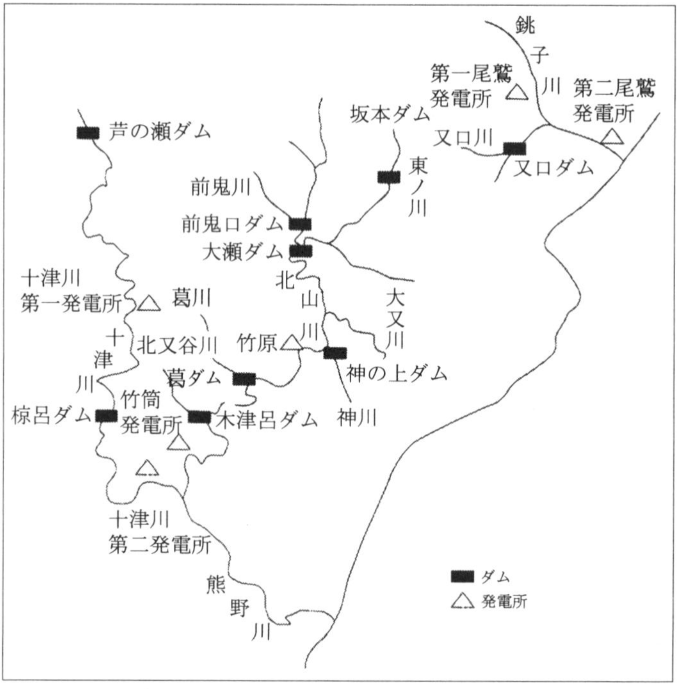

注　地図は筆者作成による。

1956年10月に「吉野熊野特定地域開発計画」として閣議決定された[27]。

そして電源開発会社は、1957年12月にさらにこの熊野川分水A・K案を大幅に修正した計画案「熊野川開発全体計画」、いわゆる本流案を提起することになる[28]。

一方では、「近畿のチベット[29]」とも言われた紀伊半島奥地の山岳地帯内の電源開発は、3行政県、開発地点の地元行政市町村にとって大きな魅力であり、開発への期待がよせられた。他方、その電源開発計画の開発地点の地元においては、ダム開発などで住居や生活地盤を失う多くの地元住民にとっては認め難いものであり、またダム建設の下流地域住民にとっても、ダムによる下流水量減の影響が心配され、容易に賛成し難い面が多かった。

この計画では、ほとんどのダムが吉野熊野国立公園の中心地からはずれており、自然保護の観点からは問題が少なく、奈良県内の前鬼口ダム・大瀬ダムの建設地点が国立公園内に属していたが、それほど景観地ではなかったこともあって、地元3県行政当局は地域開発に貢献するとして計画に原則的に賛成の立場をとり、補償などによる地元の仲介を引き受けた。

坂本ダム、前鬼口ダム、大瀬ダムの計画のある奈良県では、当初水没させられる開発地点の村民を中心に猛烈な計画反対運動がおきたが、奈良県が仲介に入り、補償問題も次第に解決して反対運動は沈静化していった[30]。

北山川上流にダムができれば、三重県と和歌山県を流れる北山川本流の水量が減水するとして下流の三重県熊野市、和歌山県新宮市が分水反対を表明し反対運動をおこなった。この問題も、おもに本質的に水の分割利害問題であり、国立公園内の自然保護問題からはずれるので、ここでは立ち入らないことにする。

1957年4月23日に開かれた日本自然保護協会の評議員会は、北山川の水力発電問題の協議をおこなった。協議された内容はつぎのように報じられている[31]。

> 吉野熊野国立公園北山川発電に関する件は、熊野川の十津川筋に高森堰堤を作り、椋呂発電所（6万6千キロ）に送水する事により、本宮と椋呂川間の流水がなくなり、プロペラ船の航行が不能になる。また北山川筋はその支流東の川の大瀬堰堤により、大瀬貯水池（1億8百万立方米の貯水量）を造り、これを流域変更して、尾鷲に落とし、6万1千キ

ロの発電とするので、これにより北山川本流の流量が減少し、瀞が土砂で埋没する懼れがあり、プロペラ船の航行に支障が生ずる懼れがあるものである。両堰堤ともに国立公園区域外に建設されるが、その影響により、公園内の水量が景観上よりも、利用上よりも、不利をもたらすものである。電源開発会社は、目下両工事共準備進捗中であるが、北山川ダムは問題が多いので、計画を再検討中の由である。

　これが対策として、十津川筋は渓谷景観も北山川筋より劣り、本宮へは宮居からバスも通っているので、残念ながら見送る事とし、北山川筋に対しては、最小限度、瀞の景観を維持し、土砂の埋没せぬように且つプロペラ船が瀞迄航行し得るに必要程度の流量を、北山川に放出する事を陳情することとした。

日本自然保護協会は1954年、分流案にたいして、直接国立公園内でダム建設、発電所建設をともなっていなかったとは言え、域外のダム建設が北山川本流の流量減少によって瀞が土砂で埋没することを愁い、少なくとも瀞への観光船を可能にする流量の確保を陳情し、この計画に一応批判的な姿勢を示した。しかし計画全体にたいしては、はっきり言って消極的な姿勢をとっていたことは明らかである。

　その後、日本自然保護協会は、熊野川電源開発計画問題にたいして明確な態度を示さなかった。しかし、1957年12月に電源開発会社は、すでに見たような熊野川分水Ａ・Ｋ案を大きく変える修正計画案を提起したので、事態は一変することになる。

3　1957年の北山川電源開発計画本流案の提起

　電源開発会社は、戦後の経済復興を前にして急増する電力需要、とくに関西圏の電力需要に応えるべく、1954年熊野川電源開発計画分水Ａ・Ｋ案を再検討して分水案を大幅に修正し、北山川本流での電源開発計画をふくむ大々的かつ本格的な熊野川電源開発計画をたて、1957年12月に地元に提起した[32]。

　この1957年12月熊野川電源開発計画案は、「北山川電源開発計画本流案」とも呼ばれ、電源開発会社による北山川電源開発計画の原案となり、以後い

くたびか修正変更されていくことになる。

　さて、この北山川電源開発計画本流案は、表10－2、図10－3に示したように、第1に、十津川水系については分水A・K案を基本的に引き継いだ。第2に、分水A・K案の北山川上流、支流については、坂本ダムを維持し、大瀬ダム、前鬼口ダム計画案をやめて、北山川上流に白川ダム、河合発電所を建設する計画とした。

　第3に、国立公園内にあり貴重な自然、景観をもつ北山川本流については、大瀬ダムをやめて北山川本流と東ノ川との合流点に大きな池原ダムと池原発電所を建設し、七色周辺に七色ダムと七色発電所、さらにその下流に奥瀞ダムと奥瀞発電所を建設するものであり、池原発電所は夜間に七色ダムから揚水発電を予定していた。

　第4に、三重県東部の分水A・K案の又口ダム計画を引き継ぎ、又口川の

表10－2　電源開発会社「熊野川開発全体計画」案の指標（1957年7月）

十津川		関連発電所
風屋ダム	ダムの高さ（100m）重力式ダム	十津川第一発電所（7.5万kW）
二津野ダム	ダムの高さ（71m）アーチ式ダム	十津川第二発電所（5.8万kW）
北山川上流		関連発電所
河合ダム	ダムの高さ（117m）アーチ式ダム	河合発電所（8,000kW）
坂本ダム	ダムの高さ（103m）アーチ式ダム	尾鷲第一発電所（4万kW）
クチスボダム	ダムの高さ（？）重力式ダム	尾鷲第二発電所（2.5万kW）
北山川本流		関連発電所
池原ダム	ダムの高さ（117m）アーチ式ダム	池原発電所（17万kW）
七色ダム	ダムの高さ（65m）重力式ダム	七色発電所（7万kW）
奥瀞ダム	ダムの高さ（86m）重力式ダム	奥瀞発電所（7万kW）

注　電源開発会社『熊野川電源開発の概要』、1960年、田村剛文庫所蔵、3－8頁から作成。

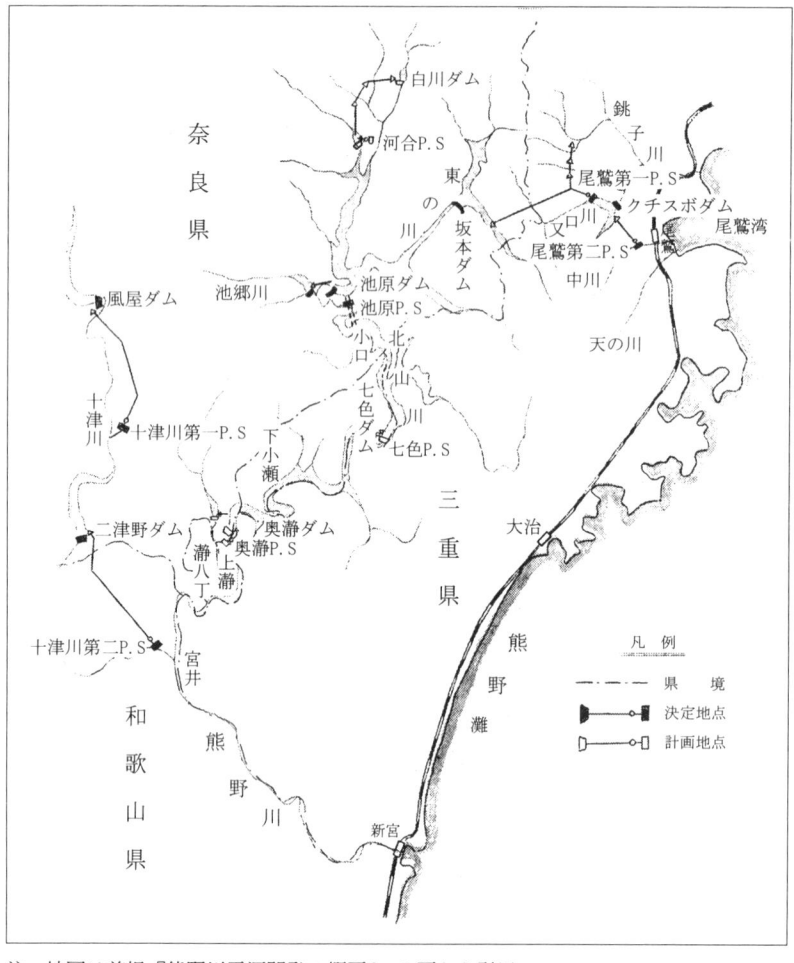

図10-3　1957年熊野川電源開発計画のいわゆる本流案の図

注　地図は前掲『熊野川電源開発の概要』、8頁から引用。

クチスボダムとして、近くの尾鷲第二発電所を建設すると言うものであった。

　1957年熊野川電源開発計画原案は、先の分水A・K案にくらべて、320億円から441億円へと、約1.5倍に工費が増加し、分水A・K案の約2.3倍、45万3,000kWの電力がえられるということであった。その代り奈良県関係だけでも、水没家屋は分水A・K案の157戸にたいして289戸（上北山村226戸、下北山村63戸）と倍増するという大きな犠牲をともなうものであった。

電源開発会社は、この1957年「熊野川開発全体計画」案を、1958年から実行に移すべく努力を重ねていくことになる。
(35)

4 北山川2ダム・発電所建設計画案への反対運動（前半）
1957年7月―1958年初

（1）計画案実現のための複雑さと反対運動の複雑さ

しかし、北山川電源開発計画案は、すぐには実行にうつされなかった。それは、北山川電源開発計画本流案にたいする反対運動が、多面的におきてきたからであった。

その反対運動の主要な側面は二つあった。第1の側面は、これまで回避してきた吉野熊野国立公園内に二つのダム・発電所建設計画を設定したため、国宝的な瀞峡を守れと2ダム・発電所建設計画に反対する運動であった。第2の側面は、行政当局と住民が、開発メリットに期待して2ダム・発電所建設計画を事実上黙認しつつも計画賛成をとなえず、電源開発会社にたいして厳しい補償要求を突きつける反対運動であった。

これらの反対運動は、計画の実行を阻害し、電源開発会社に計画案の度重なる修正をおこなわせ、そのつどまた紛争を激化させていった。こうした長期かつ執拗で複雑な性格をもった反対運動は、これまで見てきた国立公園内の電源開発計画反対運動にはまったく見られなかった独特なものであった。

ここで北山川電源開発計画と反対運動がかかえた複雑な構造について簡単に分析しておきたい。

まず問題なのは開発地点の地政的な複雑さである。

北山川電源開発本流計画案は、表10-3に示したように、3県2市2町3村の自治体の地域に分散して関連していた。さらに北山川本流の左岸の熊野市は、神川町だけでなく、熊野市全体として開発に大きく利害をもっていた。北山川の川下、熊野川右岸の和歌山県新宮市も開発に大きく利害関係をもっていた。それぞれの自治体が自己主張すれば事態は容易にはまとまらなかった。

電源開発は、開発地点のある自治体に事業税、水利権利用料を落とすという直接的メリットを生む。開発地点の変更でそれらの利益が喪失することも

表10-3　北山川2電源開発計画地点の地政区分

七色ダム開発地点	左岸＝三重県熊野市神川町 右岸＝和歌山県の飛地・北山村
奥瀞ダム開発地点	左岸＝三重県紀和町 右岸＝奈良県十津川村 右岸＝和歌山県の飛地・熊野川町
小森ダム開発地点 （奥瀞ダムの移転先）	左岸＝三重県紀和町 右岸＝和歌山県の飛地・北山村

注　筆者の作成。

図10-4　北山川2ダムをめぐる市町村区分地図

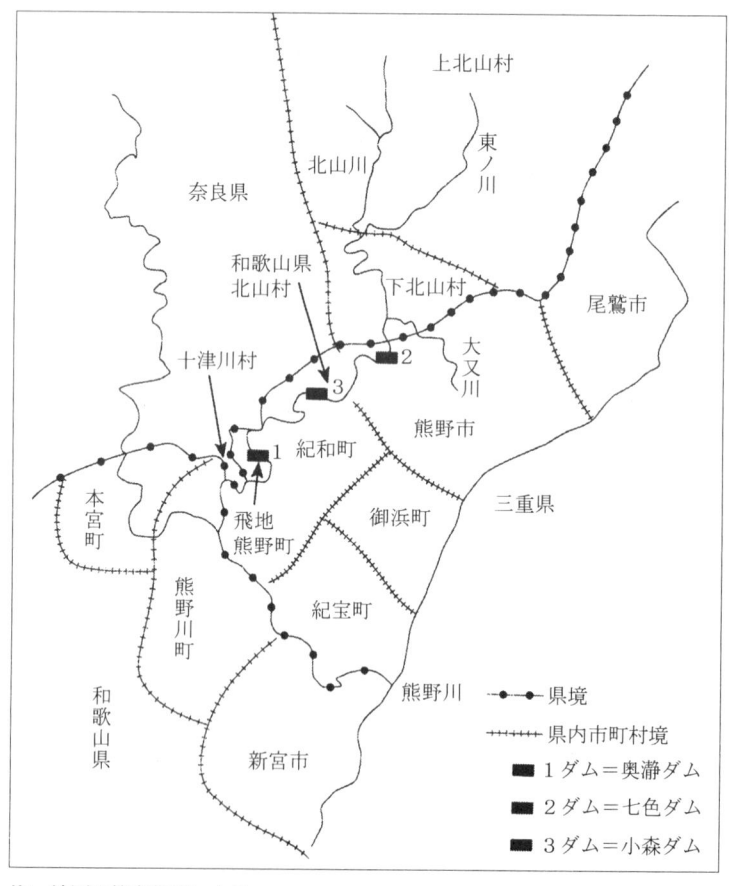

●――● 県境
┼┼┼┼┼ 県内市町村境
■ 1ダム＝奥瀞ダム
■ 2ダム＝七色ダム
■ 3ダム＝小森ダム

注　地図は筆者作成による。

おこる。途中で日本自然保護協会と地域住民が要求することになる奥瀞ダムの小森への移転は、右岸の奈良県十津川村と和歌山県の飛地・熊野川町から、その利益を奪うことになった。両自治体がその移転に反対することになる。

また電源開発は、工事のための道路を建設し、観光道路の整備、新設をもたらし、地域内の道路・交通インフラを整備し、地域内の雇用と建設資材などの需要を創出し、地域経済に大きな利益を与える。地元自治体は、電源開発によって大きな利益をえることができる。

その逆に北山川本流の2ダム・発電所建設は、地域・住民に大きな被害、マイナスを与えることになる。直接的な被害では、電源開発によって国宝的かつ学術的文化的価値ある自然・景観が永久的に消滅し、自然生態系が劣化し、観光資源が破壊される。

さらに電源開発は、開発地点でダムにより居住地を水没させ、直接住民に被害を与え、またダム設置による著しい水量の減少をもたらし、電源開発工事による河川の汚染、汚濁を発生させる。

これらの被害も、流域住民の職業によってうける程度は異なる。北山川の減水、汚染、汚濁は、河川漁業、流域住民の飲料、農業用水、工業用水に大きな被害を与える。とくに河川の流量減水は、北山峡観光船、また名高い吉野林業が生み出す材木輸送の筏業を破壊する。さら河川の流量減水は、河口周辺の自然環境を変造し、川下の周辺地域の漁港や漁業に悪影響を与える。

そのために住民、業界による電源開発会社への個人補償問題が生じる。また地域自治体による電源開発会社にたいする公的補償要求の問題が生まれる。

2ダム・発電所建設計画の開発地点は、吉野熊野国立公園の中核的存在である北山川本流にある。この計画は、国立公園によって保護されるべき原生的自然・景観を破壊するという問題を生じさせる。

吉野熊野国立公園は、もっぱら住民の努力によって戦前から吉野熊野の自然・景観を保護するために制定されたという歴史的な事情があった。吉野熊野国立公園に関心をもつ地域住民は、2ダム・発電所建設計画への激しい反対運動をおこなうことになる。

こうして熊野川・北山川流域の自治体あるいは住民は、2ダム・発電所建設計画に疑問をいだき、強力にしてねばり強い反対運動を展開し、2ダム・発電所建設計画の実行を阻止し、解決を著しくおくらせることになった。

そのうえ、この電源開発会社の北山川電源開発計画案は、実行段階にいた

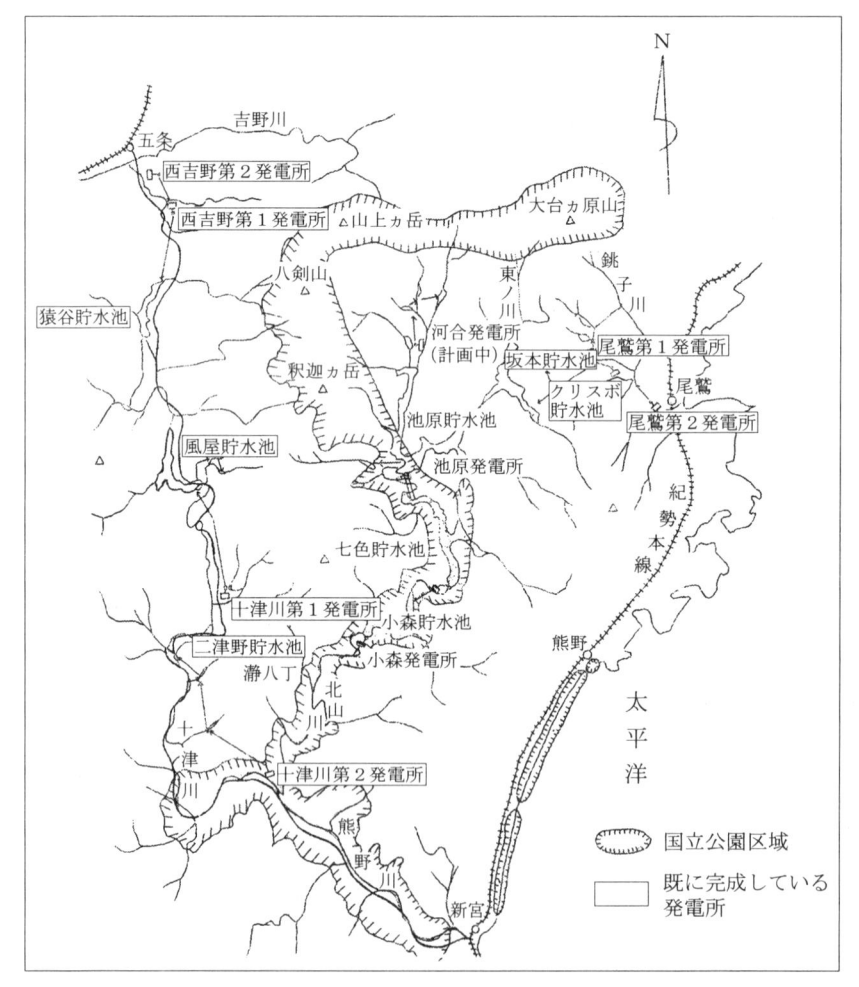

図10－5　国立公園と熊野川電源開発計画本流案との関係

注　地図は「北山川電源開発関係資料」(『田村剛文庫』所蔵) から引用。

るためには、いくつかの高いハードルを越えなければならなかった。

　第1に、計画が国立公園内に存在する場合には、国立公園法の自然保護精神に則って自然公園審議会や電源開発調整審議会により審議されて承認をえなければならなかった。

　第2に、第1にからんでいるが、電源開発会社は計画案について、地方自治体あるいは地域住民の了解をえなければならなかった。これは、水利権を

えるために、県行政・市町村自治体あるいは曖昧であるが一般住民の了承を必要としたからであった。

一般的に言えば、北山川本流の奥瀞ダム、七色ダム開発計画以外の戦後の開発計画は、1956、57年頃までにほぼそれぞれの機関で否定されたり、承認されていった。

自然公園審議会は、国立公園外の北山川支流東ノ川の坂本ダム、北山川上流の白川ダム、十津川の2ダムは管理外の問題とし、さらに国立公園内にあるが、風景上それほど重要ではないとして、北山川本流の池原ダムについては、建設を認めた。[36]

しかし、北山川本流の奥瀞ダムと七色ダムの開発計画案は、国立公園内にあるため自然・景観破壊を厳しく規制されているはずなので、地域の利害の多様性とからんで容易に承認されなかったのである。

厚生省、自然公園審議会、電源開発調整審議会、地元自治体は、日本自然保護協会および地元住民が北山川峡の2ダム建設計画に強力に反対したため、その計画案を容易に認めることができなかった。

（2）　日本自然保護協会の反対運動

1957年12月に電源開発会社により提起された北山川2ダム・発電所建設計画案は、1961年12月の自然公園審議会によって承認されるまで、約4年を要した。その間、地元の反応を見ながら、厚生省、日本自然保護協会、自然公園審議会、電源開発調整審議会は、北山川電源開発計画本流案にたいしてさまざまな動きを見せてきた。

日本自然保護協会は、1954年の分水Ａ・Ｋ案が提出された際には、電源開発地点が国立公園内からはずれていた関係で、北山川の景観、名勝地への流水減少を憂慮したが、尾瀬ヶ原、上高地などの電源開発計画にたいするような明確な絶対反対の姿勢を示さなかった。[37]

しかし、1957年12月に熊野川電源開発計画本流案で、国立公園内の北山川本流の奥瀞ダムと七色ダムとそこに併設される発電所の建設計画が明確に提示された。もはや戦後ではなくなった1957年には、社会では黒部第四発電所建設計画の礼賛や、電源開発への無批判的な賛意が支配し、自然保護意識の急速な停滞が進行していた状況下に、厚生省・日本自然保護協会は、その計

画にたいする明確な対応を迫られた。
　日本自然保護協会の歴史を綴った『自然保護のあゆみ』は、つぎのように指摘している。(38)

　　尾瀬ケ原、黒部川の電源開発とともに、国立公園の生命線を脅かす三大難問題のひとつとされていたのが熊野川水系の北山川本流の発電計画であった。この北山川発電計画に関しても、協会は発足当時から問題としていたのだが、計画自体の基本方針が固まっていなかったため、本格的に取り組み始めるのは昭和33年（1958）に入ってからだった。

　日本自然保護協会は、本流案が提出された1957年12月にただちに計画案へ絶対反対を表明せずに、1958年１月９日に、交詢社で日本電気協会の肝煎りで電気業界と座談会をおこなった。日本電気協会から大御所松永安左衛門、大石専務理事、田沢常務理事、電源開発会社から副総裁新藤武左衛門、電気技術の権威内海清温（きよはる）、久保田豊、日本風景協会から田村剛、本田正次、有光次郎、林謙一らが出席していた。
　この座談会において、北山川発電計画問題は、つぎのように扱われたと報告されている。(39)

　　双方忌憚のない意見の交換を行なったが、司会者としての松永氏の挨拶は風景保護につきよき理解を示しさし迫っていると見えた瀞八丁の案件などについても、十分双方の話し合いを遂げ、輿論にききしかも容易に妥結を見ないような場合にはこれを一応後廻わしにせよといったような極めて穏健な主張は、風景側に好感をもたれたようである。なおこの種の会合は回を重ねて度々行なわれるよう双方から希望が提出され、なごやかな空気のうちに会を閉じた。

　この座談会では、田村剛ら日本自然保護協会は、電気業界から北山川発電計画の妥協的な解決をもとめられ、世論を聞いたうえで話し合がまとまらない場合は、問題解決を先延ばしすることが要請された。田村剛は、すでに協調路線をとることを迫られていた。
　事実、座談会直後の1958年１月23日に、日本自然保護協会は評議員会を開

催し、北山川電源開発計画問題を協議したが、この評議員会では、「最近現地を視察された田村理事長から、瀞八丁上流の観光放流の可能性と、企業者側との妥協案とに対する意見を披露された」と報告されている。[40]

この報告で明らかなように、1958年１月の段階ですでに日本自然保護協会の最高責任者である田村剛は、電気業界の圧力をうけて、評議員会において、北山川２電源開発計画に絶対反対せずに、ダム・発電所建設を前提にする「観光放流の可能性」を提起し、「企業者側との妥協案」について話し合っているのである。

その後、日本自然保護協会は1960年５月まで明確な方針を提起せず、北山川２電源開発計画絶対反対運動の方針を打ち出せずに、曖昧な対応に終始した。北山川２電源開発計画反対運動の混乱と長期化は、日本自然保護協会のこの妥協的な曖昧な姿勢から発していると指摘しなければならない。

1958年５月頃の日本自然保護協会と田村剛の北山川２電源開発計画にたいする方針には、明らかに動揺した二つの傾向が読み取れる。

一つは、北山川２ダム・発電所建設計画を基本的に認め、極力名勝地への影響を軽減しようとする妥協的な姿勢であり、もう一つは、あくまで北山川電源開発計画に反対して北山川峡を保護したいとする姿勢である。

前者については、すでに見たとおりであるが、後者について言えば、『自然保護のあゆみ』によれば、日本自然保護協会は、一応、北山川２電源開発計画にたいする反対の立場を確認し、1958年５月21日、「北山川の水力開発に関する反対陳情」を公表したとある。しかし陳情書の内容は、どこにも紹介されておらず、どのような反対論を主張したのか明らかではない。[41]

こうして日本自然保護協会は、曖昧なままときを過ごし1960年５月にいたって、ようやく「北山峡の保護に関する陳情」を提出して、やや明確な方針を明らかにした。それは、北山峡の保全を要求しつつ、北山川２電源開発計画絶対反対の旗をかかげずに、一方では、奥瀞ダムの建設中止を要求し、事実上奥瀞ダムを10キロ上流に移転し奥瀞を保全する案を提起し、もう一方では、七色ダムについては中止を明言せず、基本的にこの計画を認めることであった。

（3）　地元における北山川2電源開発計画案への反対運動

　熊野川電源開発計画本流案が1957年12月に公表されたが、地元では必ずしもただちに計画への対応が明らかにならなかった。とは言え奈良・三重・和歌山の関係3県は、熊野川水系電源開発計画の地域開発へ期待し、暗黙のうちに熊野川電源開発計画に基本的に賛成の立場をとっていた。

　奈良県は、七色ダム・奥瀞ダムにあまりかかわっていなかったので静観していた。三重・和歌山の2県は、県内の住民の反応を見つつ対応し、住民が反対の意向を示せば、それを尊重すると言い、底流では計画の推進につとめていた。

　1958年10月17日の『紀南新聞』に北山川2電源開発計画は、「地元3県（和歌山、三重、奈良）の意見調整によって11月に予定されている電発調整審議会で認可される見通しが強くなって来た」ので、「3県土木企画部長の合同会議を設けることになっている」と報じられた[42]。

　問題は、北山川2ダム・発電所建設計画案にかかわる地元の熊野市・新宮市の対応であった。地元でも、さっそく1958年1月6日に、2ダムの計画される現地、和歌山県新宮市長（木村市長、谷助役、広里市議会議長）、三重県熊野市長（小林市長、川邑助役、浜口市議会議長）、三重県紀宝町（南町長、七滝町会議長）の2市1町首脳は、熊野市内の旅館で集会を開き、「今回の変更案は全面的に賛成致しかねる」との結論を打ち出した[43]。

　不賛成の理由は、以下の3点であった。

　第1に、奥瀞ダムの建設は、国立公園審議会の田村剛、吉野熊野国立公園指定の恩人・岸田日出男[44]（新聞では秀男とあるが誤り―引用者）らが反対しているように「未開発の奥瀞地帯を全部水没、観光資源を損なうので再検討すべきである。」

　第2に、分水案より電力コストが高くなるので、こうした「政治的配慮に基づく設計案はうなずけない」。

　第3に、電源開発会社により「奥瀞ダムに伴う瀞峡への放水について、……未だ何の具体的提案も建てられていない（一定の洪水がなければ瀞峡は風致を失う）」（『紀南新聞』1958年1月8日）。

　なお2市1町首脳は、今後電源開発会社との交渉をおこなうと報じられた。

　報道された市町村首脳の対応は、実に微妙である。「全面的に賛成」でき

ないということは、部分的には賛成もありうるということである。しかし2ダム・発電所建設計画の中味、何より補償問題がまったく不確定であったため、2ダム・発電所建設計画に強力に反対する姿勢を秘めていた。

2市1町首脳は、当初、やはりダム開発がもたらす開発メリットに関心をよせており、開発計画案の部分的な修正があれば賛成もありうるという立場であった。

北山川2ダム・発電所建設計画案にたいする地元自治体の対応は、以上のように2ダム建設への反対・不安と、開発そして補償への期待という相反する二つの意志を内包した複雑なものであった。

この時期には、また一般の地元住民、とくに地元観光業界の動きは表立って見られなかった。彼らが北山川2ダム・発電所建設計画反対運動に現われるのは、おもに1960年に入ってからであった。

以上のように1958、59年の地元の北山川電源開発計画にたいする対応は、おもに行政と地方議会によるややあいまいな反対運動であり、まだはっきりと住民が主体となった反対運動になっていなかった。

5　北山川電源開発計画反対運動の終焉

1958年以降の北山川2ダム・発電所建設計画反対運動については、本書の課題からはずれるので割愛したが、旧稿「吉野熊野国立公園内の北山川電源開発計画と反対運動（上、下）」において詳論してあるので参照していただきたい。[45]しかし、その運動についてどうしてもごく簡単に述べておきたい。

日本自然保護協会は、電源開発会社が1957年12月に北山川2ダム・発電所建設計画を提起して以後、1958年1月に妥協的方針をだし、計画にたいする絶対反対の旗をかかげずに、計画を基本的に認める姿勢を示した。

日本自然保護協会は、さらに1960年5月に「北山峡保護に関する陳情書」を提出して、奥瀞ダム建設計画の中止を要求し、2ダムの建設自体には反対を表明せず、「発電計画の重要性に鑑み、百歩譲ってその下流奥瀞ダムによって水没する部分」の名勝地「の保護を全うすることに局限しようとするものである」とし、事実上奥瀞ダムの10キロ上流の小森へ移転することを提案し、奥瀞峡の保護を要求するものであった。[46]

そして日本自然保護協会は、8月には現地調査をおこない、地元新聞は、それを大々的な報道で地元反対派を勢いづかせた。11月には、日本自然保護協会の機関紙『自然保護』で、田村剛は、一応2ダム建設計画に反対姿勢を維持しつつ、奥瀞建設計画の中止を要求し、奥瀞ダムの上流への移転を示唆し、七色ダムの500メートル移転要求を提起し、奥瀞峡の保全を強調した。[47]

他方地元では1958年1月に北山川流域の新宮市・熊野市・紀宝町の2市1町の首長は、計画への全面的な賛成を表明せず、反対ぶくみの姿勢を決めた。しかし三重・和歌山・奈良の3県は10月に計画賛成に動くが、地元はその後、明確な方針をだせずにあいまいに推移した。10月には補償問題が浮上したが進展せず、住民の不信は強まり、計画反対の意見が強まっていた。

1959年は、新宮市・熊野市の行政当局は補償問題をすすめたが、交渉ははかどらず、当局を落胆させた。同年12月頃から、新宮市・熊野市では、計画反対と計画反対に反対する2派に分裂気味となった。

1960年4月、新宮市は、条件闘争と妥協路線を提起し、公的補償を要求した。8月には日本自然保護協会は、現地調査をおこない、計画反対の側面を強調して、地元反対運動を刺戟した。9月に地元観光業界が反対運動を強めた。

1961年9月には、電源開発会社は、奥瀞ダムの小森移転を認めた。これにたいし奥瀞ダム予定地の住民が移転反対運動をはじめ、事態を複雑化させた。

地元の2ダム・発電所建設計画反対運動は、奥瀞を守れという反対派と今は補償や自然保全の条件が充たされないので計画反対だとする計画条件付き賛成派が一緒になって、奥瀞峡の保護を要求し反対運動を強め、中央への陳情活動をおこなった。

1961年12月に自然公園審議会は、2ダム・発電所建設計画の修正案を承認した。そのポイントは、奥瀞ダムの12キロ上流への移転承認、ダム・発電所規模の縮小で、七色ダムの移転は認めないと言うものであった。

通常であれば、これで反対運動は消滅するのであるが、北山川2ダム・発電所建設計画反対運動の場合は、逆にいっそう盛り上がった。

日本自然保護協会は、これで反対運動も終了すると考えていたようであるが、地元は1962年に入って、これらの修正案では瀞峡の自然は保全されず、奥瀞観光の観光資源が破壊されるとして反対運動を強めていった。

電源開発会社は、自然公園審議会の計画承認をうけて早期着工に動き出し、

和歌山・三重の県当局もそれに呼応していったが、奥瀞ダム移転反対運動も激しくなっていった。

新宮市は、根底に補償要求をしつつ、1962年1月に小森移転の実現と観光放流の大幅実施、小森ダムのさらなる500メートル移転を要求した。3月頃から熊野市もそれに同調して反対運動をおこなった。とくに計画が公的に決定されてないにもかかわらず、電源開発会社が強引に計画を実行にうつしていくことに、地元住民は激しく反発し、北山川2ダム・発電所建設計画反対運動を強化していった。

県を挟んで電源開発会社と地元の反対運動は、膠着状態に陥っていったが、1962年7月には電源開発調整審議会が電源開発会社の開発計画を承認するが、七色ダム移転案と地元の要求する放流量も拒否され、瀞峡の自然が保全されないとして、いっそう反対運動を強化していった。

そうした中で一部に補償問題も解決しはじめたが、未解決な補償問題も多く、8月以降も一向に反対運動は沈静化しなかった。とくに北山川の汚染調査を巡って地元が反対姿勢を強めた。

1963年2月に入ると、新宮市の商工会議所を中心とする観光業界が、新たに吉野熊野「国立公園を守る会」を組織して、計画絶対反対や補償問題で不満をもつ条件闘争派などさまざまな勢力を糾合し、官民一体となり、勝浦や那智など周辺地域の行政や地域大衆をも巻き込んだ大衆的な反対運動を展開した。

3月に地元の「国立公園を守る会」に呼ばれて講演をおこなった田村剛は、すでに1958年に計画を事実上認めているにもかかわらず、現地の激しい反対運動を目の当たりして、2ダム反対を直截に発言しないで、観光資源である国立公園の北山峡の保護を強く訴え、地元の反対運動を励ました。

一方、電源開発会社と3県当局は、計画の早期実現のために着々と準備をすすめ、ダム建設の周辺工事をおこなって既成事実を積み上げ、問題となった河川の水質調査も良好という結果と、また水利権は三重、和歌山、奈良など3県にのみ属すとの河川法の改正を踏まえ、計画を一部縮小して、地域自治体に計画の承認を迫った。

他方、新宮・熊野など2市当局は、公的補償を要求し、電源開発会社の不誠意な対応に計画への反対を強めた。

しかし、1963年6月頃になるとダム建設の周辺工事が着々とすすみ、既成

事実が進行し、工事による河川の汚染も水質調査の結果少なしということと、何より河川法の改正によって水利権は三重・和歌山・奈良など3県にのみ属すとの情報に、住民側に大きな動揺が現われた。

そして7月頃から8月にかけて、新宮・熊野など2市当局と住民の与論は、この辺で妥協すべきとの意見と、あくまで計画に反対すべきとの意見にはっきりと分裂し、県の攻勢をうけて反対運動は急速に萎えて妥協の方向に向かっていった。「国立公園を守る会」も8月16日の会合を最後に開店休業状態に陥った。

こうして1963年9月に入って新宮・熊野など2市当局は、計画に一定の条件を付けて電源開発会社に水利権を与えることを認めて、大衆的な反対運動はまったく停滞し、あとは関係者による補償交渉にうつっていった。そして1963年12月に新宮・熊野の2市は計画を承認し、北山川2ダム発電所建設計画反対運動は完全に終焉した。

6　小　括

北山川電源開発計画反対運動は、1954年に熊野川電源開発計画分水案が提起されて約9年間、1957年に本流案が提起されてから約6年間にわたっておこなわれ、結局、奥瀞ダムの小森移転と観光放流による奥瀞峡の一定程度の保全、七色ダムは計画通り、それに地元住民への一定程度の補償ということで1963年に終息した。

本章では、その前半についてしか論じることができなかったが、ここで本章の北山川電源開発計画反対運動の終焉について簡単に総括しておきたい。

先ずはじめに問題になるのは、北山川電源開発計画反対運動は、尾瀬ヶ原や上高地の電源開発計画のように、あるいは戦前の国立公園協会のように、なぜ1957年に北山川に2ダム・発電所建設計画が提起されたときに計画絶対反対の方針を提起しなかったのであろうかということである。

その理由は3点が考えられる。第1の理由は、厚生省・日本自然保護協会は、北山峡一帯を尾瀬ヶ原、上高地、大雪山山頂のように重視せず、何としても北山峡一帯を保護するために2ダム・発電所建設計画には絶対反対するという意思をもっていなかったということである。

第10章 吉野熊野国立公園内の北山川電源開発計画と反対運動

　すでに1954年に熊野川電源開発計画分水案が提起された段階で、戦前と戦後前期の熊野川電源開発計画を見れば、北山川に電源開発計画が提起されそうなことは、かなりはっきりわかっていたはずであった。ところが、厚生省・日本自然保護協会は、その可能性にまったく無関心であった。

　たとえば本章で明らかにしたように、日本自然保護協会は、1952年のレポート「日本における自然保護と水力発電」の中で、北山川ダムの建設に危惧を呈しているが、絶対反対を表明せず、あたかもダムの流量が問題であるかのように言い、ダムの建設を前提にした議論をおこなっている。

　その後の動きを見ても、日本自然保護協会は、1957年に北山川2ダム・発電所建設計画が提起されても、はじめから絶対反対する意思を示さなかった。

　こうして1958年からの日本自然保護協会の北山川2ダム・発電所建設計画反対運動は、はじめから計画を基本的に認め、開発と自然保護を両立させる条件闘争としておこなわれることになった。

　計画絶対反対の方針を提起しなかった第2の理由は、1935年10月に戦前の国立公園委員会は当初北山川の電源開発計画に反対したが、社会的に不利な事情もあって、開発と自然保護の両立という論理を認めて、北山川の電源開発を認めてきたという事情があった。

　厚生省・日本自然保護協会としては、一事不再理的に戦後になってもその決定を覆せないと考えていたのかもしれない。

　たしかに田村剛は、戦前にも北山川の電源開発計画についてはやや関心が薄かった嫌いがあった。

　第3の理由は、北山川峡の軽視と関連するが、尾瀬・上高地を重視するという厚生省・日本自然保護協会の戦略構想にあったということである。田村剛らは、ほかの国立公園内の電源開発計画には妥協しても、尾瀬・上高地の電源開発計画にたいしては断固絶対反対するという信念をもっていた。

　第4の理由は、1957年12月に北山川2ダム・発電所建設計画が提起されたときには、もはや絶対反対する余地がなかったことも大きな理由であった。北山川2ダム・発電所建設計画に反対するためには、それなりの体制が築かれていなければならなかった。

　実は、1956年11月に日本自然保護協会は、国立公園内の重要地域を国立公園特別保護地区に指定するべく、多数の個所を候補地に指定したが、その際に吉野熊野国立公園内の奥瀞一帯（国有地278ヘクタール）も特別保護地区の

候補地に指定していた。しかし、初期高度成長期に入っていた産業界がそうした規制に強く反対したため、奥瀞一帯をふくめ多くの特別保護地区は、産業開発計画を阻害するとして特別保護地区に指定されなかった。[51]

奥瀞一帯が国立公園特別保護地区に指定されなかったことは、2ダム建設計画反対に法的な保証を与えることができず、2ダム建設絶対反対運動敗北の一因であった。

最後に第5点目として、厚生省・日本自然保護協会が、早くから熊野電源開発計画のうち北山川電源開発計画には絶対反対であるとのメッセージが提起されていなかったこともあって、地域住民の中に2ダム建設絶対反対の気運があまり見られなかったことである。

そうした現地の情勢もあって、厚生省・日本自然保護協会は、いよいよ2ダム建設絶対反対運動を組織しにくかったということが考えられる。

以上のような理由で、厚生省・日本自然保護協会は、北山川2ダム・発電所建設計画に絶対反対を提起しなかったのである。

もし厚生省・日本自然保護協会が、1957年の北山川2ダム・発電所建設計画が提起される以前にそれにたいする絶対反対の方針を提出し、北山峡を特別保護地区に指定して、反対のための法的な準備をおこなっていれば、北山川2ダム・発電所建設計画反対運動は勝利した可能性が大である。

とくに田村剛自身が私信で述べているように、1960年代に入った段階でも政府筋にも北山川2ダム・発電所建設反対運動への理解は相当あって、電源開発調整審議会がゴーサインをだしかねていたのである。[52]また、電源開発会社は、ほかの開発地域をたくさんかかえていたから、計画中止のできない体質をもつ関西電力のような私企業ではなく、柔軟であったからである。

2ダム建設計画絶対反対運動に勝利する可能性は、自治体・地域住民が水利権の譲渡を拒否して計画の実行を不可能にすることであった。厚生省・日本自然保護協会がこのことを戦略的に理解して、反対運動に取り組んでいれば大きな勝因となった可能性があったのである。

つぎに電源開発会社が、2ダム建設計画の実行に成功した要因について簡単に指摘しておきたい。

第1に指摘すべきは、電源開発会社の2ダム建設計画案は、高度成長期に入りかけた1957年に提起され、社会的に産業開発がブームになっていた有利な時期に実施の努力がなされたことである。

第10章 吉野熊野国立公園内の北山川電源開発計画と反対運動　331

　1950年代の前半は、戦後の経済的な混乱もあって、まだ自然保護を重視する社会的な雰囲気もなお残っていた。しかし、1956年6月に黒部第四発電所建設計画が自然公園審議会において承認された頃には、梅棹忠夫の黒部第四発電所建設計画への礼賛に典型的に見られるように、産業開発優先主義が支配しはじめていた。
　北山川2ダム・発電所建設計画反対運動は、黒部第四発電所建設計画が自然公園審議会によって承認された1956年6月の1年後からスタートしたのである。日本自然保護協会は、そうした社会状況の中で、北山川2ダム・発電所建設計画絶対反対の旗をかかげにくかったのかもしれない。
　第2に指摘すべき勝因は、1957年に河川法を改正して、一級河川については地元住民から水利権を奪い、建設大臣に移譲し、特例として県知事に水利権を与えたことである。恐らく北山川電源開発計画反対闘争のもつれの中で、政府は、水利権を地元の自治体から剝奪することを思いついたのであろう。[53]
　北山川の水利権を関連県知事に移譲したことは、電源開発会社に圧倒的に有利に作用したのである。これは、国立公園の特別保護地区の指定が電源開発計画反対運動の砦の役割を果たしたのと逆に、水利権の県知事への移譲は、電源開発会社にとってきわめて有利な砦となったのである。
　第3に指摘すべき勝因は、そうした有利な社会的状況を背景に、電源開発会社が、強引かつ執拗に2ダム建設計画の実行に努力したということであろう。
　しかも2ダム建設計画反対勢力の方針の混乱、足の乱れが、電源開発会社の立場を強固にしたことも否めない。
　最後に、北山川2ダム・発電所建設計画反対運動、とくに奥瀞ダムの小森移転などの条件闘争をどのように評価すべきかについてふれておきたい。
　2ダム建設計画反対運動の評価は二つの面から見る必要がある。
　一つは、反対運動に示した地元の粘り強い反対運動にたいする評価である。
　もう一つは、奥瀞ダムの小森移転などの条件闘争は、どの程度北山川の自然・景観を保全したと評価できるのかということである。
　まず後者から見てみたい。
　一般的に見れば、2ダム建設計画絶対反対運動は完全に敗北したが、北山峡保全の観点からすれば、奥瀞ダム建設を中止させダムを小森に移転させたことは、奥瀞ダム建設予定地地点から上流の小森ダムまでの間の自然・景観

を部分的に保全し、上流のダムのために減水したり、ダムの悪影響をうけたりしてはいるが、河川の一定の水量を観光放流によって維持し、それを観光資源とする観光業を部分的に救済したと評価できる。

具体的に見れば、ダム移転によって奥瀞ダム建設予定地点から小森ダム建設地点の約10キロメートルの間には、奥瀞、上滝、黒渕、オトリノなどの貴重な自然と景観が存在していたが、それらは水没から救われ、基本的に存続できた。

北山川上流の一連のダム、七色ダム・小森ダムによる北山川水量のダムへの貯水は、小森ダム地点以下の北山川の流水量の著しい枯渇をもたらし、自然・景観を貧弱にした。たとえば、小森ダム地点から1.5キロ下流の黒渕は、かつて豊かな流水をほこっていたが、今日見ると水流は失われ、貧相な小川のごとき様相を呈している。

小森ダムの建設はまた、小森ダム地点から上流にあった自然、一の滝・相須渕などの景観地を水没させた。この地域の自然・景観は保護できなかったのである。また七色ダム建設によって七色ダム地点上流の自然・景観が消滅し、とくに七色ダム地点直下の七色瀞と蜂の巣峡が枯渇し景観が台なしになった。

以上のように、奥瀞ダムの小森移転は、奥瀞周辺の景観をかなりの程度保全したことは事実である。今なお水量が減水したとは言え、瀞八丁、奥瀞は、なお景観を維持し、瀞観光の資源として機能している。この点は、奥瀞電源開発計画反対運動、厳密には奥瀞ダムの小森移転運動の一定の成果であったと評価したい。

たしかに北山峡の約3分の1程度の自然・景観を維持し、その限りで移転要求運動は、北山峡全体から見ればきわめて限定的であるが、北山峡を保全したという意味で評価できるであろう。

しかし小森ダム、さらに七色ダムの建設によって、北山峡全体の約半分程度の自然・景観を喪失してしまった。この点では、小森・七色の2ダム建設を阻止できなかったための自然・景観喪失の被害はきわめて大きかったと言えよう。

しかも北山川支流のいくつかのダム、とくに池原ダムは、本来流れるべき北山川の水量を減少させ、さらに七色ダム・小森ダムは、北山川本流の水量を相当減少させ、本来の豊かな流量を制限し、北山川の自然・景観を著しく

衰退させたのである。本来国立公園に指定されたので保護されるべき自然と景観が、大きく傷つけられたのである。それは、国立公園論から観て許されないことであった。私は、北山峡全体が、尾瀬や上高地のように全面的に保護されるべきだったと考えている。

なおダム建設は、河川生態学的に観て、単に景観を破壊するだけでなく、ダム建設によって目には見えないさまざまな河川と川口域、付近海岸の自然環境の破壊をもたらした。この問題についての具体的な考察は、筆者の力量を越えた問題であり、今後の研究に委ねたい。

つぎの問題は、北山川2ダム建設計画反対運動における地元の果たした役割の評価についてである。

1961年に自然公園審議会が北山川2ダム・発電所建設計画を承認した段階で、通常であれば反対運動は消滅するのであるが、北山川の場合は、むしろ逆であった。

北山川2ダム・発電所建設計画反対運動が、妥協的な側面をもちつつも長期化し、粘り強い運動を続けた根本的な理由は、一部の人たちが計画にともなう補償に目がくらんでいくのにもかかわらず、多くの人たち、とくに北山峡の観光に生きる人たちが、観光資源としての瀞峡を守るためにたたかったからである。

しかも彼らは、吉野熊野「国立公園を守る会」を立ち上げたことからわかるように、戦前来の郷土の先輩たちにならい、国立公園としての瀞峡を守ることに熱意を注いだのである。

しかし厚生省・日本自然保護協会は、そうした地元住民の潜在的なエネルギーを組織することができなかった。基本的に条件闘争は、2ダム建設計画を中止させることはできず、どこかで妥協して終焉せざるをえなかったのである。

ただ私は、これまで国立公園内の産業開発計画反対運動の中で、北山川2ダム・発電所建設計画反対運動ほど粘り強く、かつ大衆的な運動を知らない。私は、彼らの反対運動は、勝利こそできなかったとは言え、これまで尾瀬ヶ原、上高地の電源開発計画反対運動にくらべても、地方自治体を巻き込み、民間団体、とくに観光協会などの幅広い地元の一般住民が、奥瀞ダムの小森移転という条件闘争でありながら、自然・景観を保全しようとする激しいたたかいをおこなった住民運動として高く評価しておきたい。

通常では、自然公園審議会の計画承認で運動は終息するのであるが、北山川2ダム建設計画反対運動は、そうした大きな権威に押し潰されることなく、粘り強くおこなわれた点は、後半の「国立公園を守る会」の運動に示されたように、国立公園制度の理解のうえに北山峡を保護しようとする姿勢を見せ、国立公園運動史の面からも高く評価されなければならないということである。北山川2ダム建設反対運動は、われわれがなお学ぶべき多くの教訓を残してくれていると言える。

注
(1) 拙著『国立公園成立史の研究』、第Ⅱ部第6章第2節「吉野熊野国立公園」、あるいは拙稿「吉野熊野国立公園成立史―自然保護と利用開発の確執を中心に―」、『経済志林』71-4、拙稿「自然保護の砦としての国立公園―吉野熊野国立公園の指定運動を振り返る」、『国立公園』No.642、2006年4月を参照。
(2) 前掲『国立公園成立史の研究』、369-371頁。
(3) 同上、136-137頁、369-371頁を参照。
(4) 熊野市史編纂委員会『熊野市史』中巻、熊野市、1963年、372-373頁。
(5) なお本章は、北山川電源開発計画反対運動全体を論じた旧稿「吉野熊野国立公園内の北山川電源開発計画と反対運動」(上下)『経済志林』77-4、78-1、2010年3月、6月、のうちの戦後期の1950年から1957年までの運動について論じたものを圧縮・修正した前半部分である。1957以降の運動について論じた後半部分は、高度成長期の問題として割愛した。ぜひ後半部分をも参照していただきたい。
(6) 詳しくは前掲「吉野熊野国立公園成立史―自然保護と利用開発の確執を中心に―」、『経済志林』71-4を参照。
(7) 前掲『自然保護行政のあゆみ』、108頁。
(8) 戦後初期の熊野川水系の電源開発計画については、高嶋雅明「北山川発電計画と新日本化学工業株式会社」、『紀州経済史文化史研究所紀要』第9号、1989年3月、を参照させていただいた。
(9) 『紀南新聞』1951年6月7日、本宮町史編纂委員会『本宮町史』、近現代史料編所収、本宮町、2000年、850頁。
(10) OCI『日本政府公益事業委員会に対する〈O・C・I熊野川電源開発調査報告書〉』、公益事業委員会、1952年6月。
以下OCI『熊野川電源開発調査報告書』と略す。

(11) 同上、1頁。
(12) 前掲『本宮町史』、近現代史料編、851頁。
(13) 同上、851－853頁。
(14) 同上、854頁。
(15) 本宮町史編纂委員会編『本宮町史』、本宮町、通史編、2004年、940－941頁。
(16) 木村博一編著『下北山村史』、下北山村役場、1973年、410頁。
(17) 前掲『熊野市史』中巻、375頁。詳しくは、前掲高嶋雅明「北山川発電計画と新日本化学工業株式会社」を参照。
(18) 前掲『熊野市史』中巻、373－375頁。
(19) 熊野川町史編纂委員会『熊野川町史』通史編、熊野川町、2001年、289－290頁。
(20) 前掲『本宮町史』、近現代史料編、851－853頁。
(21) 前掲『協会事業報告書』(第一輯)、16頁。
(22) 同上、26頁。
(23) 同上、69頁。
(24) 30年史編纂委員会編『電発30年史』、電源開発、1984年、152頁。
(25) 同上、226－227頁。
(26) 同上、153－156頁、227頁。前掲「北山川発電計画と日本化学工業株式会社」、90－91頁。
(27) 前掲『本宮町史』通史編、940頁。
(28) 前掲『下北山村史』、411頁。なお旧稿「吉野熊野国立公園内の北山川電源開発計画と反対運動(上)」、(『経済志林』77－4、495頁)で、1957年7月に電源開発調整審議会が、本流案を承認したと述べたが、これは勘違いであり、電源開発会社の本流案の提起も7月ではなく12月であった。記して訂正しておきたい。
(29) 前掲『電発30年史』、151頁。
(30) 鈴木良他『奈良県の百年』、山川出版社、1985年、271頁。
(31) 前掲『協会事業報告書』(第三輯)、160－161頁。
(32) 前掲『下北山村史』、411－412頁。
(33) 前掲『電発30年史』、226－228頁。前掲『下北山村史』、411頁。
(34) 前掲『下北山村史』、411頁。
(35) 同上、411頁。
(36) 前掲『電発30年史』、227頁。
(37) 前掲『協会事業報告書』(第三輯)、1957年4月、160－161頁。詳しくは、

拙稿「吉野熊野国立公園内の北山川電源開発計画と反対運動（上下）」（『経済志林』77－4、78－1を参照。
(38) 前掲『自然保護のあゆみ』、125頁。
(39) 『国立公園』No.38、32頁。
(40) 『国立公園』No.39、26－27頁。
(41) 前掲『自然保護のあゆみ』、125－126頁。
(42) 『紀南新聞』1958年10月17日。
ここで利用する地方紙は、おもに『紀南新聞』である。大半は国会図書館所蔵のものであったが、国会図書館に所蔵されていなかった1961年7月以前の『紀南新聞』の記事については、幸い新宮市図書館が所蔵した電源開発計画関連記事のコピーも利用する機会をえた。新宮市図書館には記して謝意を表しておきたい。また、電源開発計画に関心を示した地方紙の発行をささえ続けたこの地方住民の民度の高さに感心するとともに、『紀南新聞』社の営為に感謝したい。
(43) 『紀南新聞』1958年1月8日。
(44) 吉野熊野国立公園指定の恩人・岸田日出男については、拙稿「自然保護の砦としての国立公園——吉野熊野国立公園の指定運動を振り返る」、『国立公園』No.642、2006年4月を参照されたい。
(45) 前掲『経済志林』77－4、78－1、2010年4月、7月。
(46) 前掲『自然保護に関する陳情書・意見集』、42－43頁
(47) 田村剛「北山峡の保勝問題」、『自然保護』第1号、1頁、1960年11月。
(48) 前掲『協会事業報告書』（第一輯）、169頁。
(49) 拙著『国立公園成立史の研究』。370－371頁。
(50) 同上、363頁。
(51) 前掲『協会事業報告書』（第三輯）、61頁。
(52) 旧稿「吉野熊野国立公園内の北山川電源開発計画と反対運動（下）」、『経済志林』78－1、72－3頁。
(53) 同上、89頁。
(54) 川の生態学については、大内力ほか編著『流域の時代—森と川の復権をめざして』、ぎょうせい、1995年。中村太士『流域一貫—森と川と人のつながりを求めて』、築地書館、1999年。山田國廣編『水の循環—地球・都市・生命をつなぐ〝くらし革命〟』、藤原書店、2002年を参照した。

第11章
その他の国立公園内における産業開発計画と反対運動

はじめに
1 大雪山国立公園内の層雲峡電源開発計画と反対運動
　（1）北海道電力による層雲峡電源開発計画の概要
　（2）層雲峡電源開発計画反対運動と妥協的解決
　（3）小　括
2 大雪山国立公園内の硫黄鉱山開発計画と反対運動
3 支笏洞爺国立公園内の豊平電源開発計画と反対運動
　（1）戦後の豊平電源開発計画
　（2）豊平電源開発計画反対運動と計画中止
　（3）小　括
4 富士箱根国立公園内の本栖湖発電用疎水工事計画と反対運動
　（1）1950年の日本軽金属による本栖湖疎水工事計画の再提起
　（2）本栖湖疎水工事計画反対運動と妥協的終焉
　（3）小　括
5 戦後の富士山ケーブルカー建設計画と反対運動
　（1）敗戦直後のケーブルカー建設計画と計画中止
　（2）戦後後期の富士山ケーブルカー建設計画案と反対運動
　（3）小　括

はじめに

　本章の課題は、これまで論じてきた問題以外の国立公園内の産業開発計画について考察することである。

　第1節は、戦後の経済復興の過程で、総合開発法にしたがって1949年に設立された北海道総合開発審議会の答申により、北海道の総合開発計画に基づく北海道電力による大雪山国立公園内の層雲峡電源開発計画と、それにたいする反対運動がいかに妥協的に終結したかを明らかにする。

　第2節は、戦後提起された大雪山国立公園内の鉱山開発計画が、厚生省により不許可になった経過を明らかにする。

　第3節は、戦後指定された支笏洞爺国立公園内の豊平電源開発計画とその反対運動について考察し、計画が中止された経緯を明らかにする。なお旧稿で考察した大雪山国立公園内の糠平(ぬかびら)電源開発計画については反対運動がなかったのでここでは割愛した。

　第4節は、戦後後期に提起された富士箱根国立公園内の日本軽金属による本栖湖発電用疎水工事計画と、その計画にたいする地元と日本自然保護協会の反対運動を考察し、なぜ反対運動が中途半端に計画に妥協していったかを明らかにする。

　第5節は、戦後にたびたび提起された富士山ケーブルカー建設計画とそれにたいする地元および日本自然保護協会の反対運動を考察し、反対運動が計画を中止させた経緯を明らかにする。

1　大雪山国立公園内の層雲峡電源開発計画と反対運動

（1）　北海道電力による層雲峡電源開発計画の概要

　「層雲峡は大雪山国立公園の中でも最も利用者が多く、かつ岩壁・流水・樹木が混然一体となったわが国有数の渓谷である。一面北海道は最も水力発電に恵まれない地方」であった。[1]

　大雪山国立公園内の景勝地である層雲峡についても、戦時下に電源開発が

第11章　その他の国立公園内における産業開発計画と反対運動　339

計画されたが、幸い戦時状況の悪化によって中止されていた。⁽²⁾

　戦後、1951年8月頃に北海道電力株式会社（以下北海道電力）は、ふたたび大雪山層雲峡に電源開発計画を立案した。⁽³⁾

　この層雲峡電源開発計画は、『上川町史』によれば、石狩川上流の大函に高さ109メートル、幅455メートルの重量型のダムを建設し、広大な調整池を造り、ダムから下流約10キロのところに出力2万3,800kWの発電所を建設し、ダムの水をわずかに72メートルを露出するだけであとは全部層雲峡の右岸をえぐりぬいた隧道形式導水路（鉄管一本、口径27.5〜23.5メートル）を穿ち、発電所に送る、総工費2億6,635万円の小規模電源開発であり、1954年10月22日に竣工する、と言うものであった。⁽⁴⁾

図11－1　層雲峡電源開発計画地域図

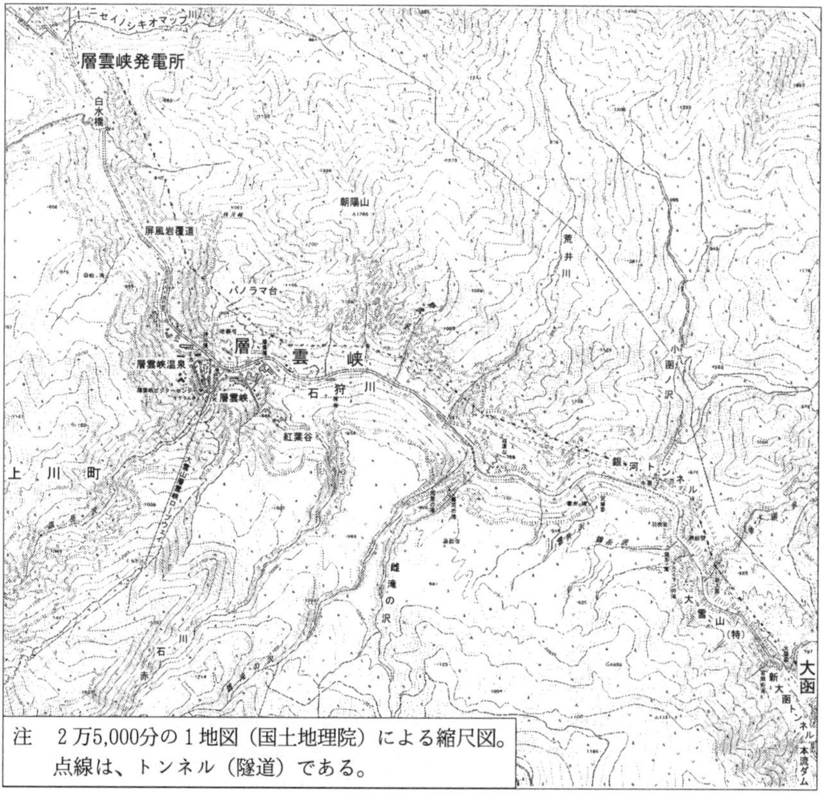

注　2万5,000分の1地図（国土地理院）による縮尺図。
　　点線は、トンネル（隧道）である。

（2） 層雲峡電源開発計画反対運動と妥協的解決

　地元の上川町および層雲峡の人たちは、この計画にたいしてどのように対応したのであろうか。

　層雲峡は、大雪山の北部に属し、温泉と石狩川上流に玄武岩が屹立する稀有な景観を有するが、しかし交通の不便な観光地であった。地元住民は、層雲峡観光をさらに大雪山登山と結びつけ、層雲峡観光を発展させたいと長い間願ってきた。そこに1951年8月頃、北海道電力による層雲峡電源開発計画が降って湧いた。

　1951年8月8日に開催された上川町議会の議員協議会は、「伊集院町長の説明に基づき、層雲峡奥地の電源開発にともなう観光資源の保持を協議した。」その後たびたび議員協議会が開催されて開発問題を協議したが、「町内外の与論も賛否交々沸騰」した。

　そして、その年の11月21日に開催された定例町議会は、種々論議を重ね、以下のような決議を採択した。

　一、大雪山国立公園内大函奥地のダム施設については、支障を認めない。
　二、層雲峡大函下流の美観を損なう、石狩川流水を引用する発電所施設について反対する。

　この決議の文意はちょっと理解が難しいが、事態の経過から見て、「一、大雪山国立公園内大函奥地のダム施設については、支障を認めない」という意味は、「大函奥地のダム施設については」「支障」が認められないので反対しないと理解するのが穏当であろう。

　「二、層雲峡大函下流の美観を損なう、石狩川流水を引用する発電所施設について反対する」ということは、文字どおり、石狩川流水を引用する層雲峡発電所建設には、層雲峡大函下流の美観を損なうという理由で反対するということであろう。

　とすると、上川町議会の決議は、層雲峡電源開発計画にたいして、「石狩川流水を引用」して減水し、風景を損傷する発電所には反対するが、ダム建設そのものには反対しないという二面的な主張であったようである。

　他方、厚生省・日本自然保護協会は、どのように対応したのであろうか。
　層雲峡の電源開発計画が提出されると、まず日本自然保護協会は、1952年2月4日に理事会を開催し「層雲峡の電源開発計画に対しても、日本自然保

護協会では軽々に附し難く、理事会の決議を以て次のような陳情書を関係諸方面に提出して慎重な考慮を要望する」ことを決めた(8)。

日本自然保護協会は、その後3月5日に「大雪山国立公園層雲峡地帯に於ける発電計画に関する件」という「陳情書」を公表した。

「陳情書」の要旨は、つぎのようなものであった(9)。

> 層雲峡は大雪山国立公園の誇りとする渓谷美の中心であり、且つ利用上最も重要な地点であるに鑑みて、層雲峡の流量に影響ないよう慎重な計画を樹立せられんことを要望する。

そして要望の「理由」と要求についてつぎのように指摘した。

> この計画に依れば、恐らく層雲峡の渓谷美の中枢要素である水景は犠牲にされ、河床は露出して惨状を呈するものと予想される。われわれは層雲峡の景観に重大な障害を及ぼすこのような計画に対しては断乎反対せざるを得ない。
> なお層雲峡大函小函上流部における発電計画は戦時中にも企画され、今後も大規模なものが考えられるであろうが、これらを全面的に反対するものでなく、要は如何なる計画であっても、大函小函上流において放水し、層雲峡における流量に変化を及ぼさないような方策を確立し、産業開発と風致維持との両立を計ることが、真の総合開発であると信ずる。

見られるとおり、陳情書は「われわれは層雲峡の景観に重大な障害を及ぼすこのような計画に対しては断乎反対せざるを得ない」と言っておきながら、計画にたいして「全面的に反対するものでなく」、したがって絶対反対ではなく、開発と自然保護の「両立」論にたって「大函小函上流において放水し、層雲峡における流量に変化を及ぼさないような方策を確立し、産業開発と風致維持との両立を計る」という開発条件（観光放流）を付して、計画に基本的な承認を表明したのである。

条件付き開発賛成ともとれる日本自然保護協会の陳情書が提出されたのち、地元、上川町議会は、1952年10月24日に臨時町議会を開催し、道庁、上川支庁、通産省、北海道電力の関係部局から関係者を呼んで、層雲峡電源開発計

画について協議した。道庁、北海道電力は「地元の協力を懇願した。」

「この懇願にもとづき、町では議会において慎重審議の結果、層雲峡の美観保持にできる限り配慮して工事を行うこと、流水の減少、美観の損傷については適切な補償をすることを前提として、知事に一任することになり、この旨知事に申入れがなされた。」

こうして地元に一部の反対論をかかえながら上川町議会は、「美観保持」と「流水の減少、美観の損傷」には「適切な補償」という条件付きで開発を基本的に承認し、交渉を道知事に一任し、具体的な補償問題をあとに残した。

「この懇談と前後して上川町と北電側、道と北電側、厚生省と通産省に於いて幾度となく話し合いが行われ、一時発電所中止説が出るなど、その成り行きは各方面から注目されていた」と言われる。

厚生省は、地元上川町議会の条件付き賛成の意向をうけて、北海道電力から層雲峡電源計画の申請にたいし、1957年11月22日に条件を付けて許可した。厚生省は、その間、国立公園審議会に層雲峡電源計画について諮問して、計画の是非を議論させたが、議論の内容は明らかではない。

それに先立ち日本自然保護協会は、同年11月21日に開催した国立公園特別委員会において、「大雪山国立公園層雲峡の発電計画について」議論し、地元の意向を反映して、「結局当局案の通り条件を附して許可すべきことに賛成」した。その条件とは、「観光期間（5月-10月）中の昼間放流量毎秒6立方米は今後も確保する」と言うものであった。

厚生省の許可をうけた後の1953年1月23日に開かれた日本自然保護協会の評議員会では、「層雲峡の発電計画に関する決定事項報告」がなされ、国立公園部甲賀管理課長は「層雲峡の電源計画が著しく景観を害することなく実行される情勢に導くことが出来るまでの経緯」について報告した。

要するに、層雲峡電源開発計画工事で景観が損なわれないように見届けるということであり、実際に工事が一時的にしろ大幅な自然破壊・景観損傷を与えても、それを阻止することはできなかった。

なお地元町では、計画を承認し、道知事に補償問題などを一任したが、計画の承認後、「発電所建設工事は、着々進捗して、竣工が間近くなって来たが、補償については何ら具体的な案も示されなかった」。そこで上川町は、道庁をつうじて北海道電力に「美観損傷の補償として、大雪山登山のためのロープウエイ設置を要求」した。しかし「北電側よりロープウエイの設置は

経費の関係で困難である旨回答」があった。⁽¹⁸⁾

1953年4月に新たに野田町長が選出され、今度は観光道路の建設を要求することになった。野田町長は「補償問題の解決策としてはどうしても観光登山道路の新設でなければならないと意を決した」と回顧している。⁽¹⁹⁾

この大雪山観光道路建設計画とは、図11－2に示したように、営林局専用林道を起点として、「子供老人の登れる大雪山」というキャッチフレーズのもとに銀泉台、さらに赤岳までの約18キロメートルの観光道路を建設することであった。⁽²⁰⁾

野田町長は上川町議会の了承をえて、上川支庁、道庁、道知事を説得した。紆余曲折をへて、1953年6月に道庁の「予想道路」案がつくられ、その調査がはじまった。⁽²¹⁾

「北電としては、工事は殆んど終ったようなものだし、今更補償金を出す気配はない」ということで、野田町長は、道知事を説得して1954年度の予算獲得に成功し、6月に「自衛隊の手による工事施工が決定され」、7月から

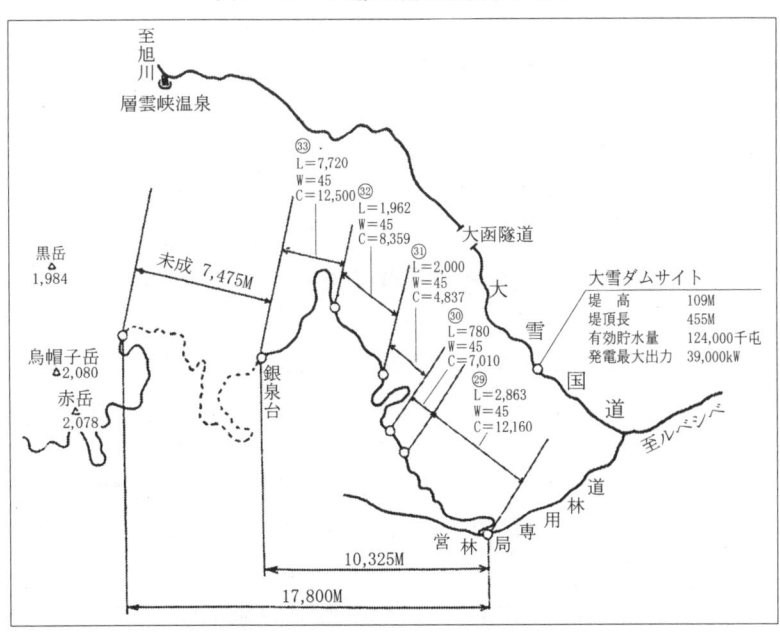

図11－2　大雪山観光道路開さく図

注　地図は『大雪山観光道路』、10頁より引用、一部修正して作成。

工事が開始された。1958年に、10キロメートルからなる林道から銀泉台までの観光道路が完成した。赤岳山頂までの観光道路約10キロメートルは保留されたまま今日にいたっている。

こうして層雲峡電源開発計画は、観光道路の建設を層雲峡の景観・自然破壊の代償として実施された。

1954年10月13日、日本自然保護協会は第15回評議員会を開催し、工事の進展について、「層雲峡発電工事後始末の件」としてつぎのように報告している。

> 田中技官より工事の概略について地図によって説明があり、最近層雲峡は発電工事のため自然景観が非常に荒されている。周辺の樹木の伐採、導水隧道から渓谷に向い諸々に穴を開け、そこから投棄する土砂が美しい渓谷にうづ高く堆積しており、工事の後始末の問題が討議された。……
> このことは発電工事が最終期にあり、近く完成の上は、許可条件にある跡地の整理が行われるであろうから、今しばらく状況を視ることとなった。

1956年には、治山治水のために新しく大雪ダム建設の必要が提起され、1975年に実際に建設されたが、自然保護を論じる雰囲気はなくなっていた。

(3) 小 括

最後に、層雲峡電源開発計画反対運動の挫折について簡単に総括しておきたい。

詳しいことは不明であるが、層雲峡電源開発計画が提起されて、地元では、計画絶対反対の勢力と条件付きで賛成する勢力が生まれて、あらそったことは明らかである。

しかし、1951年8月の上川町議会の決議は、はじめから発電所建設には反対だが、ダム建設には反対しないという曖昧なものだった。少なくとも計画絶対反対の方向は示されていない。

すでにこの段階で、地元では絶対反対の勢力は少数であったと思われる。町議会の大勢は、層雲峡電源開発計画にともなうインフラ整備による観光事

業に期待し、電源開発計画に必ずしも基本的に反対せず、自然・景観の破壊に制限を加え、リスクには補償を要求するというスタンスが明確であった。

他方、こうした地元の意見を反映して、日本自然保護協会も1952年3月の陳情書で、計画に全面的反対ではないが、自然・景観・環境を著しく破壊する計画に反対すると表明し、厚生省は計画の修正（流水減少の制限、すなわち5－9月の全面放流）で開発を許可した。

日本自然保護協会は、層雲峡電源開発計画に絶対反対を表明していなかったのである。ではなぜ、日本自然保護協会は層雲峡電源開発計画に絶対反対しなかったのであろうか。

考えられる理由は、第1に、地元町議会・地元住民が層雲峡電源開発計画に絶対反対せず、むしろ電源開発計画による観光開発を期待していたからである。日本自然保護協会は、そうした地元の意向を追認したのである。

第2に、過疎地の電源開発計画に、北海道や通産省が大きな期待をかけて、計画を支援したからであった。

第3に、層雲峡電源開発計画の内容が比較的小さく、発電所への導水が長距離の地下方式で、直接的な層雲峡の景観への被害が少なかったことがあげられる。

第4に、何より日本自然保護協会は、層雲峡の価値を認めつつも、組織をかけてそれを絶対反対してまでも層雲峡を無傷のままに守ろうとする意志をもっていなかったからである。

日本自然保護協会は、以上の4点を考慮して、計画にたいして建前では「断乎反対」を主張しながら、実は、計画を条件付きで認めざるをえなかったのである。

このような日本自然保護協会の姿勢は、大いに問題であった。

2　大雪山国立公園内の硫黄鉱山開発計画と反対運動

雌阿寒岳硫黄採掘の問題が決着してから数年後の1956年に、北海道の大雪国立公園内の大噴火口における硫黄採掘鉱山申請問題がおきた。申請者は、戦前三井物産に在籍中アヘン売買をおこなった里見機関（里見 甫（はじめ）が率いた上海のアヘン流通組織）で働いていたと言われ、戦後青森で大揚鉱山を経営して

いた中西伸次であった。⁽²⁶⁾

　厚生省は国立公園審議会に諮ったが、1957年3月2日に開かれた国立公園審議会は、この申請をはじめから「却下」して認めなかった。⁽²⁷⁾

　1957年1月25日に開催された日本自然保護協会の第19回評議員会でも、国立公園部の甲賀管理課長から、試掘鉱区権をもつ業者が採掘権を申請する動きについて経過報告があり、「種々反対意見が提出され、これを会員に諮り可決し、陳情案文は理事会に一任された。」⁽²⁸⁾

　その後、1957年9月10日、第21回評議員会でふたたび「大雪山国立公園大噴火口鉱区設定に関する件」が取り上げられた。評議員会の報告は、つぎのように報じている。⁽²⁹⁾

　「大雪国立公園の中心部である大雪山大噴火口内に、未採掘のまま設定されている硫黄試掘鉱区の期限が、昭和26年満了となり、採掘鉱区として転願の申請がなされた。」「本件の取扱い方について諮った結果、大雪山の原始的大景観の保護上絶対に反対」であり、絶対反対の陳情書を提出する「ことに決定した。」

　こうして評議員会の決議に基づいて日本自然保護協会は、9月10日付けのつぎのような「大雪山大噴火口鉱区設定に関する反対陳情書」を作成し、関係方面に提出した。⁽³⁰⁾

　　大雪山国立公園はわが国で最大の原始的景観を誇る代表的国立公園であるが、その核心部に当る巨大な爆裂火口とこれを繞る旭岳以下多数火山の地形は、これを被う高山植物群落と共に、この国立公園の生命であって、これに対する一切の加工は絶対に許容さるべきでない。即ち巨大火口は北海岳、松田岳、荒井岳、間宮岳、中岳等を外輪山とし、層雲峡に流入する赤石川の火口瀬を擁するカルデラ様の大地形で、そのカルデラの底及び外輪山に沿うて探勝ルートが穿たれているので、利用上の観点から一層この傷つけられざる噴火口は観光並びに学術上極めて重要である。若し中西伸次氏出願に係るが如き操業が許可されるならば、掘採された地盤や運搬設備や人夫小屋等が火口底に露呈し、又外輪山を貫いて運搬用トンネルが穿たれ、それは朝日岳の北麓を経て旭平を横断し延々6.7mに達する索道に連絡される等により大雪山の山頂より中腹に至る本邦屈指の原始的景観は忽ち破壊されるのである。然るにこの地区は

もとより、大雪山国立公園の特別地域であり、追っては特別保護地区にも指定さるべき重要地区であるばかりでなく、現に公害地として採掘を禁止すべきものとして決定済であるので、出願にかかる掘採行為の如きは断じて許可さるべきでないと確信するものであります。

よって本会は特に評議員会の議決に基き、ここに陳情する次第であります。

昭和32年9月10日

本陳情書は、11月9日付けで、日本自然保護協会理事長・田村剛より関係方面に提出した。

すでに国立公園審議会が最初から申請を却下して認めなかったこともあって、大雪山大噴火口の硫黄採掘鉱山計画は中止され消滅した。

最後に、小括として、この計画が簡単に消滅した理由を2点ほど指摘しておきたい。第1の理由は、厚生省の国立公園行政当局、日本自然保護協会、国立公園審議会が結束して、大雪山の噴火口で硫黄採掘をするなどという暴挙を一蹴したことである。

このことは、この3者が断固反対すれば、無謀な開発計画を葬り去ることができるということを、如実に示した重要な事例であった。

この計画が簡単に消滅した第2の理由は、申請企業が無名でかつ小企業だったことに注目されなければならない。大企業による申請であったらもっと問題化したかもしれない。

3　支笏洞爺国立公園内の豊平電源開発計画と反対運動

（1）　戦後の豊平電源開発計画

北海道西東部に位置する豊平峡・定山渓を要する豊平川は、明治以来河川氾濫があり、治水工事の必要が論じられ、堰堤など築いて治水工事が施されてきた[31]。また、豊平峡は札幌の近郊にあり、原生林の豊富な景勝地として、古くから保全の対象とされてきた地域であった[32]。

これらの地域は、1949年5月16日に指定された支笏洞爺国立公園に属する

有力な景観地として位置づけられ、支笏洞爺国立公園の5大自然景観の一つであった。[33]

豊平川には、下流に定山渓があり、「この渓谷は札幌の南西約24粁ばかりの豊平川流域に沿うＶ字型谷であるが、定山渓付近は石英粗面岩・安山岩及び集塊岩等から成り、温泉は石英粗面岩の割目から湧出する単純泉である。」「定山渓から炭酸泉へ、更に豊平川上流にかけての豊平峡は、概ね針広混合林で、渓谷沿いは地形急峻の関係から大体原始状態を保っている。」[34]

1950年4月に北海道当局は、北海道総合開発委員会を設置し、総合開発計画を立案し、1952年に道内の水電能力の不足を補うために道庁経営の豊平電源開発計画を立案した。[35]

北海道開発庁が計画した豊平電源開発建設計画は、「北海道支笏洞爺国立公園内豊平川上流の定山渓温泉より約3粁上流地点に於て北海道開発庁の企画に係る水力発電その他多目的の貯水池」を建設し、水力発電所を建設するものであった。[36]

（2）豊平電源開発計画反対運動と計画中止

豊平峡にダムと発電所を建設する計画にたいして、地元の豊平町議会は、ただちに反対の意向を示した。1952年11月5日の「豊平町議会は支笏洞爺国立公園定山渓地帯に於けるダム建設について、渓谷の風致保護上豊平峡を外れた上流部にダム建設位置を変更することを決議し、関係方面に陳情した。」[37]

ここで注目したい点は、豊平町議会は、はじめから電源開発計画全体に絶対反対を叫ぶのではなく、観光資源である定山渓・豊平峡が電源開発によって破壊される恐れがあるので、1,000メートルほど上流にダムの位置の変更を要求したことであった。[38]

豊平町議会がその後どのように反対運動をおこなったか詳しいことは明らかではないが、日本自然保護協会は、豊平町の陳情に応じて、「これに賛同協力して、豊平峡の自然保護運動を続けて来た。」[39]

日本自然保護協会は、1953年6月10日に開かれた評議員会で「支笏洞爺豊平峡」ダムについて協議し[40]、支笏洞爺国立公園（とくに豊平峡）を重視して、1953年にまず支笏洞爺国立公園の一部を特別保護地区の候補地に指定した。[41]

これに応じて厚生省は、1953年9月22日に支笏洞爺国立公園のうち、重要

な景観地を「特別保護地区として樽前山（85ヘクタール）、登別（137ヘクタール）、昭和新山（9ヘクタール）、有珠山（277ヘクタール）、羊蹄山（110ヘクタール）、オコタンペ湖（790ヘクタール）の6地区面積合計1,408ヘクタール」を「指定」し、開発に規制をかけようとした。[42]

しかし、その場合でも定山渓・豊平峡は、豊平峡が電源開発予定地であったために、開発当局の圧力で、特別保護地区の候補地にさえふくまれなかったようである。[43]

豊平峡地域の開発規制をかける保護政策に成功しなかった日本自然保護協会は、しかし1954年4月、特別委員会を開いて「豊平峡保勝」について協議し、同年5月11日に「豊平峡保勝に関する陳情書」を公表した。[44]

陳情書の要旨は、「北海道開発庁の企画に係る水力発電その他多目的の貯水池築造工事は、北海道に於ける三大峡谷の一つである豊平峡の景観保護上に重大な影響があるので、その堰堤の位置を更に上流約1粁の地点に移して実施されるよう計画の変更方につき関係当局の再考を煩わしたい」と言うものであった。[45]

ここでも日本自然保護協会は、地元の意見に沿って、豊平峡の中央に建設予定のダム地点を1,000メートル上流に移転させる要求をかかげ、ダム建設に絶対反対するのではなく、移転を条件にダム建設を基本的に承認しようとしていたのであった。

しかし、まもない5月27日に開かれた豊平町議会の方は、1952年11月5日に議会に提出された陳情書「位置変更」の要求を撤回し、開発計画を促進する決議をおこなった。[46]

1954年6月10日付けの豊平町長山田為吉名の陳情書の主旨は、「其の後の調査結果、ダム建設位置は予定の豊平峡地帯をおいて他に適地がないので、町議会はこれを承知するのみでなく、先の反対陳情を取消し事業の促進方を決議し、豊平町長名を以ってこの旨を陳情」するということであった。[47]

こうした山田町長を先頭とする町議会の多数派に対抗して、ダム反対派の町議会議員の小須田潤治らは、地元民60名ほどを糾合して、1954年10月22日に、なお定山渓豊平峡地帯の保全をもとめて、ダムの移転を要求して定山渓自然保護協会を設立し、「名誉会長に小須田潤治氏、会長に小須田正次氏以下役員を選び、国立公園定山渓の自然美を永遠に保護育成に努力する事となった」。[48]

定山渓自然保護協会は、日本自然保護協会と同じような規約を制定しており、日本自然保護協会のアドバイスで設立されたもののようである。しかしその活動内容は、つまびらかではない。

　日本自然保護協会は、同年12月20日に評議員会を開催して、「北海道開発のため貯水池建設のダムは豊平峡の最もすぐれた風景地点なので、風致上支障のない箇所に建設されるよう要望するため、更に陳情書を提出することに決定した」。

　提出された陳情書の主旨は前回のものと何も変わっていないが、台風で大きな被害をうけた層雲峡を例示して、豊平峡の保全の必要性と意義を強調していることが目立った。

　しかし1958年11月にいたって、理由は不明だが、北海道開発局は、豊平電源開発計画を突如中止した。『豊平町史』は理由を明示せず、計画の中止を指摘しているのみである。

（3）　小　括

　戦後の豊平電源開発計画は、詳しい事情は明らかではないが、ともかくもダム建設場所の移転運動の中で中止されたことは事実である。したがって、豊平電源開発計画反対運動は、成功したと言えなくもない。

　たしかにダム建設場所の移転運動だった豊平電源開発計画反対運動がなければ、豊平電源開発計画は容易に実現してしまった可能性があったから、豊平電源開発計画反対運動を高く評価すべきかもしれない。しかし豊平電源開発計画反対運動は、基本的にダム建設場所の移転運動であり、勝ったとも負けたとも評価することが難しい。

　経済成長期に入ってこの計画が再現し、容易に実行にうつされたことを思うと、豊平峡電源開発計画反対運動は強固な基盤を築くまでにいたっていなかったことを示唆しているように思われる。再計画がどのように立案され、実行された経過についての考察は、ここでの課題ではないので、別の機会を待ちたい。

4 富士箱根国立公園内の本栖湖発電用疎水工事計画と反対運動

(1) 1950年の日本軽金属による本栖湖疎水工事計画の再提起

　国立公園の中でももっとも重要でかつ有名な富士箱根国立公園は、1936年に国立公園に指定されたが、その中心である明峰富士山は、国立公園指定以前の明治期から、また国立公園指定以後にも、おもに観光開発のために自然破壊の脅威にさらされてきた。[55]

　富士五湖の水を水力発電用に利用しようとする試みは戦前から見られ、大正時代に東京電燈は富士五湖の水を天然の貯水池として利用して、ダム建設の費用を省くことを計画し、小さな精進湖は除外し、西湖と河口湖を貯水池として利用する発電所を建設していた。[56]

　他方、日本軽金属は、1943年に戦前から東京電燈が利用しなかった本栖湖を対象とした計画をたてていた。[57]

　この計画は、本栖湖の水を富士川に落とし、静岡県岩淵町に日本軽金属株式会社（以後日本軽金属と略す）の発電所を建設し1.5万kWの発電をおこない、アルミニウムの増産を企てるものであり、軍部の圧力のもとで地元村民の飲料水、灌漑用水等そのほか観光の面への影響を無視して、山梨県西八代郡戸関村字中ノ倉に隧道を掘さくするものであった。[58]

　しかし本栖湖を利用する水力発電計画には、重大な難点があった。それは、昔から本栖湖・精進湖・西湖の湖水位が同時増減し、この3湖が湖底で連絡していると伝えられてきたからである。[59]

　そのため、東京電燈を吸収した日本発送電（1951年、9電力会社設立にともない解散）は、日本軽金属による本栖湖の利用が他の2湖の水位低下をきたすとして強行に反対した。しかし3湖連絡説は必ずしもたしかな根拠があったわけではなく、山梨県は、1944年3月から水路を造って放流試験をおこなったのであるが、1945年9月工事用の火薬やその他の資材入手難のため、工事の40％を遂行したまま工事を中止した。[60]

　戦後、日本軽金属は、戦後の経済復興に応じて需要を拡大するアルミニウム生産の増強をめざし電力供給を確保すべく、1950年4月に山梨県に試験的な本栖湖疎水の「工事再開を申し入れた」。しかし、この場合も日本発送電

が強硬にこの工事の再開に反対したため、建設省の山梨県にたいする工事再開の認可がおくれた。[61]

1950年秋、日本軽金属は山梨県へ相当額の寄附を申し出て、県議会の議決をえて、本栖湖・精進湖・西湖の連繋および静岡県芝川との連繋につき研究試験をおこなうことにし、県当局の許可をえて、地元の同意すらえる暇もなく、掘さく作業を続行着手しようとした。[62]

（2）本栖湖疎水工事計画反対運動と妥協的終焉

1950年11月1日に本栖湖の取水工事の試験的な再開は、建設省に認可されたのであるが、同年12月の山梨県議会では、ただちに承認されなかった。[63]

山梨県議会が承認を与えなかったのは、日本発送電が戦前から工事に反対していたことに加え、お上の工事に文句も言えなかった戦前と違って、戦後民主主義の社会的雰囲気の中で、地元の住民が、この試験用の取水工事計画に反対をとなえたからであった。

建設省による工事再開の許可を知った地元町村は、1951年3月23日に本栖湖取水工事再開にたいする反対陳情書を山梨県知事に提出して計画の中止を訴えた。[64] しかし山梨県議会は、1951年3月の議会で工事再開を承認してしまった。こうして同年5月1日に県当局は、試験的な取水工事に着手した。[65]

本栖湖周辺の地元の代表（山梨県南都留郡町村会長、北都留郡町村会長、河口湖南上水道組合長、富士吉田市長）らは、1951年9月に工事反対陳情書を提出して反対運動に立ち上がった。[66]

工事反対陳情書の主旨は、この工事計画者である日本軽金属、その取水工事を認可した山梨県を批判し、工事計画が、地元住民の飲料水・農業用水であり、生活の資源である本栖湖の水を奪い、住民の生活に脅威を与えるということであった。

なお、地元住民は「富士五湖中観光の先鞭地として世界に謳われた精進湖」と言い、「観光の面に及ぼす影響も亦抄からず」といって、住民が国立公園を意識し、観光的資源として富士五湖の保護を主張したということに留意しておきたい。[67]

他方、結成まもない日本自然保護協会は、1951年11月21日に評議員会を開催し、はじめて「富士山麓本栖湖疎水工事に関する件」を取り上げ、「本栖

湖は精進湖の水と相通じ、富士山麓風景上看過し難い重大問題なることを全員一致して、これを認め、本協会として富士周辺の自然保護上早急に適当な方法を講ずることに決定した。」(68)

　日本自然保護協会は、1951年11月21日に開かれた初の評議員会で、他の開発問題の協議と併せ、富士山麓本栖湖疎水工事について議論し、「富士山麓本栖湖発電工事に関する件」の「陳情書」を作成し、本栖湖発電工事に絶対反対を表明した。(69)

　陳情書は、一事業者の本栖湖の水利用発電企画に反対し、山梨県当局の計画許可を批判し、計画が「地方民に対する大きな脅威」であり、また「同湖の景勝を破壊する」「風致上からも絶対に容認する余地のないもの」と反対した。

　地元住民は、日本自然保護協会の陳情書をうけて、1951年11月25日に本栖湖発電工事にたいし、再度、山梨県南都留郡町村議会議長会会長・牛田信雄名で反対決議をおこなった。(70)

　その反対決議は「我等は意を新にして、今後共之が試掘結果と疎水の状況を厳重に監視し、徹底的に之が富士川流域に疎水さるる無謀に反対し、初期目的達成の為に敢斗するものである」と述べた。

　この反対「決議書」は、先の「反対陳情書」と同じように、地元住民の生活権確保の立場から、また「観光的立場からも本栖湖疎水に絶対に反対」すると指摘している。ここでも地元住民は、本栖湖が富士箱根国立公園の一角であり、それが観光資源としての意義をもつことも自覚していたことに注目しておきたい。

　試験的な本栖湖疎水工事は、1951年5月1日に強行的に着工されてから、地元住民と日本自然保護協会の反対にもかかわらず、1952年2月に「約3キロメートルの導水路が完成した。」(71)

　この導水路の工事完成に際して、山梨県は、水位調査をおこなうべく、東京大学本間教授以下、建設省・建設省土木研究所・山梨県の各技官に委嘱して本栖湖水理調査協議会を設置した。この調査は、1952年2月（1ヶ月）、同年12月から翌年の2月まで（2.5ヶ月）おこなわれ、この調査をもとに本栖湖水理調査協議会は、1953年9月につぎのような「結論」をだした。(72)

　「3湖の水位は降雨によってほとんど支配され、相互に水位差をもち、1湖の放流は他2湖の水位に相当期間をおいて影響を及ぼす。このことから直

ちに、3湖の直接的連絡を認めることはできない。一つの湖の他の湖への影響は、富士周辺の地下水を通じてなされるものであると考える。」

こうして日本軽金属は、3湖不連続説のお墨付きをえて、1953年12月に山梨県に本栖湖の発電用の水利権を出願した。これにたいし東京電力は、「西湖の水利権に関連して、既に与えられた本栖・精進・西湖の3湖を利用する水利許可に触れる」ということで「反対」した。[73]

本栖湖水理調査協議会の結論がだされるまで、地元住民がどのような動きをしていたか定かではないが、少なくとも日本自然保護協会は、特別な動きを示していなかった。

日本軽金属は、1953年12月11日に本栖湖水理調査協議会の結論をえて、山梨県に本栖湖の発電用水利願を提出し[74]、1954年2月16日には、発電所建設計画の許可申請を提出した。[75]

日本軽金属のそうした動きにたいして日本自然保護協会は、同年5月11日には評議員会を開いて、ふたたび富士山麓本栖湖疎水工事計画について協議した。この評議員会は、「本問題に付ては、特別小委員会を挙げて更に研究して結論を出す事とした」。[76]

この決定にしたがって、田村理事長、岡田紅陽、武田久吉、津屋弘達、辻村太郎、中沢真二、中村清太郎らからなる特別小委員会は、1954年5月26日に、「結局更に試験期間を設けて慎重に調査し、その成績を俟つこととし、この旨の陳情をすることに決定した」。[77]

そして日本自然保護協会は、陳情書を作成する前の1954年6月9日に開催された本栖湖対策特別委員会で、日本軽金属から本栖湖疎水工事計画についての説明をうけることになった。[78]

日本軽金属の説明の要点は、調査結果は「本栖・精進・西湖の水は直接の連絡は認められない」ので工事を完成したいということであった。特別小委員会は、会社の説明を聞いて、従来の計画絶対反対の旗を降ろすことを考えたようである。

日本自然保護協会は、説明会のあと「富士山麓本栖湖発電工事に対する反対陳情」書を作成して公表した。[79]

反対陳情書は、「調査の継続」「時期尚早」「慎重に検討」「不十分な結論」などを指摘し、「景勝維持上の諸条件が到底水力発電と両立し難いと認められる場合には寧ろ早急にこれを不許可処分」とされたいとし、開発と自然保

護を「両立」させられれば開発を容認してもよいという論理をもとに、以前主張していた絶対反対の旗を下ろした。

　日本自然保護協会は、明らかに本栖湖水理調査協議会の影響なしという調査結果を正面から否定できなかったのであろう。そして、工事反対を表明したものの、絶対反対の動きをやめてしまった。地元住民も、工事が本栖湖へ影響がないということがわかれば、反対する必要もないので、反対運動をやめてしまった。

　山梨県は、1954年9月に本栖湖発電所建設を許可し、同年11月に日本軽金属に条件を付して本栖湖の水利権を許可した。(80)

　その許可の条件は、日本軽金属の「利用できる水量は約2,000万立方メートルとなり、最初の主張であった3,000万立方メートルを使用するためには、そのつど、この制限水位より更に2.5メートル低下させること」とし、取水量のほぼ3分の1を縮小する改善案であった。(81)

　『日本自然保護協会事業概況報告書』は、こうした条件付き許可について、「本工事は戦時中一度許可した延長として、止むを得ぬ措置と考えられるが、富士山麓の自然保護上よりは、極めて残念である」と指摘した。(82)

　こうして、1955年12月21日に本栖湖発電所の建設が開始され、1957年1月18日に完成した。(83)日本自然保護協会の『自然保護のあゆみ』も、その後、本栖湖疎水工事計画について何もふれていない。

(3) 小 括

　本栖湖疎水工事計画反対運動は、地元住民と日本自然保護協会によって当初絶対反対として展開されたのだが、途中で承認もやむをえないと方向転換してしまった。

　では、日本自然保護協会はなぜ絶対反対の旗を下ろし、工事に条件付きで承認したのであろうか。

　その大きな理由は、第1に、富士箱根の目玉の一つである富士五湖の中の本栖湖が、疎水工事計画と取水から危険にさらされると絶対反対したものの、調査によって取水が自然や景観に大きな影響がないということで、日本自然保護協会は反対根拠を失ったことである。

　第2に、本栖湖は標高999メートルに位置しているにすぎず、尾瀬や上高

地のように高山植物や貴重な動物が豊富に存在するわけでもなく、本栖湖の水位が落ちるとは言え、日本自然保護協会は断乎として工事に反対する根拠を失ったということである。

第3に、住民も工事が自分たちへ直接被害が及ばないということで、絶対反対の旗を下ろし、日本自然保護協会の反対運動を支援することがなかったこともある。

第4に、日本自然保護協会は、すでに尾瀬沼の疎水工事には賛成した前例もあり、尾瀬沼より価値の高くない本栖湖の疎水工事に絶対反対を主張し続けるのは、得策ではないと考えたのではなかろうか。

以上のように、日本自然保護協会は、本栖湖疎水工事計画に絶対反対することなく、計画をやむをえないものとして承認したのである。

果たしてこうした日本自然保護協会の方針は、正しかったどうか判断するのは難しいことである。国立公園内の産業開発はいっさい認めないという強硬な方針を貫徹すべきである、という論理からは不満であろうが、大極的に見てこの程度の開発はやむをえなかったとも言えなくもない。

5　戦後の富士山ケーブルカー建設計画と反対運動

（1）　敗戦直後のケーブルカー建設計画と計画中止

ここで論じる富士山頂への登山鉄道建設計画という問題に限っても、明治以来昭和初年代期までにいく度となく計画されては、反対運動もあって中止されてきた。[84]

富士登山鉄道建設計画は、敗戦後ただちに復活した。[85] 敗戦の3ヶ月後の1945年11月の山梨県議会では、「富士五合目マデ、少ナクトモ自動車道路ヲ開発シ、更ニ五合目ヨリ頂上ニ至ル『ケーブルカー』を架設スル」と言うような発言がなされていた。[86]

翌年の1946年11月21日の『山梨日日新聞』によれば、「富士山頂までケーブルカーで登山客を送ろうという立体的な計画」で、鳴沢村―自然科学公園―小御岳―山頂まで、四つの駅をもつケーブルカーの建設計画であった。計画は、富士登山索道株式会社（資本金3,000万円）によるもので、代表は堀内

義雄、ほかに大塚尚、徳田昂平、内藤熊善、本間利雄（元山梨県知事）、田辺七六ら県出身者によるものであった。

　翌年の1947年に前者とは別のグループ「根津嘉一郎、若尾鴻太郎、小林中(あたる)外12名の本県出身在京財界人を発起人とする富士登山鉄道会社」から計画が申請された。(87)

　この登山鉄道計画は、吉田―馬返し（地上登山電車）・馬返し―山頂（地下ケーブルカー）、距離22キロメートル、「軌間」1.67メートル、「建設費2億5千万」であり、名古屋鉄道局から山梨県知事に是非の意見がもとめられてきたということであった。(88)

　それまで二つの計画案が提起されたが、国立公園内の開発計画については県知事の一存で決着がつくわけではなく、国立公園法に基づき国立公園委員会で審議されなければならなかった。

　この計画は、1949年春にまず山梨・静岡・神奈川3県からなる「富士箱根国立公園地方委員会」に提出されて協議され、ほかの計画とともにあっさりと承認された。(89)

　しかしこれらの計画は、最終的には実行されなかった。この計画が実行されるためには、中央の国立公園委員会の承認、厚生省の認可が必要であったからである。

　厚生省・国立公園委員会がこの計画についてどのように議論したかつまびらかではないが、1950年10月に、富士登山鉄道の主唱者堀内義雄が県下観光業者、山梨県幹部とともに富士山を視察した際に、国立公園協会理事長として田村剛は、先きの国立公園地方委員会が承認した道路計画について、「自動車は是非五合目迄登るようにしたい」と賛意を示したが、登山鉄道計画については「頂上へケーブルカーという話もあるそうだが、これには賛成できない」とはっきりと反対の意思を表明していた。(90)

　それだけでなく、厚生省は、戦前から富士山五合目以上での観光開発、厳密には登山鉄道を伝統的に認めてこなかったので、富士箱根国立公園地方委員会が登山鉄道の建設を認めたにもかかわらず、戦前来の方針にしたがって許可を与えなかった。

（2） 戦後後期の富士山ケーブルカー建設計画と反対運動

　戦後前期の富士山ケーブルカー建設計画が頓挫してすぐに、またぞろ同じような計画案が提起された。富士山ケーブルカーは、観光業者にとってはきわめて大きな魅力だったようである。

　1951年8月22日の『山梨日日新聞』は、つぎのように伝えている。

　講和会議を前にして国際的観光地富士山麓地帯では数々の観光開発プランが立てられており、工費約30億円で、在京の県出身有力者らの手でふたたび具体化しようとしている。8月21日、東京で計画促進打合せが開かれ、本県からも金丸副知事、川口県会議長らが出席した山梨県は、この計画にたいして砂防に留意し風致を害さず、実施の際は土木部と設計について打ち合せることなどを条件として賛成している。

　この計画は、以前の案を若干修正したものであるが、1951年9月にふたたび「三ツ引商事社長若尾鴻太郎」らを中心とした在京山梨県人有力者によって、金丸副知事、川口県会議長の賛同をえて計画が提起され、堀内富士吉田市長の支持もうけていた。[91]

　その後、11月にもう一つのグループから計画案が提出されたが、計画案の一本化の方向に向かった。[92]

　新聞では、従来の計画は、馬返しから地下を潜って約半周して頂上まで登る計画であったが、新計画によると吉田から馬返しまで11キロを地上鉄道でのぼり、馬返しから頂上まで6.1キロメートルを一直線に登山道路に並行して地下を潜ってケーブルでのぼるように変更した。これにより、約20億円の資金節約、年間100万人の輸送力、工事の4段階による実施、その区間の営業の実施などで、運輸省側にも認可の気運が高まっているということであった。[93]

　こうしたケーブルカー建設計画にたいして日本自然保護協会は、すでに表明された国立公園理事長・田村剛の発言からわかるように、基本的に反対の立場であったが、当初どのように反対したか、必ずしも明らかではない。

　日本自然保護協会は、1951年11月21日の評議員会で、また12月12日の理事会で「富士山頂へのケーブル建設計画」について協議しているが、具体的にどのように協議したかは明らかではない。[94]しかし戦前から厚生省および田村剛ら国立公園行政当局の立場は、五合目以上での登山鉄道については否定的であるということは明らかであった。[95]

その後、登山鉄道会社が建設計画実現のためにどのように動いたかは明らかではないが、日本自然保護協会は、1953年10月21日に評議員会で、富士山山頂のケーブル敷設計画をふたたび協議し、11月4日の評議員会は、「富士山登山鉄道敷設に関する反対陳情書」を採択し、富士山登山鉄道建設にはっきりと反対を表明した。[96]

「反対陳情書」の前文は、以下のような内容であった。

　　本会は先に富士山頂に達するケーブルカー架設に関する計画につき、強く反対の意見を陳情いたしましたが、最近企業者側は該企画に変化を加えて、同山北麓山梨県下吉田登山口の馬返しより、5合6勺目経ケ岳にいたる3.5粁の掩蓋式（えんがい）ケーブル鉄道建設の急速実行を期してすでに運輸省の賛同を得、目下厚生・文部両省に認可申請中とのことである。

　　因って本会は改めて評議員会を招集、企業側の詳細なる説明を求め、質疑応答を経たる上、出席評議員22名全部の意見を徴したるところ、賛成2名、時期尚早2名、反対18名、で、結局圧倒的多数で反対を決議したので、ここにその反対理由を挙げて、この際富士山鉄道企業が実現されないよう、関係当局に重ねて要望する次第である。

この陳情書には、反対理由が6点ほど列記されているが、ここでは紹介を割愛した。[97]

この陳情書によって示された日本自然保護協会の立場は、実に興味深いものがある。その点を要約してみる。

第1に、予想される五合目までの観光自動車道路の開発にたいしては、寛容な態度を表明し、容認するという立場である。こうした戦後の厚生省・国立公園行政当局の立場は、結局、大規模破壊をともなう船津―五合目間のスバルライン建設を認める路線となった。

第2に、しかしながら五合目以上の開発は断乎として認めないとする立場を貫いていた。すでにこうした立場は、戦前の厚生省・国立公園行政当局・文部省の立場であって、戦後独自のものではなかった。

第3に、富士山ケーブルカー計画に反対した日本自然保護協会の出席評議員22名のうち、2名が時期尚早をとなえ、2名が賛成していたことは、驚くべき事実である。大幅な自然破壊をともなう観光開発に同情的な評議員が4

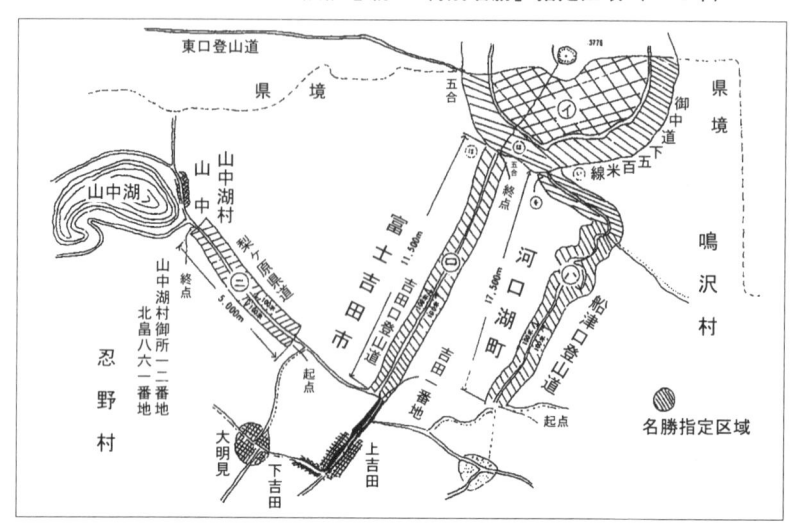

図11－3　富士山の天然記念物・「特別名勝」指定区域（1952年）

注　この地図は山梨県『山梨の文化財』1971年、11頁より引用。

名もいたということである。

　戦後後期に入って厚生省・日本自然保護協会の自然保護政策で、有力な国立公園の地域を特別保護地区に指定しようとする試みは、1956年からであって、この時期には、富士山の五合目以上は法的な規制がなかった。富士山の五合目以上が国立公園法の特別保護地区の候補地になったのでさえ、1956年のことであった。
(98)

　しかし、戦前来ことのほか富士山保護に熱心であった文部省と、戦後は同省の所管する文化財保護委員会は、図11－3に示したように1952年にやや限界をもったものであるが、富士山五合目以上と登山道周辺を天然記念物に指定した。
(99)

　そして文化財保護委員会は、1954年7月21日に富士山山頂のケーブル計画の不許可を決定した。
(100)

　同年12月20日に日本自然保護協会は、評議員会で、富士山のケーブル架設問題を協議したが、その後しばらく、協会がこの問題を取り上げることはなかった。
(101)

　こうして厚生省・文部省の許可をえられずに、富士山頂へのケーブル建設計画は潰えさったのである。これは、国立公園行政当局・日本自然保護協会・

文化財保護委員会の自然保護政策の大きな成果であった。

　なお、富士山麓下部から五合目までの自動車道建設計画についてふれておけば、戦前来計画が多く提起されてきたが、すでに1915年に田村剛は、自らの開発計画で五合目までの自動車道建設を許容しており、また厚生省も戦時中に東京オリンピックの開催に向けた観光開発計画を肯定していたのである。

　1949年4月に提起された富士山ケーブルカー計画案は、裾野から五合目までは「自動車道路を走らせる」という案を提起しており[102]、田村剛らは、現地を視察した際に、「自動車道路は是非五合目迄登るようにしたい」[103]と明言していた。

　1950年に国土総合開発法が制定されてから、山梨県は、1951年に総合開発の重点の一つに「観光地帯の開発」をかかげ、積極的に富士観光開発に取り組んだ。[104]

　折しも戦後後期に入って1952年に日本がIOCに復帰し、東京がオリンピック開催に動きだし、1955年の1960年東京オリンピック開催に落選したものの、1959年にIOCで1964年東京開催の承認をえた。いわゆる東京オリンピックに向けた開発ブームを展開した。

　1956年に道路整備特別措置法が制定され、有料道路制度が確立され、山梨県では戦前からの五合目までのいわゆるスバルライン、静岡県側のスカイラインの自動車道路建設計画がすすめられた。この問題は、高度成長期の問題としてここでは割愛した。

（3）　小　括

　戦後の富士山ケーブルカーの建設計画は、厚生省と日本自然保護協会、文部省と文化財保存委員会の反対でいずれも比較的容易に中止された。

　計画が中止された要因を分析すれば、第1に、一般的に霊山富士に登山鉄道を建設しようとする計画は、国民的な支持をえられなかったということが指摘できる。

　ケーブルカー建設計画反対は、ほかの国立公園における電源開発のように、大衆的かつ組織的な自然保護運動として展開されたわけではなかったが、富士山ケーブルカー建設計画は、国民的、大衆的、とくに地元住民の強力な支持をえられなかったことも事実である。

富士山ケーブルカー建設計画の提案者の若尾鴻太郎は、「地元でもっと熱を入れてくれなけりや、いつまでも夢扱いされては困る、県人はとかく冷淡すぎて困る」(105)と指摘しているように、地元住民は、山梨県や富士吉田市長など行政トップの一部が賛成にまわったとしても、必ずしも賛意を示さなかったように思われる。少なくとも、管見する限り、表面的には富士山ケーブルカー建設計画の支持や促進の運動が大衆的におこなわれた気配はない。

　第2に、計画が中止された要因は、富士五合目以上の開発はいっさい認めないという厚生省と文部省、そして日本自然保護協会、文化財保存委員会の確固とした方針が存在したということである。この方針は、戦前来のものであった。

　文部省は、戦前の1936年に成功しなかったとは言え、富士山五合目以上を天然記念物として指定し、保護しようと試みていたし、戦後も文化財保存法に基づいて、1952年に富士山の五合目以上を天然記念物・「特別名勝」地区に指定して開発に規制をかけた。

　厚生省もまた、戦前来の政策に基づいて富士山五合目以上のケーブルカー建設には否定的であった。厚生省は、1956年にほかの国立公園の重要な地域とともに富士山五合目以上を特別保護地区に指定しようと試み、特別保護地区の候補地に指定し、富士山五合目以上の地域の大幅な開発を規制していた。

　のちに国立公園行政を厚生省より引き継いだ環境庁は、1996年に富士山五合目以上をようやく特別保護地区に指定した(106)。

　そうした法的規制にもかかわらず、戦後もしばらくたった1960年に富士急行によって富士登山鉄道計画が提起されたことは、大きな驚きであったが、その背景は東京オリンピック向けの観光開発という言わば天の声があったからである。

　しかし、東京オリンピックのためならば、何事も許されるという開発主義の中で、この計画は、富士観光で営業を成り立たせている富士急行の英断で中止された。これは、民間企業による自然保護のためのまれに見る快挙であり、永遠に評価される出来事であった。

　これらの問題は、高度成長期の国立公園の問題であった。

第11章　その他の国立公園内における産業開発計画と反対運動　363

注

（1）前掲『協会事業報告書』（第二輯）、54頁。
（2）日本自然保護協会「大雪山国立公園層雲峡地帯に於ける発電計画に関する件」、『国立公園』No.29、1952年4月、28頁。
（3）上川町編『大雪山観光道路』、上川町、1959年、6頁。本書によれば、1951年8月に上川町議会は、層雲峡電源開発計画の是非を議論している。なお本書は、俵浩三氏の厚意によって参照することができた。
（4）上川町編『上川町史』、上川町、1966年、930－931頁。
（5）前掲『大雪山観光道路』、2頁。
（6）同上、6頁。
（7）同上、6頁。
（8）「層雲峡と電源問題」、『国立公園』No.29、1952年4月、28頁。
（9）同上、28頁。
（10）前掲『大雪山観光道路』6頁
（11）同上、6頁
（12）同上、6頁。
（13）旧稿においては、厚生省が1957年11月21日に国立公園審議会の国立公園計画特別委員会に「大雪山国立公園層雲峡の発電計画について」諮問したように指摘したが（旧稿「北海道の国立公園内における電源開発計画と反対運動」『経済志林』77－3、438頁。）、国立公園計画特別委員会は、国立公園審議会のではなく、日本自然保護協会のものであった。記して誤解を正しておきたい。
（14）『国立公園』No.38、1953年1月、28頁。
（15）同上、28頁。
（16）『国立公園』No.39、1953年2月、26頁。
（17）前掲『大雪山観光道路』、2頁。
（18）同上、6－7頁。
（19）同上、7頁、2頁。
（20）同上、2頁。
（21）同上、2頁。
（22）同上、3頁。
（23）その後の赤岳までの観光道路の建設問題は、俵浩三『北海道・緑の環境史』、北海道大学出版会、2008年、316－317頁を参照。
（24）前掲『協会事業報告書』（第二輯）、64頁。
（25）上川町『風倒 1959．9．26 風倒木処理終了記念』、上川町、1959年、2頁。

(26) ウェブサイト参照。大揚鉱山は、1957年に蔵王鉱業を吸収合併して日東金属鉱山と社名を変更し、その後蔵王観光に参入し、日東金属鉱山は同和鉱業に吸収された。
(27) 前掲『協会事業報告書』(第三輯)、155－156頁。
(28) 同上、150頁。
(29) 同上、178－179頁。
(30) 前掲『自然保護に関する陳情書・意見書集』36頁。
(31) 北海道開発協会『定山渓ダム工事記録』、北海道開発協会、1992年、5頁、39頁。
(32) 石狩景勝地協会『景勝地開発座談会』、石狩景勝地協会、1935年、10頁で、福羽帝室林野局札幌出張所長は、「豊平峡はあゝいう風な土地でありますし、定山渓と致しましても名勝地の一つになって居りますから、私の方もあの土地に対しては特に作業を制限しまして名勝地として、保存して行きたいと考へて居ります」と語っている。本書は俵浩三氏の厚意により、参照できた。
(33) 前掲『日本の国立公園』、128頁。
(34) 同上、128頁。
(35) 北海道庁『北海道開発局二十五年史』、北海道開発協会、1977年、19頁。なおここでは豊平電源開発計画についての言及がない。
(36) 日本自然保護協会「豊平峡保勝に関する陳情書」、前掲『自然保護に関する陳情書・意見書集』、15頁。
(37) 前掲『協会事業報告書』(第二輯)、44頁。
(38) 「豊平峡保勝に関する陳情書」、前掲『自然保護に関する陳情書・意見書集』、15頁。
(39) 前掲『協会事業概況報告書』(第二輯)、44頁。
(40) 前掲『自然保護のあゆみ』、396頁。
(41) この間の事情は必ずしも詳細ではないが、日本自然保護協会が支笏洞爺国立公園の保護に動いていたことは明らかである。
(42) 「四、支笏洞爺国立公園特別地域並に特別保護地区指定」、前掲『協会事業報告書』(第二輯)、24頁。
(43) この点について、第1部第4章で言及したように、支笏洞爺国立公園内の特別地域並びに特別保護地区の指定は、すでに国有林が大幅に伐採されて、必ずしも保護の必要がなくなった地域であったからであるが、電源開発計画予定地であった肝心の豊平峡地区は、関係省庁の反対で特別保護地区から除外されていたのである。

(44)「豊平峡保勝に関する陳情書」、前掲『自然保護に関する陳情書・意見書集』、15頁。
(45) 同上、15頁。
(46) 豊平町長「豊平峡ダム建設についての陳情」（1954年6月10日）、前掲『協会事業報告書』（第二輯）、44－45頁。
(47) 同上、44頁。
(48) 同上、66－67頁。
(49) 同上、66－68頁。
(50) 同上、74頁。
(51) 前掲『自然保護に関する陳情書・意見書集』、22－23頁。
(52) 前掲『自然保護のあゆみ』、401頁
(53) 前掲『豊平町史』、757頁
(54) 前掲『定山渓ダム工事記録』、5頁
(55) 詳しくは『国立公園成立史の研究』第Ⅱ部第1章を参照。
(56) 日本軽金属『日本軽金属二十年史』、日本軽金属、1959年、218頁。
(57)「富士山麓本栖湖疎水工事に対する地元の反対陳情書」、前掲『協会事業報告書』（第一輯）、28頁。
(58) 同上、28頁。
(59) 前掲『日本軽金属二十年史』、219頁。
(60) 同上、219頁。
(61) 同上、219頁。
(62) 前掲『協会事業報告書』（第一輯）、28頁。
(63) 前掲『日本軽金属二十年史』、219頁。
(64) 前掲『協会事業報告書』（第一輯）、29頁。
(65) 前掲『日本軽金属二十年史』、219－220頁。
(66) 前掲『協会事業報告書』（第一輯）、28－30頁。
(67) 同上、29頁。
(68) 同上、26頁。
(69) 同上、27－28頁。
(70) 同上、30－31頁。
(71) 前掲『日本軽金属二十年史』、220頁。
(72) 同上、220頁。
(73) 同上、220－221頁。
(74) 同上、221頁。
(75) 前掲『自然保護のあゆみ』、397頁。

(76) 前掲『協会事業報告書』(第二輯)、34頁。
(77) 同上、41頁。
(78) 同上、42-43頁。
(79) 同上、41-42頁。
(80) 前掲『日本軽金属二十年史』、221頁。
(81) 同上、221頁。
(82) 前掲『協会事業報告書』(第二輯)、43頁。
(83) 前掲『日本軽金属二十年史』、221頁。
(84) 詳しくは拙著『国立公園成立史の研究』第Ⅱ部第1章を参照。
(85) 詳しくは旧稿「富士箱根国立公園内の戦後の観光開発計画と反対運動」、『経済志林』78-2、参照。
(86) 山梨県史編纂委員会編『山梨県史』通史編6、近現代2、山梨県、1999年、479頁。
(87) 『山梨日日新聞』1947年5月16日。
(88) 同上。
(89) 冠松次郎「富士山のケーブルカーと登山道」、『国立公園』No.28、1952年3月、11頁。
(90) 『山梨日日新聞』1950年10月30日。
(91) 同上、1951年9月18日。
(92) 同上、1951年11月27日。
(93) 同上。
(94) 前掲『自然保護のあゆみ』、395頁。
(95) 拙著『国立公園成立史の研究』第Ⅲ部第1章を参照。
(96) 前掲『自然保護に関する陳情書・意見書集』、11頁。
(97) 「富士山登山鉄道敷設に関する反対陳情書」の全文は、同上書、11頁。
(98) 前掲『協会事業報告書』(第三輯)、1956年8月、59、61頁。
(99) 山梨県教育委員会編『山梨の文化財』、山梨県教育委員会、1971年、82頁。
(100) 前掲『自然保護のあゆみ』、402頁。
(101) 前掲『協会事業報告書』(第二輯)、73頁。
(102) 『山梨日日新聞』1949年4月19日、22日。
(103) 同上、1950年10月30日。
(104) 前掲『山梨県史』通史編6、481頁。
(105) 『山梨日日新聞』1951年9月18日。
(106) 静岡地理教育研究会編『富士山世界遺産への道』、古今書院、2000年、224頁。

第12章
戦後日本の国立公園制度についての総括

はじめに
1 戦後における戦前型国立公園制度の復活
2 GHQ支配下でのアメリカ型国立公園制度大改革の
  可能性の消滅
3 戦後の国立公園制度における小さな改革
  （1）特別保護地区制度の導入
  （2）国立公園委員会・審議会制度
4 戦後国立公園の自然保護運動にみる大きな前進
  ——2大国立公園内の開発計画絶対反対運動の成功
5 戦後国立公園内の自然保護運動にみる産業開発と
  自然保護の両立論
  ——3大国立公園内の開発計画絶対反対運動の敗北と
    条件闘争の定着
6 戦後国立公園内の自然保護運動における自然保護理念の
  前進と政策的後退
7 日本の国立公園制度改革への提言
8 結びに代えて——田村剛小評論

はじめに

　戦後日本の国立公園制度についての考察を終えるにあたって、戦後形成された国立公園制度と、これまでおこなってきた私の戦後日本の国立公園制度についての研究を総括しておきたい。

　序文でも述べたようにわが国においては、国立公園制度についての研究が実に乏しく、戦後日本の国立公園制度についても、本格的なアカデミックな研究は皆無に近く、したがって国立公園制度についての反省的な総括がまったくなされていない。

　日本においては自国の国立公園について、社会科学的な研究がきわめて少ないのであろうが、これは、国立公園制度の重要性から見て、不思議なことである。私の国立公園研究は、そうした反省にたって10年ほどおこなわれてきた。

　私は、先に戦前の日本の国立公園の成立過程について、恐らく日本ではじめてのモノグラフを公表し、大変好意的な評価をえた。そうした批評を背景に、数年前から戦後の国立公園制度の研究をおこない、発表してきた。[1]

　私のおこなってきた戦後の国立公園制度についての研究は、前著のように、戦後の国立公園制度を全体的に考察するというよりは、戦前できあがった国立公園制度が戦後どのように構造的な特質をもって復活してきたかを明確にし、そのあとは、個々の国立公園内における産業開発計画にたいする反対運動、国立公園内の自然保護運動について研究を集中してきた。

　それは、自然保護の砦としての国立公園という私の立論に基づいて、[2]国立公園制度は、けっして観光的利用のためにだけ存在するのではなく、自然保護のために機能させなければならないものである、という私の国立公園論からでた当然の帰結であった。

　ここでは、戦後日本の国立公園の研究を終えるにあたって、これまでおこなってきた研究を簡単ながら総括し、今後の高度成長期における国立公園研究への教訓をえたいと考える。

　戦後の国立公園の研究の総括論点を8点ほど指摘したい。

　総括のポイントは、第1に、戦後に形成された国立公園制度の一般的特質がどのようなものであったかを確認することである。別な言い方をすれば、

戦前つくりあげられた国立公園制度が、戦後どのようになったかということである。

第2のポイントは、戦前の特質を復活して再形成された戦後の国立公園制度は、そこには何ほどかの進歩・改革もあったのではなかったかということを確認することである。

第3のポイントは、戦後の国立公園制度に大きな改革がなかったにしても、GHQのアメリカ型の国立公園制度への改革の可能性以外に、何か小さな分野で改革はあったのではないか、ということを確認しておくことである。

第4のポイントは、国立公園制度そのものには大きな改革は実現しなかったとは言え、戦後国立公園内の自然保護運動、厚生省、文部省をはじめ日本自然保護協会が有力国立公園内の産業開発計画に大きなブレーキをかけ、尾瀬ヶ原、上高地の電源開発計画に絶対反対し、計画を中止させ、尾瀬ヶ原、上高地を全面的に守る大きな成果を残したということである。

第5のポイントは、とは言え戦後の国立公園内の自然保護運動は、いくつかの国立公園内における産業開発計画にたいする反対運動で、当初絶対反対をもってたたかわれたが、基本的に敗北し、開発と自然保護との両立論を認め、開発計画を部分的に制限する役割を果たしたとは言え、条件付き妥協を迫られるという弱点・欠陥を露呈したことを確認しておくことである。

第6のポイントは、戦後の国立公園法解釈や実施された政策において、国立公園制度の理念に、大きな変化があったかどうかを確認しておく必要がある。

第7のポイントは、6ともからんで、戦後の国立公園内の自然保護運動によって生まれた日本自然保護協会は、運動をつうじて何を学んだかを確認しておくことである。

第8のポイントは、戦後国立公園制度の総括の結果、日本の国立公園は、どうあるべきだったのかということを明らかにしておくことである。

最後に、田村剛の人物論を披露して、戦後国立公園の締め括りとした。

1　戦後における戦前型国立公園制度の復活

第1に、戦後の国立公園制度についての総括的論点は、戦後の国立公園制度は、戦前に制定された国立公園の構造的特質をほぼ継承して復活してきた

ということである。こうした総括は、これまでの国立公園論にはまったく見られない。

　私は、戦前に形成された国立公園制度の構造的特徴をつぎのように把握した。[3]

　戦前に形成された国立公園制度は、第1に、財政的に安上がりの国立公園制度として形成された。第2に、当然十分な経費を充当しない脆弱な国立公園管理機構しかつくれなかった。その結果、地方にある国立公園は、指定されただけで特別な管理機構を欠き、放置された。第3に、第2の論点ともからむが、国立公園制度は、アメリカ型の営造公園制ではなく、6割近い国有林をふくんでいたが、日本的な地域制国立公園制度を形成した。第4に、国立公園の目的を自然保護と国民的な利用の2重に規定しつつ、必ずしも明確に自然保護を重視しない曖昧な法体系、とくに産業開発にたいする規制力の弱い法体系を制定した。

　第5に、国立公園法制定を急ぐあまり、国立公園制度は、国民的な支持をえるために観光開発を重視し、その反面、観光開発への規制を欠如する法体系となった。第6に、国立公園制定運動における進歩的官僚が大きな役割を果たし、そのため国立公園制度は、官僚制度の強い制度として形成された。それゆえ国立公園制度はその対極に大衆的社会的な自然保護組織、自然保護運動の裏づけを欠いて形成された。第7に、そうした経緯から、国民的なコンセンサスを十分に獲得できないまま早産的に国立公園制度が誕生した。第8に、とは言えこの国立公園指定運動において、ある程度、熱心な自然保護運動に支えられて形成された、ということでもある。

　第Ⅰ部第2章で詳論したように、戦後の国立公園制度は、戦前に見られた国立公園制定事情に依存したままで、戦後の新しい状況下に新しいものを画期的につくりだすという特別な新しいダイナミックな運動、国立公園行政官庁をふくめ、学者・文化人たち、民間人の画期的な国立公園制定運動のエネルギーをともなっていなかったということであり、もっぱら基本的に戦前型の国立公園を復活させたものであった。

　したがって、戦後の国立公園制度は、安易な国立公園拡大運動はあっても、戦前のように何か画期的な制度として国民的に受け取られることがなかったのである。

　田村剛は、1948年に刊行した『国立公園講話』の中で、戦前の国立公園制度について、つぎのように総括的な反省を述べている。[4]

然るに国立公園運動を通じてこれを観察するに、国立公園がいかなる意義のものであるかについて、地方は極めて浅薄な理解しかもっていないという事実を発見して吾々関係者をして失望せしめている向きが少なくないのである。例えば、誰の目にも第二流の風景としか見えないものの帝国議会に於ける自薦運動や、京都市を中心とする一帯の国立公園設置の請願や、その他国立公園に隣接する都会地又は平凡な産業地方の国立公園編入運動の如きは、その主なものである。それ等によって見るも、過去20年間に亘る日本の国立公園行政は、残念ながら決して成功していたとはいわれないのである。

　田村剛は、地方の人たちが、国立公園を観光資源としか見ずに「極めて浅薄な理解しかもっていない」で、国立公園の意義を十分理解していないと、あえて厳しく批判している。
　こうした田村の自己批判は、すでに大正期の国立公園論争に際して上原敬二や武田久吉が田村剛や本多静六らに向けた批判であった。田村剛もまた、戦後になって、戦前の国立公園運動の弱点が、何であったかを自覚したものと理解できる。
　この田村剛の自己批判的反省は、戦後の国立公園運動において果たすべき課題、国立公園の何たるかを提起し、国立公園指定をけっして郷土の観光地化からのみおこなうべきではない、ということを提起していると解釈できる。
　しかし、田村剛はこの点をそれなりに理解していたが、果たしてその反省的理解が、戦後の国立公園制度の復活過程に具体的に生かされたかは、はなはだ疑問である。
　しかし、田村剛のそうしたやや抽象的な反省では、戦前の国立公園の問題性を明らかにしたことにはならない。この総括論議で、私は、戦後の国立公園制度は、戦前に形成された国立公園制度の構造的特質を、ほぼ継承して復活したにすぎず、それゆえに戦前の国立公園の構造的な多くの欠陥を克服できなかったということを確認しておきたい。

2　GHQ支配下でのアメリカ型国立公園制度大改革の可能性の消滅

　戦後の国立公園制度は、戦前の国立公園制度がほぼ復活しただけだと指摘したが、しかしそこには、何ほどかの進歩・改革の可能性がなかったのかということを確認しておかなければならない。

　日本の国立公園制度は、多くの欠陥をもちながらも、貴重な自然を保護しようとする戦前の進歩的な国家官僚、造園学や林学・動植物学・地学・生態学などの学者、芸術家、登山家などの文化人などの努力によって、早産的だが一応制度化されてきた。国立公園法の理念には、財政的かつ行政的な裏づけを著しく欠いていたとは言え、自然保護の規定は一定程度盛り込まれた。[5]

　したがって戦後の国立公園制度は、自然保護を重視するという国立公園法の理念を、敗戦直後の民主化の風潮の中で十分に開花させる可能性はあったのである。しかも、戦後日本を占領支配したGHQは、政治・憲法、労働、経済の大民主化改革を実行した。

　第Ⅰ部第1章で詳論したように、こうした民主化政策の一環として、GHQは、リッチー勧告書で、日本の国立公園の構造的な弱点・欠陥である安上がりな制度、脆弱な行政機構を改めて、十分な国家予算を保持し、各地の国立公園を直接管理できるような中央機関を設置し、私有地を多くふくむ地域制の土地制度を改め、国有の土地制度に基づく国立公園への転換を促した。

　したがって戦後の国立公園制度は、GHQの支配のもとで、構造的な欠陥を克服するアメリカ型の制度に改革される可能性が少しばかり与えられていたのである。

　GHQの国立公園政策とリッチー勧告は、日本の国立公園制度にとっては大きな革命的な改革案であった。しかし当時の戦前型日本政府は、敗戦後の財政難の中で、巨額な財政負担をともない、さらには日本の縦割り官僚機構を無視して中央に強力な国立公園管理機構を設置するという大改革案、国立公園内の私有地の国有化、あるいは日本の国立公園の6割方を所有する農林省の国有林の土地を中央の国立公園管理機構に移管させるという土地制度の革命的な変革案などをけっして容認しなかった。

　占領下に保守的な民主党の長老議員として厚生大臣になった一松定吉は、司法畑の政治家で厚生行政にはまったくかかわりのなかった人物であった。

また、戦前、岡山医科大出身の医者であり、九大法文学部をでて厚生省保健院の役人であって敗戦直後に国立公園行政担当責任者とした公衆衛生局長にすえられた三木行治は、戦前の国立公園制度成立事情にまったく疎かった。

彼らは、戦前来の国立公園行政のしがらみを無視して、当初GHQの進言に沿った国立公園政策の実行を試みた。彼らは、かなり大きな国立公園予算を組み、地方の国立公園を管理するための中央機関強化策を打ち出した。しかし、当時の政府はこれをまったく否定したため、一松厚生大臣らの政策構想は基本的に実現されなかった。[6]

肝腎の田村剛ら戦前からの国立公園行政関係者たちは、この問題についてどう対応したのであろうか。すでに詳細に検討してあるように、田村剛は、国立公園制度を強化するというGHQの改革案には一般的総論的に賛成であったが、地方の国立公園を特別の国立公園の中央管理官庁を設立して管理するという本質的な各論には、日本の実情、国立公園成立事情、現状の国立公園についての国民的な理解度から見て、にわかに同調できなかったということである。[7]

田村剛は、『国立公園講話』において主張したように、アメリカ型の国立公園制度に一般的総論的には賛成したいが、ポパムやリッチーが「勧告」した、巨額な予算を投じて中央の国立公園部が各地の国立公園を管理するアメリカ型行政に変革をもとめる各論の提言には賛成できなかったことがわかる。

とくに戦前に安上がりの国立公園を制定してきた当事者としの田村剛は、日本の国立公園制度が安上がりでなければならない事情を熟知していたから、巨額の予算を投じて各地の国立公園を国立公園部が中央から統一的に管理する体制を築くことの困難を見越して、躊躇していたのである。

しかしよく考えて見れば、こうしたGHQによる改革の可能性が実現しなかったのは、温厚で妥協的な田村剛のような一国立公園行政専門家がGHQの勧告を無視し、受け入れなかったからではなかった。

むしろ田村剛は、事情が許せばアメリカ型を実現したかったが、当時の政治的社会的状況から見て、アメリカ型を実現する可能性を見出せなかったのであり、政府を説得してアメリカ型の実現をはかろうとしなかったのである。これは田村の妥協的な性格に一因があったとは言え、しかし可能性が実現しなかったのは、田村剛らの責任だけに押し付けるわけにはいかない。

GHQの勧告が基本的に実現されなかった根本的理由は、日本社会が、

GHQの勧告を受け入れるほど国立公園制度についての理解をもっていなかった、ということに尽きる。戦後の日本では、戦前の国立公園制度をアメリカ型に改革しようとする学者・文化人、国立公園行政関係者、自然環境保護団体などは、ほとんど皆無に近かったと指摘しなければならない。

またGHQにとって、3大民主的改革が日本の反動的軍国主義的封建的基盤を突き崩すための必要不可欠な改革だったとすれば、日本の国立公園制度の大改革案は、日本の反動的軍国的封建的基盤を崩す改革にとってはまったく関係がなかったのである。

それゆえGHQは、国立公園政策に関して、日本政府と厳しく対立してGHQの国立公園政策を日本政府に押し付ける必要性がなく、日本政府がGHQの国立公園改革勧告を無視しても黙って見ているより仕方がなかったのである。それで日本の占領政策が揺らぐことはなかったのである。

しかし戦後、GHQが提起した日本の国立公園大改革の可能性は、簡単に消え去ったとは言え、日本のあるべき国立公園制度を示唆するという効果を残したのは確実であった。

3 戦後の国立公園制度における小さな改革

（1） 特別保護地区制度の導入

第3のポイントは、戦後の国立公園制度に大改革はなかったにしても、いくぶんとも戦前になかった小さな改革がおこなわれたということである。

それは、二つあった。一つは、1950年3月に国立公園法の改正がおこなわれ、自然保護規定「特別保護地区」制度の導入による自然保護規定の強化である。

国立公園法第8条は、「国立公園ノ風致維持ノ為国立公園計画ニ基キ其ノ区域内ニ特別地域ヲ指定」し、「特別地域」制度によって国立公園の自然を保護することを規定しているが、戦前にはまったく効力が乏しかった。

第1部第2章で詳しく論じたように、GHQの国立公園制度充実政策のもとで、敗戦直後の厚生省は1949年5月に国立公園法を改正し、第8条2項を導入して、厚生大臣が「特別地区内ニ於テ特ニ景観維持ノ為必要有ルト認ム

ルトキハ国立公園計画ニ基キ特別保護地区ヲ指定スルコトヲ得」と定め、国立公園景観の核心部に当り最も原始性を保持せしめたい地域を、特別保護地区として指定保存し、僅少の国立公園計画に基く行為以外は、絶対現状維持を原則とするという主旨の規定を法制化した。

この規定は、第Ⅱ部第8章で見たように、1953年12月に尾瀬に適用されて、尾瀬ヶ原電源開発計画を阻止する法的役割を果した。また同様に、上高地は1956年に「特別保護地区」の候補地に指定されて、開発計画から守られる一因となった。

「特別保護地区」指定は、重要な国立公園内の貴重な自然を保護できるシステムであることを実証している。しかしこの規定の導入には、大きな陥穽(かんせい)があった。

本書第1部第2章で論じたように、国立公園法に「特別保護地区」を導入するに際して、厚生省と通産省との間である種の密約的な覚書が締結されていたのでる。

その「覚書」は、「特別地域および特別保護地区の指定については、予め双方で協議すること」、具体的には、「特別地域および特別保護地区における要許可行為の処分に当っては、鉱物資源および水力資源の開発に特に意を用いること。なお、これらに重要な制限を与える処分については、予め双方で協議すること」を定めたのである。[8]

戦後の国立公園法における画期的な自然保護規定は、「特別保護地区」の指定に際して、厚生省は通産省と協議することを義務づけられ、こうした通産省により大きな箍(たが)をはめられてしまったのである。

戦前から開発をめぐって国立公園所管省と開発にかかわる所管省との話し合いはおこなわれてきたが、この「覚書」のように露骨な形での協定は存在しなかった。このことの意味は大きかった。

事実、1956年に日本自然保護協会の努力で、いくつかの重要な地域が「特別保護地区」の候補地としてノミネートされたが、しかしそれらの候補地のうち、のちに正式に「特別保護地区」に指定されたのは尾瀬と上高地だけであった。ほかの国立公園内での「特別保護地区」候補地は、産業開発計画関連省の圧力で正式に指定されなかった。[9]

だからと言って「特別保護地区」は、制度的に無力だったわけではない。この「覚書」のあるなしに限らず、厚生省が、尾瀬ヶ原・上高地・大雪山の

開発について通産省にたいして強行に自己主張すればいいことである。
　「特別保護地区」の候補地とされながら大雪山国立公園内の大雪山一帯、中部山岳国立公園内の奥黒部峡谷、吉野熊野国立公園内の瀞峡一帯は、正式に指定されなかった。もし厚生省が、これらの地域を「特別保護地区」に、少なくとも電源開発計画が提起される頃までに指定していれば、一連の電源開発計画は実現できなかったと思われる。
　というわけで、実は「特別保護地区」の規定は、開発優先主義の戦後政府のもとでは十分に機能しなかったのである。これは、制度的な欠陥でもあるが、より正確には、政府の自然保護政策の貧困であり、何より日本自然保護協会を中心とした自然保護勢力が、政府を突き上げ開発を抑制する力に乏しかったということである。

（2）　国立公園委員会・審議会制度

　国立公園制度のもう一つの小さな改革は、国立公園委員会・審議会制度の活用であった。
　国立公園委員会制度は、戦前に法制化されて国立公園政策を策定するために一定の機能を果たしてきた。戦時下に廃止された国立公園委員会は、1947年に「国立公園委員会官制」として新装して復活した。正式には、厚生大臣の諮問機関としての国立公園地方委員会とは別個の国立公園中央委員会（のちに国立公園審議会、自然公園審議会と名称を変更）は、厚生大臣の指名によって選出された委員によって構成された。
　戦後の厚生大臣は、敗戦直後における民主化の風潮の中で、戦前からの国立公園理解者、自然保護理解者の多くを委員に指名したため、国立公園委員会は、国立公園制度の充実のために、とくに国立公園内の自然保護のために産業開発計画に反対し、自然保護政策を実現するため大きな役割を果たした。
　この事実は、諮問機関である国立公園委員会、のちに国立公園審議会、自然公園審議会が、一定の状況下で、自然保護的な国立公園政策の実現に大きな役割を果たすことを証明するものであった。
　ちなみに、1948年に提起された尾瀬ヶ原電源開発計画、1951年に提起された上高地電源開発計画、1956年に提起された大雪山山頂の硫黄鉱山開発計画にたいし国立公園委員会、国立公園審議会は、全面的に反対し計画を葬る役

割を果たした。

　第Ⅱ部第6章で詳しく論じたように、国立公園審議会は、1951年に提起された阿寒国立公園内の雌阿寒岳硫黄鉱山開発計画に、厚生大臣が一方的に計画を承認するまで絶対反対を主張していた。

　しかし、逆に厚生大臣が、国立公園委員会や審議会等の委員に自然保護に不熱心な委員を指名することによって、国立公園委員会や審議会は、国立公園内の産業開発計画を優遇し、自然保護を軽視・無視する政策を許容することになることをも証明した。

　事実すぐのちに論ずるように、国立公園審議会は、黒部第四発電所建設計画、北山川電源開発計画などでは、反対意見が少数派であったため、結局、自然保護と開発の両立論にたって、計画の一部を修正して計画を認めた。

　第Ⅰ部第3章で詳しく検討してきたように、戦後前期と戦後後期はじめの委員には、自然保護に熱意のある大学教授・学者・文化人が多数選任されていた。しかし、政府が産業復活に熱心に取り組むようになる戦後後期に入ると、次第に自然保護意識の弱い、体制的な委員が多く選任されるようになった。

　このことは、現行の法体制のもとでも、政府が自然保護に力を入れ、自然保護に熱心な委員を配置すれば、強力な自然保護政策を実施できることを証明するものである。

　しかし、逆も真なりであった。高度成長期の国立公園政策の基本を決定する自然公園審議委員会は、厚生大臣が政府の意向を反映して、体制的かつ自然保護に無理解な学者・文化人を多く指名し、高度成長期において産業乱開発を野放しする国立公園政策を推進したのである。

　こうした審議会制度しかもたない国立公園制度は、明らかに構造的な欠陥があるが、これは日本の政治制度に一般的なことであって、国立公園制度固有の欠陥ではない。日本政府の審議会の類は、一般的にはそうしたものである。[10]

　イギリスの国立公園委員会は、国立公園政策の基本を決める機関である。大臣は、国立公園委員会の委員長と委員を任命するが、委員長あるいは委員長代理以外の構成員は、下院の議員から選任される仕組みになっており、かつ委員会の活動は、一般公衆の委員会への疑問などをふくめ、大臣に報告されるだけでなく、大臣は国会に年次報告を義務づけられて、国立公園委員会の活動がオープンになっている。[11]

日本の政治においては、こうした弱点・限界をもった審議会制度の根本的な改革が望まれるところである。

4 戦後国立公園の自然保護運動にみる大きな前進
―― 2大国立公園内の開発計画絶対反対運動の成功

　戦後の国立公園制度について総括するに際して、きわめて大きな論点の一つは、国立公園内の産業開発計画に反対する自然保護運動であった。

　戦後のおもな国立公園内の産業開発計画は13件あったが、計画に絶対反対して勝利したケースは6件であった。残りの6件は、多くが絶対反対でスタートしながら、途中で絶対反対の旗を下ろし、条件付き賛成で妥協したケースであった。たたかわずに敗れたケースが1件あった。

　戦後の国立公園制度下におこなわれたこうした激しい産業開発計画反対運動は、戦前には見られなかった傾向でもあったが、ほぼ戦前と同じ国立公園法の規定や理念のもとでたたかわれながらきわめて戦後的な特徴であった。

　戦後の国立公園制度そのものには、戦前と比較して大きな改革は実現しなかったが、国立公園政策の面で、あるいは国立公園制度の運用の面で、国立公園の自然保護システムをささえた自然保護運動、具体的には厚生省・文部省を後押しする日本自然保護協会や文化財保護委員会の産業開発計画反対運動に大きな画期的な成果があったことを確認しなければならない。

　それは、日光国立公園内の尾瀬ヶ原電源開発計画（これは2回）、中部山岳国立公園内の上高地における電源開発計画、大雪山の鉱山開発計画の場合であった。北海道の支笏洞爺国立公園内の豊平峡電源開発計画反対運動の場合は、ダム地点の変更要求の運動であったが、戦後段階では突然中止され、反対運動が完全に勝利した格好になっているが、その後計画が再現し、実行された。そのため絶対反対運動としての意義は大きくない。

　産業開発絶対反対運動の象徴的なケースは、日光国立公園内の尾瀬ヶ原電源開発計画反対運動であった。これまで第Ⅱ部第8章で詳論したように、尾瀬ヶ原電源開発計画は、1948年（第1次）と1951年（第2次）に提起されたが、厚生省・文部省、部分的には運輸省を先頭に、国立公園委員会・国立公園審議会は、その計画をけっして容認しなかっただけでなく、日本自然保護協会を中心に学者・文化人、観光業界、山岳会、地元住民など広範な団体・

個人が、尾瀬ヶ原電源開発計画に絶対反対の運動を展開し、計画を完全に中止させた。

戦前にも、国立公園候補地の上高地電源開発計画、十和田国立公園内の灌漑計画で計画を中止させた二つの事例があるが、国立公園に指定されたあとに提起された中部山岳国立公園内の黒部峡谷電源開発計画と吉野熊野国立公園内の北山川電源開発計画は、所管官庁の認可をえた[12]。しかし幸いなことに、戦時下という特殊事情で計画が実現されなかったにすぎない。そうした点を考慮しても、戦後の電源開発絶対反対の明確な勝利は、実に戦後的な成果であったと指摘できる。

このような運動の勝利した原因の一つに、私は、田村剛らの電源開発計画反対運動指導者の反対運動についての特異な戦略があったと考えている。

田村剛は、1954年12月に『国立公園』誌の「自然保護運動の展開」という論文で、「近時尾瀬ヶ原の発電計画については、絶対にこれを認めない方針で挑んでいる」、上高地については「梓川上高地上流に企画されているダムの如きは絶対阻止されねばならない」と強調していた[13]。

私の考えによれば、田村剛らは、日光国立公園の尾瀬ヶ原、中部山岳国立公園の上高地を国立公園の中でも特別に重要視し、絶対に保護しなければならないという強い信念をもっていた。

2大国立公園景観地を絶対守るというのが田村剛らの戦略だとしても、それが単なる掛け声ではなく、戦後の国立公園制度の大きな成果として、2大国立公園内における電源開発計画を絶対反対によって完全に阻止しえたということを特記しておかなければならない。

絶対反対という運動論は、温厚な秩序を好む日本社会において、しばしば過激で独断的な運動論のように見なされるが、問題によっては、過激にして独断的と思われても、断乎としてたたかうことが必要なことも少なくない。

尾瀬ヶ原・上高地における電源開発計画反対闘争は、そうした絶対反対運動の勝利した数少ない事例であり、自然保護運動において絶大な歴史的価値のある運動であった。

しかし逆に言えば、ほかの国立公園内の電源開発計画について、彼らは妥協もやむをえないと考えていたということになるのである。田村剛らの電源開発計画反対運動指導者の反対運動についての特異な戦略というのは、そうした考え方だったのである。この問題は、つぎの問題でもある。

5　戦後国立公園内の自然保護運動にみる産業開発と自然保護の両立論
—— 3大国立公園内の開発計画絶対反対運動の敗北と条件闘争の定着

　この節のポイントは、戦後に展開された国立公園内の自然保護運動には、決定的な弱点・欠陥が存在したことである。

　戦後展開された国立公園内で産業開発計画反対運動の多くが、しばしば計画絶対反対をかかげてスタートしながら、途中で絶対反対の旗を下ろし、条件付き賛成で妥協せざるをえなかった。しかしこれまで、この問題について真摯に検討されたことはなく、反対運動の敗北の原因が分析されたり、反省がなされたことがなかった。

　個々のケースについてすでに十分に検討されているので、詳しいことは繰り返さないが、ここでは反対運動を総体的に見てつぎのように指摘したい。

　第1に指摘できることは、田村剛ら日本自然保護協会の指導者たちは、尾瀬ヶ原、上高地の電源開発計画、大雪山硫黄鉱山開発計画、富士山五合目以上の登山鉄道建設計画以外の産業開発計画については、それほど熱心に絶対反対しようとしなかったということである。

　4ケース以外の場合、彼らは、当初は建前上では絶対反対を主張したが、すぐに絶対反対の旗を下ろして、産業開発と自然保護の両立論にたって、開発計画に一定の規制をほどこして妥協するという条件闘争をやむをえないものと考えていたのである。

　最初から最後まで断乎としてたたかうという方針・意思がないのであれば、絶対反対運動は成功するはずがない。すでに黒部第四、大雪山の層雲峡、北山川の3大電源開発反対運動の検討で明らかにされたように、日本自然保護協会は、実は当初、建前上では絶対反対を主張はするが、本質的に絶対反対の方針をもっていなかったのである。

　しかし、田村剛ら日本自然保護協会の指導者たちが、安易に電源開発計画に絶対反対の旗を下ろし、開発と自然保護の両立論にたって妥協してしまったことは、大きな運動上の欠陥だったと指摘しなければならない。

　国立公園内の産業開発計画に絶対反対しようとする運動は、高度成長期以降になって、南アルプススーパー林道、大雪山縦断道路、立山黒部アルペン

ルート、尾瀬自動車道路・奥鬼怒スーパー林道などの建設絶対反対運動として、おもに草の根の地域住民運動として生まれてくるのであった。それは、もはや日本自然保護協会の枠組内のものではなかったが、戦後においてもそうした絶対反対運動が、少なくとも主要な国立公園内の産業開発計画にたいして最後までおこなわれるべきであったと指摘しておきたい。たとえ、最終的に絶対反対運動が敗北したとしてもである。

第2に指摘すべきことは、ではなぜ田村剛ら日本自然保護協会の指導者たちは、重要な国立公園の開発計画に熱心に絶対反対しようとせず、産業開発と自然保護の両立論にたった妥協的運動に陥ったのか、ということである。

それは、彼らが、国立公園は自然保護のためのものであるという強力な理念を欠き、容易に産業開発主義に屈したということに加え、少なくとも有力な国立公園内の有力かつ特別貴重な景観をふくむ自然地域を産業開発から絶対守るという戦略構想をもたなかったからである。

彼らは、尾瀬ヶ原と上高地、加えて大雪山の頂上のみを絶対保護すべきであるという戦略しかたてなかったのである。少なくとも、もしこれに黒部峡谷、北山川、大雪山全体、さらには富士山五合目以上だけでなく、山麓の重要地域全体を国立公園法の自然保護の精神に則って、絶対保護すべきであるという戦略構想をもって望めば、事態はもっと変わったものとなっていたかもしれない。そうした戦略構想をもてなかったことが問題である。

重要国立公園内の産業開発計画に全面的に絶対反対する戦略構想をたてられなかった理由は、大きく分けて二つあると考えられる。

一つは、田村剛ら日本自然保護協会の指導者たちの主体的な要因であり、二つ目は、重要国立公園内の産業開発計画を取り巻く政治的・社会的な状況という客観的要因である。

まず、田村剛ら日本自然保護協会の指導者たちの主体的な要因について見てみよう。私は、田村剛ら日本自然保護協会の指導者たちは、多分に産業開発計画に妥協的な体質をもっていたと指摘したい。

そもそも日本自然保護協会の成立事情から窺えることであるが、一つは、日本自然保護協会、あるいは国立公園委員会・審議会等は、国立公園制度にかかわってきた多分に官僚的性格の強い元官僚、また政界や産業界の重要人物を多くかかえていて、体制的かつ妥協的だったのである。

国立公園運動の指導者田村剛自身がそうした性格を多分にもっていたが、

自然保護を重視する田村剛の理想的な理念は、そうした日本自然保護協会や国立公園委員会・審議会等の中で十分貫徹する余地をもたなかったということでもある。

田村剛ら日本自然保護協会の指導者たちの2大国立公園重視という戦略構想は、ほかの重要な国立公園を犠牲にして成り立っていたのである。

しかし国立公園が果たすべき自然保護の機能についての理念は、戦前の国立公園法自体がもつ曖昧性という弱点をもっていたとは言え、国立公園行政当局、日本自然保護協会は、現行の国立公園法の枠内で目一杯自然保護を貫くことが政策的には可能であった。事実、尾瀬ヶ原と上高地で実現したのであるから。

問題は、なぜ尾瀬ヶ原と上高地の場合のように、ほかの電源開発計画にも絶対反対を貫けず、妥協的になったのかである。

それは、田村剛ら日本自然保護協会の指導者たちが、重要国立公園内の産業開発計画に全面的に絶対反対する戦略構想をたてられなかった理由である政治的・社会的な状況という客観的要因によって説明できる。

厚生省をふくめ田村剛ら日本自然保護協会の指導者たちは、国立公園法の自然保護理念に反対しているわけではなく、田村剛にはっきり見られるように、自然保護を重視していた。

つぎに指摘したいことは、産業開発優先の社会状況にあって、あるいは経済復興のための鉱山開発、とくに電力不足が現実に存在し、電源開発の必要性が厳然として存在している社会状況にあって、厚生省をふくめ田村剛ら日本自然保護協会の指導者たちは、重要国立公園内で提起される産業開発計画にたいして断乎として全面的に絶対反対運動の方針をだしかねていたということである。

そもそも戦後、とくに戦後後期の社会状況において、産業開発か自然保護かという二者択一的な選択を迫られたときに、田村剛ら日本自然保護協会の指導者たちは、尾瀬ヶ原、上高地に加えて、さらに黒四と北山川、層雲峡の電源開発計画に全面的に絶対反対して国民の支持をえる自信がなかったのである。

言い換えれば、当時、この産業開発計画に尾瀬ヶ原と上高地の2計画に加えてほかの多くの計画に絶対反対できる社会的状況、展望がほとんど存在しなかったということである。

当時、国立公園内の産業開発に絶対反対を貫こうとする勢力は、政党の中にはまった皆無であったし、学者・文化人・住民、あるいは自然保護団体や学会の中にもほとんど存在しなかった。田村剛ら日本自然保護協会の指導者たちは、意識的にか無自覚的にかを問わず、黒部峡谷、北山川、さらには層雲峡の電源開発計画に全面的に絶対反対運動を成功裏に組織する状況になかったと判断していたのではないかと考えられる。

しかし、だからと言って国立公園内の産業開発計画にたいする絶対反対運動は、必要がなかった、やるべきではなかったということではない。少なくとも黒部峡谷、大雪山の層雲峡、北山川の3大電源開発計画には絶対反対の運動をおこなうべきであったし、また、そのために事前に十分な準備をおこなっておくべきだったと指摘しておかなければならない。

6　戦後国立公園内の自然保護運動における自然保護理念の前進と政策的後退

この節のポイントは、戦後の国立公園法解釈や実施された政策において、大きな変化があったかどうかを確認しておくことである。

すでに指摘したように、国立公園法の改正による「特別保護地区」の設定は、国立公園制度の自然保護規定の強化であった。

さらに注目すべきは、日本自然保護協会は、自然保護運動をつうじて、自然保護理念を進化させ、自然保護運動に理論的な貢献をもたらしたという点である。

戦後前期において、国立公園法では、自然概念を「自然景観」として風景論的に捉えているのであるが、尾瀬保存期成同盟の規約は、自然を自然景観としてだけでなく自然と捉え、あるいは自然生態として捉え、より深い自然概念の把握に進化させたということである。

尾瀬の自然を保護するためには、国立公園法的な自然景観の概念では反対運動の根拠が薄弱であったからである。

戦後後期においてはさらに、日本自然保護協会は、これまでの運動について充分に明確な形で反省しているわけではないが、北山川電源開発計画反対運動の行き詰まり、黒部第四、層雲峡の電源開発反対運動敗北の教訓を踏まえ、自然概念や自然概念の進化にともなった自然保護運動の新しい方針を打

ち出した。(14)

　その第1点は、自然保護思想の普及という考え方である。

　1957年に、日本自然保護協会の理事会は、自然保護教育、学校教育における自然保護思想の必要を主張した。(15)

　1957年に日本自然保護協会は、財団法人への転換とともに、生態学的な自然保護へと思想転換をはかっていった。(16)自然を風景とのみ捉えるのでなく、自然生態として捉える理念は、鳥獣・動植物の保護の重要さへの認識に発展し、1957年に鳥獣保護運動への取り組みへとすすんでいった。

　もっともこの真価が問われるのは、公害問題も浮上する高度成長期の国立公園内の自然保護運動であるが、この問題の検討は今後の課題である。

　他方、国立公園の目的に、国民的な利用を是とする規定をふくんでいたことから、戦後の国立公園行政は、国立公園を観光的に利用しようとする政策を強化してきたことがあげられる。この政策的後退は、高度成長期に顕著になってくるが、その芽は戦後の国立公園政策に芽生えていた。

　戦後ただちに田村剛は、『国立公園講話』において国立公園を観光的に利用しようとする傾向に警告を与えてつぎのように述べた。

　戦後「取り残された唯一の国土資源たる自然風景のあることに気づいたのである」が、「ところが、ここにも亦、かなりの自惚が手傳って、国土風景の正當な認識が缺けている恨みがある。」「国立公園は、今日まだ一般には、観光事業の対象として認識されているだけの段階であるから、吾々の国立公園観念からすれば、甚だしく歪められているように想われる。」

　田村は、さらに、国立公園が観光的利用に傾きがちであることについてつぎのように警告しているのである。

　「国立公園は、文字通り国家百年の計画に基づいてその大綱が樹立せられねばならぬのに、今日の焦眉の急に際会して、溺れる者が藁をもつかむ姿で、国立公園をば、ただ観光資源として利用しようとしているだけのことである」、戦後の国立公園運動が、「国家百年の計画に基づいてその大綱の樹立」を追求せずに、観光利害を中心的な動機にして動いていると。(17)

　田村剛は、心情的には、戦後にこそ「国家百年の計画に基づいてその大綱」を「樹立」したいと願ったのであろう。しかし、現実は厳しく、そう容易に彼の願う方向へはすすまなかったのである。財政的、管理機構のともなわない形での国立公園の拡大、それは国立公園の粗製濫造であった。

国立公園は、宿命的に観光開発、観光的な利用と密接に関連していた。国立公園行政当局は、国立公園を充実し、自然保護政策を強化しようとすれば、同時に国立公園を観光的に利用するという掛け声を大きくして、国民的同意あるいは国会での政治的支持をえなければならなかった。

たとえば戦後に国立公園協会が主催した国立公園議員懇話会に共産党や社会党など多くの革新派議員が参加したが、それはけっして自然保護政策を強化しそれを実効あるものにするためではなく、地域開発、観光促進のためだったのである。

ただし、国立公園の観光的な利用、そのための大々的な開発計画の提出は、レジャーの大衆化がすすむ高度成長期に入ってからであり、戦後には直接的にはあまり問題化しなかった。

7　日本の国立公園制度改革への提言

これまで戦後の国立公園制度についていろいろと論じてきたが、研究の締めくくりとして、では戦後の国立公園はどうあるべきだったのかについて、ここでささやかな提言をおこなっておきたい。

戦後の国立公園制度のあるべき姿、望ましい構造として第1に指摘したいことは、安上がりで脆弱な管理機構を改め、財政豊かな強力な中央管理機構を樹立すべきであったということである。

国立公園財政の規模をどのくらいにするかは、具体的に国立公園行政をどのようにおこなうかにかかわることで、抽象的に言えない問題であるが、課クラスの国立公園局ではなく、他省の局クラスの強力な国立公園局を設置して、十分な国立公園行政をおこないうる国立公園職員を配置し、アメリカ並みとは言えないまでも、少なくともアメリカの国立公園要員の3分の1とか4分の1の水準を確保し、国立公園の積極的な管理をおこなうに足るべき財政を確保すべきであったと言っておきたい。

こうした基本的な改革のもとで、大量のレンジャーを配置して国立公園の自然を保護する体制を強化し、あるいは国立公園の国民的な利用、観光開発が加熱したり、過剰にならないような管理体制を組んでいくことが可能となるのであろう。

こうした国立公園行政と管理体制の抜本的な改革は、先進国のアメリカやイギリスの事例に学びつつ、具体的に取り組まれるべきであった。

制度的な重要な論点として、日本の国立公園にとって大きな問題である地域制について言えば、歴史的事情もあるので、アメリカ型の営造公園制は望むべくもないが、戦前には6割にも及んだ国有林地域は、リッチー勧告のように、戦後ただちに国立公園局の管理下に移管し、国立公園行政のもとで十分な管理と保護をおこなう必要があったと言うべきであろう。

これは、国立公園の管理が環境庁に移管された今日でも言えることである。

国立公園に関する委員会、審議会の委員の選出について、あえて指摘すれば、せめて国会における政治勢力などを考慮した、もっと社会的に公平なバランスをもって選任するシステムに改善するべきだったと考える。

また国立公園委員会、審議会の議事録なども、年次報告書として公開され、秘密の審議をやめて民主的なものに改善すべきであったと考える。

これだけでも日本の国立公園制度は大幅に改善され、少なくとも国立公園内の重要な自然は決定的に保護され、安心して国民的な利用、国立公園観光がはかられることになったと考えられる。

自然環境が人類最大の問題となっている21世紀において、国立公園がかかえている自然環境は重大な意義をもっており、自然保護の砦としての国立公園制度は、残り少ない自然環境を十分に保護する機能が期待されているはずである。

8　結びに代えて——田村剛小評論

最後に田村剛人物論を披露して、私の戦後の国立公園制度についての研究の結びとしたい。

私は前著で日本の国立公園の成立史を研究してきたのであるが、その過程で田村剛という人物を中心にして日本の国立公園制度が制定されてきた過程を見てきた。

田村剛は、まさに日本の「国立公園設立の父」と呼ばれるにふさわしい人物であった。[18] 戦後においても田村剛の果たした役割は大きかった。しかしその場合、私は巷間多く見られるように田村剛を手放しで礼賛できない。

12章　戦後日本の国立公園制度についての総括

　私に言わせるならば、田村剛は日本の国立公園設立の父であるがゆえに、国立公園の目的を自然の保護と国民的な利用という相反する2重の目的を並存させる制度をつくり、このアンビバレントな国立公園本質論を提起し、現実にその矛盾に当面して、いずれの側面を重視するかに悩み、ときには自然を重視する政策をおこない、あるときには産業開発計画を認める政策に陥り、苦闘してきた人物である。

　田村剛は、いわば二重人格者であった。彼が国立公園の自然保護を重視してきた理念、政策、活動のみを取り出して見れば、彼は、日本の自然保護運動史に輝ける最高の人物だったとも捉えることができる。

　しかし他面、田村剛は、産業開発と自然保護の両立という妥協的国立公園理念に基づいて、国立公園の国民的な利用、過剰な観光的利用と自然破壊の著しい産業開発計画を許容し、これまで見たように、国立公園の自然破壊に与（くみ）してきたことも明らかである。

　私は、こうした矛盾しながらも日本の国立公園制定と運営に努力してきた田村剛という人物に、特別な感心をいだいてきた。もし、いくぶんでも若ければ、田村剛の評伝でも書きたいと思ったくらいである。しかし齢75になってもはやこの課題を果たすことは不可能である。この点は、若い研究者に切に実現をお願いしたい。

　田村剛は、戦後9年たって、「自然保護運動の展開」という論文で戦後の国立公園について自然保護運動の側面から総括的に興味深い指摘をおこなっている。[19]

　　思うに、国土狭小にして人口稠密、各種資源に恵まれざる日本に於ては、自然保護は頗る困難な問題であるが、それだけに一層重要であるといわなくてはならぬ。
　　そして自然保護の拠るべき法制は、一応完璧に近いにも拘わらず、これが運用が当を得ていないことが痛感せられ、しかもその運用を誤らしめる根本原因は、産業関係企業者が営利の追求に急であって、後代にも亘る国民の福祉を軽視することと、その背後に資本家に踊らされる無理解な政治家と行政家のあることである。しかし更に反省されることは、自然や観光資源としての景勝がいかに重大な文化的意義を有するものであるかを広く一般国民に知らしめるための、専門家の努力の足らない点

である。

　わが国には世界的に珍重される国（個か？―引用者）有の動植物にして、絶滅に瀕しているものが少くない。これを知る者は専門学者である。それにも拘わらず、これを救うために、専門学者や専門学会等で、真剣にこれをとりあげる者が頗る少い。これに似た事情は海外にも聞かれるけれども、それは日本と同日の談ではない。われわれは、自然保護に関する知識の普及、特に次代の国民たるべき青少年の教育にもっと努力しなくてはならぬと思われる。又国民の知識は生活に必要な限度に止めることなく社会と自然とに亘って、広い常識を養い、自然保護に関する問題につき良識を以てその判断を誤らないような素質を身につけるよう教育することが肝要であると思われる。

　ここで田村剛の主張している要点は、5点ある。
　第1は、国立公園法は「一応完璧に近」かったが、その「運用」が誤っていた。第2に、その誤りの「根本原因」は、「産業関係企業者が営利の追求に急で」「国民の福祉を軽視」したことである。第3に、「その背後に資本家に踊らされる無理解な政治家と行政家」がいた。第4に、「自然や観光資源としての景勝」についての「重大な文化的意義」を「一般国民に知らしめる」「専門家の努力」が「足らな」かった。第5に、「自然保護に関する知識の普及、特に次代の国民たるべき青少年の教育」が不十分であった。
　こうした田村剛の見識は、必ずしも個々の産業開発計画反対運動についての反省として明確に述べられているのではないが、実にリアルに戦後の国立公園運動の問題点について総括的な反省を示していると言えよう。
　しかし、田村剛のこうした総括的な反省は、厚生省や日本自然保護協会の方針や政策のために十分理解され、生かされてこなかったことは明らかである。これらの総括的反省は、厚生省や国立公園委員会、国立公園審議会、自然公園審議会で無視されたのである。
　アメリカの国立公園の実態につうじていた彼は、国立公園法の自然保護重視の側面を十分理解していたが、しかし現実の壁、一方では国民レベルでの自然重視の国立公園政策への無理解という厚い壁、他方では産業界の開発計画の熱望という壁にぶつかって、田村の温厚な性格は、ときには政府とも断乎としてたたかったが、しかし少数派の中で、多数派になるための運動を組

織したり、大資本中心の産業界と正面からぶつかってたたかい、産業開発計画に敗北してさえさらに最後までたたかおうとする姿勢を貫けなかった。

率直に言って、田村剛は、資本の利益追求主義への評価が甘かった。彼は、資本との調和、自然保護と開発の両立論を強いられ、良心的な産業界の自然保護に期待した[20]。

田村剛は、現実に当面した場合の資本の利益追求主義への妥協的傾向について自らつぎのように記している[21]。

「電力中央研究所理事長松永安左衛門氏外各理事その他と田村理事長との会談の機会があつて、尾瀬原、北山川等のような重要景観に於ける発電は少なくともこれを後回しとし、他の電源未開発地点については、それぞれ協議方につき検討することにつき大体意見の一致点を見出したのは、一つの収穫であった。……電源開発についても及ぶ限り譲歩して両立を計るといった協調的根本方針が、関係者の間で是認されるような機運に向かいつつある。」

さらに言えば、産業開発にたいしてきわめて楽観的な考えをもっていたことがわる。

たとえば田村は、同じ論文で「ここで多難な自然保護問題の将来につき達観するに、わが国産業振興上特に重要水力発電については既に問題は大略出尽した観があり、今後新規の問題は多く予想されていない[22]」。

1959年の段階で、高度成長期に入るべきその時期に、経済開発あるいは電源開発への展望で楽観論を披瀝し、そこでおこるであろう自然保護の危機的様相をまったく予想できなかった。事実としておきた高度成長への予想は当時誰もできなかったとは言え、自然保護が開発によって危機に陥れられるかもしれないという予想は容易にできたであろうに。

田村剛が、ジョン・ミュアーとかジョン・ラスキンのような大哲学者としてカリスマ化されないのは、ここに原因がある。私は田村剛がジョン・ミュアーとかラスキンのような大哲学者、カリスマになって欲しかったと思うのであるが、彼は、国立公園運動のために実践的でありすぎて、日本の自然保護運動、自然保護の立場にたった国立公園運動に関し冷静かつ客観的に考察する機会をもてず、自然保護論についてのきちんとした著作を残さなかった。

日本には、経済開発と自然保護を秤にかければ、圧倒的に経済開発の価値を重視する風土が存在する。それは、戦前も戦後も、しかも今日にいたるまでそうだと言える。

自然の価値あるいは文化の価値は、つねに経済開発の価値に従属されてきた。こうした風土の中で、田村剛が国立公園運動の過程で獲得した哲学は、自然の価値を経済開発の価値より上におきたいと思いつつ、けっしてミュアーやラスキンのように自然や文化を最優先する思想にまで高まらなかったように思われる。

　それでも、田村剛は、戦前から次第に自然保護を重視するようになったし、戦後の民主主義社会を背景にして、戦前よりはいっそう自然を重視するようになったと評価しておきたい。

　資本主義社会は、利潤追求を政治経済システムの社会原理とする社会である。したがって国立公園と言えどもこの原理につねにさらされており、しばしば国立公園の掛け替えのない自然・風景がその犠牲になってきた。

　利潤追求に当面してたときに、国民、世論、国立公園運動、自然保護運動、ときの政治勢力は、利潤追求を否定し、公共の利益として断乎として国立公園を守ることができるかどうかである。利潤追求に抗してたたかう勢力が、そうした強靭な思想・哲学、さらには運動をもっているかどうかである。

　戦後の国立公園の自然保護運動を総括して言えることは、残念ながら、戦後の国立公園運動にはそうした思想・運動が十分ではなかったと言わざるをえない。私は、まさに田村剛の国立公園論の中にそうした強靭な思想・哲学を見出すことができなかった。そうした彼の思想・哲学の欠陥・弱点は、もちろん田村剛だけの責任ではなく、戦後の自然保護運動、国立公園の自然保護運動の責任であったと言うべきである。私たちは、ここから何かを学ばなければならない。

注
（1）一連の拙稿は、本書の序文の１に列記してある。
（2）「自然保護の砦としての国立公園」というキャッチフレーズは、拙稿「自然保護の砦としての国立公園―吉野熊野国立公園の指定を振り返る」、『国立公園』No.642、2006年４月、においてはじめて使用したものであるが、われながら的を射た用法だと思っている。
（3）拙稿「敗戦直後における国立公園制度の復活（上）」、『経済志林』75－4、315頁。さらに本章では、戦前に形成された国立公園の構造的特徴を新たに第３のポイントを追加して、全体で８点の特徴づけとした。

（4）前掲『国立公園講話』、2頁。
（5）拙著『国立公園成立史の研究』、第Ⅰ部第5章「国立公園法の制定と法の問題点」を参照。
（6）本書第Ⅰ部第3章を参照、あるいは、拙稿「敗戦直後における国立公園制度の復活」（下）」、『経済志林』、67-1、75頁、80-81頁。
（7）前掲『国立公園講話』、100-102頁。
（8）前掲『公園関係法令通知集』109頁。
（9）前掲『協会事業報告書』（第三輯）、67頁以下参照。
（10）森田朗『会議の政治学』、慈学社出版、2006年、8-10頁。
（11）イギリス国立公園法（National Parks and Access to the Countryside Act. 1949.）、第1部第2条、第3条参照。
（12）拙著『国立公園成立史の研究』の関連章節を参照。
（13）田村剛「自然保護運動の展開」、『国立公園』No.61、1954年12月、3頁。
（14）詳しくは、前掲『自然保護のあゆみ』、第2章を参照。
（15）同上、139頁。
（16）同上、154頁。
（17）前掲『国立公園講話』2-3頁。
（18）日下部甲太郎「国立公園の父」、『ランドスケープ研究』60-2、1996年。
（19）前掲「自然保護運動の展開」、『国立公園』No.61、1954年12月、4頁。
（20）田村剛の電源開発計画にたいする妥協的姿勢は、黒部第四発電所建設計画にたいする対応に典型的に見られた。本書第Ⅱ部7章の黒部第四発電所建設の反対運動の分析を見られたい。
（21）前掲「自然保護運動の展開」、『国立公園』No.61、4頁。
（22）同上、4頁。

事項索引

〈あ〉

阿寒硫黄鉱山開発　190
阿寒硫黄鉱山開発説明書　214
阿寒国立公園　78,86,93,94,103,110,
　111,164,180,201,203,205,210,213,214,
　250,377
阿寒国立公園雌阿寒岳硫黄採掘に関する
　反対陳情書　210
阿寒問題声明　205,215
朝日新聞　63,114,202,218,220,230,246,
　291,292,304
芦田内閣　47,50
アメリカ占領軍　20,24
アメリカ型　24〜386
アメリカ海外技術調査団　251,272,308

〈い〉

池原ダム　315,321,332
伊勢志摩国立公園　43,55,56,159

〈う〉

ウエスティングハウス　104
運輸省　9,30,54,66,126,271,301,358,
　359,378

〈え〉

衛生局　21,28,61,278
営造物公園制　30
エコロジー　84
NHK　86,93,100-103,107

〈お〉

OCI (アメリカ海外技術調査団)　251-
　253,256,259,267,269,272,308-311,334
大原社会問題研究所雑誌　39
奥只見　306,323,324,326,329,330,332
奥只見ダム　315,319,321,323-328,331-
　333
小鹿ダム　309,310
尾瀬ヶ原　78〜382
尾瀬ヶ原電源開発計画　4〜378
尾瀬ヶ原の電源開発計画に関する反対
　陳情書　262
尾瀬ヶ原電源開発計画反対運動　4,
　78,110,164,188,254,264,265,269-272,
　292,299,378
尾瀬ヶ原の学術的価値について　90,
　112,113
尾瀬ヶ原の諸問題　109,112-114
尾瀬ヶ原発電所　251,261,270
尾瀬国立公園　250
尾瀬座談会　84,111,112
尾瀬天然記念物調査報告書　112
尾瀬と只見電源開発　264,274
尾瀬沼　78,79,81,82,84,86,89,92,100-
　102,104-106,109,181,252,263,356
尾瀬沼取水工事　79
尾瀬沼発電計画に関する協議会　79,80
尾瀬保存期成同盟　47〜383
尾瀬保存期成同盟綱領　95

〈か〉

家庭朝日　93
上川支庁　341,343
上川町　340,342,363
上川町議会　340-344,363

上高地堰堤計画　　280,281,302,303
上高地ダム　　281,286,289-293,296-289,
　　303
上高地ダム建設に対する反対陳情書
　　293
上高地ダム建設反対陳情書　　290
上高地電源開発　　179
上高地電源開発計画　　4,127,147,180,
　　278,279,281,283-285,296,298-302,376,
　　379
上高地発電計画に関する陳情書　　283
上高地保存期成連盟　　278,288-293,295,
　　296,298,299
上高地旅館組合　　289,291,293,294,301
環境庁　　6,7,38,362,386
観光業　　8,55,57,332
観光放流　　232,234,237,323,327,328,332,
　　341
観光道路　　162,319,343,344,363
関西電力　　218～330

〈き〉

北山川水力発電計画　　176
北山川電源開発計画　　4,306,307,310,
　　314,317,323,325,329,330,334-336,377,
　　379
北山川電源開発計画本流案　　306,314,
　　315,317,321
北山川2ダム・発電所建設計画　　323,
　　325,329,330,333
北山川2電源開発計画　　323,324
北山峡　　144,307,323,327,328,330-334,
　　336
北山峡観光船　　319
北山峡の保護に関する陳情　　323
北山峡保護に関する陳情書　　325
北山村　　307,309
紀南新聞　　324,334,336
紀宝町　　309,324,326
協会事業報告書　　149,183,214-216,246,
　　247,273,274,303,304,335,336,
　　363-366,391
近畿のチベット　　313

〈く〉

熊野川開発全体計画　　311,313,317
熊野川電源開発計画　　306,308,314,
　　324,329
熊野川町　　319,335
熊野市　　313,317,324,326,327,334
熊野市長　　324
黒部川第四発電計画に関する反対陳情書
　　225
黒部川第四発電所計画に関する反対の
　　再陳情書　　229
黒部観光　　234,235,237
黒部峡谷　　144,224,232,233,235,236,
　　242,243,261,287,307,381,383
黒部峡谷の保勝に関する最後の陳情
　　231
黒部渓谷　　218,221,225,228,232,239,
　　244,247,255
黒部第四電源開発計画　　226
黒部第四発電所　　219,232,238-240,
　　242,244,267,270
黒部第四発電所建設　　219,221,228,
　　239,240,391
黒部の太陽　　239,247
クロヨン　　239,247,302
クロヨン礼賛論　　247
群馬県　　56,79,80,83,84,87

〈け〉

KAOS構想　　219
経済安定本部　　87,89,126
経済志林　　3～391
ケーブルカー　　180,356,357,366
建設省　　9,30,54,126,133,269,270,
　　352,353

事項索引　395

〈こ〉

公益事業委員会　251,272,308,309,310,334
鉱区禁止地域　209,210,213,257,262,263
厚生省　7〜388
厚生大臣　25〜377
公的補償　326,327
国際自然保護連合　108,169,171,255-257,262,263,288
国土総合開発法　262,279,308,361
国立公園委員会　7〜388
国立公園委員会官制　44,45,57,376
国立公園管理　66,129,130,141
国立公園議員懇話会　192,193,197,207,209,211,218,242,243,263,307,347,358-360,382,385
国立公園協会　22〜385
国立公園行政　191,271,362,371,373,384-386
国立公園行政当局　158,163,385
国立公園研究会　44,47,72,94,111,152,153,158
国立公園講話　6,37,51,74,370,373,384,391
国立公園懇談会　196,197
国立公園財政　48,50,53,71,126,130,141,161,385
国立公園施設整備5ヵ年計画　133,143,161
国立公園審議会　7〜388
国立公園政策　7〜388
国立公園制度復活　62
国立公園整備運営要綱　131-133,140,141,143
国立公園地方委員会　44,45,357,376
国立公園地方審議会　67
国立公園中央委員会　44,59,62,63,65-67,71,88,90,113,376
国立公園中央審議会　67,71,72,112

国立公園調査会　59,62
国立公園部　27〜373
国立公園法　5〜388
国立公園法改正　144
国立公園予算　23,28,35,49,50,53,127,128,130,142,373
国立公園論争　61,136,371
国立公園を守る会　327,328,333,334
個人補償　319
小森ダム　327,331,332

〈さ〉

3月案　99,268,269
サン写真新聞　91,92,278,301
山林局　300

〈し〉

GHQ　20〜374
GHQ天然資源局　25,86,112
GHQ民間情報教育局　24,43,86,90
支笏洞爺国立公園　65,67,347,348,364
時事新報　93,114
静岡県　351,352,361
史蹟名勝天然記念物調査会　80
史蹟名勝天然記念物保存協会　61,98,99,244,278,306,307
史蹟名勝天然記念物保存法　258,279
自然公園審議会　116,118,127,131,140,180,205,210,215,265,320,321,326,331,333,334,376,388
自然公園体系　131,133,137,140
自然公園法　3,6,7,116,134-137
自然保護意識　61,62,98,120,306,321,377
自然保護運動　5〜390
自然保護行政のあゆみ　74,75,86,127,128,135148,334
自然保護に関する陳情書・意見書集　215,216,247,303,364-366

自然保護のあゆみ　7～391
自然保護の砦　6,9,334,336,368,386,
　390,391
信濃毎日新聞　293,298,303,304
商工省　78,80,82,86,87,89,91,93,258,
　265,279
商工省電気局　79
上信越高原国立公園　22,66,71
新宮市　307,309,310,313,317,324,326,327
新日本化学工業　309

〈す〉

水利権　110,219,220,244,253,320,327,
　328,330,331,354,355
水力発電問題　310,313
スバルライン　359,361

〈せ〉

全日本観光連盟　202,286,288,291,301
全日本山岳連盟　286,301

〈そ〉

層雲峡　181,255,271,338,340-342,344-
　346,350,380,382,383
層雲峡電源開発計画　146,338-341,344,
　345,363
層雲峡発電工事後始末の件　344
層雲峡発電所　340

〈た〉

大雪山観光道路　343,363
大雪山国立公園　338,341,342,346,347
大雪山国立公園層雲峡地帯に於ける発電
　計画に関する件　341,363
大雪山大噴火口鉱区設定に関する反対陳
　情書　346
只見川筋水力開発計画　78,86

只見川総合電源開発計画　251
立山観光　240
田村剛文庫　7,9,214,215,247

〈ち〉

地域制国立公園　27,30,53
中部山岳国立公園　226,229,283-286,
　291,293,301,379
長蔵小屋　79,80,85,109

〈つ〉

通産省　8～376
通産省資源局　189,211,212
通産省名古屋通産局　297,298

〈て〉

電気業界　322,323
電気新聞　221,236,246,247
電源開発会社　230～335
電源開発株式会社　219
電源開発計画問題　47,153,314,323
電源開発調整委員会　230,283
天然記念物　79,81,88,102,106,242,
　257-259,264,268,271,279,281,300,
　301,360,362
天然保護区　279,300

〈と〉

東京オリンピック　361,362
東京電燈　351
東京電力　110,250,266,278,279,291,
　292,300,354
道庁　204,341-343
東北電力　251,254
特別地域　32,136,188,291,347,374,375
特別天然記念物　258,264,268,279,
　300,302,303

事項索引 397

特別保護地区　32～383
特別名勝　362
土地調整委員会　193,209,263
富山新聞　234,246
豊平峡　144,146,347-350,363
豊平峡ダム建設についての陳情　364
豊平峡保勝に関する陳情書　349,363,364
豊平電源開発計画　338,347,348,350,364
瀞八丁　306,322,323,332

〈な〉

内務省　22,25,79,80,98,278
長野県　56,219,278,279,285,290-292,296,298-300
長野県総合開発局　278,279,283,290,298
七色ダム　310,315,321,323,324,326-328,332
奈良県　309,311,313,316,319,324

〈に〉

新潟県　56,87,99,109,251,253,254,268,269
日光国立公園　71,72,102,108,250,259,379
日本アルプス方式　234,307
日本軽金属　338,351,352,354,355,365
日本経済新聞　195,197
日本山岳会　175,224,261,278,286,288,291,295,297,301
日本山岳会信濃支部　286,301
日本自然保護協会　7～388
日本自然保護協会事業概況報告書　190,191,257,355
日本庭園協会　278
日本電気協会　322
日本特殊鉱業　188,189,191,193,199,203,210,214
日本発送電　78～352

日本風景協会　175,200,286,291,301,322

〈の〉

農林省　9,29,30,87,296,303,372
農林省林野局　24,54

〈ふ〉

福島県　259,268,272,274
福島県県議会　259
福島民報　258,269,275
富士山ケーブル建設計画　179
富士山五合目　357,360,362,380,381
富士山麓本栖湖発電工事に対する反対陳情書　354
富士登山鉄道　357
富士登山鉄道建設計画　356
富士山登山鉄道敷設に関する反対陳情書　359,366
富士箱根国立公園　71,72,138,351,353
富士箱根国立公園地方委員会　67,357
文化財保護法　262,268,300,302
文化財保護委員会　259,264,274,302,360,361,378
分水A・K案　306,309,311,313-316,321

〈ほ〉

穂高神社宮司　293,294
北海道庁　164,191-193,197-199,211,364
北海道庁林務部　198,199,203
北海道電力　338-342
本宮町　334,335

〈ま〉

毎日新聞　100,103,105,107,239

マスコミ　37,78,91,93,100,107,230,271

〈み〉

三重県　55,75,159,309,313,315,324

〈め〉

雌阿寒岳　110〜243
雌阿寒岳硫黄鉱山開発　4
雌阿寒岳硫黄鉱山開発反対運動　207
雌阿寒岳硫黄採掘に関する件　199
雌阿寒岳硫黄採掘に関する陳情書　174,193
雌阿寒岳硫黄採掘反対の陳情書　210

〈も〉

本栖湖水理調査協議会　353-355
文部省　62〜378

〈や〉

山小屋組合　293,294,301
山梨県　351-355,358,361,362,366
山梨県議会　352,356
山梨日日新聞　356,358,366

〈よ〉

吉田内閣　205,211,241
吉野熊野国立公園　33,72,306,307,310,313,319,334,336,390
読売新聞　100,102,103,106,107,114,296,299,304

〈り〉

リッチー覚書　26
林業経済学会　5

林野庁　32,310,311,313,317,319,324

〈わ〉

和歌山県　309-311,313,317,319,324

人名索引

〈あ〉

赤木正雄　　159
赤沼千尋　　294
安芸皓一　　196
東良三　　98,109,148,165,174,231
足立源一郎　　98,109,175,224,261
安達成之　　266
阿部定　　109
安部能成　　99,109,175
雨宮育作　　59,69

〈い〉

飯島稔　　46,54,74,80,107,148,157
池ノ上容　　109
石井柏亭　　175
石神甲子郎　　42,46,55,80,87,91,92,107,177224,225,231,236,261,288
石原円吉　　159
石原裕次郎　　239
石村幸作　　159
板倉登喜子　　91
伊藤道郎　　61,62
犬丸徹三　　126
井上万寿蔵　　169,175,177,224,231,261
岩永信雄　　286,288

〈う〉

植原悦二郎　　158,163
上原敬二　　136,148,371
牛田信雄　　353
宇野佐　　239
梅棹忠夫　　239,247,331

〈え〉

江川雅祥　　74
江山正美　　42,46

〈お〉

大井次三郎　　175
大塚尚　　357
大塚實　　111
小笠原松次郎　　37
岡田紅陽（賢治郎）　　98,165,174,177,354
小野鶴太郎　　109,174,177,286
小野良平　　9
折下吉延　　61,99,109,113,126,165,174

〈か〉

賀川豊彦　　61-63
片山哲　　45,56
勝俣稔　　58,69
加藤純一　　291,294
加藤峰夫　　7
鏑木外岐雄　　61,87,89,98,107,109,165,174,195,196,224,258,261
上岡克己　　38
神谷恭　　286
亀山孝一　　196,200
川崎隆章　　37,84,98,109,111,175
樫木寛之　　59
冠松次郎　　98,175,177,224,225,231,236,261,366

〈き〉

岸田日出男　　336

岸田日出刀　61
岸衛　98,109126,165,174,196,200,224
木本政次　239,247

〈く〉

熊井啓　239,247
呉羽正　5
黒川武雄　133,159
黒田長礼　175
黒田鵬心　169,175,177

〈こ〉

小糸源太郎　165,169,174
小祝慶紀　5
小杉放庵　61,62
児玉政介　236
小林中　357
小林行雄　87,89,91,92
小林義雄　165

〈さ〉

佐竹義輔　98,274
佐藤尚武　157-159,288,289,291,292
佐藤久　175,224,261

〈し〉

下村宏　133,165,168,174,196,200,201
白井光太郎　61,99

〈せ〉

関口泰　61,63107,109,126,175
瀬田信哉　7

〈た〉

高久甚之助　165,169,175

高嶋雅明　334,335
高野岩三郎　61,62
高橋定昌　286
高橋進　286,288
高山忠四郎　291
武田久吉　37〜371
武部英治　61,63,175,269
田中薫　175
田中啓爾　61,98,165,174,196,200,224,
　261
田中耕太郎　99,109
田中敏治　42,46,109,177,236,239,247
田辺七六　357
谷川徹三　99,109,175
種市佐改　38,214,216
田部重治　109,165,174,177
田村剛　6〜391
俵浩三　5,8,9,144,149,304,363,364

〈つ〉

塚本閣治　98,175
辻村太郎　61,62,99,109,165,174,224,
　258,261,355
土屋龍夫　80,85
津屋弘達　169,175,177,354

〈と〉

徳川宗敬　98,109,159,175
徳田昂平　357
富田武　5
鳥居敏夫　9

〈な〉

内藤熊善　357
中井猛之進　80,87,98,107,165,174,177
長尾宏也　109
中沢真二　99,107,109,175,224,231,
　261,354

人名索引 401

中西悟堂　　175
中西伸次　　346
中村清太郎　　175,354
中山意次　　269

〈ね〉

根津嘉一郎　　126,357

〈は〉

橋本龍伍　　137,192,196,202,203,213
浜口雄彦　　126,291
林謙一　　322

〈ひ〉

一松定吉　　25,45,49,50,56,63,372
平野長英　　79,85,99,101,107,109,112,113,264
平山繁夫　　87
平山孝　　286

〈ふ〉

福永文夫　　39
福原楢男　　175,177
藤島亥治郎　　175
藤原孝夫　　161,196,236,288
船田享二　　158
古井戸宏通　　9

〈へ〉

別宮貞俊　　291

〈ほ〉

星数三郎　　79,109,269
ポパム、ウォルター　　23-27,38,43,45,50-52,54,55,73,86,90,373

堀内義雄　　357
本田正次　　61,80,87,89,98,107,109,165,174,177,195,196,224,231,258,261,274,288,322
本間利雄　　357

〈ま〉

牧野富太郎　　91
正村公宏　　39
松方義三郎（松方三郎）　　62,91,92,98,126,175,224,261
松丸秀夫　　288

〈み〉

三浦伊八郎　　61,109,165,174,177,224,226,231,261,286
三木治朗　　158
三木行治　　25,42,44,45,49,50,61,73,373
三田尾松太郎　　98,109,165,174,177,209,213,216,224,231,261,266,268,274,288
美土路昌一　　156
宮澤邦一郎　　112
宮地茂　　102
宮島耕一　　288
ミュアー、ジョン　　389,390

〈む〉

村井米子　　98,107,109,165,174,224,231,236,261

〈も〉

森戸辰雄　　79
森本潔　　131-133,148,158,159,190-192
諸井貫一　　63,126,157,196

〈や〉

山階芳麿	175
山口一重	286
山田為吉	349
山根銀一	175,288
山本信次	5
山本寿夫	5

〈よ〉

| 吉江勝保 | 121,156,175,196 |
| 吉阪俊蔵 | 68,121,123,156,261 |

〈り〉

リッチー、チャールズ.A　24,26,27,32,33,45,47,50,52,65,75,90,373

〈わ〉

| 若尾鴻太郎 | 357,358,362 |
| 渡辺銕蔵 | 126,157,196,200,202 |

著者略歴

村串仁三郎（むらくし・にさぶろう）

 1935年 東京生まれ
 1958年 法政大学社会学部（2部）卒業
 1963年 法政大学大学院社会科学科経済学専攻修士課程修了
 1969年3月 同博士課程単位取得満期退学（82年経済学博士取得）
 1969年4月 法政大学経済学部専任助手、70年助教授、80年教授
 2006年3月 同大学定年退職（同年4月法政大学名誉教授）
 専門は「労働経済論」特に「鉱山労働史」、「現代レジャー論」、「国立公園論」など。

主な著書

『賃労働原理』（日本評論社、1972年）
『賃労働理論の根本問題』（時潮社、1975年）
『日本炭鉱賃労働史論』（時潮社、1976年）
『明延鉱山労働組合運動史』（恒和出版）
『日本の伝統的労資関係―友子制度史の研究』（世界書院、1989年）
『日本の鉱夫―友子制度の歴史』（世界書院、1998年）
『レジャーと現代社会』（編著、法政大学出版局、1999年）
『国立公園成立史の研究』（法政大学出版局、2005年）
『大正昭和期の鉱夫同職組合「友子」制度―続日本の伝統的労資関係』（時潮社、2006年）
その他著書、論文多数。

自然保護と戦後日本の国立公園
続『国立公園成立史の研究』

2011年7月15日　第1版第1刷　定価＝6000円＋税

著　者　村串仁三郎 ©
発行人　相良景行
発行所　㈲時潮社

 174-0063 東京都板橋区前野町4-62-15
 電話 (03) 5915-9046
 FAX (03) 5970-4030
 郵便振替　00190-7-741179　時潮社
 URL http://www.jichosha.jp
 E-mail kikaku@jichosha.jp

印刷・相良整版印刷　製本・仲佐製本

乱丁本・落丁本はお取り替えします。

ISBN978-4-7888-0664-1

時潮社の本

大正昭和期の鉱夫同職組合「友子」制度
続・日本の伝統的労資関係
村串仁三郎 著
Ａ５判・上製・430頁・定価7000円（税別）

江戸から昭和まで鉱山に組織されていた、日本独特の鉱夫職人組合・「友子」の30年に及ぶ研究成果の完結編。これまでほとんど解明されることのなかった鉱夫自治組織の全体像が明らかにされる。『大原社問研雑誌』『図書新聞』で詳細紹介。

二〇五〇年自然エネルギー一〇〇％
エコ・エネルギー社会への提言　増補改訂版
フォーラム平和・人権・環境 編　藤井石根 監修
Ａ５判・並製・280頁・定価2000円（税別）

環境悪化が取りざたされる近年、京都議定書が発効した。デンマークは、2030年エネルギー消費半減をめざしている。日本でも、その実現は可能だ。その背景と根拠を、説得的に提示。「原油暴騰から」を増補。「大胆な省エネの提言」『朝日新聞』(05.9.11) 激賞。

エコ・エコノミー社会構築へ
藤井石根 著
Ａ５判・並製・232頁・定価2500円（税別）

地球環境への負荷を省みない「思い上がりの経済」から地球生態系に規定された「謙虚な経済活動」への軌道修正。「経済」と「環境」との立場を逆転させた考え方でできあがる社会が、何事にも環境が優先されるエコ・エコノミー社会である。人類の反省の念も込めての１つの結論と見てとれる。

国際環境論〈増補改訂〉
長谷敏夫 著
Ａ５判・並製・264頁・定価2800円（税別）

とどまらない資源の収奪とエネルギーの消費のもと、深刻化する環境汚染にどう取り組むか。身のまわりの解決策から説き起こし、国連を初めとした国際組織、NGOなどの取組みの現状と問題点を紹介し、環境倫理の確立を主張する。